Gill Sims

MAMI WILL AUCH MAL

GILL SIMS

MAMI WILL AUCH MAL

Tagebuch einer entfesselten Mutter

ROMAN

Aus dem Englischen von Ursula C. Sturm

EISELE

Besuchen Sie uns im Internet:
www.eisele-verlag.de

MIX
Papier
FSC® C083411

Die Originalausgabe »Why Mummy's Sloshed.
The Bigger the Kids, the Bigger the Drink« erschien 2020
bei HarperCollins Publishers Ltd, London.

1. Auflage 2021

Gesetzt aus der Dolly
Satz: LVD GmbH, Berlin
Druck und Bindearbeiten: CPI books GmbH, Leck
Printed in Germany
ISBN 978-3-96161-117-1

FÜR PAULINE
ICH HAB DOCH GESAGT,
ALLES WIRD GUT.

INHALT

JANUAR

Freitag, 25. Januar

Ich leerte zufrieden meine Teetasse und stellte sie in die Spülmaschine. Obwohl ich nur wenig und unruhig geschlafen hatte, geplagt von Albträumen, in denen bunte Clown-Autos in Schlangenlinien wie wild auf mich zurasten, lief alles nach Plan: Die Hunde waren gefüttert und draußen gewesen, und ich trug bereits meine Bürokluft und hatte es geschafft, meine holden Kinderlein aus ihren Zimmern zu locken und ihnen ihr nahrhaftes Frühstück vorzusetzen, das sie selbstredend verweigert hatten. Ich hatte mir sogar eine zweite Tasse Tee gegönnt und dabei die wichtigsten Promi-News und Modetipps in der *Daily Mail* überflogen und fragte mich nun, ob ich, um mir einen neuen Freund zu angeln, »Bein zeigen« oder lieber »meine Kurven in Szene setzen« sollte. Am besten wäre wohl, wenn ich mir nicht länger das Gehirn mit der Lektüre solcher Käseblätter ruinierte, sonst ertappte ich mich womöglich demnächst dabei, dass ich *Good Morning Britain* guckte und der gleichen Meinung war wie Piers Morgan.

Was habe ich früher von einem derart straff durchorganisierten Morgen geträumt, etwa, während ich meinen widerspenstigen Sprösslingen ihre aufgeweichten Frühstücksflocken einflößte, wobei sich besagte Sprösslinge lieber darauf konzentrierten, den Brei an den Plafond zu katapultieren, statt sich artig füttern zu lassen (Hat irgendjemand da draußen eine Ahnung, wie mühsam es ist, eingetrocknete Cerealien von der Decke zu kratzen? Unverwüstlicher als dieser asbesthaltige Strukturputz von Artex, das verfluchte Zeug!). Oder aber, wenn ich versuchte, die Füße meines Töchterchens, das »vergessen« hatte, wie man sich die Schuhe anzieht, in selbige zu bugsieren, während ich meinem Sohnemann erklärte, ja, die Hose müsse sein, und nein, halbnackt könne er nicht in die Kita, auch wenn Donald Duck und Konsorten immer »unten ohne« rumlaufen.

Natürlich geht es bei uns morgens nicht immer so ruhig und gesittet zu. Meist muss ich ziemlich viel rumschreien (»Woher soll ich wissen, wo dein Turnbeutel ist? Such ihn gefälligst selber! Und nein, mit *suchen* meine ich nicht, dass du dich in deinem Zimmer einmal im Kreis drehst und behauptest, du könntest ihn nicht finden!«) und mich dazwischen halblaut vor mich hin fluchend in meinen ParentPay-Account einloggen, um mal wieder einen Batzen Geld zu überweisen.

Gut, dass ich Peter und Jane in weiser Voraussicht schon gestern Abend gezwungen hatte, ihre Schulsachen einschließlich Turnbeutel und Malsachen zusammenzupacken, denn heute durfte es weder Stress noch Gezeter geben, Jane trat nämlich gleich zur Fahrprüfung an, und da sollte sie fokussiert und konzentriert sein. Mit einem Anflug von Selbstgefälligkeit, weil es mir tatsächlich gelungen war, für die nötige Ruhe und Gelassenheit zu sorgen, schnappte ich mir Schlüsselbund, Jacke und Handtasche, verabschiedete mich von den Hunden und rief »Jane! Wir müssen los!«

Zwanzig Minuten später stand ich immer noch am Fuße der Treppe und schrie mir die Kehle aus dem Leib, dabei hatte ich bereits mehrmals an Janes Tür gehämmert (einzige Reaktion: ein gedämpftes Grunzen) und gedroht, ohne sie loszufahren, sollte sie nicht in EINER MINUTE auftauchen (zugegebenermaßen eine sinnlose Drohung – warum sollte ich ohne sie zu ihrer Führerscheinprüfung fahren?).

Allmählich wurde ich heiser. »Jane? JANE! *Beeil* dich, wir kommen zu spät! Hast du gehört, Jane? Herrgott noch mal, Jane, nun komm endlich runter! Wir müssen LOS!«

Die Tür zu Peters Zimmer schwang auf. »Mum, ich bin mitten in einem Game, könntest du bitte aufhören, rumzuschreien? Das ist echt peinlich, alle meine Freunde können dich hören!«

»Dann sag deiner Schwester, sie soll mal einen Zahn zulegen!«

»Ich kann nicht, Mum, ich bin beschäftigt!« Mein Sohnemann stülpte sich wieder die Kopfhörer über und verschwand in seinem Zimmer, um sich weiter von einem seiner grauenhaft geistlosen Computerspiele die sensiblen Teenager-Synapsen lahmlegen zu lassen.

»Peter!«, rief ich. »PETER! Lass gefälligst das Gedaddel, sonst kommst du noch zu spät! Ich kann dich nicht zur Bushaltestelle fahren, du musst zu Fuß gehen. Peter! Hast du mich gehört?«

Auch diesmal vernahm ich lediglich ein Grunzen, das »Ja, ich hab's gehört« bedeuten oder irgendein Teenager-Kommunikations-Code sein konnte – oder das Geräusch, das sein PC von sich gab, wenn im Spiel eine Prostituierte ermordet wurde. Dummerweise überragt mich Peter mittlerweile um einen halben Kopf, weshalb ich bloß wüste Drohungen ausstoßen und gelegentlich das WLAN-Passwort ändern kann, damit er meinen Befehlen Folge leistet.

»JANE!«, schrie ich erneut und fragte mich, wie viel Zeit meines Lebens ich wohl schon damit zugebracht hatte, hier an der Treppe zu stehen und sinnlos herumzubelfern, bis mein geliebter Nachwuchs endlich aus seinen Löchern gekrochen kam. Bestimmt waren es insgesamt nicht bloß Tage, sondern eher Monate, wenn nicht gar Jahre – ein ebenso deprimierender Gedanke wie der, wie viele Wochen seines Lebens man so auf der Toilette zubringt. Wobei ich finde, dieser Wert sollte etwas differenzierter betrachtet werden, soll heißen, nach Geschlechtern getrennt. Mir ist nach wie vor schleierhaft, wieso Männer ungefähr fünfzehn Mal länger auf dem Thron hocken als Frauen, obwohl sich ihr Verdauungsapparat doch eigentlich nicht groß von unserem unterscheidet. Ich tröste mich mit dem Gedanken, dass die Statistiken, laut denen wir angeblich im Durchschnitt zweihundertdreizehn Tage unseres Lebens mit Kacken verbringen, total verzerrt sind – in Wahrheit sind es bei den in dieser Hinsicht deutlich effizienteren Frauen insgesamt garantiert kaum mehr als drei Tage, und der Rest der Zeit entfällt auf die Männer.

Ich wurde jäh aus meinen Überlegungen gerissen, als ich ENDLICH Janes Zimmertür zuschlagen hörte.

»Wurde ja auch Zeit!«, sagte ich zu meiner Tochter, die gemächlich die Treppe herunterkam. »Was hast du denn so lange getrieben?«

»Na, was wohl? Ich hab mir die Haare gemacht.«

»Verstehe.« Wie naiv von mir, anzunehmen, es könnte in Janes Leben etwas geben, das wichtiger war als ihr heißgeliebter Lockenstab.

»Okay, nun aber flott, sonst verpasst du deine Prüfung«, sagte ich.

»Jetzt chill mal, Mum. Dass du immer so eine Hektik verbreiten musst, ey! Damit tust du dir echt keinen Gefallen. Du kriegst noch einen Herzinfarkt! Und überhaupt haben wir noch massig Zeit.«

»Nein, haben wir nicht!«

»Und wenn schon. Dann fahre ich eben ein bisschen schneller. Kein Grund zur Panik.«

»Vergiss es, Jane. Du willst doch nicht, dass man dich *auf dem Weg zur Führerscheinprüfung* wegen überhöhter Geschwindigkeit drankriegt, oder? Vom ganzen anderen Ärger einmal abgesehen, nimmt dich dann garantiert keine Autoversicherung, und außerdem bringst du damit auch mich als deine Begleitperson in Schwierigkeiten.«

»Nachdem du das Thema Versicherung anschneidest, kann ich wohl davon ausgehen, dass du mir ein Auto kaufst, wenn ich die Prüfung bestehe?«

»Was? Nein, davon war nie die Rede!«

»Also, wenn du mir *kein* Auto kaufst, kann mir die Versicherung ja egal sein. Und wie soll ich dann bitteschön in die Schule kommen?«

»Na, mit dem Bus, so wie bisher! Und überhaupt ist das alles rein hypothetisch, weil du die Prüfung ja *noch nicht bestanden hast*, und wenn wir jetzt nicht *auf der Stelle* losfahren, wirst du sie verpassen, und das war's dann!«

Jane stieg in den Wagen (nicht ohne sich mit aufmüpfiger Miene das kunstvoll gelockte Haar über die Schulter zu schnippen), und dann konnte es endlich losgehen. Ich kauerte auf dem Beifahrersitz, umklammerte den Türgriff so fest, dass meine Fingerknöchel weiß hervortraten und versuchte tunlichst, nicht bei jeder Kreuzung angstvoll nach Luft zu schnappen oder Jane aus der Ruhe zu bringen, indem ich »Bremsen! BREMSEN!«

kreischte, wann immer ich vor uns ein anderes Auto erspähte, oder alternativ »BLINKEN! Du musst BLINKEN, verdammt noch mal!«

Auch die Ermahnung »Innenspiegel, Außenspiegel, Schulterblick!« vor dem Losfahren (das Einzige, was mir von meinen Fahrstunden in Erinnerung geblieben ist) muss ich mir neuerdings verkneifen. Wir hatten einen hässlichen Streit deswegen, nachdem mich Jane darauf aufmerksam gemacht hat, dass ich mich selbst nicht an diese Regel halte, was ihrer Ansicht nach auch der Grund dafür war, dass ich den Wagen eines Nachbarn ein gaaaanz klein wenig touchiert habe (so nenne ich es, Jane sagt im Zusammenhang mit dem Zwischenfall hartnäckig »Als du mal wieder den Wagen zu Schrott gefahren hast, MUTTER.«).

Sie würgte unterwegs bloß zwei Mal an einer Kreuzung den Motor ab, und dann waren wir auch schon am Ziel. Die heutige Prüfung war ihr zweiter Versuch. Den theoretischen Teil hat sie schon vor einer Weile mit Bravour bestanden. Selbst bei dem Abschnitt, in dem es um potenzielle Gefahren im Straßenverkehr geht, erreichte sie die volle Punktzahl, was etwas verwunderlich ist, wenn man bedenkt, dass sie, wenn sie am Steuer sitzt, sämtliche *tatsächliche* Gefahren übersieht. Sie hatte darauf bestanden, recht bald danach auch die praktische Prüfung zu absolvieren, und war höchst erbost gewesen, als sie vom zitternden Prüfer vorzeitig wieder an der Fahrschule abgeliefert wurde, weil sie versucht hatte, falsch herum in einen Kreisverkehr einzufahren. »Das ist total unfair!«, hatte sie unter Wutgeheul und mit Zornestränen in den Augen gezetert. »Das kann doch jedem Mal passieren!«

Folglich habe ich auf unseren »Übungsfahrten« tunlichst darauf geachtet, Strecken mit Kreisverkehren zu meiden, und ich habe nach wie vor so meine Zweifel, was ihre Fahrkünste angeht, aber ihr Fahrlehrer ist mittlerweile zu der Überzeugung gelangt, jetzt sei sie so weit. Ich widersprach nicht, zumal ich für die Fahrstunden allwöchentlich einen Betrag in der Höhe des Bruttoinlandsprodukts von Luxemburg hinblättern und zudem weitere Übungsfahrten über mich ergehen hätte lassen müssen, bei denen ich den Türgriff umklammerte und den Gott des Getriebes anflehte, er möge den Kelch an meiner bedauernswerten Gangschaltung vorübergegen lassen. Ich hegte ja insgeheim den Verdacht, dass der Fahrlehrer nur deshalb darauf drängte, Jane solle die praktische Prüfung baldmöglichst ablegen, damit sie nicht länger *seine* Gangschaltung malträtiert. Aber vielleicht hat er auch bloß ihre sarkastischen Bemerkungen, begleitet von enerviertem Augenrollen satt.

Ich konnte mich in der Angelegenheit noch nicht einmal mit Simon, meinem Ex beraten, denn der hatte unsere Tochter während seiner einzigen Übungsfahrt mit ihr derart zur Weißglut gebracht, dass sie nach knapp drei Kilometern eine Vollbremsung hingelegt hatte und mit den Worten »Mit dir fahre ich nie wieder irgendwohin!« ausgestiegen und zu Fuß nach Hause gelaufen war. Fairerweise muss ich zugeben, dass ich selbst auch schon an dem Punkt war, allerdings mit dem Unterschied, dass ich bereits den Führerschein hatte, weshalb es damals *Simon* war, der aussteigen und zu Fuß nach Hause laufen musste. Er ist echt ein unglaublich nerviger Beifahrer. Alle dreißig Sekunden schnappt er entsetzt nach Luft, tastet mit dem rechten Fuß hektisch nach einer imaginären Bremse und zischt dann »Puh, das war haarscharf!« Mit Vorliebe ermahnt er mich auch, langsamer zu fahren: »Langsam, Ellen, da ist ein Auto vor uns. LANGSAM, hab ich gesagt! Siehst du das AUTO da vorne nicht?« Ehrlich gesagt wundert es mich bisweilen, dass ich nicht schon viel früher die Scheidung eingereicht habe. Wobei er die Kritik an meinem Fahrstil schlagartig eingestellt hat, nachdem er damals im Regen sechs Kilometer zu Fuß nach Hause gehen musste.

Bedauerlicherweise bekam Jane den gleichen Prüfer wie beim ersten Versuch zugewiesen, und mir entging nicht, wie verkrampft der arme Kerl sein Klemmbrett umklammerte, und wie blass er wurde, als Jane unverdrossen auf ihn zuhopste.

Ich setzte mich in das Café auf der gegenüberliegenden Straßenseite, dessen Fensterscheiben so beschlagen waren, dass ich mich unwillkürlich an »Steamy Windows« von Tina Turner erinnert fühlte. Hm, das wäre eigentlich ein passender Name für ein Porno-Café. Gibt es so etwas überhaupt? Wenn, dann in Amsterdam, da geht man mit derlei Angelegenheiten ja deutlich entspannter um. Hierzulande würden die Behörden von den Betreibern angesichts der Kombination von brühheißen Getränken und entblößten Genitalien vermutlich eine umfangreiche Risikobewertung fordern, von den Hygieneauflagen ganz zu schweigen. So gesehen überrascht es mich nicht, dass mir noch nie ein Porno-Café untergekommen ist. Dafür schießen derzeit die Katzen-Cafés wie Pilze aus dem Boden. Warum gibt es eigentlich keine Hunde-Cafés? Im Gegensatz zu Katzen lieben Hunde ja die Gesellschaft des Menschen, einmal abgesehen von meinem schon etwas in die Jahre gekommenen miesepetrigen Border Terrier Judgy, bei dem ich mir im Übrigen ziemlich sicher bin, dass er zumindest zu einem Teil Katzengene in sich trägt. Alle anderen Hunde könnten sich vermutlich nichts Schöneres vorstellen, als von einer endlosen Reihe wildfremder Cafébesucher hinter den Ohren gekrault und unter dem Tisch heimlich mit Kuchen gefüttert zu werden.

Natürlich grübelte ich nur über Katzen- und Porno-Cafés (unter dem Namen Pussy Café könnte man ja sogar beides kombinieren!) nach, um mich von einer beunruhigenden Frage abzulenken, die da lautet: Wie zum Teufel kann ich schon so alt sein, dass meine Tochter demnächst hochoffiziell Autofahren, und obendrein hochoffiziell Alkohol trinken darf? Zugegeben, ich gestatte Jane im Sinne meines »liberalen« Erziehungsansatzes (den die *Daily Mail* vermutlich als »lax« bezeichnen würde) bereits seit etlichen Jahren, Erfahrungen mit dem Konsum von Alkohol in einem verantwortungsvollen Maß zu machen, soll heißen, sie darf auf Partys ein paar Dosen Cider mitbringen, und ich stelle mich blind, wenn sie tags darauf einen höllischen Kater hat, weil sie zusätzlich Wodka und Mad Dog 20/20 getrunken hat. Wer hätte gedacht, dass quietschbunter Likörwein bei den Jugendlichen offenbar nun wieder *in* ist? Mittlerweile gibt es sogar allerlei exotische Sorten wie »Electric Melon«, nicht bloß Erdbeere wie zu meiner Zeit. Hm, oder war es Pfirsich? Ich kann mich beim besten Willen nicht erinnern, es ist schon viel zu lange her. Shit, ich bin eine alte Schachtel mit einer erwachsenen Tochter! Ich kann nur hoffen, dass sich Jane noch mindestens zehn Jahre nicht schwängern lässt. Ich bin definitiv noch nicht bereit, Granny Ellen zu werden, obwohl es durchaus sein könnte, dass meine Mutter endlich ins Gras beißt bei der Vorstellung, Urgroßmutter zu werden. Aber selbst das wäre ein schwacher Trost, sollte ich tatsächlich Großmutter werden, ehe ich fünfzig bin.

Die Kinder werden echt beängstigend schnell erwachsen, und nachdem ich so viele Jahre lang vorrangig damit beschäftigt war, die beiden zu füttern und am Leben zu erhalten, finde ich den Gedanken, bald nicht mehr für sie verantwortlich zu sein, ganz schön seltsam. Als sich Jane vor Weihnachten um einen Studienplatz bewarb – eine ausgesprochen nervige Angelegenheit – kam es mir so vor, als hätte ich das erst gestern selbst getan. Genervt war übrigens nur ich, weil ich Jane mehrfach daran erinnern musste, und als ich sie zum x-ten Mal bat, mir die ausgefüllten Formulare zu zeigen, informierte sie mich, sie habe sie bereits alle abgeschickt – ohne dass sie mir vorher ihr Motivationsschreiben vorgelegt hätte! Am Ende nannte sie mir widerstrebend die Universitäten, an denen sie sich beworben hat. Zu meiner Überraschung ist Edinburgh ihre erste Wahl, und das, obwohl Simon und ich dort studiert haben, weshalb ich angenommen hatte, es würde von vornherein ausscheiden. Doch anscheinend gehören die dortigen Institute für Geschichte und Politikwissenschaft zu den besten des Landes, und genau das will sie studieren, und außerdem »ist Edinburgh voll weit weg, du würdest also wenigstens nicht andauernd bei mir auf der Matte stehen, Mum«.

Ich holte mir eine schöne Tasse Tee und ein Rosinenbrötchen (herrje, ich *bin* bereits eine Granny!) und ließ mich an einem Tisch nieder, um an meinen Fingernägeln kauend auf Jane zu warten. Ich war hin und her gerissen, was das Prüfungsergebnis anging. Bestand Jane, dann müsste ich nicht mehr für sie Taxi spielen, sondern könnte mich von ihr sogar in den Pub kutschieren lassen. Andererseits müsste ich ihr dann meinen Wagen leihen und würde bei der Vorstellung, sie könnte zwischen verbeulten Metallteilen eingekeilt in einem Straßengraben liegen, nachts kein Auge zutun vor Angst.

Als sie viereinhalb war, fuhr ich mit ihr und Peter zu meiner besten Freundin Hannah, deren Sprösslinge Emily und Lucas praktischerweise auch die besten Freunde meiner Kinder sind und einen kleinen elektrischen Jeep besaßen, ein Spielzeug, das Peter und Jane über die Maßen begeisterte. Darin mal eine Runde drehen zu dürfen, war für sie das Größte überhaupt.

Irgendwie schaffte es Peter, der damals erst zweieinhalb war, als Erster ans Steuer. Hannah zerstreute meine Bedenken mit den Worten »Wetten, er bringt das Ding gar nicht zum Laufen?« Tja, sie täuschte sich; er schlug sich wacker, fuhr um Kurven und sogar rückwärts und stellte den Jeep schließlich schwungvoll wieder ab.

Als nächstes war Jane dran. Sie bestand darauf, von Emily begleitet zu werden, und ihre Freundin nahm bereitwillig auf dem Beifahrersitz Platz.

Dann stieg Jane auch schon vor Vergnügen quietschend aufs Gas, und der Jeep schoss durch die Hecke und geradewegs auf die Straße, genau wie bei *Ein Duke kommt selten allein*. Wir hechteten hinterdrein, und ich hörte, wie Jane juchzte: »Das Auto hat ja sogar ein Telefon! Wollen wir so tun, als würden wir Lara anrufen, Emily?«, während der Jeep in Schlangenlinien die Straße entlangschlingerte. Ich brüllte: »JANE! JANE! HALT AN! HALT AN!« und machte Anstalten, mich vor das Gefährt zu stürzen, doch meine Tochter beachtete mich nicht – sie »telefonierte« mit Lara und plauderte zugleich mit Emily, eine Hand am Lenkrad, den Fuß weiter fest auf dem Gas. Das Bremspedal war in ihren Augen ganz offensichtlich bloß ein überflüssiges Plastikteil.

»JAAAAAAANE!«, kreischte ich verzweifelt, als der Jeep auf einen nur wenige Meter entfernt geparkten, auf Hochglanz polierten BMW zusteuerte, und da drehte sich Jane endlich zu mir um. »Ja, Mami?«, sagte sie und nahm im Zuge dessen gottlob den Fuß vom Gaspedal.

Ich machte einen Satz nach vorn, warf mich in Rugbyspielermanier auf den Mini-Jeep und verhinderte so in letzter Sekunde, dass er ungebremst den glänzenden und zweifellos unfassbar teuren BWM rammte. Selten war ich so erleichtert gewesen wie in diesem Moment – wenn meine Tochter im zarten Alter von viereinhalb Jahren einen Autounfall mit zweifellos verheerenden finanziellen Folgen verursacht hätte, dann hätten wir uns garantiert auf unzählige pseudowitzige Kommentare von Simon zum Thema »Frau am Steuer« gefasst machen müssen.

Die Stunde verstrich nur langsam, während ich an meiner Rosinensemmel knabberte und an meinem Tee nippte. Vor siebzehn Jahren war es mir schier unvorstellbar erschienen, dass ich einmal in einem Café sitzen und gespannt abwarten würde, ob Jane ihre Fahrprüfung bestand oder nicht. Was habe ich vor siebzehn Jahren getrieben? Einmal abgesehen davon, dass ich mich mit meinen damals einunddreißig Jahren wie ein steinaltes, vertrocknetes Weib gefühlt hatte, quasi eine Tattergreisin, was mir im Nachhinein betrachtet absolut lächerlich vorkommt. Inzwischen bin ich achtundvierzig, und Frauen in den Dreißigern sind für mich Stubenküken, die, hoffnungsvoll, unschuldig und naiv, wie sie sind, nicht die geringste Ahnung haben, wie viele Marotten und Falten da draußen auf sie warten. Vorerst sind sie alle noch mit ihren Podcasts und Instagram-Posts beschäftigt, in denen es um Bulletproof Coffee und Kimchi und diverses anderes Zeug geht, von dem ich keinen blassen Schimmer habe. Na, egal. Vor siebzehn Jahren war ich am Freitagvormittag mit Jane beim Babysingen. Ich saß mit anderen Müttern im Kreis auf dem harten, kalten Boden eines Pfarrsaals, trällerte hirnlose Texte zu nervigen Melodien und versuchte, dabei in die Hände zu klatschen wie die anderen selig lächelnden Mütter und dabei das sich windende Kind auf meinem Schoß zu bändigen.

Was habe ich damals sonst so getrieben? Ehrlich gesagt erinnere ich mich kaum mehr daran. Ich weiß noch, dass ich *andauernd* spazieren war, stundenlang, oder alternativ im Park, um Jane auf der Babyschaukel anzuschubsen oder die Enten zu füttern, was ja heutzutage verboten ist. Shit, ich ertappe mich schon jetzt dabei, dass ich meine Aussagen mit den Worten »Zu meiner Zeit …« einleite, genau wie meine Großmutter es tat. Was kommt als nächstes? Werde ich in der Öffentlichkeit beiläufig rassistische Bemerkungen vom Stapel lassen und, wenn ich deswegen zu Recht gerügt werde, schulterzuckend entgegnen: »Naja, das hat man *zu meiner Zeit* eben so gesagt«? Ich seh's schon vor mir: Man wird mich in der *Daily Mail* zitieren, in einem dieser unsäglichen Artikel über »total übertriebene Political Correctness«, und sowohl mein Alter als auch den Schätzwert meines Hauses falsch angeben. Ein Horror.

Ach ja, ich habe endlos Gemüse püriert und eingefroren, dessen Verzehr Jane hinterher verweigert hat. Nach einer Weile lernte ich dazu: Je nachdrücklicher diese verfluchte Annabel Karmel von einem ihrer unappetitlichen Pürees behauptete, *alle* Kinder würden es lieben, desto größer war die Wahrscheinlichkeit, dass Jane es nicht einmal würde kosten wollte. Eines Tages sah ich schließlich rot beim Anblick ihrer Visage, die mich vom Kochbuch-Cover anstrahlte. Nachdem ich eine Stunde vergeblich versucht hatte, Jane die widerliche, nur mit meinen Frusttränen gewürzte Pampe einzuflößen, deren Zubereitung – schälen, schneiden, dünsten und pürieren – eine halbe Ewigkeit gedauert hatte, pfefferte ich das Buch in hohem Bogen durch das Fenster in den Garten. Und dann stürmte ich hinterher und trampelte, allerlei Obszönitäten kreischend, darauf herum. Danach ging es mir deutlich besser, weshalb ich mir auch gleich noch *Das zufriedene Baby* dieser bescheuerten Gina Ford vornahm.

Als Jane ein halbes Jahr alt war, fing ich wieder an zu arbeiten, und mich plagte lediglich deshalb das schlechte Gewissen, weil ich *so gar keine* Gewissensbisse verspürte, wenn ich sie in der Kinderkrippe ablieferte, um sie »von wildfremden Menschen aufziehen zu lassen« wie meine Mutter es formulierte. Mum hätte es viel angemessener gefunden, wenn ich wie meine Schwester Jessica eine Vollzeit-Nanny eingestellt hätte. Meine Mutter fürchtete nämlich, Jane könnte von den *schrecklich gewöhnlichen* anderen Kindern allerlei schlechte Umgangsformen annehmen, die sie nie wieder ablegen würde. Was für Umgangsformen das sein sollten, konnte sie mir nicht genau sagen, und sie antwortete ebenso ausweichend auf meine Frage, mit welchem Geld ich eine Vollzeit-Nanny bezahlen sollte. Ich erinnere mich noch, wie gut es tat, Jane ein paar Stunden in der Obhut der Krippenbetreuerinnen zu lassen, während ich in ins Büro ging, wo ich endlich wieder mit Erwachsenen reden, mein Gehirn verwenden und ein Sandwich verzehren konnte, ohne dass jemand kreischend forderte, einen Bissen abzubekommen, nur um mir selbigen dann ins Gesicht zu spucken.

Nichts lässt einen die Gesellschaft von Arbeitskollegen – und seien sie sozial noch so unbeholfen – mehr wertschätzen als ein Kleinkind. Selbstverständlich war es ein logistischer Alptraum, aber das nahm ich gern in Kauf, und sei es nur, weil ich wieder ein klein wenig das Gefühl hatte, ich selbst zu sein. Und natürlich schlug mir von allen Seiten Missbilligung entgegen: Die Mütter, die zu Hause blieben, hatten keinerlei Verständnis dafür, dass ich mein Kind einfach anderen Leuten überließ, die Vollzeit arbeitenden Mütter fanden, alle Teilzeitangestellten sollten froh sein, dass sie eine ruhige Kugel schieben können, und die Mütter, die wie ich in Teilzeit arbeiteten, argumentierten, ihre Jobs seien viel stressiger als meiner, und überhaupt wisse kein Mensch, wie schwer es für sie sei, Job und Familie unter einen Hut zu bringen.

Was hat Simon vor siebzehn Jahren gemacht? Weiß der Geier.

Ich erinnere mich vage, dass er ganz selbstverständlich erwartete, bekocht zu werden und in einer Tour jammerte, er sei müde, weil Jane in den ersten achtzehn Monaten ihres Lebens kaum je eine Nacht durchschlief. Wobei *er* nie das Bett verließ, wenn sie weinte, weil er ja im Büro ach-so-wichtig und beschäftigt war, und daran änderte sich auch nichts, als meine Elternzeit zu Ende war und ich wieder anfing zu arbeiten. Und als ich dann mit Peter schwanger war, beschwerte sich Simon sogar, er fühle sich in seinem Nachtschlaf gestört, wenn ich nachts aus dem Bett krabbelte, um die weinende Jane zu beruhigen, dabei war ich damals so erschöpft, dass ich glaubte, mein letztes Stündlein hätte geschlagen.

Im Nachhinein frage ich mich ja, wie ich überhaupt bewerkstelligt habe, mich ein zweites Mal schwängern zu lassen. Ich kann mich nicht entsinnen, dass ich je Zeit oder Lust auf Sex gehabt hätte, aber irgendwann muss ich Simon wohl doch mal rangelassen haben (vermutlich zu seinem Geburtstag), denn sonst gäbe es heute keinen Peter. Ehrlich gesagt war mein zweites Kind gewissermaßen ein Unfall, auch wenn ich ihm das nie sagen würde, denn ich war nach dem ersten schon total durch. Ich kann mich nicht erinnern, dass Simon und ich uns damals je über etwas anderes unterhalten hätten als über unsere Müdigkeit. Es war ein regelrechter Wettstreit. Eines Abends, als ich in der Küche Karotten schnippelte, kam er herein und beschwerte sich über irgendetwas, und ich weiß noch, dass ich das Messer beäugte und ernsthaft in Erwägung zog, es ihm ins Herz zu rammen. Ich überlegte mir, wie viel Kraft ich wohl aufwenden müsste und rief mir in Erinnerung, auf welcher Seite sich das Herz befand, damit ich auch richtig zielte – *seine* linke Seite, nicht meine – doch dann fing Jane an zu weinen, und der Moment verstrich.

Was zugegebenermaßen auch sein Gutes hat, denn es ist sehr unwahrscheinlich, dass Jane gerade ihre Fahrprüfung absolvieren würde, wenn ich ihren Vater ermordet und den Rest ihrer Kindheit hinter Gittern verbracht hätte. Außerdem würde Peter dann gar nicht existieren, und eine Welt ohne Peter wäre definitiv ziemlich traurig. Andererseits hätte es sich unbestreitbar positiv auf den ökologischen Fußabdruck unserer Familie ausgewirkt, wenn man bedenkt, wie viel Essen er verdrückt, wie viel Strom er mit seinem Gedaddel verbraucht und wie viel Methangas er produziert, schließlich hat er seit dem Augenblick seiner Geburt quasi durchgehend gepupst, und es sieht nicht so aus, als würde sich daran je etwas ändern. Und dann sein Klopapierverbrauch! Es ist gerade so, als würde sich Peter von dem Zeug ernähren. Andauernd ist bei uns das Klopapier alle, sodass ich ständig Nachschub besorgen und dabei darauf achten muss, im Supermarkt nicht immer bei der gleichen Angestellten zu bezahlen, sonst kommt sie womöglich noch zu dem Schluss, ich hätte irgendwelche fiesen Verdauungsbeschwerden.

Ganz zu schweigen von den Bergen an Papiertaschentüchern, die er verschleißt. Ich habe durchaus bereits in Erwägung gezogen, ihm aus Umweltschutzgründen welche aus Stoff zu besorgen, aber so leid es mir für die Eisbären da draußen auch tut, ich fürchte, ich kann mich nicht überwinden, die mit dubiosem Schleim verkrusteten Taschentücher eines männlichen Teenagers zu waschen – oder alternativ die Socken, falls mal kein Taschentuch in greifbarer Nähe ist. Ich frage mich ja, was die Herren der Schöpfung vor der Erfindung des Papiertaschentuchs benutzt haben. Kamen tatsächlich Stofftaschentücher zum Einsatz? Strümpfe? Laub? Ich gehe mal davon aus, dass Selbstbefriedigung kein ausschließlich auf die heutige Zeit beschränktes Phänomen ist, aber man kann sich mit dieser Frage ja wohl kaum an ein Museum wenden, oder? (»Sagen Sie, inwieweit ist eigentlich die Geschichte des Wichsens erforscht?«)

Bei diesem Gedanken verging mir der Appetit auf mein Rosinenbrötchen, und mein Tee war mittlerweile auch kalt geworden. Just in diesem Moment riss Jane die Tür zum Café auf. »ICH HAB BESTANDEN!«, jubelte sie. »ICH HAB'S GESCHAFFT, ICH HAB DEN FÜHRERSCHEIN, MUM! LASS UNS GEHEN!«

»Das freut mich sehr, Liebes! Ich wusste doch, dass du es schaffen würdest!«, flunkerte ich. »Und, musstest du rückwärts um die Kurve fahren?«

Jane schnaubte verächtlich. »Nein, und das werde ich auch nie wieder müssen. Ein vollkommen sinnloses Fahrmanöver.«

»Hast du es Dad schon erzählt?«, erkundigte ich mich.

»Noch nicht, ich wollte es als Erstes dir sagen.« Sie strahlte mich an. »Und ich wollte mich bei dir bedanken, Mum, weil du so viel mit mir geübt hast und so.«

Es ist selten, dass Kinder ihre Dankbarkeit oder Wertschätzung äußern. Meist ist man für sie bloß eine Kellnerin, die ihnen das Essen serviert oder ein Erwachsener, der ihnen ungefragt Ratschläge erteilt, die in ihren Augen sinnlos und falsch sind. Doch jene denkwürdigen Momente, in denen einem Teenager ganz kurz die Schuppen von den Augen fallen und wir nicht nur als Erziehende gesehen werden, sondern als Menschen, entschädigen für all die schlaflosen Nächte, für die Tonnen von püriertem Gemüse, die zugeknallten Türen und das ständige, von entnervten Blicken zur Decke begleitete »*Ach, Mutter!*« Na ja, fast.

»Gern geschehen, Liebes«, erwiderte ich mit einem ebenso strahlenden Lächeln und kam mir zur Abwechslung einmal vor wie eine wahre Supermami. Doch leider sind diese Augenblicke, in denen die lieben Kleinen ein freundliches, zivilisiertes

Verhalten an den Tag legen und man das Gefühl hat, alles richtig gemacht zu haben, allzu vergänglich.

Auf dem Weg zum Auto verkündete Jane: »Also, nur zu deiner Information, ich nehm dann heute Abend den Wagen.«

»Ähm, meinst du nicht, du solltest mich um Erlaubnis fragen, wenn du dir mein Auto leihen willst?«

»Naja, ich müsste es mir gar nicht leihen, wenn du mir ein eigenes kaufen würdest«, konterte sie schnippisch.

Ich tat, als hätte ich es nicht gehört. »Und überhaupt muss ich mich erst um die Versicherung kümmern«, erinnerte ich sie.

»Herrgott noch mal, Mutter, *warum* musst du mir *andauernd* das Leben schwer machen?«, motzte Jane. Das war's dann wohl mit ihrer Dankbarkeit.

»Nicht ich, sondern der Gesetzgeber«, korrigierte ich sie.

»Mir doch egal«, knurrte sie. »Erledigst du das dann gleich, damit ich abends zu Amys Party fahren kann?«

»Jane, mir ist gar nicht wohl bei dem Gedanken, dass du zu einer Party fährst und spätnachts allein nach Hause kommst. Du bist noch nicht allzu oft im Dunkeln gefahren.«

»Wer hat denn was von allein gesagt? Ich habe Sophie und Emily und Lara und Leah versprochen, sie zu fahren.«

»Was? Noch bevor du deine Führerscheinprüfung bestanden hattest?«

»*Nein*, ich hab ihnen auf dem Weg zum Café eine SMS geschickt.«

Na, toll, ich war also mitnichten die Erste, der sie die frohe Botschaft verkündet hatte. Ich tröstete mich mit dem Gedanken, dass ich zumindest die erste *Erwachsene* war.

»Vergiss es, Jane«, sagte ich streng. »Ich werde dir auf gar keinen Fall meinen Wagen leihen, damit du um zwei Uhr nachts deine beschwipsten Freundinnen durch die Gegend kutschierst. Das mit der Versicherung klären wir später; jetzt musst du dringend in die Schule, und ich muss ins Büro. Ach ja, dir ist schon klar, dass du keinen Alkohol trinken kannst, wenn du fahren willst?«

»*Natürlich* ist mir das klar«, antwortete sie hastig, doch nach ihrer entgeisterten Miene zu urteilen war ihr bislang nicht in den Sinn gekommen, dass sich der Spaß für sie in Grenzen hielt, wenn sie sich als designierte Fahrerin auf Partys mit Coke Zero begnügen musste, während ihre Freundinnen ungeniert zechten.

»Hör zu, dein Dad und ich können uns ja mal schlaumachen, was es ungefähr kosten *würde*, dir einen kleinen Wagen zu besorgen, einschließlich der Versicherung, aber so etwas ist teuer, Jane, und ich habe keinen Goldesel. Zumal du ja auch bald anfangen wirst zu studieren.«

»Ich *weiß*!«, knurrte Jane. »Ich such mir einen Job, dann hab ich Geld für Benzin und ... Öl und so weiter.«

Ich nahm mir vor, ihr in einem ernsthaften Gespräch darzulegen, was die Instandhaltung eines Fahrzeugs so alles involvierte.

»Jetzt ruf doch erstmal deinen Dad an und erzähl ihm, dass du bestanden hast«, schlug ich vor.

»Genau das hatte ich *gerade* vor«, ätzte Jane.

Sie tippte auf ihrem Handy herum, und Sekunden später hörte ich eine Frau am anderen Ende schnurren: »Hi, Jane, hier ist Marissa. Simon kann gerade nicht ans Telefon gehen, er fährt.«

Ächz. Marissa ist Simons Freundin – knackig, schlank und rank, jugendlich, glänzendes Haar. Okay, *so* jugendlich ist sie dann auch wieder nicht mit ihren achtunddreißig Jahren, aber jedenfalls deutlich jünger als ich. Mir wurde auf einmal schrecklich warm, und wie üblich überkam mich kurz die Panik bei der Vorstellung, es könnte sich um eine wechseljahresbedingte Hitzewallung handeln, aber wie sich herausstellte, war es bloß das Feuer der Wut, das diese Hexe stets in mir entfacht.

Ich weiß auch nicht, warum ich Marissa so hasse. Ich meine, nüchtern und objektiv betrachtet ist sie kein schlechter Mensch, ganz im Gegenteil sogar: Sie arbeitet für eine Firma, die ökologisch nachhaltige Alternativen zu Einweg-Plastikerzeugnissen herstellt (allerdings bloß in der Buchhaltung, sie hat nichts mit der Entwicklung der Produkte zu tun, bei denen es sich im Grunde um atemberaubend teure Wasserflaschen handelt, und um Kaffeebecher, aus denen attraktive junge Mütter nach dem Yoga ihren Latte Macchiato mit Sojamilch trinken sollen), und in ihrer Freizeit bringt sie Flüchtlingen Englisch bei. Sie macht unglaublich viel Yoga, und sie hat sogar eine dreibeinige Katze aus dem Tierheim. Es ist direkt widerlich, was für ein guter Mensch sie ist.

Aber meine Herren, ist die Frau nervig mit ihrer gönnerhaften Überheblichkeit! Sie ist mit Abstand der selbstgefälligste Mensch, der mir je untergekommen ist, und das sage ich nicht nur, weil ich sie um ihr glänzendes Haar beneide. Und um ihren perfekt durchgestylten Instagram-Account, auf dem sie Bilder von *jedem einzelnen* ihrer bescheuerten Yoga-Workouts postet, nebst Fotos von den ganzen Büchern, die sie mit ihren Flüchtlingen gelesen hat, und zwar »in null Komma nichts«. Vermutlich wollten die Armen es bloß möglichst rasch hinter sich bringen, weil sie es kaum erwarten konnten, diese blasierte Kuh wieder loszuwerden. Kann natürlich auch sein, dass sie ihr ausgesprochen dankbar sind und zu Hause kleine Altäre zu Ehren der Heiligen Marissa aufgebaut haben. Ich finde Marissas

Selbstgefälligkeit so unerträglich, dass mich selbst die Fotos von ihrer dreibeinigen Katze auf die Palme bringen, und das will etwas heißen, weil ich nämlich ausgesprochen tierlieb bin. Wobei Judgy und Barry, meine Hunde, natürlich hundert Mal besser sind als ihre dämliche Katze. Aber die Tatsache, dass mich der Anblick ihres dreibeinigen Stubentigers ärgert, illustriert vielleicht, wie weit es diese Thusnelda mit ihrer gottverdammten Überheblichkeit treibt.

Was ist das überhaupt für ein Name, Marissa? Ich dachte, so heißen nur flippige Amerikanerinnen in den Neunzigern, Frauen mit abgefahrenen Haarschnitten und Pixie Boots. War das ein Irrtum! Insgeheim fürchte ich ja, meine Abneigung gegen Marissa richtet sich gar nicht gegen sie persönlich, sondern rührt vielmehr von stinknormalem Neid her, weil Simon eine Neue hat, während ich Single bin und damit ganz klar der Loser im spaßigen Wer-hat-die-Scheidung-besser-weggesteckt-Spiel.

Dabei hatte ich mit meinem fabelhaften Freund Jack eine Weile eindeutig die Nase vorn, und das ohne mich sonderlich ins Zeug legen zu müssen. Außerdem hat mir Simon ganz schön lange nachgetrauert. Ich war aber auch eine mustergültige Ex, etwa, indem ich vor Ort die Stellung hielt und mich praktisch im Alleingang um die Kinder kümmerte, als er vor einer Weile ein Sabbatical einlegen musste, weil sein Vater an Prostatakrebs erkrankt war. Seine Eltern leben in Frankreich, und Simon zog ein halbes Jahr zu ihnen, um sie zu unterstützen und seinen Vater zu den Behandlungen zu bringen, denn seine Mutter weigert sich, im Ausland Auto zu fahren (ich ehrlich gesagt auch, aber ich lebe ja auch nicht im Ausland). Ich habe sogar Flüge für die Kinder gebucht, damit sie ihn und ihre Großeltern besuchen konnten, und ich habe Flughafentaxi gespielt. Kein Wunder also, dass Simon bei dieser Gelegenheit schmerzlich klar wurde, was für ein großer Fehler es gewesen war, die Trennung voranzutreiben, zumal er sah, wie glücklich ich mit meinem tollen Freund Jack war.

Tja, aber wie das Leben so spielt, hat sich besagter toller Freund kurz nach Simons Rückkehr aus Frankreich verdünnisiert – ist mit einem Koffer voll Thermounterwäsche in die Antarktis gezogen, um dort seinen Traumjob anzutreten. Simon hatte der Aufenthalt in Frankreich sichtlich gutgetan; er hatte abgenommen und war braungebrannt, und dank einiger schicker neuer Outfits sah er zu meiner großen Verärgerung richtig heiß aus. Was möglicherweise auch darauf zurückzuführen war, dass er sich diese kesse Öko-Tusse angelacht hatte. Das größte Kopfzerbrechen bereitet mir ja der Umstand, dass Marissa volle zehn Jahre jünger ist als ich, sprich, sie ist im gebärfähigen Alter, und zwar noch ganz schön lange, wie meine Freundin Hannah bewies, die mit sechsundvierzig überraschend noch mal Mutter wurde und infolgedessen nun einen sehr lebhaften Sohn namens Edward hat, der mittlerweile zwei Jahre alt und eine Art menschliche Abrissbirne ist.

Ich glaube, ich müsste glatt vor Ärger platzen, wenn mir diese eingebildete Ziege erzählen würde, dass Simon sie geschwängert hat. Wetten, Marissa gehört zu den Frauen, die freudestrahlend verkünden: »Wir sind schwanger«, statt zu sagen »Ich bin schwanger«? Als Simon einmal auf einer Party »*Wir* sind schwanger« sagte, blaffte ich: »*Wir* sind mitnichten schwanger, *ich* bin schwanger, aber wenn du wissen willst, wie sich eine Schwangerschaft anfühlt, dann lässt sich das einrichten. Du musst dir lediglich einen Betonklotz um den Bauch schnallen, dich regelmäßig in die Blase treten lassen, eine Ewigkeit auf alles verzichten, was schmeckt, und bisweilen einen Schluck Säure trinken, um das Schwangerschaftssodbrennen nachzuempfinden. Zu guter Letzt kannst du dir noch eine Ananas quer in den Arsch schieben lassen, um sie anschließend wieder herauszupressen, und als kleines Extra reiße ich dir gern dein bestes Stück auf und nähe es von Hand wieder zu!« Dann brach ich in Tränen aus, und Simon musste mich nach Hause fahren, weil mich alle anderen Partygäste sehr befremdet musterten. Ich gehöre nicht zu den Frauen, die in der Schwangerschaft zu wahren Schönheiten erblühen. Marissa dagegen wird, sobald sie in anderen Umständen ist, garantiert anfangen, von innen heraus zu leuchten; sie wird in durchsichtigen weißen Baumwollkleidchen herumlaufen, sich zufrieden den perfekten kleinen Babybauch streicheln und keine einzige Hämorrhoide kriegen.

Seufz. Ich sollte mich nicht so über sie aufregen. Jane bat sie, das Handy auf Lautsprecher zu stellen, damit sie ihrem Vater die aufregende Neuigkeit überbringen konnte.

»Ach, das ist ja *großartig*!«, quiekte Marissa, bevor Simon auch nur ein Wort sagen konnte. »*Gut gemacht*, Jane. Wir freuen uns mit dir.«

»Äh, ja, gut gemacht, Liebes«, echote Simon.

»Mum meinte, ihr kauft mir dann ein Auto«, behauptet Jane.

»Was?«, rief Simon.

»Ich habe nichts dergleichen gesagt.« Ungehalten entwand ich Jane das Handy und hörte Marissa flöten: »Ein Auto, Jane? Also, es ist natürlich *toll*, dass du den Führerschein gemacht hast; Autofahren ist zweifellos eine nützliche Fähigkeit, aber wenn du dein eigenes Auto hast, wird das unweigerlich dazu führen, dass du viel häufiger als nötig damit fährst, und das wird sich auf deinen ökologischen Fußabdruck auswirken. Willst du nicht lieber ein Fahrrad? Fahrräder sind äußerst effiziente Fortbewegungsmittel, und super umweltfreundlich obendrein …«

Noch während Jane den Vorschlag mit einem rebellischen Grunzen quittierte, fiel Simon seiner Freundin ins Wort: »Wie konntest du nur, Ellen?«, fragte er vorwurfsvoll. »Du kannst Jane nicht einfach ein Auto versprechen, ohne mich zu konsultieren.«

»Ich sage doch, ich habe nichts dergleichen getan«, wiederholte ich. »Ich sagte lediglich, ich würde mal mit dir reden, um zu erörtern, ob es finanziell möglich *wäre*, wenn wir zwei zusammenlegen.«

»Ich kann mich auch gern beteiligen«, mischte sich Marissa erneut ein.

»Wie jetzt, du willst dich für Jane in Unkosten stürzen?«, fragte ich.

»Äh, nein, das nicht, aber ich kann euch beratend unterstützen. Ich kann euch zum Beispiel haufenweise Infomaterial darüber liefern, wie viele Quadratkilometer Regenwald für jedes neu gebaute Kraftfahrzeug abgeholzt werden. Außerdem habe ich mich zum Thema Fahrrad umfassend kundig gemacht und könnte einige passende Modelle empfehlen. Ich finde wirklich, das wäre eine viel bessere Lösung, und ...«

»Ich will aber kein Fahrrad, sondern ein *Auto*«, nölte Jane. »Ein Fahrrad hab ich schon. Radfahren ist doof.«

»Das kommt auf das Rad an. Wenn du ein richtig tolles, hochwertiges Rad hättest, würdest du die Sache sicher anders sehen«, beharrte Marisa. »Überleg es dir, ja? Versprich mir, dass du es dir durch den Kopf gehen lässt, Jane.«

»Ich finde, Marissa hat recht«, pflichtete Simon ihr bei. »Ein anständiges Fahrrad, das klingt nach einer großartigen Idee, Liebes.«

Jane schnaubte, ohne sich weiter dazu zu äußern und stürzte sich sogleich in die nächste Schlacht: »Hör mal, Dad, Mum will mich jetzt in die Schule fahren, aber findest du nicht auch, ich sollte heute zur Feier des Tages blau machen? Warum bist du eigentlich nicht im Büro?«

Ich spitze die Ohren.

»Wir haben uns beide einen Tag frei genommen; wir sind auf dem Weg zu einem Couples' Retreat in Dorset«, erklärte Marissa.

»Ein *Couples' Retreat?*«, wiederholte Jane ungläubig. »Igitt. Und was treibt ihr da so? Flotte Dreier und Sexpartys, oder was? Das ist ja total *abartig*, Dad!«

»Aber nein, nichts dergleichen«, erwiderte Marissa sehr freundlich und gelassen, in einem Tonfall, der signalisierte: Ich bin die Ruhe selbst und lasse mich von jemandem, der mir geistig unterlegen ist, nicht provozieren. »Es ist eine Art Einkehrwochenende für Paare, bei dem es darum geht, die Beziehung durch die intensive Auseinandersetzung miteinander im Beisein von ausgebildeten Fachleuten zu stärken und zu vertiefen. Wir machen Vertrauensübungen und ...«

»Wird da auch meditiert?«, unterbrach sie Jane.

»Wie? Jawohl, es gibt auch Paar-Meditation«, antwortete Marissa blasiert.

»Klingt, als wär's totaler Bullshit«, stellte Jane vergnügt fest.

Marissa seufzte. »Du solltest nicht über Dinge urteilen, von denen du nichts verstehst, Jane. Es ist wichtig für Paare, dass sie an ihrer Beziehung arbeiten, sie pflegen und entwickeln. Wer die Sache nicht proaktiv angeht, steht am Ende womöglich allein da. Wenn jemand mehrere gescheiterte Beziehungen hinter sich hat, liegt das oft daran, dass sich der oder die Betreffende nicht die Mühe gemacht hat, die nötige Zeit und Energie in die Beziehung zu investieren.«

Hey, ging das etwa gegen mich? Jep, kein Zweifel. Autsch!

Die Frau ist echt gut, das muss ich ihr lassen. All diese *en passant* hingestreuten zuckersüßen Bemerkungen, deren Gehässigkeit so subtil ist, dass man, wenn man widerspricht, garantiert als paranoid oder hyperempfindlich dasteht, und dann mustert sie einen mit fürsorglicher Miene und sagt: »Natürlich ging das nicht gegen dich, aber da du dich angesprochen fühlst, hast du damit offensichtlich ein Problem. Willst du darüber reden?« AUF GAR KEINEN FALL WILL ICH DAS, ICH BIN SCHLIESSLICH BRITIN! Und falls ich darüber reden wollen *würde*, dann ganz sicher nicht mit dir, du dämliche Schnepfe mit deinen glänzenden Haaren, deinem schief gelegten Kopf und deinem pseudo-mütterlichen Blick! Ich mag zwar Single sein und etliche gescheiterte Beziehungen hinter mir haben, aber solange ich die Wahl habe zwischen einem Dasein als einsame, alleinstehende Frau und einem Couples' Retreat, bei dem es vor Leuten wie Marissa wimmelt, erscheint mir die Aussicht, den Rest meines Lebens mit ein paar diskret verpackten Sextoys von Ann Summers zu verbringen, gar nicht so unattraktiv.

»Das klingt aber ziemlich teuer«, stellte Jane fest. »Das kostet doch garantiert ungefähr so viel wie ... ein Auto beispielsweise. Bestimmt könnte mir Dad ein Auto kaufen, wenn er nicht sein ganzes Geld für einen solchen Bockmist ausgeben würde.«

»Also erstens ist seelische Gesundheit unbezahlbar, Jane,« belehrte Marissa sie, »und zweitens habe ich Simon dazu eingeladen. Das war mein Geschenk an ihn zu unserem Jahrestag.«

»Der Glückliche«, ätzte Jane. »Wie dem auch sei, ich hatte *Dad* eine Frage gestellt, und es wäre nett, wenn du zur Abwechslung mal ihn antworten lassen würdest, Marissa.«

»In dem Ton redest du nicht mit Marissa, junge Dame!«, tadelte Simon seine Tochter. »Und wenn deine Mutter sagt, du sollst in die Schule gehen, dann gehst du in die Schule«, fuhr er streng fort.

»Jane macht dieses Jahr Abitur!«, rief ich, empört darüber, dass er wieder einmal mir den Schwarzen Peter zugeschoben hatte. »Und darauf muss sie sich vorbereiten! Der Stoff lernt sich nicht von allein!«

»Ja, schon gut, Mutter!«, keifte Jane. »Ich *weiß*, dass mein Abi ansteht. Wie könnte ich das vergessen, nachdem ich gerade die Probeexamen hinter mich gebracht habe und du seit fünf Monaten von nichts anderem redest? Aber gut, da *meine* seelische Gesundheit hier offenbar niemanden kümmert, gehe ich eben heute in die Schule.«

»Ich muss jetzt auflegen, Jane. Wir kommen gleich an eine große Kreuzung, da muss ich mich konzentrieren. Aber noch mal herzlichen Glückwunsch, Liebes. Ich melde mich heute Abend, okay?«

»Das geht nicht, Handyverbot im Retreat«, tönte Marissa aus dem Off.

»Oh Mann, stimmt ja.« Simon seufzte. »Na gut, aber wir hören uns bald, Liebes. Also, bis dann!«

»Gott, Marissa ist echt so eine verdammte Nervtusse!«, stöhnte Jane, sobald die Verbindung unterbrochen war.

Ich gab einen unverbindlichen Laut von mir.

Ich durfte auf keinen Fall den Fehler begehen, mich abschätzig über Marissa zu äußern, denn früher oder später würde mich Jane, wenn ich bei ihr in Ungnade gefallen war und sich Marissa mit Geschenkgutscheinen ihre Gunst erkauft hatte, garantiert verpetzen.

»Du sollst doch nicht so viel fluchen, Liebes.«

»Ist doch wahr! Na, egal. Jetzt mal im Ernst, Mum, warum muss ich heute in die Schule?«

»Weil das dein letztes Schuljahr ist und die Abinoten äußerst wichtig sind.«

»Die Queen hat auch kein Abitur«, wandte Jane ein.

»Das *braucht* sie auch nicht, weil sie verdammt noch mal die QUEEN ist!«, erinnerte ich sie. »Man wird schließlich nicht Königin, weil man Klassenbeste in der Königinnenschule war.«

»Das wäre aber deutlich demokratischer, nicht?«

»Du wirst aber nun mal nicht Königin, Jane!«, rief ich, »und diese ganzen unglaublich erfolgreichen Leute, die es ohne Abitur an die Spitze geschafft haben, die sind die absolute *Ausnahme*. Die wären ohnehin erfolgreich gewesen, und wahrscheinlich wäre es ihnen mit Abitur bedeutend *leichter* gefallen. Außerdem kommen auf jeden Millionär ohne Abitur Millionen von Leuten, die nie ihr volles Potenzial kennen und ausschöpfen werden, weil sie keinen derartigen Schulabschluss haben – und zwar in der Mehrzahl der Fälle nicht etwa deshalb, weil sie nicht genug gelernt hätten, sondern weil sie keine Gelegenheit dazu hatten. Wenn man bedenkt, dass Milliarden von Menschen auf der Welt gezwungen sind, unter lebensbedrohlichen Bedingungen für einen Hungerlohn zu schuften, weil ihnen aus dem einen oder anderen Grund eine ordentliche Schulbildung verwehrt geblieben ist – Menschen, die verdammt noch mal ihren rechten Arm opfern würden für die Bildungsmöglichkeiten, die du als völlig selbstverständlich betrachtest – ist es ehrlich gesagt eine Schande, dass du die Schule derart auf die leichte Schulter nimmst, statt das Beste für dich herauszuholen!«

Ich war ziemlich stolz auf diese kleine Ansprache. Es fehlte nicht viel, und mir wären Tränen in die Augen getreten. Irgendetwas davon *musste* doch zu Jane durchdringen und sie zu der Einsicht bringen, dass sie sich hinsetzen und lernen musste.

»Oh mein Gott, Mutter«, schnaubte Jane höhnisch. »War das

etwa gerade das Äquivalent zum ›Iss deine Erbsen, in Afrika verhungern Kinder!‹-Vortrag? Das ist ja *erbärmlich*!«

»Jetzt steig verflucht noch mal in den Wagen!«, fauchte ich.

Zu meiner großen Erleichterung hatte ich wenigstens keinen Anruf von der Schule erhalten, was dann wohl bedeutete, dass es Peter auf wundersame Weise gelungen war, sich von seinem Computer loszureißen und den Bus zu erwischen. Nachdem ich mein noch immer murrendes Fräulein Tochter in der Schule abgeliefert hatte, schlug ich den Weg ins Büro ein.

Ich mag meinen Job. Ich hatte weiß Gott schon deutlich schlimmere, und ich habe verflucht hart gearbeitet, um dahin zu kommen, wo ich jetzt bin. Ich bin gut in dem, was ich tue, und ich habe ein großartiges Team unter mir (kein einziger Mitarbeiter mit hyperaktiven Schweißdrüsen).

Das Einzige, was bei uns nervt, sind die ganzen diplomatischen Verwerfungen. Da gibt es Intrigen, Verleumdungen und Verrat von wahrhaft Shakespeare'schem Ausmaß im Wettstreit um den besseren Schreibtisch oder den bequemeren Stuhl, und dann dieser geradezu lächerliche Drang, sich als Tugendbold zu profilieren, den manche Leute an den Tag legen, wenn es um den Kauf des Kaffeepulvers geht! »*Dieser* Kaffee ist Fairtrade!« »Mag sein, aber der hier ist *noch viel mehr* Fairtrade.« »Aber *dieser* Kaffee stammt aus einer Kooperative, die von blinden, verwaisten Orang-Utans betrieben wird, deren Eltern von der bösen Palmölindustrie umgebracht wurden …« und so weiter und so fort. Teetrinker machen nie so viel Aufhebens. Es sind immer die Kaffeetrinker, die sich derart penetrant als Retter der Welt aufspielen, oder?

Wenn wir uns verdammt noch mal alle auf unsere Arbeit konzentrieren würden, statt ständig in sinnlosen Meetings zu hocken und bis zum Abwinken über die Wahl der besten Kaffeemarke zu diskutieren, wären wir bestimmt deutlich produktiver. Mehr noch, wenn gewisse Leute nicht so viel Zeit darauf verschwenden würden, sich wichtig zu machen, indem sie über Angelegenheiten labern, die absolut gar nichts mit ihrer eigentlichen Arbeit zu tun haben und sich stattdessen auf besagte eigentliche Arbeit besinnen würden, liefe unsere Firma vermutlich nicht Gefahr, einer Fusion zum Opfer zu fallen, die uns alle den Job kosten könnte.

Ich hatte meine derzeitige Stelle ja in der Hoffnung angetreten, nun endlich eine Tätigkeit ausüben zu können, die meine Leidenschaft weckt. Unsere Firma ist ein wahnsinnig trendiges Technologie-Unternehmen mit ›Think Cells‹, in denen die kreativen Köpfe »ins Blaue denken« (was immer das bedeuten mag) und die Wände bemalen können, während sie den heiß diskutierten Kaffee in sich hineinkippen. Ich bin weder trendig noch kreativ, und als Mutter von zwei Kindern verspüre ich des Öfteren den Impuls, »Böser Junge!« zu keifen und diesen bärtigen Hipstern in ihren Hochwasserhosen damit zu drohen, dass ich ihnen den Hintern versohlen werde, sollten sie noch einmal die Wände beschmieren. Wobei vor allem Daryl, der Hipster mit dem längsten Bart und den kürzesten Hosen, auf mich den Anschein erweckt, als könnte er durchaus Gefallen daran finden, wenn ihm eine Frau, die altersmäßig seine Mutter sein könnte, den Hintern versohlt.

Ich kann wohl mit Fug und Recht behaupten, dass ich mich seit meinem Eintritt in die Firma wacker geschlagen habe, obwohl ich Hosen in konventioneller Länge trage und es vorziehe, Bürobingo mit meiner Kollegin Lydia zu spielen, während die kreativen Jungspunde fleißig Phrasen dreschen, von wegen »Zukunftsorientiertes Handeln erfordert zum einen den Blick über den Tellerrand und die Nutzung von Synergieeffekten, zum anderen ist es unerlässlich, unter Berücksichtigung der zugrundeliegenden Systeme und mithilfe transparenter und diversifizierter Wertschöpfungsparadigmen ...« Blubber, blubber, fasel, fasel. Die Jungspunde in ihren Hochwasserhosen denken sich die Dienstleistungen aus, die wir anbieten, und ich liefere ihnen mit meinem Team die nötige Software dafür. Mittlerweile bin ich sogar Abteilungsleiterin, was bedeutet, dass ich ein Büro mit Fenster und den bequemsten Stuhl habe. Es bedeutet aber auch, dass mein Kopf der erste ist, der rollt, wenn etwas schiefläuft.

Ich wäre am Boden zerstört, wenn ich meinen Job verlieren würde, und zwar nicht nur wegen der finanziellen Auswirkungen. Ich versuche mir einzureden, dass ich über zahlreiche übertragbare Fähigkeiten verfüge und problemlos eine neue Stelle fände, aber ich bin achtundvierzig, und ich habe keine Lust, noch einmal von vorn anzufangen, in einer Firma, in der ich weder weiß, wo die Klos sind, noch, dass man es wegen eines unerfreulichen Zwischenfalls bei einer Firmenweihnachtsfeier tunlichst vermeiden sollte, im Beisein von Eric aus der Marketingabteilung von After Eight zu reden.

Zugegeben, eine Entlassung wäre vermutlich eine gute Gelegenheit, noch einmal etwas ganz anderes auszuprobieren. So gern ich meinen Job mag, fände ich es doch auch schön, mich zu etwas so richtig berufen zu fühlen und jeden Morgen aus dem Bett zu springen, weil ich es kaum erwarten kann, in die Welt hinaus zu gehen und etwas zu tun, das ich *liebe*. Vor Jahren habe ich eine Spiele-App entwickelt, die mir einen ordentlichen Batzen Geld eingebracht hat – nicht so viel, dass ich mich gleich zur Ruhe hätte setzen können, aber immerhin genug, um meine prekäre finanzielle Situation etwas zu entschärfen. Doch dann habe ich beschlossen, mich scheiden zu lassen, und seither ist die Lage wieder etwas angespannt. Eine Zeitlang hatte ich gehofft, meine Berufung könnte darin bestehen, mir weitere Apps auszudenken, aber bedauerlicherweise haben sich all meine Bemühungen in dieser Richtung als Schnapsideen entpuppt. Es wäre toll, bei Dinnerpartys und dergleichen ausführlich die interessanten Details meiner Arbeit schildern zu können. Allerdings stelle ich mit zunehmendem Alter fest, dass sich die Tätigkeiten, die mir Spaß machen – fernsehen, Kuchen essen, schlafen, meinen Hunden allerlei Quatsch erzählen, Romane von Jilly Cooper lesen und Wein trinken – leider nicht als Berufung eignen. Mir will einfach keine Möglichkeit einfallen, mir damit meinen Lebensunterhalt zu verdienen, so sehr ich mir auch das Hirn zermartere.

Ich habe auch schon in Erwägung gezogen, meine Hobbys etwas intensiver zu betreiben, um zu testen, ob in einem dieser Bereiche meine wahre Berufung liegt. Ich trinke zum Beispiel leidenschaftlich gerne Vesper Martinis; das fühlt sich so mondän an und ist zudem eine ausgezeichnete Getränkewahl für Frauen, die beim Beckenbodentraining etwas nachlässig waren. Vesper Martinis werden nämlich in sehr kleinen Gläsern serviert, sind aber sehr stark, sprich, man muss nur wenig davon trinken, um binnen kürzester Zeit ziemlich blau zu sein. Ich weiß das, weil Hannah und ich es ausgiebig ausgetestet haben, als sie kürzlich an einem Samstag babyfrei hatte. Sie hat Klein Edward seinem Vater anvertraut, damit wir uns zum Lunch treffen konnten, wie die Dame von Welt das samstags so macht, und bei dieser Gelegenheit haben wir vier Vespa Martinis gekippt, nachdem wir zu besagtem Lunch bereits Wein konsumiert hatten. Danach konnten wir nur noch lallen. Als ich nach Hause kam, bezeichnete Jane meinen Zustand als skandalös und knurrte etwas von wegen »schlechtes Beispiel«. Zu meiner

Verteidigung sei gesagt, dass ich nie den Anspruch hatte, meinen Kindern mit gutem Beispiel voran zu gehen. Ich habe mich immer an die Theorie gehalten, dass ich, da ich zum guten Beispiel nicht tauge, zumindest als Warnung dienen sollte. Leider war ich am Tag der Schande nach den vier Gläsern Vesper Martini nicht mehr in der Lage, meine Tochter über meine Anstrengungen in dieser Hinsicht aufzuklären. Ich konnte nur noch nuscheln, ich hätte wohl etwas Verdorbenes gegessen und müsste ein kleines Nickerchen machen.

Natürlich bin ich bei der Suche nach meiner wahren Berufung zwischendurch auch erwachsener vorgegangen. Archäologie beispielsweise hat mich seit jeher fasziniert, und ich war lange überzeugt, es hätte durchaus meine Berufung werden können, wenn ich nicht Computerwissenschaften studiert hätte, um meiner Mutter eins auszuwischen. Mum argwöhnte damals, meine Kommilitonen wären ausschließlich Brillen tragende Jungs in Windbreaker-Anoraks aus Nylon und fragte sich besorgt, wie ich angesichts dieser Tatsache einen anständigen Ehemann finden sollte, und überhaupt: Welcher Mann würde eine Frau heiraten wollen, die ein derart *männliches* Studium absolviert hat? Ihrer Ansicht nach hätte ich mich lieber für englische Literatur einschreiben sollen, wie es sich für ein nettes Mädchen gehört, und mir möglichst rasch einen Jurastudenten angeln, oder vielleicht einen sympathischen Mediziner. Insgeheim hoffte sie, da ich in Edinburgh studierte, wo bekanntermaßen die piekfeinen Jungs studieren, die in Oxford und Cambridge abgelehnt wurden (jedenfalls war das so, bevor sich Prinz William für Saint Andrews entschieden hat), ich würde mir einen Adeligen anlachen, oder zumindest einen angehenden Anwalt oder Arzt. Oder sonst irgendeinen sympathischen jungen Mann, der eine Karriere in London anstrebte. Dass ich rein zu Bildungszwecken und mit dem Ziel, selbst Karriere zu machen, studieren könnte, kam ihr offensichtlich nie in den Sinn. Was Mum angeht, gibt es für Frauen nur einen Grund, die Universität zu besuchen, nämlich die Suche nach einem Mann, der so reich ist wie mein Stiefvater.

Doch unvernünftig, wie ich war, vertat ich meine Chancen bei den Anwälten und Ärzten *in spe*, indem ich mich mit Nerds in beigefarbenen Anoraks umgab (wobei meine Kommilitonen ehrlich gesagt ausgesprochen nett und normal waren und mitnichten beigefarbene Anoraks trugen). Deshalb war meine Mutter sehr erleichtert, als meine Wahl auf Simon fiel, der immerhin Architekt war. Ich für meinen Teil ärgerte mich darüber, dass ich im Grunde ihrer Empfehlung gefolgt war, indem ich an der Universität einen netten jungen Mann kennengelernt und ihn geheiratet hatte. Zu meiner Verteidigung kann ich anführen, dass ich, wie ich vermute, deutlich mehr Gelegenheitssex hatte als sie in ihrem ganzen Leben, und als ich mich schließlich Hals über Kopf in Simon verliebte, erschien es mir als der logische nächste Schritt, ihn zu heiraten – *selbstverständlich* wollten wir den Rest unseres Lebens miteinander verbringen, warum also sollten wir *nicht* heiraten?

Aber ich hatte wie gesagt auch seit jeher mit dem Gedanken gespielt, Archäologin zu werden, und nachdem sich herausgestellt hatte, dass Simon und ich doch nicht den Rest unseres Lebens miteinander verbringen würden, fungierte ich vor etwas mehr als einem Jahr als freiwillige Helferin auf einer archäologischen Ausgrabungsstätte in unserem Dorf. Leider war auch die Archäologie nicht meine Berufung. Ich hatte mir vorgestellt, ich würde behutsam Artefakte von unschätzbarem Wert sichten und früher oder später an der Seite eines wettergegerbten, aber attraktiven Archäologen (der natürlich ein Tweed-

Sakko mit Lederflicken an den Ellbogen trug) ein paar Abenteuer à la *Indiana Jones* erleben. Ich hatte eine vage Vision von mir selbst mit strengem Dutt und intellektuell wirkender Brille, aber eines Tages würde ich die Brille ablegen und den Dutt lösen, und dann würde der Indiana-Jones-Verschnitt hingerissen hervorstoßen: »Miss Green! Sie sind ja die reinste *Augenweide*!«, und von da an würden wir andauernd rumknutschen und dazwischen allerlei Bösewichte bekämpfen, die es auf unser Amulett (oder was auch immer) abgesehen hatten.

Tja, es sollte anders kommen. Die Buddelei erwies sich als ziemlich dreckige Angelegenheit, weshalb die Archäologen tendenziell eher praktische Textilien aus Chemiefasern als Tweed-Sakkos trugen. Ein wettergegerbter, attraktiver Mann war nicht unter ihnen, aber zum Knutschen wären wir ohnehin nicht gekommen, weil sich dort zudem fünfundzwanzig rüstige Rentner tummelten, die mich ständig tadelten, weil ich meine Kelle nicht richtig hielt. Und ich musste Skizzen von Gesteinsbrocken anfertigen. Keine Ahnung, wieso ich nicht stattdessen einfach Fotos machen durfte. Ich habe den Verdacht, es handelte sich um eine Art Beschäftigungstherapie, um mich vom allzu enthusiastischen Gebrauch der Kelle abzuhalten, wobei mir ehrlich gesagt schleierhaft ist, was man dabei groß falsch machen kann. Getadelt wurde ich übrigens auch, weil ich einen Bleistift verlor. Dafür lief mir einmal eine Spitzmaus über den Weg. Ich mag Spitzmäuse. Und meine Hunde. Und meine drei Hühner, die mich inzwischen nicht mehr ganz so abgrundtief hassen, weshalb ich zwischendurch überlegt habe, ob meine Berufung vielleicht in der Zoologie liegen könnte. Aber meine Google-Recherche ergab, dass Zoologen selten den Rang und Nimbus eines David Attenborough erreichen, sondern in den meisten Fällen als Zoowärter arbeiten, und selbst mir war klar, dass man als

Zoowärter in erster Linie ... äh, Haufen schaufelt, und zwar ziemlich große, wenn man beispielsweise für die Elefanten oder Nashörner zuständig ist. Und schon stand ich mit meinen Überlegungen wieder am Anfang.

FEBRUAR

Freitag, 1. Februar

Es gibt Neuigkeiten: Meine Nachbarin Margaret hat vor ein paar Monaten beschlossen, ihr Cottage zu verkaufen, und als ich heute Abend auf einen Drink bei ihr vorbeischaute, erzählte sie, es habe sich ein Käufer gefunden.

»Ein junger, gutaussehender Single, meine Liebe. Ich fand sein Auftreten bei der Besichtigung sehr sympathisch, geradezu charmant.«

»Woher wissen Sie, dass er Single ist, Margaret?«, fragte ich, während sie mir großzügig Gin nachschenkte. Margaret wird mir fehlen. Anfangs fühlte ich mich etwas eingeschüchtert in ihrer Gegenwart, zumal es mir so vorkam, als würde sie meinen Lebenswandel als geschiedene Single-Mutter missbilligen und in mir die Dorfmatratze sehen, weil ich Herrenbesuch erhielt (Naja, Jack. Es war weiß Gott nicht so, als hätten die Männer bei mir Schlange gestanden, leider). Dabei begegnet Margaret all ihren Mitmenschen mit Missbilligung, solange sich die Betreffenden nicht ihrer würdig erwiesen haben. Glücklicherweise ist das nicht weiter schwierig, man muss sie dafür lediglich mit Gin versorgen und ihre unzähligen Tratsch- und Klatschgeschichten mit einem gewissen Enthusiasmus aufnehmen. Und da ich kaum etwas so sehr liebe wie Gin und Dorftratsch, sah sie in mir schon bald eine Art Seelenverwandte.

»Und immer schön sparsam mit dem Tonic Water, ja? Also, erstens stand im Papierkram lediglich sein Name …«

»Das beweist gar nichts«, wandte ich ein. »Er kann trotzdem eine Freundin haben – oder einen Freund.« Wie ich mein Glück kenne, ist er stockschwul. Ein attraktiver, heterosexueller Single, der mir quasi in den Schoß fällt, das klang definitiv zu schön, um wahr zu sein.

»Er hat weder eine Freundin noch einen Freund«, beharrte Margaret. »Heute war er noch mal da, um einen Blick auf das Garagendach zu werfen, weil der Idiot, der das Gutachten erstellt hat, behauptet, es hätte ein Loch, was natürlich Unsinn ist. Na, jedenfalls habe ich ihn bei der Gelegenheit gefragt, schließlich mache ich mir Sorgen um Sie, Ellen. Was soll aus Ihnen werden, so ganz allein? Was würden Sie tun, wenn Ihr Garagendach ein Loch hätte, hm?«

»Einen Dachdecker anrufen, wie vermutlich die meisten Leute. Was *genau* haben Sie zu ihm gesagt, Margaret?«, erkundigte ich mich matt. Margaret ist dafür bekannt, dass sie nicht um den heißen Brei herumredet. »Doch nicht etwa sowas wie ›Ahoi, Sie Adonis, stehen Sie auf Mädels oder auf Jungs, und falls die Antwort ersteres ist, sind Sie noch zu haben? Meine Nachbarin Ellen müsste nämlich dringend mal wieder flachgelegt werden.«

»Natürlich habe ich nichts dergleichen gesagt«, schnaubte Margaret empört. »Ich habe ihn gefragt, ob er allein hier leben wird, und er sagte ja, und dann habe ich gesagt, es sei bedauernswert, dass ein so sympathischer junger Mann wie er keine nette Ehefrau oder Freundin hat, worauf er meinte, ihm sei einfach noch nicht die Richtige über den Weg gelaufen. Wie gesagt, es klingt, als wäre er genau der Richtige für Sie. Ach ja, er ist neunundvierzig, und er hat einen ziemlich knackigen Allerwertesten.«

»Margaret, Sie sind achtundsiebzig! Es ziemt sich nicht für eine Frau in Ihrem Alter, Kerlen auf den Hintern zu glotzen!«

Margaret hob mahnend den Zeigefinger. »Na, na, keine Altersdiskriminierung, bitte! Auch Frauen im fortgeschrittenen Alter wissen den Anblick eines knackigen Allerwertesten zu schätzen. Genau deshalb trage ich doch meine Brille an dieser praktischen Kette um den Hals – damit ich sie bei Bedarf griffbereit habe und alles genauestens unter die Lupe nehmen kann.«

Ich verdrehte die Augen. »Na, jedenfalls muss an ihm irgendetwas faul sein, wenn er mit neunundvierzig noch nicht die Richtige gefunden hat. Womöglich hat er grässlichen Mundgeruch.«

»Hat er nicht.«

»Dann hat er entweder bis jetzt bei seiner Mutter gelebt, weil er nicht in der Lage ist, eine Waschmaschine zu bedienen, oder er gehört zu den Männern, die sich im Internet darüber beschweren, wie unfair es doch ist, dass Frauen nicht gesetzlich zum Beischlaf mit ihnen verpflichtet sind und sich dann wundern, warum keine Frau mit ihnen ins Bett will. Oder aber er ist ungeheuer anspruchsvoll und erwartet von einer Frau, dass sie noch Jungfrau ist und ihn jeden Abend bekocht und niemals flucht. Wie dem auch sei, ich wette, er hat irgendwelche Leichen im Keller. Hm, womöglich ist er ja ein Mörder, der seine Opfer unter den Dielenbrettern versteckt, und kann sich keine Freundin zulegen, weil sie sich über den Gestank beschweren würde!«

»Also, das will ich ihm nicht geraten haben – ich musste Jim *jahrelang* belabern, bis er endlich den Teppich rausgeworfen und die Dielenbretter abschliffen hat. Ich hab mir doch nicht diese ganze Mühe gemacht, damit irgendein Tunichtgut bequem seine Mordopfer darunter verstecken kann! Glauben Sie mir, Ellen, er macht einen ausgesprochen netten Eindruck. Bestimmt gibt es eine plausible Erklärung dafür, dass er noch Single ist. Vielleicht hat er sich in der Dritten Welt um Waisenkinder gekümmert und ist deshalb noch nicht der Richtigen begegnet. Wie sieht es aus, meine Liebe, noch ein klitzekleines Gläschen Gin? Und haben Sie Zigaretten? Meine Enkelin hat meine gestern mit den Worten ›Raucher sterben zwanzig Jahre eher‹ konfisziert. Ist das zu fassen? Ich habe ihr gesagt, dass ich fast achtzig und kerngesund bin und die zwanzig Jahre, die mich mein Laster kosten könnte, vermutlich kein großer Verlust wären, weil ich sie mit großer Wahrscheinlichkeit in geistiger Umnachtung in einem Heim verbringen würde. Aber sie hat sie mir trotzdem weggenommen, das kleine Biest. Ist alles in Ordnung, Ellen? Sie sind ganz rot im Gesicht.«

»Mir ist bloß ein bisschen warm«, erklärte ich. »Kann es sein, dass Ihre Heizung voll aufgedreht ist?«

»Allerdings.« Margaret grinste zufrieden. »Jim hat immer wie ein Schießhund aufgepasst, dass die Raumtemperatur die Achtzehn-Grad-Marke nicht überstieg. Sobald ich mich auch nur in die Nähe des Thermostats gewagt habe, gab es ein Riesentheater. Umso mehr genieße ich es, dass ich die Heizung jetzt nach Herzenslust hochdrehen kann. Aber, sagen Sie, kann es sein, dass Sie allmählich in die Wechseljahre kommen?«, erkundigte sie sich mitfühlend. »Naja, und wenn schon, zumindest sind Sie Single und müssen sich in dieser schwierigen Zeit keine dummen Sprüche von Ihrem Gatten anhören. Ich wäre

Jim ja beinahe an die Gurgel gegangen, als er fragte, ob es denn wirklich nötig sei, dass ich so ein Gewese darum mache. ›James Langdon‹, hab ich gesagt, ›du hältst gefälligst den Schnabel, solange du keine Ahnung hast, wie das ist, wenn sich die Innenseite deiner Gebärmutter nach außen zu stülpen versucht, wenn dich sämtliche Zellen deines Körpers zu hassen scheinen und du glaubst, dass deine Fußsohlen in Flammen stehen!‹«

»Jetzt bin ich verwirrt, Margaret. Erst wollen Sie mich mit einem potenziellen Serienmörder verkuppeln, den ich gar nicht kenne und dem Sie selbst erst zwei Mal begegnet sind, und das alles nur, weil er einen knackigen Hintern hat, und dann erklären Sie mir, dass ich als Single ohnehin besser dran bin.«

»Tja, ich hatte ganz vergessen, dass Sie auf die Fünfzig zugehen. Ich dachte einfach, Sie fänden es vielleicht schön, etwas Gesellschaft zu haben; jemanden zum gemeinsamen Kreuzworträtsellösen, wenn Sie wissen, was ich meine.« Margaret zwinkerte und grinste anzüglich. »Aber dann ist mir wieder eingefallen, was für eine unerträgliche Nervensäge mein Mann sein konnte. Manchmal war er wirklich kaum auszuhalten. Und außerdem haben Sie ja Ihre Kinder und die beiden schnuckeligen Hundchen.«

Ich schnitt eine Grimasse. »Meine Kinder werden demnächst flügge; ich bekomme sie bereits jetzt kaum je zu sehen. Vielleicht wäre es tatsächlich ganz nett, wieder einen Mann in meinem Leben zu haben. Aber nach Jack habe ich die Hoffnung aufgegeben. Ich bin zu alt für das Dating-Business. Die meisten Männer in meinem Alter sind auf der Suche nach einer attraktiven Dumpfbacke, und alle anderen sind bereits senil und wollen im Grunde genommen bloß eine Krankenpflegerin, die sie nicht bezahlen müssen. Und selbst denen ist ein hübsches junges Ding lieber.«

»Tja, ein Glück, dass das Leben noch mehr zu bieten hat als nur Männer, nicht?«, fragte Margaret entschieden. »Gin beispielsweise. Ich schlage vor, Sie nehmen noch einen für den Heimweg. Habe ich eigentlich schon erzählt, dass sich Nicola aus dem Dorfladen offenbar auf einer Swinger-Webseite tummelt? Brendas Sohn hat sie dort entdeckt. Natürlich hat er behauptet, er sei *rein zufällig* auf der Seite gelandet. Eine faustdicke Lüge, wenn Sie mich fragen, genau wie damals, als Brenda seine *Playboy*-Hefte gefunden hat, die er angeblich wegen der interessanten Artikel gekauft hat.«

Samstag, 16. Februar

Heute war Hannah da. Ich kenne Hannah schon fast mein ganzes Leben, oder zumindest so lange, dass die paar Jahre, in denen wir uns nicht kannten, gar nicht richtig zählen. Hannah sagt immer, was auch geschieht, wir müssen befreundet bleiben, weil es in unserem Alter unmöglich ist, noch einmal eine Freundin zu finden, die man länger kennt, als man sie nicht kannte; dafür ist die Zeit, die uns bis zu unserem Tod noch bleibt, einfach zu kurz. Natürlich müssen wir auch Freundinnen bleiben, weil sie meine schlimmsten, schmutzigsten Geheimnisse kennt und mich nicht dafür verurteilt und umgekehrt. Wobei Hannah keinerlei schlimme, schmutzige Geheimnisse hat, weil sie ein viel besserer Mensch ist als ich, und ehrlich gesagt sind auch meine schlimmsten, schmutzigsten Geheimnisse gar nicht so wahnsinnig interessant. Ist nicht so, als hätte ich im wahrsten Sinne des Wortes ein paar Leichen im Keller.

Meine peinlichen Geheimnisse haben eher mit meiner Jugend und den Hallodris zu tun, mit denen ich damals Sex hatte. Hannah weiß viel mehr über mich als Simon, der Mann, mit dem ich gut zwanzig Jahre verheiratet war, neben dem ich jede Nacht geschlafen habe und dessen Kinder ich zur Welt gebracht habe. Hannah weiß zum Beispiel, dass ich mal mit einem angehenden Bauingenieur im Bett war, der seine Kondome in der Hülle seines Taschenrechners aufbewahrt hat (sehr sexy). Hannah weiß auch, dass ich die Scheidung eingereicht habe, weil Simon mir untreu war, obwohl ich selbst nur ganz knapp an einem Seitensprung vorbeigeschrammt bin, und wäre der Mann, bei dem ich beinahe schwach geworden wäre, kein so netter Mensch gewesen, dann wäre vermutlich alles ganz anders gekommen. Meine Reaktion auf Simons Treuebruch war also ein klein wenig scheinheilig.

Aber Hannah verurteilt mich ich nicht dafür. Sie hat nie auch nur mit einem Wort erwähnt, dass mein Verhalten Simon gegenüber möglicherweise eine Spur unfair war. Ganz im Gegenteil: Sie hat sich ausführlich darüber echauffiert, dass er sein Ding nicht in der Hose behalten konnte (Wobei man nicht behaupten kann, dass Simon alles gevögelt hätte, was nicht bei drei auf den Bäumen war; er hatte einen einzigen One-Night-Stand, doch der entpuppte sich leider als der vielzitierte allerletzte Sargnagel; der Tropfen, der das Fass endgültig zum Überlaufen brachte. Unsere Ehe war einfach zu vielen Belastungen ausgesetzt gewesen – die Kindererziehung, die Tatsache, dass Simon und ich nie genug Zeit füreinander hatten, was nicht zuletzt an seiner Sucht nach der Fernsehserie *Die Gebrauchtwagenprofis – neuer Glanz für alte Kisten* lag, und an diesen gottverdammten Bergen von Schmutzwäsche, die oft an den Himalaya erinnerten).

Manchmal bereitet es mir Kopfzerbrechen, dass Hannah, weil sie nun mal so ein guter Mensch ist, viel mehr in unsere Freundschaft einbringt als ich. Es kommt mir so vor, als beschränkte sich mein Beitrag dazu einzig und allein darauf, dass ich ihr in unserer Jugend beim Göbeln so oft die Haare aus dem Gesicht gehalten habe, die Gute vertrug nämlich überhaupt keinen Alkohol. Aber inzwischen ist das gar nicht mehr nötig, da wir mittlerweile Sauvignon Blanc und Rioja trinken statt einer Mischung aus Wodka und Hooch (keine Ahnung, wieso zum Geier wir es für eine gute Idee gehalten haben, Alkopops mit Hochprozentigem zu mischen. Es macht eben nichts so dumm wie der jugendliche Irrglaube von der eigenen Unzerstörbarkeit).

Selbstverständlich habe ich Hannah auch während ihrer Schwangerschaften beim Spucken die Haare aus dem Gesicht gehalten, insbesondere bei ihren beiden älteren Kindern (Damals war sie noch mit ihrem fiesen ersten Ehemann Dan verheiratet). Aber ehrlich gesagt hätte diese meine Rolle in Hannahs Leben auch von einer Kombination aus Haargummi und Haarreif übernommen werden können. Doch Hannah reagierte überrascht, als ich meine Bedenken wegen der ungleichen Aufgabenverteilung in unserer Freundschaft zur Sprache brachte.

»Unsinn, Ellen«, sagte sie, »du tust doch das Gleiche für mich – du verurteilst mich nie, und du bist immer für mich da und gibst mir Rückendeckung ... Manchmal habe ich das Gefühl, dass *ich* viel mehr von unserer Freundschaft profitiere als du, schon, weil du so extrovertiert bist und ich immer nur als dein schnarchnasiger Sidekick auftrete. Die Leute reden doch nur mit mir, weil ich mit dir unterwegs bin. Und ich kann dir noch nicht einmal die Haare aus dem Gesicht halten, weil du dich von Alkohol so gut wie nie übergeben musst. In all den Jahren kam es nur ein einziges Mal vor, nämlich bei dieser Wodka-Party im Studentenwerk anno neunzehnfünfundneunzig. Da gab es den Becher Wodka mit Cola für fünfzig Pence, und du hast dir sechsunddreißig davon hinter die Binde gekippt, weshalb wir vermutet haben, dass die Dinger mit Wasser gestreckt waren, sonst hättest du das gar nicht überlebt. Aber bei der Verbeugung vor dem Porzellangott warst du dann allein in der Kabine, und als ich endlich auf die Idee kam, mal nachzusehen, ob alles okay ist, hast du mir bloß aufgetragen, dir noch einen Wodka zu holen.«

»Äh, ja, da bin ich nicht gerade stolz darauf. Ehrlich gesagt könnte es an diesen sechsunddreißig Bechern Wodka Cola gelegen haben, dass ich mich von dem Typen mit den Gummis in der Taschenrechnerhülle habe abschleppen lassen.«

»Nein, das war bei einer Whiskey-Ceilidh-Party«, erinnerte mich Hannah.

»Siehst du, du kennst *jedes* meiner Geheimnisse.« Ich seufzte.

Das ist es wohl letztendlich, was wahre Freundschaft ausmacht und uns als Freundinnen zusammenschweißt: die Unterschiede genauso wie die Ähnlichkeiten. Die eine ist laut und redet zu viel, die andere ist stiller und nachdenklicher. Die eine kotzt, die andere hält ihr die Haare aus dem Gesicht. Die eine ist praktisch veranlagt und schreitet zur Tat, etwa indem sie dubiose Pubs ausfindig macht, in denen man kostengünstig einen Mord in Auftrag geben kann, sollte der besten Freundin das Herz gebrochen werden, die andere ist vernünftiger und einfühlsamer und erinnert daran, weshalb der Besuch eines solchen Etablissements möglicherweise keine so gute Idee ist.

Ich fand es sehr schön, dass Hannah da war. In letzter Zeit haben wir uns nicht allzu oft gesehen, weil ihr einst so süßer Nachzügler Edward mittlerweile kein pausbäckiges Engelchen mehr ist, dessen einziger Lebensinhalt darin besteht, genüsslich an seinen speckigen kleinen Zehen zu nuckeln oder sie sich alternativ ins Ohr zu stecken.

Vielmehr hat sich Edward in Conan den Zerstörer verwandelt und mit Verve in das gefürchtete zweite Lebensjahr gestürzt, und aufgrund seiner ausgeprägten destruktiven Tendenzen wagt Hannah es kaum noch, mit ihm das Haus zu verlassen. Erst neulich wurde er vom Babysingen ausgeschlossen, weil er sich als Feuerwehrmann betätigt hat. »Ich hab ihn wirklich nur *eine* Sekunde losgelassen, weil es in dem Lied *Wickel die Spule auf* hieß: ›Zeig an die Decke, zeig auf den Boden‹, und – zack! – war das kleine Rabenaas auch schon auf und davon, um mit dem Feuerlöscher zu ›spielen‹!«, berichtete Hannah, den Tränen nah. Ein paar Tage später gab es dann einen unschönen Zwischenfall im örtlichen Café, als Edward der Kellnerin seinen Babyccino vor den Latz knallte und ihr dabei ein »Du Muschi!« entgegenschmetterte, ein Ausdruck, den ihm sein großer Bruder Lucas »zum Spaß« beigebracht hatte.

Weil Edward überall eine Spur der Verwüstung hinterlässt, hat Hannah auch panische Angst davor, Bekannte zu Hause zu besuchen. Als ich kürzlich mit Hannah und Edward unsere Freundin Katie besuchte, die Mutter zweier süßer kleiner Mädchen ist und noch nie einen zweijährigen Jungen in Aktion erlebt hat, dessen Zerstörungswut einem Wirbelsturm von wahrhaft alttestamentarischen Ausmaßen gleicht, hauchte sie entsetzt: »Sind alle Jungs in dem Alter so?«

»Nicht alle, nein«, versicherten wir ihr, »aber der Großteil.«

Katie machte gute Miene zum bösen Spiel, Hannah dagegen war zusehends gestresst, weil unsere Gastgeberin nervöse Zuckungen bekam, sobald Edward einen seiner Kamikaze-Feldzüge startete. Bei Edward gibt es kein »langsam«; er rast umher wie eine Flipperkugel. Hinterher vertraute mir Hannah an, sie werde Katie erst wieder besuchen, wenn sich Edward »etwas zivilisierter« benimmt, was mir ein hohles Lachen entlockte –

Peter hat zwar irgendwann aufgehört, sämtliche Gegenstände in seiner Umgebung mit Vollgas zu rammen und zu demolieren, aber zivilisiert würde ich sein Verhalten trotzdem nicht nennen.

Im Gegensatz zu Katie habe ich nicht allzu viele schöne Sachen, die Edward kaputtmachen könnte, und ich erinnere mich noch lebhaft an Peter in dieser Phase. Außerdem ist Hannah meine älteste Freundin, und mein Zuhause ist einer der wenigen Zufluchtsorte, die ihr noch geblieben sind, denn im Park ist es um diese Jahreszeit tendenziell sehr feucht und windig, und diese grauenhaften Indoor-Spielplätze, in denen alles mit den Körperflüssigkeiten wildfremder Menschen überzogen ist, sind die Hölle auf Erden und keine echte Alternative, sondern im Grunde bloß ein Gesundheitsrisiko.

Wobei auch zu Hause allerlei Gefahren lauern können, weil Erwachsene gern mal vergessen, dass Kleinkinder über die seltene Gabe verfügen, so gut wie jeden Gegenstand in eine potenziell tödliche Waffe zu verwandeln, und sei er auf den ersten Blick noch so harmlos.

Meine eigenen Kinder bildeten da keine Ausnahme. Peter beispielsweise hat doch tatsächlich einmal das Kunststück vollbracht, sich an einem Kissen zu verletzen. Auf mein entgeistertes »Wie hast du das nun wieder geschafft?« wimmerte er: »Da war irgendwas Scharfes in dem Kissen drin, Mami« und wankte mit dem Gebaren eines vornehmen Fräuleins, das nur noch matt nach dem Riechsalz verlangen kann, ehe es in Ohnmacht fällt, zur nächstbesten Couch, wie er es damals bei jedem noch so kleinen Kratzer oder sonstigen Gebrechen tat. Er erinnerte mit seiner Leidensmiene frappierend an eines dieser dem Tode geweihten viktorianischen Gassenkinder, wie er so dahinschlurfte, das Bein nachziehend, eine Hand am blutenden Knie.

Mit der Darbietung meines verletzten oder kranken Sohnes hätte es nicht einmal die auf dem Totenbett liegende Beth aus *Little Women* aufnehmen können. Ich war hin- und hergerissen zwischen meiner Verärgerung wegen des blutbefleckten Kissenbezugs und einer widerstrebenden Bewunderung, weil es ihm doch tatsächlich gelungen war, sich in unserem Wohnzimmer, das quasi einer Gummizelle glich, eine Verletzung zuzuziehen. Offenbar hatte er sich auf das Kissen gekniet und sich dabei am Schieber des Reißverschlusses die Haut aufgekratzt. Dennoch behauptete er steif und fest, es sei *meine* Schuld, wohl, weil ich die Kissen angeschafft hatte.

All das vergisst man, wenn die lieben Kleinen erstmal die erschreckende Kamikaze-Phase hinter sich gelassen haben. Manchmal erkennt man erst Jahre später, welchen Gefahren man sie tagtäglich nichtsahnend ausgesetzt hat. Bis Jane in die Schule kam, hatte ich zum Beispiel keine Ahnung, dass man Trauben für Kleinkinder stets halbieren oder vierteln soll, weil sie sonst daran ersticken können. Es grenzt an ein Wunder, dass Jane trotzdem überlebt hat – ich würde ihr durchaus zutrauen, dass sie sich aus reiner Hinterhältigkeit an einer Traube verschluckt! Als jedoch einige der Mütter bei den Vorbereitungen für die Schulschlussparty der Sechstklässler noch darauf bestanden, die bösen, bösen Killertrauben in winzig kleine Stücke zu schneiden, weil man »einfach nicht vorsichtig genug sein« könne, fand ich das allerdings ein *bisschen* übertrieben. Ich wagte einzuwenden, wer mit zwölf noch immer nicht gelernt habe, sein Essen ordentlich zu kauen, sei auch nicht in der Lage, unbegleitet mit dem Schulbus zu fahren oder sich selbst den Hintern abzuwischen und damit schlichtweg nicht überlebensfähig. Meine Argumentation stieß auf breites Unverständnis bei den übrigen Müttern. Man trug mir auf, die Chips auf Pappteller zu verteilen – Chips konnten ihre Sprösslinge offenbar *sehr wohl* kauen.

Ungeachtet all dessen war ich bestens vorbereitet für Hannahs Besuch und wild entschlossen, dafür zu sorgen, dass sie sich ein bisschen entspannen konnte.

»Nur herein«, sagte ich fröhlich, als ich Hannah, die Edwards Hand fest umklammerte, die Tür öffnete. »Die Bude ist absolut kindersicher. Er kann weder etwas kaputt machen, noch kann er sich verletzen.«

»Bist du sicher?« Hannah musterte mich zweifelnd.

»Absolut. Ich hab das Zeug zum Babyflüsterer«, fuhr ich mit einer weit ausholenden Geste fort. »Voilà: ein Treppenschutzgitter!«

»Ach, Ellen, es ist mir gar nicht recht, dass du dir unseretwegen so viel Mühe gemacht und dich auch noch in Unkosten gestürzt hast.«

»Hab ich nicht«, versicherte ich ihr. »Ich hatte es schon da – ein ziemlich zweckloser Versuch, die Hunde vom Obergeschoss fernzuhalten, insbesondere von meinem Schlafzimmer, weil Barry die bezaubernde Angewohnheit hat, mir kleine Geschenke zu bringen.«

»Ich dachte, so etwas machen bloß Katzen?«

»Das dachte ich auch, aber das hält Barry nicht davon ab, und es ist gelinde gesagt gewöhnungsbedürftig, wenn ein riesiger Wolfshund mit einem protestierenden Amselküken im Maul die Treppe rauf galoppiert und seine Beute auf meinem Bett deponiert, mit einem stolzen Blick, der besagt: ›Sieh mal, ich hab mich nützlich gemacht und was zu fressen organisiert, damit das Rudel nicht verhungert, also bitte, bitte, hab mich lieb!‹ Liegt wohl daran, dass wir ihn aus dem Tierheim haben. Deswegen kann ich Barry auch gar nicht ernsthaft böse sein – ich finde es herzzerreißend, wie verzweifelt er sich um unsere Zuneigung bemüht. Jetzt lebt er schon seit über zwei Jahren bei uns und hat immer noch schreckliche Angst, etwas falsch zu machen und bestraft oder womöglich sogar zurück ins Tierheim geschickt zu werden. Natürlich würde *ich* meine Hunde niemals bestrafen, aber Barry wurde von seinen vorigen Besitzern ganz offensichtlich sehr schlecht behandelt, was mich nur in der Überzeugung bestärkt, dass die meisten Menschen schlecht sind und Hunde die besseren Menschen …«

Wobei Judgy, den wir ja ebenfalls aus dem Tierheim haben, total anders drauf ist. Auch er hatte es früher nicht leicht – er hatte in den ersten zwei Lebensjahren vier verschiedene Besitzer, und wir nahmen anfangs an, darin liege die Ursache für seine unwirsche bis miesepetrige Art und behandelten ihn mit entsprechender Nachsicht, doch mit der Zeit stellte sich heraus, dass das nichts mit seinem rauen Start ins Leben zu tun hat, er ist einfach so. Trotzdem ist er mein Baby und ich liebe ihn über alles.

Klein Edward interessierte all das nicht die Bohne. Er setzte meinen Ausführungen jäh ein Ende, indem er sich zu winden begann und »Ewad RUNTER! Jacke AUS! AUS! AUS!«, greinte, und kaum hatte Hannah ihn aus seiner Jacke geschält, riss er sich auch schon los und überwand elegant wie Spider-Man das Treppenschutzgitter. Während wir noch versuchten, das verdammte Ding zu entriegeln, weil wir es ihm infolge mangelnder Gelenkigkeit nicht nachtun konnten, stapfte er zielstrebig ins Obergeschoss, wo sämtliche Türen offenstanden, weil ich davon ausgegangen war, dass sich das kleine Monster nur unten aufhalten würde. Es dauerte eine ganze Weile, bis wir hinterdrein hasten konnten (diese Treppengitter sind genau wie kindersichere Schraubverschlüsse eher ein Hindernis für Erwachsene als für Kinder!), und in dieser Zeit konnte er dort oben ungehindert wüten.

Er war geradewegs in Janes Zimmer gelaufen, wo er nun mit einem tierleidfreien Lipgloss in der Hand auf dem Boden saß und den Teppich beschmierte. »Ewad malen, Mami!«, verkündete er freudestrahlend, als wir hereinkamen, nur um entrüstet »NEIIIIIN! Mein Stift! Ewad MALEN!« zu protestieren, als sich Hannah anschickte, ihm den Applikator abzunehmen.

»Oh Gott«, hauchte ich und tupfte mit einem Taschentuch auf dem Teppich herum, wobei mir der Zustand des Teppichs, den ohnehin bereits zahlreiche Make-up- und Selbstbräunerflecke zierten, weniger Kopfzerbrechen bereitete als die Szene, die Jane zweifellos wegen des total verfusselten Lipgloss machen würde.

»Es tut mir so leid!«, beteuerte Hannah. »Mir ist echt schleierhaft, wie er das wieder geschafft hat. Manchmal kommt es mir so vor, als würde er sich mit Warpgeschwindigkeit bewegen. Ich besorge Jane einen neuen.«

»Nein, nein, nicht nötig«, versicherte ich ihr. »Kein Problem!« Diese Worte würde ich im Laufe des Nachmittags noch viele Male wiederholen.

Wir beförderten den sich heftig zur Wehr setzenden Edward wieder nach unten und schlossen uns mit ihm im Wohnzimmer ein.

»Hier kann er definitiv keinen Schaden anrichten«, sagte ich. »Wie du siehst, habe ich alle zerbrechlichen Gegenstände auf die oberen Regale gestellt und sämtliche Steckdosen mit Möbelstücken verstellt. Die letzten dieser kleinen Schutzplättchen habe ich nämlich beim Umzug entsorgt – Peter und Jane sollten ja nun endgültig aus dem das Alter raus sein, in dem sie mit Gabeln in Steckdosen herumfuhrwerken.«

»Danke, Ellen.« Hannah seufzte. »Du bist also ganz sicher, dass ich ihn frei herumlaufen lassen kann?«

»Oh ja, kein Problem«, sagte ich zuversichtlich.

»Kein Problem«, wiederholte ich ein paar Minuten später, während Edward meine geliebte Ausgabe von *Riders* zerlegte. Es war bereits die zweite, die erste hat Peter ausgiebig angenagt, als er in etwa im selben Alter war wie Edward jetzt.

»Kein Problem«, presste ich hervor, als Edward kurz darauf den Deckel von seiner angeblich kindersicheren Tommee-Tippee-Getränkeflasche gepfriemelt und den Inhalt auf den Teppich gekippt hatte. Und das, nachdem er Hannah mit dem Versprechen, artig sitzen zu bleiben und auf ihrem Handy *Paw Patrol – Helfer auf vier Pfoten* zu gucken, dazu gebracht hatte, die Flasche mit Ribena statt mit Wasser zu füllen!

»Kein Problem!«, wiederholte ich (und hörte selbst, dass es nicht sonderlich glaubwürdig klang), als Edward Gesicht und Hände an meinen Laura-Ashley-Kissen abwischte, nachdem er einen Schokohaferkeks so lange umklammert hatte, bis die Schokolade geschmolzen war, nur um sogleich mit hochrotem Kopf »Neiiiin! MEIN KEKSI!« zu röhren, als Hannah eingriff.

»Von wegen, kein Problem«, stöhnte sie. »Sieh dich doch mal um, Ellen! Wir sind noch nicht einmal eine Stunde hier, und er hat bereits Janes Zimmer *und* dein Wohnzimmer verwüstet, und ... EDWARD! WIRST DU WOHL AUFHÖREN? RUNTER MIT DIR, ABER SOFORT! DAS IST EIN HUND UND KEIN PFERD!«

Zum Glück war es Barry, auf dem Edward zu reiten versucht hatte, und nicht Judgy – der hatte sich wohlweislich in Sicherheit gebracht und lag oben auf meinem Bett. Judgy lässt Kinder zumeist links liegen, weil er sie nicht in einem Happs verspeisen kann, Barry dagegen betrachtet sie als hilfreiche Snack-Spender, weshalb er ihnen auf Schritt und Tritt folgt und staubsaugergleich Krümel und alles andere inhaliert, was sie hinterlassen. Obwohl ich ihm immer wieder einschärfe, dass Schokolade für Hunde ungesund ist, hatte er versucht, die Schokolade von den Kissen zu lecken, und Edward hatte die Gunst der Stunde prompt genutzt und sich auf ihn gesetzt. Barry hatte ihn geduldig gewähren lassen; für ein bisschen verbotene Schokolade war er gerne bereit, Opfer zu bringen. Judgy hätte Edward alias Demolition Man vermutlich die Hand zermalmt. Womit er ihn zumindest daran gehindert hätte, noch mehr Schaden anzurichten.

»Es ist *wirklich* kein Problem«, log ich tapfer. »Barry ist hart im Nehmen, die Flecken im Teppich gehen bestimmt wieder raus, und die Kissenbezüge kann man waschen. Ich verschütte ständig Rotwein darauf. Das Buch werde ich mit Klebeband wieder zusammenflicken, und den Lipgloss werde ich einfach verschwinden lassen und so tun, als wüsste ich von nichts. Ich kann Jane ja einreden, sie müsse ihn auf einer Party verloren haben. Wie gesagt, das ist alles überhaupt kein Problem.«

»Ist es doch!«, rief Hannah, und dann brach sie urplötzlich in Tränen aus. »Es ist sehr wohl ein Problem. So geht das nämlich den ganzen Tag, von morgens bis abends. Er kennt kein Erbarmen. Nichts ist vor ihm sicher. Und neuerdings macht er auch keinen Nachmittagsschlaf mehr. In der Zeit konnte ich bisher zumindest ein bisschen Ordnung in das Chaos bringen oder einfach mal durchschnaufen, ohne ständig in höchster Alarmbereitschaft zu sein. Aber nicht einmal diese eine Stunde gönnt er mir noch, der kleine Scheißer!«

»Scheißer!«, echote Edward sogleich. »Scheißerscheißerscheißer! Mami Scheißer! Hundi Scheißer! Ellen Scheißer! Daddy Scheißer!«

»Oh Gott, nein, Edward, das ist kein schönes Wort, das sagen wir nicht!«, beschwor ihn Hannah unter Tränen. »Bitte, Schätzchen, versprich Mami, dass du das nie wieder sagst, vor allem nicht zu Daddy!«

»Scheißer!«, krähte Edward quietschfidel.

»Ach, verdammt.«

»Verdammter Scheißer!«, johlte Edward.

»Du Ärmste.« Ich reichte ihr eine Packung Taschentücher und Edward einen weiteren Schokoladenkeks, weil jetzt auch schon alles egal war. Barry würde es überleben – er hatte vergangenes Jahr gleich mehrere Schokoladenostereier stibitzt und verschlungen, da konnten ihm ein paar Haferkekse mit Schokolade nicht allzu viel anhaben. »Warum hast du mir denn nicht erzählt, dass du so zu kämpfen hast?«

»Na, weil das Thema total tabu ist«, schniefte Hannah. »Wenn eine Mutter es wagt zu jammern, hagelt es doch gleich von allen Seiten Kritik. ›Du kannst *froh* sein, dass du ein Kind hast, noch dazu ein gesundes!‹, heißt es dann, weil es ja so viele Leute gibt, die alles dafür tun würden, eines zu bekommen, und weil Millionen von Kindern an schrecklichen Krankheiten leiden. Und wenn ich höre, dass ich doch wahrlich keinen Grund habe, mich zu beschweren, und dass ich dankbar sein sollte, weil ich ein Dach über dem Kopf habe, und genug zu essen, und einen Ehemann, der mich liebt, und gleich drei Kinder, dann kriege ich ein schlechtes Gewissen und denke, stimmt, ich sollte mich nicht so anstellen.«

»Wer sagt denn sowas?«

»Naja, die WebMums«, sagte Hannah.

»Was?«, rief ich. »Was zum Geier hast du auf WebMums gesucht, Hannah?«

»Ich … Ich wollte wissen, ob es noch andere Mütter gibt, die ihren zweijährigen Sprössling so anstrengend finden. Ich hab mich gefragt, ob es normal ist, dass ich mich so überfordert fühle – ich meine, ich habe Edward quasi nonstop am Hals, weil Charlie in der Klinik zurzeit so viele Überstunden schiebt, und Emily und Lucas brauchen mich ja auch noch, und obendrein fühle ich mich verpflichtet, für einen Hauch von Erotik im Schlafzimmer zu sorgen … Ich wollte einfach wissen, ob sich auch andere Frauen um ein Kleinkind und zusätzlich um zwei Teenager kümmern müssen, und prompt kam eine ganze Flut von Kommentaren. Es hieß, ich müsse ja eine grauenvolle Mutter sein, wenn ich mich so sehr nach einer Pause von Edward sehne, und ›Warum hast du den Kleinen denn überhaupt in die Welt gesetzt, wenn du ihn nicht um dich haben willst?‹, und ›Genieß die Zeit, solange er noch so klein ist, du wirst ihr noch nachweinen!‹ und ›Kinder sind ein Segen und keine Belastung‹. Der Grundtenor war, dass ich ein egoistisches Miststück bin.«

»Also, mal ehrlich, Hannah, was hast du erwartet? Dir muss doch klar gewesen sein, dass du von WebMums nicht die geringste Hilfe erwarten kannst. Warum hast du denn nicht mit *mir* geredet?«

»Weiß ich auch nicht«, murmelte Hannah.

»Scheiße, verdammte!«, tönte Edward munter aus seiner Ecke, während er versuchte, Barry einen Duplo-Stein unter die Eier zu klemmen. Barry guckte unbeteiligt in die Luft, vermutlich in dem Versuch, sich einen klitzekleinen Rest Würde zu bewahren.

»Sag bloß, du hast schon vergessen, welche Erfahrungen ich mit WebMums gemacht habe?«, fragte ich, nachdem ich Edward den Duplo-Stein entwunden hatte. Ich hatte kurz nach Janes Geburt das Bedürfnis nach ein bisschen moralischer Unterstützung verspürt, weil Mum bei der Erstbesichtigung meiner Tochter bemerkt hatte: »Ein Jammer, dass sie nicht so hübsch ist wie ihre Cousine Persephone …« In den Augen meiner Mutter war ihr allererstes Enkelkind, das Baby meiner Schwester Jessica, *natürlich* rundum perfekt. Und beim nächsten Mal erdreistete sie sich doch tatsächlich, zu fragen, ob es sein könne, dass Jane ein bisschen ›zurückgeblieben‹ sei, weil sie sie noch nicht angelächelt habe! Dabei war die arme Kleine da gerade mal drei Wochen alt, und ich an ihrer Stelle hätte die alte Hexe ehrlich gesagt auch nicht angelächelt. Danach beging ich dann den Fehler, mich bei den vermeintlich netten, freundlichen, verständnisvollen WebMums über diese ungnädige Reaktion auf meine wunderschöne kleine Tochter zu echauffieren, worauf es prompt einen regelrechten Shitstorm gab. Dutzende Frauen, die bereits die Mutter verloren hatten, schrieben mir, für sie wäre es das Größte, wenn ihre Mum vorbeikäme und spitze Bemerkungen über das Aussehen und den IQ ihrer Kinder vom Stapel ließe.

»Ich erinnere mich nur zu gut«, sagte Hannah. Sie hatte sich damals ebenfalls bei WebMums angemeldet, um mich zu verteidigen, und postwendend ebenfalls die volle Breitseite abgekriegt. »Aber ich … Ach, keine Ahnung. Ich dachte eben, damals lag es daran, dass die Leute noch nicht wussten, wie man sich im Internet verhält, inzwischen ist es bestimmt besser. Tja, falsch gedacht, es ist noch schlimmer geworden. Mir kamen sogar einige der Usernamen bekannt vor. Wie es aussieht, haben diese eingebildeten Weibsbilder ernsthaft die vergangenen siebzehn oder achtzehn Jahre damit zugebracht, wildfremden Frauen online reinzudrücken, wie egoistisch sie doch sind.«

»Ganz im Ernst, Hannah«, sagte ich streng. »Erspar dir das künftig. Dafür hast du schließlich mich.«

»Ja, ich weiß. Es ist nur … Ich wollte dir eben nicht zur Last fallen. In letzter Zeit kommt es mir so vor, als würde ich dir in einer Tour die Ohren volljammern, während Edward hier alles auseinandernimmt. Und das ist auch schon der einzige Beitrag, den ich zurzeit zu unserer Freundschaft leiste, einmal abgesehen von der Packung Jammie Dodgers, die Edward auf der Fahrt hierher aus meiner Handtasche gefischt und halb leergefressen hat.«

»Mir zur Last fallen?«, wiederholte ich konsterniert. »Ich helfe dir doch *gern*, Hannah! Gib einfach Laut, wenn ich etwas für dich tun kann, ob du nun eine Schulter zum Ausweinen brauchst oder jemanden, der dir den Rücken stärkt oder eine Party für dich schmeißt. So haben wir es doch seit jeher gehalten, und so halten wir es auch weiterhin! Als dich Tony Morrison wegen deiner Pickel abserviert hat, als James Evans herumerzählt hat, ich hätte ihm einen geblasen, obwohl es gar nicht gestimmt hat, als dich Mrs. Thompson nachsitzen ließ, weil sie dachte, du hättest einen Radiergummi nach ihr geworfen, dabei war es Caroline Walker gewesen ... Die Scheidung meiner Eltern, das Ende deiner Ehe, Simons Seitensprung, der Tod deines Vaters, und dann der Tod meines Vaters ... Wir waren immer füreinander da, Hannah. Immer. Gemeinsam packen wir das, und noch viel meh-«

Meine bewegende kleine Rede fand ein jähes Ende, als Edward röhrte: »MAAAAAAMIIIII! TUUUUUMBLE!«

Nach einigem Bitten und Betteln war mein Sohnemann bereit, sein Zimmer zu verlassen und den Fernseher einzuschalten, der höllisch kompliziert zu bedienen ist, und gleich darauf saß Edward zufrieden davor auf dem Boden, einen weiteren Haferkeks in der speckigen Faust, und verfolgte mit leerem Blick, wie Mr. Tumble seine bunt gepunktete Tasche schwenkte. Peter ließ sich aus unerfindlichen Gründen neben dem lässig an

Barry gelehnten Knirps nieder, um sich das verstörende Schauspiel ebenfalls reinzuziehen, aber mittels Bestechung in Form von einer Tüte Doritos gelang es mir glücklicherweise, ihn loszuwerden. Hannah und ich konnten weiß Gott darauf verzichten, dass ein Teenager unsere Unterhaltung belauschte.

»Du hast ja recht, Ellen«, nahm Hannah den Faden wieder auf, nachdem er sich verzogen hatte, »und mir ist klar, dass ich besser mit dir hätte reden sollen, aber im Moment kriege ich gefühlt einfach gar nichts auf die Reihe, und ich habe keine Ahnung, was ich dagegen unternehmen soll. Edward ist, wie er ist, und zurzeit ist er so betreuungsintensiv, dass mir überhaupt keine Zeit für Emily und Lucas bleibt, und wenn ich abends todmüde ins Bett falle, habe ich auch nicht mehr die Energie, mit Charlie zu reden oder zu kuscheln, von anderen Aktivitäten ganz zu schweigen. Aber ich kann Edward ja nicht einfach zurückgeben.«

»Es ist nur eine Phase, Hase«, flachste ich. »Das haben wir doch alles schon mal durchgemacht. Irgendwann wird es besser.«

Hannah seufzte. »Und was, wenn nicht? Inzwischen bin ich deutlich älter, und ich habe schon jetzt Angst, dass mich die Leute für Edwards Großmutter halten, wenn er erst in die Schule geht. So wie damals, als du ...«

»Oh Gott, erinnere mich nicht daran.« Ich schauderte bei dem Gedanken an den Fauxpas, der mir vor Jahren bei einer Krabbelgruppenmutter unterlaufen war – auf meine Frage, ob sie sich öfter um ihre Enkelin kümmere, hatte sie peinlicherweise entgegnet, es handle sich um ihre Tochter. Zu meiner Verteidigung sei gesagt, dass ihre Frisur äußerst unvorteilhaft war.

Hannah seufzte erneut. »Es ist einfach viel anstrengender als erwartet. Bei Emily und Lucas hatte ich Gewissensbisse, als ich wieder arbeiten ging, die hätte ich bei Edward sicher nicht. Ich beneide Charlie, weil er sich tagsüber jederzeit problemlos und ungestört eine ausgiebige Sitzung auf dem Klo gönnen kann. Ich kann noch nicht mal schnell pinkeln gehen! Entweder nehme ich Edward mit rein, oder ich muss damit rechnen, dass er in der Zwischenzeit das ganze Haus auf den Kopf stellt. Neulich war er gerade mal zwei Minuten unbeaufsichtigt, und als ich zurückkam ins Wohnzimmer, von dem ich angenommen hatte, es sei absolut kindersicher, traf mich beinahe der Schlag. Edward hatte sich am einzigen gefährlichen Gegenstand, den ich übersehen hatte – den scharfkantigen Sockel der Stehlampe – den Daumen aufgeritzt und sämtliche Wände mit blutigen Fingerabdrücken versehen! Das ist doch nicht normal, oder? Charlie fand das übrigens zum Piepen und war stolz auf seinen cleveren Sohn, aber wenn du mich fragst, ist der Junge psychopathisch veranlagt.«

»Ach was, Kleinkinder sind nun mal nicht normal, sondern von Natur aus boshaft und durchtrieben. Kein Mensch versteht, wie sie ticken.«

»Oh Gott, ich bin so froh, dass du das auch so siehst. Die Frauen in den diversen Babygruppen halten ihre Kinder alle für perfekt, selbst wenn sich ihre Gören gebärden wie tobsüchtige Teufel. Und Charlie versteht überhaupt nicht, warum ich so zu kämpfen habe, oder vielmehr, er will es partout nicht zur Kenntnis nehmen. Er ist den ganzen Tag in der Klinik, und wenn er Edward abends ins Bett bringen soll, hat er natürlich keine Lust, seinen drögen Vaterpflichten mit der gebührenden Strenge nachzugehen, nein, er treibt lieber seine Späßchen mit ihm, bis Edward total überdreht ist, und dann fällt mir wieder die Rolle des Bad Cop zu, was dazu führt, dass ich noch neidischer und gereizter bin. Ganz ehrlich, manchmal kommt es mir so vor, als wäre Edward der einzige Grund, warum Charlie und ich noch verheiratet sind.«

»Das ist ein ziemlich gewichtiger Grund, Hannah. Und ich weiß, ich wiederhole mich, aber Charlie ist ganz anders als dein erster Ehemann Dan, dieser Arsch mit Ohren. Du solltest dringend mit ihm reden, Hannah. Sag ihm, dass er dir mehr zur Hand gehen muss. Edward ist sein erstes Kind. Du musst ihm klarmachen, dass ein Vater mehr tun muss als rumalbern und dann und wann eine volle Windel wechseln. Ich bin sicher, wenn du mit ihm redest und ihm sagst, dass du mehr Unterstützung brauchst, wird er einsehen, dass er sich mehr einbringen muss und nicht alle unangenehmen Aufgaben auf dich abwälzen kann.«

»Und wann genau soll dieses Gespräch stattfinden?«, fragte Hannah. »Ich bin abends immer total erledigt, oder ich muss Taxi für Lucas und Emily spielen ... Wir leben nur noch nebeneinander her. Ich kann mich gar nicht erinnern, wann wir zuletzt miteinander geschlafen haben. Charlie hat offenbar null Interesse an Sex, und ich hab mir zwar fest vorgenommen, die Initiative zu ergreifen in der Hoffnung, dass wir uns dann wieder etwas näherkommen – ich hab sogar so ein ... Teil besorgt, um wieder ein bisschen Schwung reinzubringen –, aber bislang hatte ich weder den Mut noch eine Gelegenheit, es Charlie zu präsentieren. Es ist etwas kompliziert zu bedienen, und die mitgelieferten Batterien sind alle für Edwards Spielzeughandy draufgegangen. Er fängt an zu brüllen wie am Spieß, sobald das nervige Gedudel und die bunten Lichter ausgehen.«

»Und was ist das für ein Teil?«, erkundigte ich mich.

»Du weißt schon ...«, flüsterte sie und wackelte vielsagend mit den Augenbrauen. »Von *Ann Summers*.«

»Ein *Dildo*? Ein *Vibrator*?«, erwiderte ich, ebenfalls im Flüsterton, weniger aus Gründen der Verklemmtheit, sondern damit Edward nicht womöglich die Gelegenheit beim Schopf packte und seinen Wortschatz um weitere unpassende Ausdrücke erweiterte. Das war das letzte, was Hannah brauchen konnte, dass ihr zweijähriger Sohn demnächst im Supermarkt »Verdammter Scheiß-Dildo« brüllte.

Hannah nickte. »Aber mir ist völlig schleierhaft, wie man damit umgeht.«

Wir hatten eine reine Mädchenschule besucht, und selbst dort war Hannah für ihre Unbedarftheit in sexuellen Angelegenheiten berühmtberüchtigt gewesen. Während die meisten von uns eifrig die zerfledderte (aber gottlob fleckenfreie – es handelte sich wie gesagt um eine reine Mädchenschule) Ausgabe von *Die Spiele der Liebe* studierten, die rätselhafterweise schon seit Generationen im Gemeinschaftsraum der sechsten Klasse gelegen hatte, war Hannah beim Anblick der Verrenkungen, die das dargestellte Liebespaar (er mit Vollbart, sie mit Vokuhila-Frisur) vollführte, angewidert zurückgewichen. Wir lasen mit großen Augen in Illustrierten wie *More* und *Cosmopolitan* Beiträge über die »Stellung der Woche« und über die Notwendigkeit, sich »da unten« mittels Handspiegel zu betrachten, während Hannah steif und fest behauptete, sie kaufe diese Zeitschriften nur wegen der Modetipps. Es überraschte mich daher nicht, dass Hannah selbst jetzt, mit Ende vierzig, noch mit der Bedienung eines Vibrators überfordert war.

»Ach, komm, so kompliziert kann das doch gar nicht sein«, wiegelte ich ab.

»Es gibt eine Fernbedienung dafür!«, zischte sie. »Wozu, frage ich mich? Beim Sex geht es doch wohl darum, dass der Partner direkt neben einem liegt und nicht irgendwo im Erdgeschoß rumwerkelt, oder im Gartenschuppen, nicht? Und wenn man sich allein vergnügt, braucht man die Fernbedienung doch noch viel weniger.«

»Hm, da bin ich jetzt auch überfragt«, musste ich zugeben. »Ich meine, wenn man allein ist, stelle ich es mir ganz praktisch vor, alle Knöpfe sehen zu können, ohne sich den Hals verrenken zu müssen. Man wird im Alter ja nicht eben gelenkiger. Wobei, vielleicht wimmelt es genau deshalb in sämtlichen Yogakursen von älteren Damen – weil ihre altmodischen Modelle keine Fernbedienung haben! Früher wurde bei Elektrogeräten ja deutlich mehr Wert auf Qualität und Langlebigkeit gelegt, und etwas wegzuwerfen, das noch funktioniert, ist für diese Generation ein No-Go.«

»Vielleicht schalten sie die Dinger ja einfach *vorher* ein?«

»Hm. Kann auch sein. Mist, und ich dachte schon, ich wäre endlich dahintergekommen, warum so viele Frauen über Achtzig Yoga machen«, brummte ich verdrossen.

»Lassen wir das, sonst male ich mir die ganze Zeit aus, was Gladys, Mildred und Co. mit ihren unverwüstlichen Sex Toys anstellen. Du musst mir helfen, Ellen. Du kennst dich in diesen Dingen besser aus, und ich trau mich nicht, es zu googeln. Also, es gibt offenbar eine ganze Reihe verschiedener Einstellungen … Wofür, frage ich mich? In der Bedienungsanleitung stand nichts darüber.«

Herrje. Hannah ist wohl die einzige Frau auf diesem Planeten, die sich die Bedienungsanleitung ihres Vibrators durchgelesen hat. Und womöglich auch noch den Garantieschein!

»Naja, um den etwaigen Unterschieden hinsichtlich Körperbau und persönlicher Vorlieben Rechnung zu tragen, schätze ich. Probier einfach aus, was dir am meisten zusagt. Ich hab auch so ein Ding, wobei die Suche nach der richtigen Einstellung zugegebenermaßen etwas mühsam ist, ähnlich wie bei diesen Lichterketten für den Weihnachtsbaum mit allerhand Effekten; da dauert es ja bisweilen auch, bis man bei einem Blinkintervall angelangt ist, bei dem unvorbereitete Gäste keinen epileptischen Anfall kriegen.«

»Blinkintervall?«, wiederholte Hannah entgeistert.

»Ich rede von Lichterketten, Hannah! Du weißt doch, wenn man die Dinger einschaltet, muss man immer erst mal eine Weile rumprobieren, um den gewünschten Blinkmodus einzustellen.«

Hannah nickte.

»Ungefähr so ist es in diesem Fall auch – früher oder später erwischt man den richtigen Modus, aber manchmal dauert es so lange, dass man die Geduld verliert und denkt, man hätte sich stattdessen auch einfach noch eine Folge *Stranger Things* reinziehen können. Aber hör mal, Hannah, warum machst du dir Gedanken über Sex und Vibratoren, wenn du ständig so erschöpft bist? Meinst du wirklich, dass Charlie das will? Was willst *du* denn?«

»Keine Ahnung«, murmelte sie kläglich. »Im Grunde will ich bloß, dass alles wieder so wird wie früher. Ich ... Naja, ich hatte die Hoffnung, es macht ihn heiß, wenn ich ihm das Ding eines Abends im Bett präsentiere. Ich dachte, wenn wir mal wieder miteinander schlafen, fangen wir auch wieder an miteinander zu reden, und dann renkt sich alles wieder ein. Ich weiß auch nicht. Du hast recht, wahrscheinlich wäre es klüger, wenn wir erst einmal miteinander reden, und der Rest ergibt sich dann irgendwie. Ich hatte bloß das Gefühl, dass das bei anderen Paaren Gang und Gäbe ist und nur ich mal wieder keine Ahnung von Tuten und Blasen habe, im wahrsten Sinne des Wortes. Wie schaffen es andere Leute, ihr Liebesleben aufregend zu gestalten? Amanda, eine der Mütter in der musikalischen Spielschule, hat uns ›anvertraut‹, dass sie den Sex mit Outlook plant und jede Woche ganz hochoffiziell ein Date mit ihrem Mann hat.«

»Was? Und so was erzählt sie in der musikalischen Spielschule?«, fragte ich ungläubig.

»Das, und noch viel mehr«, brummte Hannah. »Sie sagt ständig Sachen wie: ›Gott, ich bin ja so *müde* heute, ich sehe bestimmt *furchtbar* aus! Ich war gestern nämlich viel zu lange auf. Erst mussten wir die Griffe für unsere neue Poggenpohl-Küche aussuchen, und dann erinnerte mich Mark daran, dass gestern unser Antrags-Jahrtag war – er hat mir den Antrag damals in der Präsidentensuite des Four Seasons George V in Paris gemacht, müsst ihr wissen – und das haben wir dann noch gebührend *gefeiert*, wenn ihr wisst, was ich meine …‹ Sie ist eine dieser sexy Yoga-Mamis, die nur Sojamilch trinken und es ungemein erfüllend finden, sich um ihr rundum perfektes Einzelkind zu kümmern. Keine der Mütter dort ist wie ich. Mal abgesehen von diesen ganzen blasierten Achtundzwanzigjährigen mit superstraffem Busen, die nach der Geburt sofort wieder superschlank waren, gibt es zwar noch ein paar Frauen in meinem Alter, aber auch die sind Erstlingsmütter und ›so unendlich dankbar‹. Eine von denen hat doch glatt behauptet, ihr Kind sei im Gegensatz zu Edward ja etwas ganz Besonderes, weil es durch künstliche Befruchtung entstanden ist! Nicht *eine* dieser Frauen muss sich wie ich zwischen zwei Teenagern und einem Kleinkind zerreißen. Die sind alle bei Instagram und posten in einer Tour Fotos mit Hashtags wie #soblessed und #treasuringeverymoment, und wenn ich mal den Mund aufmache, starren sie mich an, als wäre ich ein zweiköpfiges Ungeheuer.«

»Gut. Als Erstes muss diese Amanda weg«, sagte ich bestimmt. »Da war doch dieser einschlägige Pub in Dundee, in dem man für dreihundert Pfund einen Mord in Auftrag geben kann … Vielleicht kriegen wir ja einen Spezialpreis, wenn ich mir auch gleich Marissa vom Hals schaffen lasse.«

Hannah grinste matt. »Du und dein Drang, Mitmenschen, die dich nerven, einfach aus dem Weg zu räumen. Weißt du eigentlich, wie weit es bis Dundee ist?«

»Äh, nein«, gab ich zu. »Nicht gerade der nächste Weg vermutlich, aber dort hat doch kürzlich dieses V&A-Design-Museum eröffnet; wir könnten uns ein schönes Wochenende machen …

»Vergiss es«, winkte Hannah ab. »Ich bin zu müde, um nach Dundee zu fahren und einen Profikiller zu engagieren.«

»Okay, okay, zurück zu deinem Problem. Du *weißt* doch, das Leben dieser Frauen ist nicht so perfekt, wie es scheint. Ich garantiere dir, zumindest jede zweite von denen verspürt, während sie beim ›Musizieren‹ mit ihrem Baby im Kreis auf dem Boden sitzt, den akuten Drang, kreischend das Weite zu suchen, weil sie das Grauen keine Sekunde länger ertragen kann. Trotzdem muss weiter hingegangen werden, denn die Kursgebühr für das gesamte Semester ist bereits bezahlt. Ich wette, die eine oder andere fragt sich, ob sie eigentlich die Einzige ist, die schon mal in Erwägung gezogen hat, sich den Stiel einer Rassel ins Auge zu bohren, um für ein wenig Ablenkung zu sorgen, wenn zum hundertfünfundsiebzigtausendsten Mal dieses gottverdammte »Die Räder am Bus« angestimmt wird. Und vergiss eines nicht, Hannah: All diesen eingebildeten Spinatwachteln, die über dich herziehen und sich jetzt noch für die perfekten Mütter halten, wird früher oder später das Lachen vergehen, denn auch sie werden sich irgendwann in der Öffentlichkeit für ihre Sprösslinge schämen, und dann werden sie erkennen, dass sie keinen Deut besser sind als du.«

Ich erzählte ihr, wie ich selbst, als ich damals mit Jane

schwanger war, meinen mit gesunden Schickimicki-Lebensmitteln gefüllten Einkaufswagen durch den Supermarkt geschoben, mir blasiert lächelnd den Babybauch gestreichelt und verfolgt habe, wie die bedauernswerten Eltern kreischender Kleinkinder bergeweise Maisflips der Marke Wotsits in ihren Wagen türmten, während ihre lieben Kleinen, die partout nicht artig sitzen bleiben wollten, aus den Regalen rissen, was immer sie erwischen konnten, um andere Einkäufer damit zu bombardieren. »Diese Eltern sollten sich was *schämen*«, dachte ich damals verächtlich bei mir. »Warum setzen sie ihren Kindern keine klaren Grenzen? Denn genau das bräuchten die armen Wichte ganz offensichtlich. Aber meine Tochter wird ganz anders. Wenn ich mit ihr im Supermarkt bin, oder in einem Café, dann werde ihr ruhig und verständlich erklären, was wir dort machen und warum sie brav sitzen bleiben muss. Ich werde mich mit ihr *beschäftigen*, damit sie sich nicht langweilt, und ich werde sie auf gar keinen Fall mit Essen bestechen oder belohnen. Kinder sind schließlich keine *Hunde!* Außerdem entwickelt sie sonst womöglich ein ungesundes Verhältnis zu Nahrungsmitteln, das ihr dann den Rest ihres Lebens nachhängt. Und ich werde sie ganz sicher nie dieses grässliche künstliche Knabberzeug essen lassen. Das ist ja praktisch Kindesmisshandlung!«

Tja. Als Jane dann auf der Welt war, verging mir meine Überheblichkeit schon sehr, sehr bald. Ich erkannte, dass diese Eltern, über die ich mir ein so negatives Urteil gebildet hatte, ihr Möglichstes getan hatten, und dass diese ganzen bescheuerten Elternratgeber, in denen es heißt, man solle sich mit seinem Kind beschäftigen, ihm Grenzen setzen und mit Erklärungen statt mit Bestechung arbeiten, ganz offensichtlich VON VOLLKOMMEN AHNUNGSLOSEN IDIOTEN VERFASST WURDEN,

DIE NOCH NIE MIT EINEM KIND AUS FLEISCH UND BLUT ZU TUN HATTEN.

»Die Ratschläge in diesen Büchern sind ja gut und schön«, sagte ich, »aber sie bringen nur etwas, wenn auch das Kind sie gelesen hat. Anderenfalls wird es einer Mutter nämlich rein gar nichts nützen, ihrem Sprössling geduldig (und zunehmend verzweifelt) darzulegen, dass er schön brav im Einkaufswagen sitzen bleiben muss, weil Mami jetzt ein paar gesunde Lebensmittel einkaufen will. ›Sieh mal, Schätzchen, Äpfel! Die isst du doch so gern. Na, wie wär's mit ein paar leckeren Äpfel? Spätzchen, würdest du Mami bitte zuhören? Sie versucht gerade, sich mit dir zu beschäftigen und dir das Gefühl zu geben, dass deine Wünsche berücksichtigt werden! Ja, mein Spatz, ich weiß, du willst raus, aber du das geht jetzt nicht, du musst sitzen bleiben, das hat Mami dir doch vorhin erklärt, weißt du nicht mehr? Wir hatten doch besprochen, was wir heute alles machen, und ... Nein, du bleibst gefälligst sitzen! Einfach so, weil ich es sage, verdammt noch mal! Herrgott noch mal, jetzt hör auf zu plärren, ich geb dir auch eine Reiswaffel, okay? Hier, sieh mal, Spätzchen, lecker Reiswaffel ... NICHT! Herrje, du kannst doch dieser netten Dame nicht einfach deine Reiswaffel an den Kopf werfen! Nein, und auch das – OH GOTT, WO ZUM TEUFEL HAST DU DAS GLAS KURKUMAPULVER HER? ICH SAGTE: NICHT WERFEN! WAS WILLST DU? WOTSITS? OKAY, OKAY, MEINETWEGEN!‹ Und keine drei Minuten verlangt der Sprössling dann mit fettigen, orangeroten Fingern nach mehr und Mami stöhnt: ›Oje, oje, die Flecken gehen garantiert nie wieder raus ... Ja, ich weiß, die Tüte ist leer, Liebes, aber nein, eine zweite kriegst du ganz sicher nicht! Wie wär's mit etwas Obst? OKAY, OKAY, HÖR AUF ZU BRÜLLEN, ich weiß, du magst kein Obst, aber die schwangere Frau dort drüben guckt schon die ganze Zeit so missbilligend, da muss ich doch zumindest so tun, als würde ich nicht nachgeben! Spätzchen, nun HÖR DOCH BITTE EINFACH MAL EINE SEKUNDE AUF ZU SCHREIEN, ja? Nur bis wir um die Ecke gebogen sind. Dann kriegst du auch ein paar Smarties, okay? Jawohl, Smarties. STELL SOFORT DAS OLIVENÖL WIEDER HIN! DAS IST KALTGEPRESST! Ach, Scheiße, da ist schon wieder die Schwangere mit dem missbilligenden Blick. Tja, wart's ab, Herzchen, auch aus deinem hübschen Babybäuchlein schlüpft bald ein kleiner Satansbraten, und es kommt der Tag, an dem auch dir nichts anderes übrigbleiben wird, als den Bengel zum Einkaufen mitzuschleppen, weil das Klopapier alle ist, und dann wird sich zeigen, wie dein kleiner Stinker reagiert, wenn du versuchst, Äpfel zu kaufen, jawohl! Was? Nein, keine Sorge, Liebes, Mami kauft keine Äpfel; Mami weiß, dass Äpfel *böse* sind, und Obst ganz allgemein. Mami wird sich hüten, deinen Einkaufswagen mit Äpfeln zu verseuchen. Halleluja, da ist ja endlich das Spirituosenregal!‹«

»Du bereust es also nicht, dass du kein drittes Kind bekommen hast?«, fragte Hannah trocken.

»Gott, nein, obwohl mir die Frage, was zum Geier ich mit mir anfangen soll, wenn meine beiden mal ausziehen, durchaus Angst einjagt. Aber jetzt geht es um dich, nicht um mich. Wie kann ich dir helfen?«

»Weiß ich nicht, und in fünf Minuten ist Mister Tumble aus, und dann muss ich Conan den Zerstörer nach Hause karren, denn wenn er sein Abendessen auch nur zehn Minuten später kriegt als sonst, macht er wieder Jagd auf die Katze. Du hältst den Vibrator also für keine gute Idee?«

»Ich halte es für eine bessere Idee, mit Charlie zu reden.«

»Ich dachte nur, weil man in der *Cosmopolitan* immer liest, dass die Dinger ›ein bisschen frischen Wind reinbringen‹ ... Allerdings ist mir schleierhaft, wie genau das gehen soll.«

»Naja«, sagte ich leichthin, »ich schätze, ihr könntet euch damit gegenseitig verwöhnen ...«

»Gegenseitig? Du meinst, ich soll Charlie ... Aber wie? Oh Gott, soll ich ihm das Ding etwa in den ...?« Hannah verstummte entsetzt.

»Ich nehm's mal an«, sagte ich leicht verunsichert. »Ich meine, ganz sicher bin ich mir auch nicht. Ich hab mir meinen erst zugelegt, als ich schon Single war, und ich war immer allein, wenn ich ihn verwendet habe. Mach dich doch einfach mal bei Google schlau.«

»Vergiss es!«, stieß Hannah hervor. »Was ist, wenn ich aus unerfindlichen Gründen ins Gras beiße, bevor ich es geschafft habe, den Verlauf zu löschen? Stell dir mal vor, Emily und Lucas durchstöbern meinen Laptop nach Familienfotos, damit sie mich nicht vergessen, und stoßen bei ihrer Suche darauf? Sie wären für den Rest ihres Lebens traumatisiert, wenn sie erfahren, dass ich ›Schiebt man Männern einen Dildo in den Hintern?‹ gegoogelt hab.«

»Ach, was, andere Leute googeln noch viel krassere Sachen«, beruhigte ich sie.

»Okaaaay ...«, ächzte Hannah. »Tja, die Sendung ist zu Ende. Ein Glück. Los, komm, Edward, wir fahren nach Hause.«

Es war noch einiges an Bitten und Betteln und Bestechung vonnöten, aber nachdem sie ihm eine Tüte Wotsits in Aussicht gestellt und erwähnt hatte, er werde zu Hause bereits von Daddy und Emily und Lucas erwartet, ließ sich Edward endlich widerstrebend in seinen Kindersitz schnallen.

Als sie weg waren, ging ich nach oben und hämmerte an Peters Tür. Zu meinem großen Erstaunen machte er umgehend auf – normalerweise ist die einzige Reaktion ein gedämpftes »Hmmm?«

»Äh, hi.« Ich versuchte, mir meine Verwunderung nicht anmerken zu lassen. »Nudeln genehm zum Abendessen?«

Er nuschelte etwas von wegen er werde gar nicht da sein, und ich widerstand dem Drang, ihm zu sagen, er solle nicht so bucklig dastehen und verkniff mir auch die Anregung, er solle sich doch mal eine Spange oder einen Haarreif von seiner Schwester borgen, damit ihm nicht immerzu die Haare im Gesicht hingen.

»Oh. Wo willst du denn hin?«, fragte ich.

»Zu Toby. Er hat das neue *World of Warcraft* runtergeladen, wir veranstalten einen Marathon.«

»Wer ist wir?«

»Na alle – Lucas und Olly und Craig und Tom und Marcus.«

»Wer sind Craig und Tom und Marcus? Marcus Collins?«

»Nein, Mum.«

»Und was ist mit deinem Abendessen? Weiß Sam, dass du kommst? Kocht er für euch? Soll ich dich hinfahren?«

»Lass mal, ich nehm den Bus. Lucas steigt dann unterwegs zu.« Damit trabte er so schwungvoll die Treppe hinunter, dass die ganze Bude bebte und verschwand in der Küche.

»Und wann kommst du nach Hause?«, fragte ich, während er mit zwei Tüten Doritos an mir vorübergaloppierte, wobei er mir im wahrsten Sinne des Wortes von oben herab einen Kuss auf den Scheitel verpasste.

»Bis später, Mutter!«

»Hannah hätte dich doch mitnehmen können, dann hättest du mit Lucas von dort zu Toby fahren können ... Peter? PETER!«

Doch die Tür war bereits ins Schloss gefallen. Wie üblich war der Großteil meiner zahlreichen von mütterlicher Besorgnis zeugenden Fragen ungehört verhallt und unbeantwortet geblieben. Ich tröstete mich mit dem Gedanken, dass er zu Toby, dem Sohn meines lieben Freundes Sam, fuhr und ich jederzeit überprüfen konnte, ob er tatsächlich dort war oder ob er mit einer Gang durch die Straßen zog. Die Wahrscheinlichkeit, dass sich Peter einer Gang anschloss, ging zugegebenermaßen gegen Null, denn das hätte ein Mindestmaß an Geselligkeit erfordert, und überdies waren Aktivitäten an der frischen Luft nicht so sein Ding.

Schon seltsam – ich habe mich über Jahre hinweg um das Sozialleben meiner Sprösslinge gekümmert, habe Verabredungen zum Spielen mit anderen Kindern arrangiert und jeden ihrer Kontakte sorgfältig überprüft, um sie vor falschen Freunden und fiesen Pseudofreundinnen zu bewahren, war sehr lange nur deshalb mit Leuten befreundet, weil unsere Kinder Freunde waren, und jetzt ist das alles urplötzlich vorbei, quasi von einem Tag auf den anderen. Sie erwarten zwar nach wie vor mit schöner Regelmäßigkeit von mir, dass ich sie spätnachts irgendwo abhole, aber die Zeiten, in denen ich all ihre Freunde fast so gut kannte wie mein eigen Fleisch und Blut sind vorbei; die Hünen, mit denen Peter mittlerweile »abhängt«, sind mir fremd.

Aber manchmal hebt einer seiner Kumpels den Blick von seinen an U-Boote erinnernden Tretern, und dann merke ich, dass das ja Noah Robinson ist, der an Peters sechstem Geburtstag gekotzt hat, nachdem er sich am Partybuffet den Bauch vollgeschlagen und hinterher allzu enthusiastisch »Reise nach Jerusalem« gespielt hatte. Oder eine von Janes beängstigend glamourösen Freundinnen schiebt sich den Haarvorhang aus dem Gesicht, und ich erspähe unter all der Schminke (Ich sage nur »Contouring« und »On Fleek«- Augenbrauen ... Mal ehrlich, *was* soll an diesen fetten schwarzen Balken schön sein?) einen

Blick auf Ella Wilson, die sich mal in die Hosen gemacht hat, als sie bei uns auf dem Sofa saß … Warum mussten sich Peter und Jane eigentlich immer mit Kindern anfreunden, die ein Problem damit hatten, ihre Körperflüssigkeiten bei sich zu behalten?

Unangenehm wird es, wenn ich am Freitagabend zwei Flaschen Wein kaufe (mein Vorrat für das *gesamte* Wochenende, *natürlich*) und feststellen muss, dass an der Kasse Susie Evans sitzt, die neuerdings abends bei Sainsbury's jobbt. Als ich einmal beiläufig erwähnte, das sei *natürlich* mein Weinvorrat für das *gesamte* Wochenende, und mich nach dem Befinden ihrer Mutter erkundigte, seufzte sie bloß despektierlich. Ihre mitleidige Miene sprach Bände – sie dachte ganz offensichtlich, diese zwei Flaschen Sauvignon Blanc und die Familienpackung Kettle-Chips wären mein Abendessen. »Ja, verdammt, vielleicht liegst du ja richtig, Susie«, hätte ich gern gesagt, »vielleicht ist das TATSÄCHLICH mein heutiges Abendessen, vielleicht BIN ich eine armselige alte Schnapsdrossel, aber ICH weiß dafür noch, wie DU damals beim Besuch des Monkey-Mayhem-Indoorspielplatzes ins Bällebad gekackt hast, also erspar mir gefälligst deinen vielsagenden Blick, junge Dame!« Aber das habe ich mir selbstverständlich verkniffen. Als mir allerdings kurz darauf Susies Mum über den Weg lief, beäugte sie mich mit ähnlich mitleidiger Miene, und seither kaufe ich meinen Wein bei Asda, wo keine Freunde meiner Kinder arbeiten. Noch nicht.

Beinahe achtzehn Jahre lang war ich über jedes einzelne Detail im Leben meiner Sprösslinge informiert. Ich musste mir ihr endloses Gequassel anhören (»Und dann hat Lea zu Lara gesagt … und Sophie hat gesagt … nein, nicht die Leah, Mami, die Lea ohne *h* …«), wurde nach meinem Lieblings-Pokémon gefragt und dann darüber aufgeklärt, warum die anderen alle viel besser seien, und dachte in dieser Zeit unzählige Male: Herrgott noch mal, nun haltet doch endlich mal fünf Minuten den Schnabel! Und siehe da, eines Tages tun sie genau das! Es ist ein Wunder! Aber auch ein bisschen seltsam.

Ich befinde mich dieser Tage in einem merkwürdigen Zwischenstadium: Sie brauchen mich noch, aber nicht mehr so dringend wie früher. In meinen vier Wänden wimmelt es nach wie vor regelmäßig von lärmenden, müffelnden, gefräßigen Wesen, aber ich darf nichts über sie wissen, weder was sie treiben, noch wo sie hingehen, noch warum sie fünfzehn leere Chipstüten auf dem Deckel des Abfalleimers gestapelt haben, als hätten sie eine Art Müll-Jenga gespielt. Ich bin immer noch ihre Mutter, aber in vielerlei Hinsicht sind sie mir fremd geworden. Ich weiß absolut alles über sie, und zugleich habe ich keine Ahnung, wer sie sind. Was zum Teil daran liegt, dass sie selbst nicht wissen, wer sie sind, das ist mir klar. Sie befinden sich in einer Übergangsphase – hinter sich das Kind, das sie waren, vor sich der Erwachsene, der sie einmal sein werden. Ein schwacher Trost.

Ganz schön verwirrend, das alles. So wollte ich das eigentlich nicht haben. Ich wollte bloß, dass sie aufhören, mir die Ohren vollzulabern, dass sie ihr Gemüse essen, ohne einen Aufstand zu machen, dass sie mich in Ruhe aufs Klo gehen lassen und lernen, wie man einen anständigen Gin Tonic mixt. Als sie noch klein waren, dachte ich allen Ernstes, es würde sich nie etwas ändern. Damals fühlte es sich so an, als würde alles so bleiben, wie es war. Jeder Tag zog sich schier endlos hin, nichts als Duplo und Gebrüll und vollgekackte Windeln, dazu diese total beknackten *Teletubbies* und die allabendliche Gutenachtgeschichte, und kein Ende in Sicht. Aber jetzt ist es auf einmal doch da, das Ende dieser Ära, und ich muss sagen, ich trauere ihr kein bisschen nach, obwohl mir genau das unzählige Male prophezeit wurde. Wann immer ich einen schlechten Tag hatte, tauchte wie aus dem Nichts eine dieser oberschlauen alten Schabracken auf und riet mir, diese Zeit auszukosten, denn sie sei ja so schnell vorüber. Ich weiß noch, wie mir Peter einmal während eines Einkaufs bei Tesco ins Dekolleté reiherte, während Jane einen Tobsuchtsanfall bekam, weil ich sie daran gehindert hatte, eine Flasche Tequila aufzuschrauben und daraus zu trinken, und als ich in Tränen ausbrach und heulte: »Oh Gott, es reicht, ich kann nicht mehr! Ich hasse mein Leben!«, tätschelte mir doch glatt eine dieser rüstigen Rentnerinnen den Arm und zwitscherte: »Genießen Sie jeden Tag, solange die beiden noch klein sind – Sie werden später einmal wehmütig daran zurückdenken.« Ich überlegte in dem Moment ernsthaft, ob ich ihr eins mit der Flasche überziehen sollte, die ich Jane gerade abgenommen hatte, oder ob ich mir lieber an Ort und Stelle ein paar kräftige Schlucke Tequila gönnen sollte. Nein, diese Zeit fehlt mir ganz und gar nicht. Nicht ein einziges Mal habe ich in den vergangenen Jahren in einem Supermarkt gestanden und betrübt bei mir gedacht: Ach, wie schön wäre es doch, wenn mir eine meiner beiden Pestzecken auf Schritt und Tritt nachlaufen und »Mami, ich will … Mami, kann ich … Mami, darf ich … Mami, warum nicht?« nölen würde, während das zweite versucht, sich beim Sturz aus dem Einkaufswagen den Schädel zu spalten, sodass wir schnurstracks in die Notaufnahme fahren müssen.

Ich sehne mich weder danach, mal wieder jemandem den Allerwertesten abzuwischen, noch trauere ich den ach-so-glücklichen Tagen nach, als sämtliche Oberflächen in unserem Zuhause mit Glitzer und Kleber verkrustet waren, als hätte ein hyperaktives, inkontinentes Einhorn dort gewütet. Aber es ist schon etwas gewöhnungsbedürftig, dass Peter und Jane meine

Existenz kaum noch zur Kenntnis nehmen, nachdem ich für sie so lange der Nabel der Welt war, die zentrale Anlaufstelle für das Verarzten von Blessuren und das Trocknen von Tränen, für Geborgenheit, Bespaßung und Wissensvermittlung. Natürlich brauchen sie mich auch jetzt noch gelegentlich, etwa, wenn Peter mal wieder den Käse im Kühlschrank sucht, obwohl er direkt vor seiner Nase liegt. Oder wenn Jane den letzten Bus aus der Stadt verpasst hat. Dann soll sich Mami am liebsten zu ihr beamen und sie stante pede nach Hause bringen. Wann immer es regnet und sie irgendwo hinmüssen, wann immer sie Geld brauchen, fällt ihnen wieder die Frau ein, die ihnen das Leben geschenkt, ihnen all ihre kindlichen Wünsche erfüllt und aufopferungsvoll dafür gesorgt hat, dass sie glücklich und wohlauf sind. Meistens, wenn ich bereits etwas vorhabe.

Und man stelle sich vor, gelegentlich bedanken sie sich sogar! Allerdings nicht allzu oft. Meist betrachten sie meine Dienste als völlig selbstverständlich und verbieten mir, in der Gegenwart ihrer Freunde das Wort an sie zu richten, weil ihnen schon meine bloße Existenz so unfassbar peinlich ist. Ich revanchiere mich dann, indem ich sie vor besagten Freunden unüberhörbar mit »Schnuckilein« und »Hasenpups« anrede und ihnen wortreich versichere, dass Mami sie ganz *schrecklich* liebhat. Es muss schließlich irgendeine Art von Entschädigung dafür geben, dass ich Mutter bin. Ist man überhaupt eine richtige Mutter, wenn man seine Sprösslinge nicht dann und wann bewusst und in böswilliger Absicht vor ihren Freunden blamiert?

Vor einer Weile kam ich auf folgende geniale Idee: Ich drohte damit, keinen BH zu tragen, wann immer ihre Freunde zu Besuch waren, sollten sie nicht häufiger ihre Zimmer aufräumen und mehr im Haushalt mithelfen. Hach, das war eine herrliche Woche. Bis ihnen klar wurde, dass ich meine Drohung niemals wahr machen würde, weil es mir mindestens ebenso peinlich wäre wie ihnen, vor einem Trupp Teenager mit frei schwingenden Pampelmusen in der Bluse durchs Haus zu stolzieren. Von da an machten sie wieder Dienst nach Vorschrift. Dafür war Janes Empörung groß, als ich eines Tages vor ihren Freundinnen kundtat, ich sei keine normale Mum, sondern eine *coole* Mum. Das war eine der Sternstunden meines Mutterdaseins. Ach, was habe ich gelacht, während mein Töchterlein vor Wut schäumte!

So viele Jahre dachte ich: Ach, wenn ich doch nur Zeit für dieses oder jenes hätte, ein bisschen Zeit für mich ... Tja, allmählich zeichnet sich ab, dass ich schon sehr bald sehr viel Zeit für mich haben werde. Ich fürchte nur, nachdem ich mich so lange damit abgemüht habe, alles unter einen Hut zu bringen, nachdem ich mir angewöhnt habe, ständig Multitasking zu betreiben und alles in übermenschlichem Tempo zu erledigen, werde ich nichts anzufangen wissen mit dieser vielen mir zur Verfügung stehenden Zeit. Womöglich bin ich dann gezwungen, mich zu fragen, wer ich inzwischen eigentlich bin. Was ist, wenn mir die Antwort nicht gefällt? Was ist, wenn ich feststelle, dass ich eine trantütige Trine mittleren Alters geworden bin, die immer nur für ihre Kinder da war und jetzt, wo die lieben Kleinen flügge sind, kann sie in Ermangelung eigener Interessen nicht aufhören, sich in ihr Leben einzumischen? Was ist, wenn ich über keine inneren Ressourcen verfüge, sei es, weil ich nie welche hatte, sei es, weil sie mir abhandengekommen sind?

Eine der zahlreichen Geldverschleuderungsmaßnahmen, die sich die Chefetage unserer Firma regelmäßig einfallen lässt, bestand darin, eine externe Beraterin einzuladen, mit der alle Angestellten ein Gespräch führen sollen. Auf diese Weise sollte wohl überprüft werden, ob wir auch normal und fit im Oberstübchen sind oder ob einer von uns vorhat, mit einer Tackerpistole Amok zu laufen. Im Zuge unserer »kleinen Unterhaltung« bat mich besagte Beraterin, zehn Dinge zu nennen, die ich gerne täte, einfach für mich.

Ich grunzte belustigt. »Nur zehn? Das wird schwierig. Also, ich würde in Ruhe ein Bad nehmen. Ich würde den ganzen Nachmittag lesen, ohne ständig von meinen Kindern unterbrochen zu werden, weder persönlich noch per SMS, sollten sie bei ihrem Vater sind. Ich würde ... Hm ... Ich würde ...«

»Lassen Sie sich Zeit«, sagte die Beraterin freundlich.

»Jaja. Ich kann mich bloß nicht entscheiden ... Also, ich ... Tja, ich weiß auch nicht. Oh Gott, ich habe keine Ahnung, was ich sonst noch tun würde!«

Die Beraterin versicherte mir, das sei normal; die meisten Menschen fänden es viel schwieriger als angenommen, eine solche Liste zu erstellen. Sie trug mir auf, darüber nachzudenken und mir mehr Zeit für mich selbst zu nehmen, um »ein bisschen runterzukommen«. Natürlich habe ich das Problem danach sofort verdrängt und nicht wieder darüber nachgedacht. Aber vielleicht ist es nun doch mal an der Zeit, mir zu überlegen, was ich alles machen würde, wenn ich die nötige Zeit dafür hätte. Hm. Eine Kreuzfahrt auf dem Nil vielleicht (wobei ich sehr enttäuscht wäre, wenn kein Mord geschähe). Oder einen Reiturlaub ... Ich sah mich flüchtig durch die Wüste nach Petra galoppieren, wie in einem Prospekt, den ich mal irgendwo gesehen hatte, dann fiel mir wieder ein, dass ich nicht reiten kann und Angst vor Pferden habe.

All das ging mir durch den Kopf, während ich vergeblich versuchte, die Wohnzimmermöbel so zu verschieben, dass die Flecken, die Edwards schwarzer Johannisbeersaft auf dem Teppich hinterlassen hatte (das Zeug ist leider deutlich hartnäckiger als

Rotwein), nicht mehr zu sehen waren. Ich rief mir in Erinnerung, dass es im Moment noch ein richtiger Glücksfall war, wenn ich mal einen Samstagabend für mich hatte. Jane hatte mich nämlich vorhin per SMS informiert, sie gedenke bei Olivia zu übernachten. Ich unterdrückte den Impuls, Olivias Mutter anzurufen und mich zu erkundigen, ob meine Tochter auch tatsächlich dort war. Jane ist fast achtzehn, sagte ich mir. Dir bleibt gar nichts anderes übrig, als ihr zu glauben, denn wenn du ihr nicht vertraust, erzählt sie dir künftig garantiert gar nichts mehr. Und überhaupt geht sie schon bald auf die Uni, und dann hast du ohnehin keine Ahnung, was in ihrem Leben vor sich geht, es sei denn, sie berichtet dir davon. Ich schickte ein kurzes Stoßgebet gen Himmel, auf dass sie bis dahin nicht schwanger oder drogenabhängig wurde. Ich meine, natürlich wäre es mir lieb, wenn sie auch später keine Drogen nähme, aber bitte, bitte nicht schon bevor sie anfängt zu studieren. Sofern sie es überhaupt an die Universität schafft. Alles steht und fällt damit, dass sie ihre Reifeprüfung gut hinter sich bringt, und in der Hinsicht verhält sie sich nach wie vor äußerst gleichgültig und knurrt die ganze Zeit bloß »*Chill* mal, Mutter!«, wann immer ich vorsichtig andeute, dass es möglicherweise angebracht sein könnte, etwas mehr zu lernen und etwas weniger Party zu machen.

Schließlich machte ich es mir mit dem ersten Glas Weißwein und der Tüte Chips auf dem Sofa gemütlich und fragte mich, wie viele Folgen von *The Witcher* ich mir zu meinem gesunden, nährstoffreichen Dinner for One reinziehen konnte, ehe ich eindöste. Und wie oft Henry Cavill wohl im Adamskostüm zu sehen sein würde. Angeblich ist es verwerflich, sich so etwas zu fragen, weil man die Männer dadurch zum Sexobjekt degradiert. Aus denselben Gründen ist es auch verwerflich, Henry

Cavill als »Hottie« zu bezeichnen. Wie es scheint, mögen Männer es nicht, wenn man sie zum Sexobjekt degradiert. Jedenfalls habe ich das in einem Interview mit Aidan Turner alias »Oben-Ohne-Captain Poldark« gelesen. Allerdings finde ich, ich habe verdammt noch mal ein Recht darauf, halbnackte Männer im Fernsehen anzuschmachten, nachdem ich es mir jahrzehntelang gefallen lassen musste, dass irgendwelche Wichser bei meinem Anblick »Heiße Titten, Herzchen!« johlten, gerne gepaart mit der Aufforderung, ihnen doch ein Lächeln zu schenken. Ja, man könnte mir vorwerfen, dass ich mit zweierlei Maß messe, aber ganz ehrlich, ich bin der Ansicht, jetzt müssen es zur Abwechslung mal die Männer aushalten, zu Sexobjekten degradiert und lüstern grinsend beäugt zu werden. Kampf dem Patriarchat! Wenn wir in ein paar tausend Jahren dann quitt sind, können wir uns meinetwegen darauf einigen, dass kein menschliches Wesen auf seine ausgesprochen muskulöse Brust oder sein überaus beeindruckendes Schwert reduziert werden sollte.

Ich warf einen Blick auf mein Handy und fragte mich, ob ich die nötige Energie für einen Pflichtanruf bei meiner Mutter hatte. Nein, dachte ich. Zurzeit berichtet mir Mum bei jedem Telefonat in nervtötender Ausführlichkeit von den zahlreichen mannigfaltig ausgebildeten und top-qualifizierten Nachhilfelehrern, die meine Schwester Jessica wieder angeheuert hat, um sicherzustellen, dass ihre über alles geliebte Erstgeborene Persephone, die Auserwählte, das goldene Kind, die unvergleichliche allererste Enkelin meiner Mutter auch ja die bestmöglichen Reifeprüfungsnoten nach Hause bringt. Persephone soll nämlich später in Cambridge brillieren, wie Jessica es getan hat, und im Anschluss daran die jüngste Premierministerin des Landes werden. Sowohl Jessica als auch meine Mutter reagierten verschnupft auf meinen Hinweis, das Durchschnittsalter der Personen, die dieses Amt bisher bekleideten, liege zwar bei Mitte fünfzig (ja, ich hab's gegoogelt), allerdings habe William Pitt der Jüngere, der bislang jüngste britische Premierminister, das Amt bereits mit vierundzwanzig angetreten. Persephone würden also, wenn wir mal annehmen, dass sie drei Jahre studiert, nur noch drei weitere Jahre bleiben, um einen Sitz im Unterhaus zu ergattern, gewählt zu werden und dann Premierministerin zu werden. Jessica knurrte bloß, Persephone werde ihr Studium sehr wahrscheinlich in Rekordzeit absolvieren und engagierte weitere Nachhilfelehrer. Persephones Wunsch, zwischen Schulabschluss und Universität ein Jahr Pause einzulegen, ignorierte sie ebenso wie die Tatsache, dass Persephone nicht in die Politik gehen und schon gar nicht Premierministerin werden will. Sie will noch nicht einmal in Cambridge studieren, Manchester wäre ihr viel lieber.

Gerade als ich mich fragte, ob in der heutigen Folge von *The Witcher* wohl wieder eine Badeszene vorkommen würde, klingelte mein Handy. Es war Simon. Ächz. Normalerweise kommuniziert Simon per SMS mit mir; wenn er anruft, heißt das, es geht um etwas Ernstes. »Es ist Samstagabend, Herrgott noch mal«, brummte ich vor mich hin. »Was auch immer passiert ist, kann doch sicher warten bis Montagmorgen, genau wie der ganze andere Mist, der sich bis dahin zweifellos wieder angesammelt hat.« Ich war nicht allzu besorgt, dass meinen Kindern etwas zugestoßen sein könnte. Sollten sie sich in einer akuten Notlage befinden, hätten sie sich selbst bei mir gemeldet, obwohl ich sie immer wieder daran erinnere, dass sie gerne auch mal ihren Vater anrufen dürfen und nicht immer nur mich, wenn sie Hilfe brauchen, oder ein Taxi, oder jemanden, der eine Kaution für sie hinterlegt (Nicht, dass das je nötig gewesen wäre. Noch nicht. Kann man für einen Minderjährigen überhaupt eine Kaution hinterlegen?).

Ich ging ran und sagte eher unwirsch: »Hallo, Simon. Was gibt's?«

»Äh, hi! Ich wollte bloß fragen, ob wir uns spontan zum Dinner treffen wollen«, tönte es fröhlich aus der Leitung.

»In einem Restaurant, meinst du?«, fragte ich misstrauisch. Ich traute es ihm durchaus zu, hier aufzuschlagen und von mir zu erwarten, dass ich etwas zum Essen aus dem Ärmel schüttelte – eine »einfache« Lasagne beispielsweise. Simon bezeichnet Lasagne seit jeher als »einfaches« Gericht – schon das sollte eigentlich auf der Liste hochoffizieller Scheidungsgründe stehen, in der Rubrik unzumutbares Verhalten.

»Ja, in einem Restaurant. Vielleicht beim Italiener in der Stadt?«

»Und ich nehme an, du bezahlst, nachdem das dein Vorschlag war?«

Wir leben zwar im einundzwanzigsten Jahrhundert, und ich bin definitiv eine starke, selbstbestimmte, moderne Frau, aber eine Einladung zum Abendessen ist eine Einladung zum Abendessen, vor allem, wenn man bedenkt, wie oft ich im Laufe unserer Ehe für Simon Lasagne gekocht habe. Er schuldet mir also etwas.

»Aber natürlich! Heißt das ja? Es ist nämlich so ... Ich würde gerne etwas mit dir besprechen.«

Aha. Dachte ich's mir doch. Er will etwas. Wahrscheinlich soll ich Marissas dreibeiniges Katzenvieh hüten, während die beiden auf ihr nächstes Pärchen-Wochenende fahren. Okay, das ist eher unwahrscheinlich – Marissa würde mir wohl kaum ihre geliebte Mieze anvertrauen. Vielleicht will er mir eröffnen, dass Marissa ein Kind von ihm erwartet, oder dass sie heiraten werden, oder beides. Moment, heiraten können sie gar nicht, weil wir noch nicht rechtskräftig geschieden sind. Das wird es sein. »Ellen, liebste Ellen«, wird er säuseln, »da du ja die beste, netteste, entgegenkommendste Exfrau aller Zeiten bist, macht es dir doch bestimmt nichts aus, endlich die Scheidungspapiere zu unterschreiben, damit ich nicht länger an dich gebunden bin, sondern frei von den Fesseln der Ehe. Vorbei die endlosen, öden, mühseligen Tage, die ich an deiner Seite verbracht habe; künftig werden sie für mich nicht mehr sein als eine unschöne Erinnerung, die ich alsbald vergessen werde. Denn stell dir vor, dieses strahlend schöne, junge Prachtweib namens Marissa hat mich zum glücklichsten Mann der Welt gemacht. Jawohl, Marissa hat eingewilligt, meine Frau zu werden und mir etliche weitere Bums-Trophäen zu schenken, um die ich mich dieses Mal sogar selbst kümmern werde, statt mich wie früher vor meinen väterlichen Pflichten zu drücken, weil ich zu müde war oder arbeiten musste und mich als Mann ohnehin nicht zuständig gefühlt habe. Aber jetzt bin ich dank Marissa, unseren Pärchen-Wochenenden und meiner Therapeutin ein ganz neuer Mensch, einer, der sich kaum je *Die Gebrauchtwagenprofis – neuer Glanz für alte Kisten* ansieht ... Selig sind die Kinder, die dieser wundersamen Verbindung entspringen werden – Kinder, deren erstes Wort nicht ›Scheiße‹ lauten wird, Kinder, die artig ihr Gemüse essen und zu normalen, gesellschaftsfähigen, beneidenswerten jungen Menschen heranwachsen werden ...«

»Hallo?«, sagte Simon und riss mich damit jäh aus meinen Gedanken. »Ellen? Bist du noch dran?«

»Äh, entschuldige. Ja, ich bin noch dran.« Ich seufzte. »Okay, meinetwegen, aber du wirst mich abholen müssen, ich habe schon ein Glas Wein intus.«

»Okay, ich bin in einer halben Stunde da.«

»Gib mir lieber eine Dreiviertelstunde«, knurrte ich finster.

Ich brauche zusehends länger, um mich einigermaßen präsentabel zurechtzumachen, vor allem, wenn ich weiß, dass mir jemand wie diese vermaledeite Marissa mit ihren großen Rehaugen und ihrer jungen, frischen perfekten Haut gegenübersitzen wird. Während ich mir die Wimpern tuschte – mit weit aufgerissenem Mund, wie es aus unerfindlichen Gründen alle Frauen dieser Welt tun – sann ich darüber nach, was ich tun sollte, falls sie mich tatsächlich baten, endlich die Scheidungspapiere zu unterschreiben. Simon ordentlich bluten lassen vermutlich, indem ich den Hummer als Vorspeise nahm, gefolgt vom Filetsteak. Vielleicht sollte ich vorgeben, mich riesig für die beiden zu freuen und in meinem Überschwang einen sauteuren Champagner bestellen, um auf das glückliche Paar anzustoßen und mich insgeheim daran zu erfreuen, wie Simon beim Gedanken an den Preis flau wurde. Wobei Marissa höchstwahrscheinlich darauf bestehen würde, irgendeinen ethisch vertretbaren Fairtrade-Bio-Wein zu bestellen. Ethische Vertretbarkeit ist ihr unheimlich wichtig. Wann immer wir zusammen an einem Tisch sitzen, gelingt es ihr, mir ein schlechtes Gewissen zu machen, und sei es nur, indem sie einen Superfood-Salat nimmt, während ich einen großen, fetttriefenden Burger bestelle.

Als ich Sam gegenüber einmal erwähnte, dass ich Marisa hasse, weil sie ständig Salat bestellt, erinnerte er mich streng daran, dass der Verzehr von Salat *per se* kein Verbrechen gegen die Menschheit ist, wie ich es gern darstelle. Nun gut, ich würde Marissa und ihren Salat einfach ausblenden und mir in Erinnerung rufen, dass sich Simon ihr Geschwafel den Rest seines Lebens wird anhören müssen. Wobei, vielleicht auch nicht – wir dachten schließlich auch mal, wir würden den Rest unseres Lebens miteinander verbringen. Tja, so kann man sich täuschen.

Aber wenn Simon sie unbedingt heiraten will, dann werde ich mich für die beiden freuen und selbstverständlich sämtliche rechtliche Hürden aus dem Weg räumen. Ehrlich gesagt sollte ich das auch dann tun, wenn er sie nicht heiratet. Allmählich ist es wirklich überfällig, dass wir die nötigen Schritte einleiten (ich weiß nicht genau, was wir dafür noch an Formularen ausfüllen und an Gebühren berappen müssen), um einen Schlussstrich zu ziehen und das Kapitel endlich abzuschließen, wie es sich für reife, vernünftige Erwachsene gehört. Zugegeben, ich fände es durchaus reizvoll, es so zu machen wie die Freundin dieses Radio-DJs, die sich nach seinem Seitensprung an ihm gerächt hat, indem sie seinen Maserati für ein Pfund bei eBay eingestellt und dann in seiner Sendung angerufen hat, um ihn darüber zu informieren.

Simon wirkte richtig aufgekratzt, als er mich abholte.

»Schön, dass es klappt«, sagte er. »Ich war nicht sicher, ob es dir womöglich zu kurzfristig ist.«

Er war allein.

»Kommt Marissa nicht mit?«, erkundigte ich mich.

»Nein, sie ist auf einem Yoga-Retreat. Wir sind also zu zweit. Ist das okay?«

»Ja, kein Problem«, sagte ich und dachte etwas verbittert, dass ich garantiert deutlich jünger aussähe, wenn ich ebenso viel Zeit wie die liebe Marissa damit zugebracht hätte, mich vor der Welt zurückzuziehen.

Hummer war aus, wie ich zu meiner Enttäuschung bei einem Blick in die Karte feststellen musste, aber da Marissa nicht mit von der Partie war, nahm ich an, dass der Abend wohl doch nicht dazu dienen sollte, mir unter die Nase zu reiben, welch wundervolle Zukunft die beiden erwartete, sobald Simon nicht mehr an mich gefesselt war, denn Marissa ließe sich nie und nimmer eine Gelegenheit entgehen, mir bei dabei über ihren beschissenen Salat hinweg selbstgefällig zuzulächeln, Yoga-Seminar hin oder her. Also entschied ich mich für Spaghetti Carbonara. Nudeln gehen immer.

»Also«, sagte ich und spießte eine Olive auf, ehe mir wieder einfiel, dass sich der Verzehr von Oliven nur theoretisch sehr mondän anfühlt, praktisch schmecken die Dinger für mich bloß nach Salz und Enttäuschung. Seit zwanzig Jahren versuche ich nun schon, erwachsen zu werden und Oliven zu mögen, aber allmählich finde ich mich damit ab, dass es nie so weit kommen wird. »Worüber wolltest du mit mir reden?«

»Nun, ja ...« Er rutschte verlegen auf seinem Stuhl herum. »Ich hatte da neulich eine Idee ... Ich fand sie ziemlich genial, aber jetzt frage ich mich, ob ich nicht doch etwas voreilig gehandelt habe ... Ich hätte wohl schon eher mit dir darüber reden sollen ...« Er verstummte.

»Worum geht's denn?« Ich war doch tatsächlich dumm genug gewesen, eine zweite Olive aufzuspießen, was ich nun bitter bereute.

»Naja, Jane wird in zwei Wochen volljährig ...«

»Wie könnte ich das vergessen? Frau presst schließlich nicht alle Tage einen menschlichen Kopf durch ihre ...« Ich verstummte abrupt, als mir bewusst wurde, dass es wohl etwas unpassend war, mit meinem Ex über meine Genitalien zu reden. »Ähm, üblicherweise bin ich es, die *dich* daran erinnern muss.«

»Ja, ich weiß«, sagte er. »Also ... Ähm ... Ich ...«

»Hör auf rumzudrucksen, Simon!«, schnauzte ich ihn an. »Nein, lass mich raten – du hast einen Urlaub gebucht und wirst diesen großen Tag im Leben unseres erstgeborenen Kindes verpassen, und jetzt soll ich es Jane schonend beibringen und die Wogen glätten, stimmt's?«

»Aber nein!«, rief er entrüstet. »Natürlich nicht! Ich hab ihr ein Auto gekauft. Sie hat immer wieder erwähnt, dass sie so gern eins hätte ... dass sie eins *braucht*, und als neulich einer meiner Arbeitskollegen erzählte, dass der Wagen seines Sohnes zu verkaufen ist, dachte ich: perfekt! Sie kriegt also zum Geburtstag ein Auto. Von uns beiden. Es war ein Schnäppchen«, fügte er stolz hinzu.

Na, toll.

»Hör mal, Simon, Schnäppchen hin oder her, ich kann unmöglich die Hälfte des Kaufpreises beisteuern, ganz zu schweigen von den laufenden Kosten, der Versicherung und so weiter ... Du hättest wirklich erst mit mir darüber reden sollen. Ich hab doch klipp und klar gesagt, dass ich nicht das nötige Kleingeld dafür habe, verdammt noch mal.«

Mistkerl. Ich hätte doch das Steak bestellen sollen. Und einen teuren Wein, nicht den Hauswein.

»Es verlangt ja niemand, dass du etwas beisteuerst. Ich habe den Wagen besorgt, und meine Eltern werden für die Versicherung aufkommen und die Kosten für das Benzin und dergleichen übernehmen. Ich wollte bloß nicht, dass du dich ausgebootet fühlst.«

»Tja, tu ich aber.« Ich räusperte mich mit Tränen in den Augen und tat, als hätte ich mich an einem Olivenkern verschluckt. Ich schämte mich für meine Kleinlichkeit, und auch, weil ich es mir nicht leisten konnte, Jane ihren Herzenswunsch zu erfüllen. Sie würde hellauf begeistert sein. Vergeblich versuchte ich, mich für sie freuen, auch darüber, dass Simon zur Abwechslung mal ungefragt aktiv geworden war, aber ich konnte nur eines denken: Das ist so unfair – neben Simons großer Geste werden sämtliche Geschenke, die ich für Jane besorgt habe, zwangsläufig verblassen. Wenn in ein paar Jahren jemand von meiner Tochter wissen wollte, was sie zum achtzehnten Geburtstag gekriegt hatte, würde sie sagen: ›Mein Dad hat mir ein Auto gekauft.‹ Die Frage, was sie von mir bekommen hatte, würde sie gar nicht beantworten können.

»Und wenn ich mich nicht beteilige, ist es auch nicht von uns beiden, sondern nur von dir. Von dir und Marissa.«

Ich hatte zwar dank meiner cleveren App den Kredit für unser gemeinsames Haus abbezahlt, und ich verdiene in etwa so viel wie Simon, trotzdem bleibt mir von meinem Einkommen deutlich weniger übrig, weil die Kinder nun mal die meiste Zeit bei mir wohnen. Ja, Simon überweist allmonatlich den gerichtlich errechneten Betrag für sie, trotzdem trage ich den größten Teil der finanziellen Verantwortung für Peter und Jane. Ich verköstige die beiden tagtäglich (und zusätzlich ihre Freunde, wenn sie bei uns einfallen), ich fahre mit ihnen in den Urlaub, und ich kaufe ihre Kleidung und tausche ihre Schuhe für die Schule aus, wenn sie unerklärlicherweise mitten im Semester löchrige Sohlen bekommen. Ich muss Peter in einer Tour mit neuen Hosen ausstatten (er wächst ständig raus, weil er ja auch ständig isst), und Jane mit Röcken, die ebenfalls so aussehen, als wäre sie herausgewachsen (echt ein Witz, dass man für so viel Geld nur so wenig Stoff bekommt, aber sie behauptet, *alle* Mädchen tragen solche Röcke). Dazu kommen Myriaden von kleinen Beträgen hier und dort, über die sich Simon nie Gedanken machen muss. Er schiebt einfach Monat für Monat den vereinbarten Betrag rüber und kann dann den Rest seines Einkommens für sich selbst ausgeben. Was er nicht tut – er ist ein ziemlicher Geizhals – aber er könnte, wenn er wollte, während ich stets für alle Eventualitäten gerüstet sein muss, weil wegen der Kinder immer mit finanziellen »Überraschungen« zu rechnen ist.

Ja, ich weiß, es gibt so viele Gründe, weshalb ich mich glücklich schätzen kann – es geht mir so viel besser als Millionen anderer Menschen. Ich habe einen anständig bezahlten Job und einen Exmann, dem seine Kinder so wichtig sind, dass er freiwillig die Alimente berappt, ohne dass ich ihn vor Gericht schleppen muss, kurzum: Ich bin alles andere als *arm*. Aber so mir nichts, dir nichts ein Auto zu kaufen, das übersteigt meine finanziellen Fähigkeiten aus den oben genannten Gründen dann doch. Und deshalb wurmt es mich, dass sich Simon, wenn ihm der Sinn danach stünde, einen Fuhrpark wie den von Camerons Vater in dem Film *Ferris macht blau* zulegen könnte (was ihm Marissa wegen der bösen fossilen Brennstoffe vermutlich nicht erlauben würde), während ich schon bei dem Gedanken daran, dass ich Jane und in ein paar Jahren auch Peter das Studium finanzieren soll, Schnappatmung und Schweißausbrüche bekomme.

»Doch, es ist von uns beiden«, beharrte Simon. »Ich … Nun ja, mir ist bewusst, dass du mehr Geld für sie ausgibst als ich, und dass die finanzielle Last ungleich verteilt ist.«

Diesmal verschluckte ich mich *tatsächlich* an einem Olivenkern (*Warum* kann ich von diesen bescheuerten Oliven nicht einfach die Finger lassen?!).

»Außerdem wärst du auf der Karriereleiter bestimmt viel weiter nach oben geklettert, wenn du nicht so lange zurückgesteckt und mich unterstützt hättest, als die Kinder noch klein waren«, fuhr er fort.

Das waren ja ganz neue Töne.

»Und ich hätte es beruflich längst nicht so weit gebracht. Ich bin dir also etwas schuldig. Und deshalb werden wir Jane sagen, dass wir ihr dieses Auto *gemeinsam* gekauft haben. Weil es so ist.«

Es gab eine kurze Unterbrechung, als unser Essen aufgetragen wurde und die Kellner mit dem Parmesan und der riesigen phallusartigen Pfeffermühle anrückten. Wozu dieses ganze Brimborium? Warum kann man nicht einfach eine kleine Pfeffermühle auf jeden Tisch stellen? Schmeckt der Pfeffer aus der großen Mühle pfeffriger? Und wie viel Parmesan und Pfeffer darf ich verlangen, ohne gierig zu erscheinen und deswegen schief angeschaut zu werden? Ich meine, was ist schon eine ordentliche Portion Spaghetti Carbonara ohne Berge von Parmesan und reichlich Pfeffer?

Nachdem die Kellner mit ihren Gerätschaften wieder abgezogen waren, befragte ich Simon nach dem Auslöser für diesen plötzlichen Sinneswandel. Schließlich habe ich *jahrelang* gezetert, getobt und geheult in dem Versuch, ihm ein wenig Anerkennung für all das abzuringen, was ich für unsere Ehe und die Erziehung unserer Kinder getan habe. Er ist darauf stets in Verteidigungshaltung gegangen, hat behauptet, er leiste durchaus auch seinen Beitrag, und mir vorgeworfen, ich würde überreagieren. In seinen Augen waren unsere Aufgaben im Haushalt ebenso gerecht aufgeteilt wie die finanzielle und emotionale Last.

»Naja, Marissa hat mich doch kürzlich zu diesem Couples' Retreat ›eingeladen‹ …«

»Zu dem ihr gerade unterwegs wart, als Jane die Fahrprüfung gemacht hat?«

»Genau. Es war zum Teil ganz schön bizarr, aber einiges fand ich echt erhellend.«

»Wie schön. Trotzdem verstehe ich noch nicht ganz, inwiefern dir die Paar-Meditation mit Marissa zu dieser Einsicht verholfen hat, vor allem, nachdem ich *jahrelang* vergeblich versucht habe, dir das klarzumachen.«

»Wir haben unter anderem eine Übung zum Thema Wertschätzung für den Partner gemacht. Und es gibt natürlich einiges, was ich an Marissa schätze – sie ist liebenswürdig und mit Mut und Leidenschaft bei der Sache, wenn es um Angelegenheiten geht, von denen sie überzeugt ist, und der Sex ist ...«

»Ja, ja, schon klar, auch in dieser Hinsicht genießt die Gute deine volle Wertschätzung. Erspar mir die Details, ja?«

»Entschuldige. Na, jedenfalls hat Marissa zwar viele positive Eigenschaften, aber die hatten alle keinen großen Einfluss auf mein Leben und darauf, wo ich jetzt stehe. Außerdem hätte ich all diese Eigenschaften auch aufgezählt, wenn es um dich gegangen wäre. Und dann musste ich an diesen grauenhaften Termin bei der Eheberaterin denken, bei dem ich dir ein Kompliment machen sollte, und das Einzige, was mir einfiel, waren deine Lasagnekochkünste. Dafür hab ich mich im Nachhinein so richtig geschämt. Das war echt total daneben; kein Wunder, dass du dich darüber so aufgeregt hast, vor allem, als ich dann zu allem Überfluss auch noch gesagt habe, ich bräuchte Abstand. Inzwischen verstehe ich voll und ganz, dass du die Scheidung eingereicht hast.«

»Ach ja, was die Scheidung angeht ...«

»Nein, warte, Ellen, lass mich ausreden. Mein Verhalten dir gegenüber war unfair, und zwar über Jahre hinweg. Du hast so viel für mich getan, aber ich wusste es einfach nicht zu schätzen. Deine Lasagne ist bei Weitem nicht das Beste an dir«, schloss er mit zerknirschter Miene.

»Tja, danke. Du scheinst zwar nach wie vor nicht ganz begriffen zu haben, wie das mit den Komplimenten funktioniert, aber es freut mich zu hören, dass du all das, was ich für dich getan habe, endlich zu schätzen weißt und erkannt hast, dass meine Lasagne nicht das einzig Gute an mir ist. Ich gehe mal davon aus, dass du das alles nicht zur Sprache gebracht hast, während du mit Marissa auf diesem Retreat warst. Ich kann mir nicht vorstellen, dass sie davon sehr begeistert gewesen wäre.«

»Äh, nein. Das wäre wohl etwas taktlos gewesen«, räumte er verlegen ein. »Aber ich hatte das Bedürfnis, es dir zu sagen und mich bei dir zu entschuldigen. Und ich dachte, wenn ich Jane ein Auto kaufe, ist das vielleicht eine kleine Entschädigung dafür, dass ich dich so lange als selbstverständlich hingenommen habe.«

»Und wie sieht Marissa das mit dem Auto?«

»Sie hat keine Einwände erhoben. Es wäre ihr zwar lieber gewesen, wenn wir Jane ein E-Bike gekauft hätten, aber sie ist deswegen nicht total ausgeflippt.«

»Apropos ausgeflippt, was treibt eigentlich deine Schwester?«, fragte ich.

»Sie organisiert Lyrik-Workshops in einer Jurte in Coventry.«

»Herrje, die Bewohner von Coventry können einem echt leidtun. Man möchte meinen, sie hätten unter der Bombardierung im Zweiten Weltkrieg schon genug gelitten. Und was genau passiert bei so einem Lyrik-Workshop?«

»Keine Ahnung.« Simon schnaubte ungeduldig. »Müssen wir jetzt über Louisa reden?«

»Ich rede gern über Louisa. Da fühle ich mich immer so normal und erwachsen.«

»Von wegen«, sagte Simon streng. »Du liebst es bloß, dir über sie das Maul zu zerreißen. Also, was meinst du, wird sich Jane freuen?«

»Na klar, sie wird vor Freude Purzelbäume schlagen. Danke –

auch für das späte Eingeständnis, was meinen Beitrag zur Kindererziehung angeht. Ich bin mal gespannt, welche Erleuchtung du beim nächsten Retreat hast.«

»Ach, noch einmal brauche ich das glaube ich nicht. Es gab ganz schön oft Linsen. Ich kam kaum noch vom Thron runter.«

»Ich bin am Essen, Simon!«

»Entschuldige. Aber ja, abgesehen von den verheerenden Auswirkungen auf meine Verdauung hat es echt was gebracht. Ich war skeptisch, aber ich habe so einiges gelernt.«

»Das freut mich für dich«, sagte ich. »Für euch beide«, fügte ich etwas widerstrebend hinzu.

Da Simon auf Erwachsenenmodus umgeschaltet hatte, beschloss ich, es ihm nachzutun und erinnerte ihn daran, dass wir die Scheidungspapiere unterschreiben sollten.

»Ja, ich weiß.« Er nickte bedächtig. »Marissa hat mich mehrfach darauf angesprochen, aber mir eilt es nicht, dir etwa? Ich meine, es ist doch alles bestens, so, wie es ist, oder?«

»Ja, schon, aber es wäre vielleicht ganz gut, wenn wir diese Grauzone mal verlassen würden, nicht? Ich meine, wir sind nicht rechtskräftig geschieden, aber auch nicht mehr verheiratet. Was ist, wenn einer von uns wieder heiraten will?«

»Willst du wieder heiraten?«

»Nein, ich habe ja noch nicht einmal einen Freund. Es ist also eher unwahrscheinlich, dass ich in absehbarer Zeit heiraten werde. Aber es könnte doch sein, dass einer von uns nach Australien zieht, um ... einen Hundesalon zu eröffnen oder so, in einem idyllischen Nest irgendwo im Outback, wo die Kinder mithilfe von Funkgeräten unterrichtet werden, so wie in der Serie *Die fliegenden Ärzte*. Und wenn der andere dann plötzlich heiraten will, muss er, weil die Scheidung noch nicht rechtskräftig ist, Monate darauf verschwenden, den anderen aufzuspüren, und das nur, weil wir die Papiere noch nicht unterschrieben haben. Das wäre doch echt ärgerlich, nicht?«

»Also erstens bin ich ziemlich sicher, dass australische Kinder im Internetzeitalter nicht mehr mit Funkgeräten unterrichtet werden, und zweitens habe ich nicht vor, in ein Nest im australischen Outback zu ziehen. Du etwa? Also ehrlich, Ellen, diese ganzen unwahrscheinlichen Szenarien, die dir immer im Kopf herumschwirren, die verdanken wir nur diesen lächerlichen Fernsehserien, nach denen du so süchtig bist. Die Wahrscheinlichkeit, dass so etwas passiert, geht gegen Null.«

»Zugegeben«, stimmte ich ihm zu. »Vor allem, weil in diesen Serien das getrennte Paar unweigerlich irgendwo strandet und gezwungenermaßen viel Zeit miteinander verbringen muss, und im Laufe zahlreicher geistreicher Wortwechsel wird den beiden bewusst, dass sie nie aufgehört haben, einander zu lieben und dass der Mensch, den sie heiraten wollten, in Wahrheit ganz grauenhaft ist, und am Schluss kommen sie wieder zusammen und leben glücklich bis an ihr Lebensende. Was in unserem Fall echt utopisch ist.«

»Du sagst es«, pflichtete mir Simon bei. »Trotzdem hast du natürlich recht, wir sollten die Sache zum Abschluss bringen. Ich konnte mich bloß noch nicht dazu durchringen, weil …« Er brach ab.

Oh nein, was hatte er sagen wollen? Hatte er mir etwa doch seine unsterbliche Liebe gestehen wollen, obwohl er immer über meine heißgeliebten Serien herzieht? Wie peinlich! Ihm musste doch klar sein, dass man so etwas nicht macht, wenn zwei fettverschmierte Pasta-Teller auf dem Tisch stehen und man sich fragt, ob man Pancetta zwischen den Zähnen hat. Derlei Enthüllungen folgen im Idealfall auf ein Nahtoderlebnis, und zwar unter extremen Wetterbedingungen, sodass die weibliche Protagonistin (die selbstredend einen guten Push-up-BH trägt) bezaubernd verletzlich und zerzaust aussieht!

Simon atmete tief durch, und ich krümmte mich innerlich und überlegte bereits, wie ich meine Serviette unauffällig an der Kerzenflamme in Brand stecken konnte, um ein kleines Ablenkungsmanöver zu inszenieren.

»Nun ja, Marissa hat mehrfach angedeutet, dass sie heiraten möchte, sobald die Scheidung durch ist.«

Was? Wo blieb die Liebeserklärung? Ich hatte mir bereits ein, zwei Sätze zurechtgelegt, um ihm schonend beizubringen, dass das mit uns beiden leider, leider endgültig und unwiederbringlich vorbei war. »Na, das ist doch wunderbar, oder?«, knurrte ich etwas ungehalten. »Willst du sie denn nicht heiraten, wo sie doch so rundum perfekt ist – fürsorglich, großherzig, engagiert, ganz zu schweigen von ihrem glänzenden Haar und ihrer kleinporigen Haut …«

»Ihre kleinporige Haut? Ist das nicht ein bisschen creepy, Ellen? Aber ja, sie ist rundum perfekt, vielleicht sogar zu perfekt. Ich habe ständig das Gefühl, ihren Ansprüchen nicht zu genügen. Und sie redet in einer Tour davon, was man alles nicht tun sollte. Avocados essen zum Beispiel.«

»Avocados sind des Teufels, das habe ich dir doch schon tausend Mal gesagt! Kein Wunder, dass sie sogar Megan Markle zum Verhängnis wurden, auch wenn mir nicht ganz klar ist, wieso eigentlich. Jedenfalls ruiniert diese schleimige grüne Pampe jedes noch so leckere Gericht.«

»Marissa verzichtet wegen der Ökobilanz auf Avocados, und nicht, weil ihr Avocadocreme im Club Sandwich ein Graus ist …«

»Dieses Sandwich damals konnte man echt vergessen! Das war KOMPLETT vollgeschleimt!«

»Ja, ich weiß, darüber echauffierst du dich seit Jahren. Worauf ich hinaus will, ist, dass Marissa aus den richtigen Gründen auf Avocados verzichtet. Weil sie ein guter Mensch ist. Und ich habe das Gefühl, dass ich nicht gut genug für sie bin, und dass sie das weiß.«

»Warum sollte sie dich denn dann heiraten wollen?«

»Ich habe manchmal den Eindruck, es geht ihr eher ums Heiraten als um mich, und ich stehe eben gerade zur Verfügung. Ich glaube nicht, dass ich wirklich der Richtige für sie bin. Aber das ist okay, ich muss sie nicht unbedingt heiraten.«

»Weil sie zu perfekt ist?«, fragte ich nicht eben teilnahmsvoll.

»Nein, weil ich nicht sicher bin, ob *sie* die Richtige für *mich* ist«, erwiderte er mit betrübter Miene.

»Dann ist es aber unfair, wenn du sie mit dem Argument hinhältst, du könntest sie nicht heiraten, weil du noch nicht geschieden bist, obwohl die Scheidung längst rechtskräftig sein könnte. Du bringst sie um die letzten Jahre, in denen sie noch Kinder kriegen kann.«

»Sie will zum Glück gar keine Kinder. Kinderkriegen ist viel zu schädlich für den Planeten.«

»Ach ja?«

»Jep. Das hat sie mehrfach betont. Eine Frau, die so öko ist, dass sie keine Avocados isst, wird sich wohl kaum heimlich danach sehnen, ein Balg in die Welt zu setzen, wo Kinder doch so eine Belastung für die Umwelt sind, oder?«

»Naja, wenn du da ganz sicher bist ...«

»Das bin ich«, sagte er bestimmt. »Soll ich dann mal zahlen? Es wird allmählich spät.«

MÄRZ

Freitag, 1. März – Janes Geburtstag

Heute ist es so weit: Jane wird achtzehn. Mein kleines Mädchen darf nun nicht nur wählen und offiziell Alkohol trinken, sondern kann auch Abgeordnete werden und ohne Einverständnis eines Erziehungsberechtigten heiraten. Rein theoretisch dürfte sie sich jetzt auch FSK-18-Filme ansehen, aber dank Internet und Netflix ist die Altersfreigabe ja ohnehin längst kein Thema mehr. Ich hatte die vage Hoffnung, dass ich mich mit dem heutigen Tag von der Bürde meiner mütterlichen Verpflichtungen befreit fühlen würde, dass wir füreinander künftig nicht mehr Mutter und Tochter sein würden, sondern coole Freundinnen, aber bis jetzt kann ich keine Veränderung in dieser Hinsicht feststellen. Ich bin nach wie vor uncool, und, O-Ton Jane: »Nur Loser sind mit ihrer Mum befreundet, Mutter.«

Dennoch war sie gebührend beeindruckt von meinen Geschenken, unter anderem von der Flasche Absolut Raspberry, die ich zwar mit gewissen Vorbehalten gekauft hatte, aber sie war im Angebot gewesen, da musste ich zuschlagen. Sehr gut kamen auch die Geschenkgutscheine an, die zweifellos für den Kauf von superkurzen Outfits draufgehen werden, bei deren

Anblick ich die Sorge äußern werde, Jane könnte sich darin eine Blasenentzündung zuziehen, worauf sie sagen wird: »Ich bin erwachsen, Mutter, also nerv mich nicht, ja?«

Simon fuhr frühmorgens mit ihrem Auto hier vor, und ich glaube, wir können mit Fug und Recht sagen, dass sie begeistert war. Jedenfalls hat sie unzählige Selfies von sich mit ihrem neuen fahrbaren Untersatz geschossen und sie gleich via Snapchat an Emily, Sophie und die zahlreichen Laras, Lea(h)s und Olivias geschickt, während Simon ihr einen Vortrag über sicheres Fahrverhalten und sparsame Nutzung hielt und sich erbot, ihr zu zeigen, wie man einen Reifen wechselt und den Ölstand überprüft.

Janes Begeisterung verpuffte jedoch jäh, als sie beim Einsteigen feststellte, dass der Wagen mit einer Blackbox ausgestattet ist. Mir war gar nicht bekannt gewesen, dass es so etwas nun auch für Autos gibt – und dass die Dinger landauf, landab das Leben von Teenagern ruinieren, weil sich damit nachverfolgen lässt, wie und wohin sie fahren. Diese überaus praktischen Geräte verpetzen sie nämlich bei der KFZ-Versicherung, wann immer sie Kurven schneiden, zu schnell unterwegs sind, zu abrupt bremsen oder sich am Steuer auf irgendeine andere Weise wie ein rücksichtsloser Idiot aufführen. Und wenn der Fahr-Score verrät, dass sie allzu oft nur ganz kurze Strecken zurücklegen, können sie den Versicherungsschutz verlieren. Dafür bekommt man damit allerdings einen deutlich günstigeren Tarif.

Jane war fassungslos. Eine Blackbox ist NICHT cool, passt sie doch so gar nicht zum angestrebten Image des angesagten Teenagers, der im schicken neuen Flitzer (okay, es ist ein schon etwas ramponierter Opel Corsa) fröhlich durch die Lande düst. Jane versuchte zu argumentieren, es komme einer Einschränkung ihrer Persönlichkeitsrechte gleich, wenn jede ihrer Bewegungen gegen ihren Willen von einem Ortungsgerät aufgezeichnet würde.

»Kein Problem, Liebes«, sagte Simon. »Es geht auch ohne.«

»Herrgott noch mal, Simon!«, zischte ich, »gib nicht immer nach, sondern spiel gefälligst auch mal den Bad Cop!«

»Danke, Daddy«, flötete Jane honigsüß. »Ich brauche diese dumme Blackbox überhaupt nicht. Ich fahre sehr sicher, vernünftig und verantwortungsbewusst.«

»Tja«, sagte Simon. »Ohne Blackbox kein Auto. Du hast die Wahl. Aber eigentlich ist ohnehin egal, ob dein Auto mit einer Blackbox ausgestattet ist oder nicht – sie wird nur beweisen, wie sicher, verantwortungsbewusst und vernünftig du fährst.«

»Das ist total unfair!«, zeterte Jane. »Ihr könnt mir doch kein Auto schenken und dann alle möglichen Bedingungen daran knüpfen!«

Simon ließ sich nicht beirren. »Und ob wir das können. Also, was ist? Auto oder Bus?«

»Auto«, brummte Jane. »Ihr habt gewonnen. Und ... trotzdem danke.«

»Du kannst deinen Bruder ja gleich mal in die Schule mitnehmen«, schlug ich vor. Beide Kinder starrten mich so geschockt an, als hätte ich angeregt, sie sollten nackt zur Schule gehen.

»Vergiss es! Ich bin doch nicht lebensmüde!«, rief Peter, und auch Jane protestierte lautstark: »Ich habe gar keinen Platz für ihn; ich hab Sophie und Emily und Lara schon versprochen, sie mitzunehmen.«

»Du hast sehr wohl Platz für Peter«, sagte ich, zu Jane gewandt, und dann zu Peter: »Und du sei gefälligst nett zu deiner Schwester, sie hat heute Geburtstag.«

»Wenn dieser lange Lulatsch in meinem Auto sitzt, passen

nie und nimmer noch drei weitere Leute rein, Mum! Und außerdem stinkt er, und womöglich pupst er dann auch noch absichtlich!«

»Und für mich wäre es total peinlich, vor der Schule aus einem Auto voller Mädchen auszusteigen«, behauptete Peter. »Da machen sich doch alle über mich lustig!«

»Dein Bruder stinkt nicht, Jane! Und ich bin sicher, er würde es nicht wagen, an deinem Geburtstag in deinem neuen Auto zu pupsen. Und Peter, meinst du nicht eher, deine Mitschüler fänden es cool, wenn du mit vier Mädchen aus der Oberstufe vorfährst? Vielleicht glauben sie ja sogar, dass eine davon deine Freundin ist«, sagte ich fröhlich.

»Nein, so läuft das nicht. Er hat recht, Mum, er wäre voll der Loser, und die Mädels und ich auch.«

»Ja, Mum. Bitte zwing uns nicht.«

Ich seufzte. Wenigstens waren sich die beiden zur Abwechslung mal einig und gaben einander recht. Irgendwie sind sie gefühlt immer nur dann einer Meinung, wenn es darum geht, dass ich Unrecht habe.

»Also gut«, knurrte ich. »Jane, du solltest dich auf den Weg machen, wenn du unterwegs noch drei Zwischenstopps einlegen musst. Und du ebenfalls, Peter, sonst verpasst du den Bus.«

»Kannst du mich nicht auf dem Weg zur Arbeit bei der Schule absetzen?«, bat Peter. »Ich muss noch meinen Turnbeutel suchen, nachdem ich so viel Zeit damit verschwendet hab, mir Janes Auto anzusehen.«

»Mein Auto zu bewundern ist keine Zeitverschwendung!«, rief Jane indigniert aus dem Fenster, ehe sie einen Kavalierstart hinlegte und davonraste.

»Ähm, mich müsstest du auch mitnehmen, Ellen«, meldete sich Simon zu Wort, während ich dem schlingernden Opel nachsah und mich fragte, ob ich mein heißgeliebtes Töchterlein je lebend wiedersehen würde. »Mein Wagen steht noch zu Hause. Kannst du mich im Büro abliefern, nachdem du Peter zur Schule gefahren hast?«

»Meinetwegen«, murrte ich. Wie konnte es sein, dass ich immer noch für alle Taxi spielen musste, obwohl Jane gerade ein eigenes Auto geschenkt bekommen hatte?

Ich habe ohne Übertreibung Jahre mit der Planung der Feierlichkeiten zu Janes achtzehntem Geburtstag zugebracht. Jawohl, Jahre. Als sie noch ein Baby war, konnte ich mir bisweilen partout nicht vorstellen, dass sie je größer werden würde. In jenen düsteren Zeiten war mir, als müsste ich bis an mein Lebensende allnächtlich zu ihrem Gitterbettchen torkeln, um sie zu stillen oder ihr den Schnuller wieder in den Mund zu stecken, als wäre ich auf ewig dazu verdammt, ihr den Hintern abzuwischen, *Teletubbies* zu gucken und nervige Lieder mit hirnverbrannten Texten wie dieses total behämmerte »Aramsamsam« zu singen. In diesen Jahren bescherte mir der Gedanke, irgendwann in ferner Zukunft eine erwachsene Tochter zu haben, deren Vokabular sich nicht auf »Nein!«, »Mag nicht!«, »Kekse«, »Pipikacka«, und »Will haben!« beschränkte, elysische Glückseligkeit, gepaart mit leisen Gewissensbissen.

Mit der echten Jane hat die Tochter meiner damaligen Fantasien (eine Mischung aus *Anne auf Green Gables* und *Alice im Wunderland*) natürlich herzlich wenig Ähnlichkeit. Ich hatte Visionen von einem sanften, verträumten Wesen mit hellseherischen Tendenzen gehabt, elfenhaft und dennoch praktisch veranlagt, liebenswürdig, pflichtbewusst, familienorientiert, belesen und stets geneigt, Mutters Rat einzuholen und auch zu beherzigen. In meiner Vorstellung hatten wir die gleichen Hobbys und Interessen und gingen gelegentlich gemeinsam ins Ballett. Tja. Bei der einzigen Ballettaufführung, die ich mir je mit ihr angesehen habe, bin ich mehrfach eingeschlafen und wurde wiederholt von Jane angestupst, weil sie sich langweilte und ein Eis wollte.

Zugegeben, mit der Jane aus meiner Fantasie wäre es wohl nur schwer auszuhalten gewesen. Wobei es mit der echten, pampigen, blasierten Jane, von der ich ständig nur »Oh mein Gott, Mutter! Warum musst du so *peinlich* sein?« höre, auch nur schwer auszuhalten ist. Gut möglich, dass sie eines Tages einen Rat von mir annehmen wird, aber im Augenblick steckt sie bis über beide Ohren in der Phase, in der sie ALLES besser weiß und jede meiner Aussagen sinnlos, altmodisch, unnötig und öde findet.

So kam es, dass Janes achtzehnter Geburtstag keinerlei Ähnlichkeit mit der fröhlichen Familienfeier hatte, die mir vor all den Jahren vorgeschwebt hatte. Ich hatte mir seit jeher ausgemalt, Jane und ich würden, wenn schon nicht im Partnerlook, dann zumindest farblich aufeinander abgestimmte Outfits tragen (Ich bekam damals sehr wenig Schlaf), und es würde Sekt und Canapés und eine hübsch verzierte Torte geben, und Simon und ich würden mit einem stolzen Lächeln im Gesicht gemeinsam eine Rede halten, in der es um Jane und die Zukunft ging. Und alle Anwesenden würden denken, was für eine rundum perfekte Familie wir doch waren.

Tja, meine Trennung von Simon war schon mal der erste Hemmschuh. Außerdem deckte sich meine Vision des rauschenden Fests nicht mit Janes sehr klaren Vorstellungen davon, wie sie ihren achtzehnten Geburtstag begehen wollte. Ihrer Ansicht nach gehörte dazu nämlich eine Horde Teenager, die zum »Glühen« zu uns nach Hause kam (Die Verwendung eines so langen Wortes wie »Vorglühen« ist der Jugend von heute ja viel zu zeitraubend und würde auch viel zu viel Sauerstoff verbrauchen, von der Bildung vollständiger Sätze ganz zu schweigen; selbst ein »Ok« ist schon zu lang und wird beim Tippen von Nachrichten regelmäßig auf ein »K« abgekürzt.). »Glühen« bedeutet, sich vor dem Ausgehen zu Hause möglichst viel billigen Fusel reinzukippen oder sich alternativ an der elterlichen Bar zu bedienen, damit hinterher im Zappelbunker (»Herrgott noch mal, Mutter, sag nicht immer ›Zappelbunker‹! Der Ausdruck war schon in den Neunzigern out! Das ist NICHT WITZIG, *Mutter*!«) weniger Geld für Drinks draufgeht.

Als ich vorsichtig einzuwenden wagte, dass so einige von Janes Freundinnen noch nicht achtzehn waren und ihnen deshalb der Zutritt zu Nachtclubs verwehrt bleiben würde, erntete ich einen vernichtenden Blick.

»Heutzutage hat doch *jeder* einen gefälschten Ausweis, Mutter.«

Ich beschloss, nicht nachzuhaken, ob Jane ebenfalls von gefälschten Dokumenten Gebrauch gemacht hatte, als sie noch minderjährig war – man hatte sie nie verhaftet, das war das Wichtigste, und mit dem heutigen Tag hatte sich das Thema für mich erledigt. Man muss schließlich auch für Kleinigkeiten dankbar sein. Hm. Habe ich in den vergangenen achtzehn Jahren eigentlich noch etwas anderes getan als für Kleinigkeiten dankbar zu sein?

Selbstredend ähnelten sich unsere Outfits nicht einmal ansatzweise. Ich hatte das Thema wohlweislich gar nicht erst angeschnitten, und ich hätte eher einen Taucheranzug samt Flossen getragen als etwas, das Janes »Kleid« ähnelte. Der Ausdruck »Kleid« ist in diesem Zusammenhang sehr lose zu interpretieren – im Grunde genommen handelte es sich um ein Stück Stoff von der Größe eines Taschentuchs. Simon war geschockt, als er seine Tochter darin sah. »Unternimm etwas, Ellen!«, zischte er. »Sag ihr, sie soll zumindest eine schöne warme Wolljacke drüber anziehen!«

Kurz bevor die Gäste eintrafen, kam Jane ins Wohnzimmer, wo ich gerade mit den Gläsern und Tellern für die Gäste zugange war, und sagte: »Ähm, Mum?«

»Ja, Liebes?«, sagte ich abwesend, während ich überlegte, ob ich genügend Gläser hingestellt hatte oder ob meine beständig wachsende Sammlung an geleerten Nutellagläsern zum Einsatz würde kommen müssen.

»Mum, ich rede mit dir! Würdest du mir mal kurz zuhören?«

»Natürlich, Liebes, entschuldige.« Im Geiste war ich inzwischen bei den Servietten und der Sorge, Peter könnte den Vorrat an Kettle-Chips gefunden haben.

»Ich ... ähm ... wollte mich bei dir bedanken«, murmelte Jane.

»Wofür denn, Schätzchen?«, fragte ich. »Hm ... Meinst du, wir haben genug Pizza da?«

»Mum!« Sie verdrehte die Augen. »Also, danke. Für alles.«

»Alles?«

»Ja. Ich weiß, dass du es die letzten Jahre ziemlich schwer hattest und so und ... naja, wie gesagt, danke. Dafür, dass du mich überall hingefahren hast. Und für alles andere. Dafür, dass du meine Mum bist.«

Ich hatte prompt einen Kloß im Hals. »Ach, Liebes, dafür musst du dich doch nicht bedanken. Dafür sind Mütter doch da!«

»Naja, du machst das ziemlich gut.«

»Och, mein Goldschatz! Umarmung?«

»Ähm, nein. Und ... Mum?«

»Ja, mein Engel?«

»Was dein Oberteil angeht …«

»Gefällt es dir?« Ich strich stolz über mein Paillettentop. Ich konnte mein Glück kaum fassen – erst dieser denkwürdige Augenblick, und nun wollte meine Tochter offenbar auch noch mit mir über Mode und Stil plaudern!

»Du siehst darin ein bisschen aus wie Joe Exotic.«

»Joe wer? Ist das ein Kompliment?«

»Mum! Sag bloß, du hast *Tiger King* noch immer nicht gesehen? Und nein, das ist kein Kompliment.«

»Oh. Soll ich mich umziehen?«

»Nein, lass mal. Wenn du dich darin wohl fühlst …«

Ich hatte keine Ahnung, wie ich das auffassen sollte, aber mir blieb ohnehin keine Zeit mehr, um mich umzuziehen.

Im Großen und Ganzen konnte der Abend als Erfolg bezeichnet werden. Dank Prosecco und Budweiser johlten und kicherten die eingeladenen Teenager im Nu in ohrenbetäubender Lautstärke, und nachdem sie die gefühlten hundertsiebenundzwanzigtausend Pizzen verdrückt hatten, die ich anstelle der eleganten Canapés besorgt hatte, damit Janes und ihre Gäste eine solide Grundlage hatten, hielt Simon eine Rede. Das kam überraschend und wurmte mich ein wenig, denn Jane hatte mir klipp und klar gesagt, ich dürfe vor ihren Freundinnen UNTER GAR KEINEN UMSTÄNDEN das Wort erheben. Sie wäre denn auch am liebsten vor Scham im Boden versunken, als Simon mit einem Messer an sein Glas klopfte, sich zu ihr umdrehte und sagte: »Liebes, ich kann nicht fassen, wie groß du geworden bist! Es kommt mir so vor, als wärst du erst gestern auf die Welt gekommen, und jetzt bist du plötzlich achtzehn und bereit, in die Welt hinauszugehen und es allen zu zeigen. Keine Sorge, ich hatte zwar vor, eine PowerPoint-Präsentation mit peinlichen Fotos zusammenzustellen und einige ebenso peinliche Anekdoten zu erzählen, aber Peter hat mich wieder davon abgebracht. Ich werde es also kurz und schmerzlos machen: Jane, du bist stark, furchtlos und unabhängig, und ich bin unheimlich stolz auf dich. So, und nun möchte ich alle Anwesenden bitten, das Glas zu erheben und auf meine wunderschöne Tochter anzustoßen.«

Jane hatte seinen Worten mit gerunzelter Stirn gelauscht, doch jetzt grinste sie. Die Rede hatte zwar nicht ganz meinen Vorstellungen entsprochen, aber Simon hatte seine Sache gut gemacht und unsere Tochter dabei nicht allzu sehr bloßgestellt. Und Marissas angesäuerte Miene hatte fatal an die einer geprügelten Bulldogge erinnert, der das Leben nebst Dauerregenwetter nur Zitronen und Salz, aber keinen Tequila beschert hat. Ich weiß, das ist nicht idiomatisch, aber eine Metapher allein genügt nicht, um ihrem verdrießlichen Gesichtsausdruck Rechnung zu tragen.

Kurz darauf ließ sich das Jungvolk per Taxi in die Stadt karren, um sich in den hiesigen Nachtclubs gründlich auszutoben. Die verbliebene Gästeschar bestand aus Simon und Marissa, Hannah und Charlie (Klein Edward befand sich in der liebevollen Obhut seiner Großmutter väterlicherseits), Hannahs fabelhafter Mutter (alias Mrs. P.) sowie meinen lieben Freunden Sam und Colin, Vater beziehungsweise Stiefvater von Janes bester Freundin Sophie und Peters Kumpel Toby. Peter hatte mich bekniet, Lucas und Toby heute bei uns übernachten zu lassen; die drei hatten sich schon vor einer Weile nach oben verzogen, um nach dem Verzehr von haufenweise Chips faulig stinkende Flatulenzen abzusondern und ihre virtuellen Kriege gegen irgendwelche Zombies und dergleichen mehr zu führen. Aber zumindest herrschte da oben die meiste Zeit Ruhe, einmal abgesehen von einem gelegentlichen Rumpeln.

»Gut gemacht, meine Liebe«, sagte Hannahs Mutter zu mir. »Du hast es geschafft. Ich wusste, du packst das. Das Ziel rückt näher – Nummer eins bist du demnächst los, und bei Nummer zwei dauert es auch nicht mehr lange.«

»Mum!«, rief Hannah. »Ich hoffe, das hast du bei mir damals nicht auch gedacht!«

»Natürlich habe ich das, Liebes«, sagte ihre Mutter gelassen. »Kinder großzuziehen ist verdammt harte Arbeit, wie du selbst ganz gut weißt, zumal man anfangs ja leider recht häufig mit Körperausscheidungen konfrontiert wird, und ein ›Danke‹ hört man in den ersten zwanzig Jahren denkbar selten. Aber nach einer Weile erinnert man sich seltsamerweise bloß noch an die schönen Zeiten, und sie fehlen einem direkt, und wenn der Nachwuchs dann selbst Kinder in die Welt setzt, bieten sich allerlei wunderbare Gelegenheiten, Rache zu üben, etwa, indem man die Enkelkinder bei ihren Besuchen gezielt mit Haribo-Süßkram füttert, ehe sie abgeholt werden.«

»Ich WUSSTE doch, dass du das mit Absicht machst!«, stieß Hannah empört hervor.

»Ich habe keine Ahnung, wovon du redest, Schätzchen«, erwiderte ihre Mutter unschuldig grinsend. »Wie dem auch sei, ich muss jetzt nach Hause; es ist höchste Zeit fürs Bettchen. Dieses vermaledeite Greisenalter verdirbt einem den ganzen Spaß am Leben – aber das werdet ihr jungen Hüpfer noch früh genug selbst feststellen. Also, bis bald. Hannah. Ich hab noch eine Tüte Saure Schnuller für Edward.«

Damit entschwand sie, fröhlich vor sich hin glucksend, in die Nacht.

»Sollen wir noch eine Flasche köpfen?«, fragte Simon.

»Nein«, sagte Marisa scharf. »Wir hatten doch vereinbart, am Freitagabend keinen Alkohol zu trinken, damit wir am

Samstagvormittag fit sind für den CrossFit-Kurs. Wir sollten auch los, sonst sind wir morgen zu müde.«

»Nun mach mal halblang, Marissa«, sagte Simon. »Der Abend ist noch jung, und in den Augen von Hannahs Mutter sind wir das auch und sollten es gebührend auskosten, ehe uns das vermaledeite Greisenalter einholt, das sie vorhin erwähnt hat. Ein, zwei Gläschen Wein werden keinen großen Unterschied machen. Außerdem ist heute kein hundsgewöhnlicher Freitagabend, sondern der achtzehnte Geburtstag meiner Tochter, und wenn wir dieses verdammte CrossFit morgen mal ausnahmsweise schwänzen, geht davon die Welt nicht unter.« Er griff nach einer Flasche.

»Oh Gott, lass die Finger davon!« Ich entwand ihm den Billigprosecco. »Der war für eine Horde Teenager bestimmt, deren ungeschulter Gaumen deutlich mehr aushält als der unsere. Ich habe auch noch etwas Anständiges zu trinken. Bin gleich wieder da.« Ich hatte den guten Wein im Gartenschuppen versteckt, wo es plündernde Jugendliche kaum je hin verschlägt. Auf dem Rückweg fiel mir plötzlich ein, dass ich über den Vorbereitungen für Janes Party völlig vergessen hatte, die Hühner einzuschließen. Maggi, Knorr und Dr. Oetker, meine drei Speckled Sussex, führen bei uns ein wahres Luxusleben, produzieren wenn's hochkommt drei Eier pro Kopf und Jahr und stieren mich den Rest der Zeit hasserfüllt an. Ihrer sauertöpfischen Art zum Trotz und obwohl mich jedes einzelne Ei, das sie legen, ungefähr sechzig Pfund kostet, wenn man sämtliche Auslagen, die ich für sie habe, in Betracht zieht, sind sie nicht nur mir, sondern auch Jane sehr ans Herz gewachsen, und Janes Erinnerungen an diesen besonderen Abend wären zweifellos nachhaltig getrübt, wenn das Federvieh ausgerechnet heute einem Fuchs zum Opfer fiele – oder aber Judgy, den eine erbitterte Feindschaft mit den dreien verband. Er ließe sich diese Chance, ihnen den Garaus zu machen, garantiert nicht entgehen.

Während ich mich am Gatter des Hühnerverschlags zu schaffen machte, vernahm ich plötzlich laute Stimmen aus der Küche, wo ich vorhin das Fenster geöffnet hatte, nachdem ich ein paar der Pizzen versehentlich in verkohlte Frisbee-Scheiben verwandelt hatte.

»Es ist eine Frage des Respekts, Simon. Du hattest versprochen, samstagvormittags mit mir zum CrossFit zu gehen, und jetzt ist dir jede Gelegenheit recht, um dich davor zu drücken. Das finde ich enttäuschend. Ich habe das Gefühl, du nimmst unsere Beziehung nicht ernst.«

»Herrgott noch mal, Marissa! Ich enttäusche dich doch *ständig*. Aber wenn ich noch ein Glas Wein mit alten Freunden trinken möchte, um einen Meilenstein im Leben meiner Tochter zu feiern und morgen deswegen den bescheuerten CrossFit-Kurs schwänze, heißt das noch lange nicht, dass ich unsere Beziehung nicht ernst nehme! Es dreht sich bloß nicht immer alles nur um dich. Also komm mal wieder runter und gönn dir auch ein Gläschen.«

»Ich werde jetzt ganz sicher *keinen* Wein trinken; im Gegensatz zu dir halte ich mich nämlich an meine guten Vorsätze. Außerdem muss ich wohl nüchtern bleiben und uns nach Hause fahren, weil du bereits einiges intus hast und offenbar wild entschlossen bist, noch hier zu bleiben bei deiner Ex und IHREN Freunden. Hast du sie eigentlich endlich auf die Scheidung angesprochen? Hat sie in dieser Hinsicht schon irgendetwas unternommen?«

»Das sind auch *meine* Freunde dort draußen. Wir fahren einfach mit dem Taxi nach Hause und holen das Auto morgen. Und der achtzehnte Geburtstag meiner Tochter ist wohl kaum der richtige Zeitpunkt, um Ellen an die verdammten Scheidungspapiere zu erinnern, oder? Heute wollen wir einfach mal ein bisschen *Spaß* haben.«

»Ich brauche keinen Alkohol, um Spaß zu haben, Simon, und ich hatte angenommen, du ebenso wenig. Und glaub mir, du wirst es mir danken, wenn wir jetzt nach Hause fahren und du morgen unverkatert aufwachst. Du *liebst* CrossFit, und hinterher fühlst du dich immer so toll! Setz das doch nicht wegen ein paar Gläsern billiger Plörre aufs Spiel. Im Übrigen finde ich es unfair von dir, mir vorzuwerfen, ich sei ständig enttäuscht von dir. Das habe ich nie gesagt, und ich finde es bedauerlich, dass du es so empfindest. Und ganz ehrlich, unter *Spaß* stelle ich mir etwas anderes vor als bei dieser versoffenen alten Lusche auf dem Sofa zu hocken, während sie mit ihren Alkoholikerfreunden allerlei Anekdötchen über ihre Blagen austauscht.«

Okay, ich hatte genug gehört. Versoffene alte Lusche? Wirkte ich tatsächlich so auf Außenstehende? Und redete ich wirklich so oft über meine Kinder? Ich hatte nicht das Gefühl gehabt, aber wie es schien, trog mich meine Selbstwahrnehmung. Ich riss die Hintertür auf und trat mit dem Weinkarton in die Küche, just in dem Augenblick, als Simon »Nun halt aber mal den Rand, Marissa!« polterte.

»Voilà!«, rief ich übertrieben fröhlich und stellte den Karton auf den Tisch. »Hier kommt das gute Zeug. Ich bin schließlich keine versoffene alte Lusche, die wahllos irgendeine billige Plörre in sich reinkippt, hahaha!«

Das saß.

Marissa wirkte gebührend zerknirscht, und Simon bedachte sie mit einem finsteren Blick.

»Soll ich gleich mal eine Flasche aufmachen, Ellen?«, bot er an.

»Nicht nötig, danke, das kann ich sehr gut allein«, wehrte ich ab. »Marissa? Wein?«

»Nein.« Marissa schob die Unterlippe vor.

»Marissa wollte gerade gehen«, sagte Simon.

»*Wir* wollten gerade gehen«, korrigierte sie ihn.

»Ich werde noch ein bisschen bleiben und Ellen hinterher beim Aufräumen unter die Arme greifen.« Simon deutete auf die überall herumstehenden Gläser und Teller mit Pizzaresten. »Aber lass dich nicht aufhalten, Marissa. Ich nehme dann später ein Taxi.«

»Du musst mir nicht beim Aufräumen helfen, Simon«, winkte ich ab. »Fahr ruhig mit Marissa nach Hause. Ich schaff das schon.«

»Aber es wäre unfair, wenn die ganze Arbeit an dir hängenbleibt.«

»Glaub mir, ich bin daran gewöhnt.«

»Ich bleibe noch, bis Jane mit ihren Freundinnen zurückkommt, nur für den Fall, dass sie sich im Suff allzu zügellos gebärden.«

»Auch in der Hinsicht bin ich bereits einiges gewohnt. Schließlich habe ich jedes zweite Wochenende die Bude voll mit mehr oder weniger angesäuselten Teenagern. Gut möglich, dass sie heute ein bisschen mehr als sonst über die Stränge schlagen, aber ich hab mich mit Küchenrolle und Teppichreiniger eingedeckt, und die Gummihandschuhe liegen bereit. Du kannst also getrost nach Hause fahren.«

Ja, ganz recht, verpisst euch gefälligst, alle beide, ihr arroganten Trampeltiere, dann kann ich mir wenigstens mit meinen Freunden ein paar Gläser Wein genehmigen, ohne dass ihr daneben sitzt und mich zur traurigen alten Lusche ohne jegliches Talent für Smalltalk erklärt, nur weil ich als Mutter von zwei Kindern gelegentlich ein bisschen Dampf ablassen muss. Ist ja nicht so, als hättet ihr auch nur die geringste Ahnung davon, wie frustrierend so ein Elterndasein bisweilen ist, schließlich hat Marissa keine Kinder und glaubt, wildfremde Leute für ihre Erziehungsmethoden kritisieren zu müssen, und Simon hat sich vor seinen Vaterpflichten meist gedrückt und alles mir überlassen. Von wegen »Am Wochenende hat er die Kinder« – er holt sie samstags am späten Vormittag ab, geht mit ihnen zu Pizza Express und bringt sie mir am Sonntag rechtzeitig zum Mittagessen wieder zurück.

Jane und Peter laden ihre Freunde ausschließlich hierher ein, sei es zum Übernachten oder zu sonstigen Anlässen, und zwar weil sie wissen, dass ich sie ohne zu murren herumkutschiere, im Gegensatz zu Simon, der am Samstagvormittag ja auch gar nicht zur Verfügung steht, weil er da zum CrossFit muss. Ja, eine Flasche Wein zu öffnen ist nicht das Einzige, was ich sehr gut ohne ihn hinbekomme. Ich mag bisweilen erschöpft sein und alles gründlich satthaben, und manchmal verspüre ich das Bedürfnis, mich bei jemandem auszukotzen, aber ich komme hervorragend ohne fremde Hilfe zurecht, genau wie die kleine rote Henne aus dem gleichnamigen Kinderbuch.

All das behielt ich natürlich für mich – es genügte, dass ich in Marissas Augen eine schnarchnasige Alkoholikerin war; ich wollte nicht auch noch als durchgeknallt abgestempelt werden. Zumal Simon zweifellos gleich mehrere Situationen aufgezählt hätte, in denen er sich als verantwortungsvoller Vater erwiesen hatte, aber mal ehrlich: Wenn sich ein Mann noch an sämtliche Gelegenheiten erinnert, die beweisen, was für ein toller Vater er doch ist, dann können es nicht allzu viele gewesen sein. Außerdem war mir überhaupt nicht danach, mich mit den beiden zu kabbeln – ich war etwas sentimental und sensibel an diesem

Abend, was zum einen daran liegen mochte, dass meine Kleine nunmehr volljährig war, zum anderen an der kurzen Unterhaltung mit Jane vor der Party, und Marissas abfällige Bemerkung vorhin hatte mich unerwartet tief getroffen. Wenn jetzt auch noch Simon anfing, mich zu nerven, konnte es passieren, dass ich anfing zu heulen und lauthals »Unfair! Unfair!« brüllte. Und mich dabei möglicherweise in Klein-Edward-Manier auf den Boden warf und um mich trat. All das ging mir durch den Kopf, während ich mich unauffällig damit abmühte, den widerspenstigen Korken aus der Flasche zu ziehen, bis sich zum Glück Colin zu uns gesellte.

»Hast du den Wein, Ellen? Sonst trinke ich aus lauter Verzweiflung doch noch den Batteriesäure-Prosecco, und das willst du mir doch sicher nicht zumuten, oder?« Erst jetzt schien er die angespannte Stimmung zu bemerken, die in der Küche herrschte. »Ist alles in Ordnung, Ellen? Warte, lass mich.« Er nahm mir die Flasche aus der Hand.

»Äh, ja. Marissa und Simon werden sich demnächst auf den Weg machen«, verkündete ich.

»Ach, das ist ja jammerschade.« Colins Tonfall strafte seine Worte Lügen. Er war seit jeher kein großer Fan von Simon gewesen, und was Marissa anging, vertraute er als guter Freund einfach meinem Urteil und mochte sie ebenfalls nicht, obzwar er mehrfach gesagt hatte, auf ihn wirke sie eigentlich gar nicht *so* unsympathisch.

»Nein, ich bleibe noch«, widersprach Simon. »Ich werde Ellen nachher beim Aufräumen helfen.«

»So, so«, bemerkte Colin und schenkte sich großzügig ein, sodass die Flasche am Ende halbleer war.

»Also, wenn Simon bleibt, bräuchten wir fast noch eine Flasche Wein, meinst du nicht, Ellen?«

»Simon …«, nörgelte Marissa.

»Fahr einfach nach Hause und mach jetzt keine Szene, ja? Ich rufe dich morgen an, falls ich es nicht zum CrossFit schaffe.«

»Aber wir waren gerade mitten in einer Diskussion, und dein Wagen …«

»Ich sagte doch, darüber mache ich mir *morgen* Gedanken!«, fauchte Simon. »Genau wie über alles andere auch, okay? Und jetzt hätte ich verdammt noch mal gern einen Abend zu meiner freien Verfügung. Einen einzigen Abend, um mit alten Freunden zu plaudern und zu lachen. Das Leben muss nicht immer so tierisch ernst sein, Marissa! Und wir müssen auch nicht immer alles bis ins Letzte ausdiskutieren. Ich bin ein großer Fan typisch britischer Eigenschaften wie Verklemmtheit und vornehmer Zurückhaltung.«

Ich unterdrückte mit Mühe ein Kichern, als Colin die Augenbrauen hob und mich fragend musterte. Das ist eines seiner Talente – selbst wenn man den Tränen nahe ist, gelingt es ihm binnen Sekunden, einen zum Lachen zu bringen, und das ohne ein einziges Wort. Im Gegensatz zu Marissa nimmt Colin überhaupt nichts ernst. »Dafür ist das Leben viel zu kurz«, sagt er oft. Sam findet diese Einstellung im Großen und Ganzen in Ordnung, ärgert sich manchmal aber auch darüber, etwa, wenn Colin dieses Argument als Grund dafür anführt, dass er mal wieder den Müll nicht rausgebracht hat.

»Schnapp dir noch eine Flasche und komm mit ins Wohnzimmer, Ellen«, befahl Colin. »Du willst doch nicht, dass deine Gäste auf dem Trockenen sitzen. Hannah muss es weidlich ausnutzen, dass ihr kleiner Wüstling mal auswärts nächtigt, und Sam hat gerade die Krise gekriegt, weil Sophie auf Instagram gepostet hat, dass sie in einem Laden sind, in dem ein Gebräu namens ›2-4-1-Pornstar Martini‹ ausgeschenkt wird. Er braucht dringend Wein, sonst kommt er noch um vor Sorge, dass der Abend für sein Töchterlein mit einer Alkoholvergiftung oder einer Schwangerschaft enden könnte.«

Wir ließen Simon und Marissa, die sich schweigend mit Blicken duellierten, stehen und kehrten zurück in mein schickes Wohnzimmer. Gut, in meinem Wohnzimmer herrscht bestenfalls Shabby Chic, mit eindeutiger Tendenz zu »Shabby«, vor allem seit Edwards Besuch. Im Nu wurde nebenan erneut lautstark debattiert, die Details konnte man leider nicht verstehen. Das ist der große Nachteil, wenn man in einem alten Cottage mit dicken Mauern wohnt. Diese modernen Gipswände, durch die man jeden Mäusefurz hört, haben auch was für sich.

Irgendwann fiel die Haustür mit einem Knall, der sämtliche Wände wackeln ließ und Janes schlimmstem Teenagertrotzanfall alle Ehre gemacht hätte, ins Schloss, und Simon kam herein. »Marissa musste leider nach Hause, um ihre Katze zu füttern«, verkündete er verlegen. »Und außerdem muss sie morgen früh raus. Ist noch Wein da?«

Da wir alle durch und durch Briten sind, taten wir natürlich so, als wären wir a) zu Tode betrübt über Marissas plötzliches Verschwinden und b) überzeugt, dass selbiges tatsächlich mit ihrer Katze zusammenhing und nicht mit dem handfesten Streit, der eben in der Küche über die Bühne gegangen war.

Stunden später, als alle Gäste außer Simon gegangen waren, in Küche und Wohnzimmer wieder Ordnung herrschte und die Spülmaschine vor sich hin gluckerte (zu zweit ging das Aufräumen wirklich deutlich schneller), beschlossen wir, uns ein allerletztes Glas Wein zu gönnen.

»Darf ich dir etwas sagen, Ellen?«, fragte Simon aus heiterem Himmel.

Nun weiß jedes Kind, dass eine Aussage, die mit diesen Worten eingeleitet wird, für den Empfänger selten erfreulichen Inhalts ist. Noch schlimmer ist eigentlich nur »Nichts für ungut, aber …« – okay, und alles andere, auf das ein »Aber« folgt. Wie sagte einst ein kluger Mensch sehr richtig: Das, was vor dem »Aber« steht, zählt im Grunde gar nicht, wichtig ist das, was *danach* kommt (etwa »Du hast ein hübsches Lächeln und einen tollen Sinn für Humor, aber dein Hintern ist mir viel zu dick, und deshalb wird das mit uns beiden nichts«).

»Das hängt davon ab, was genau du sagen willst«, erwiderte ich argwöhnisch.

»Na ja, ich habe es vorhin in meiner Rede nicht angesprochen, weil heute Janes großer Tag und ist und ich fand, dass ihr die ganze Aufmerksamkeit gebührt, aber ich wollte dir sagen, dass du in Bezug auf unsere Kinder wirklich Großes geleistet hast. Ich war ein grauenhafter Vater. Einer, der jedes Problem mit Geld zu lösen versucht hat. Du warst diejenige, die sich in all den Jahren wirklich um Peter und Jane gekümmert hat – du hast nicht nur Windeln gewechselt und Babykotze aufgewischt, du hast sie auch mit Selbstvertrauen, Resilienz und Mumm ausgestattet. Du warst es, die dafür gesorgt hat, dass Jane so tough und autonom ist. Sie folgt deinem Beispiel, und sie weiß, dass sie werden kann, was immer sie will. Das geht alles auf dein Konto. Und deshalb wollte ich dir danken. Dafür, dass du stets ein offenes Ohr für die beiden hattest und sie zu den Menschen gemacht hast, die sie bereits sind und zu denen sie sich noch entwickeln werden.«

»Ach, hör auf«, winkte ich verlegen ab. Ich kann überhaupt nicht mit Komplimenten umgehen. Vor allem, wenn sie von Simon kommen, der in den vergangenen achtzehn Jahren gefühlt nichts anderes getan hat, als meine Art der Kindererziehung zu kritisieren und zu unterminieren. »Und so ein schlechter Vater warst du auch wieder nicht.«

»Ich hätte ein viel besserer sein können. Ja, ich habe hart gearbeitet, damit genügend Geld für ihre Versorgung da ist, und nein, es hat ihnen an nichts gefehlt. Ich liebe sie beide aus ganzem Herzen, und ich würde alles für sie tun, aber ich war nie so für sie da, wie du es warst. Bist. Und ich wusste nie, worüber ich mit ihnen reden soll. Als sie noch klein waren, haben sie mich mit ihrem unablässigen Gebrabbel nur genervt, und inzwischen habe ich ständig Angst, das Falsche zu sagen. Und weil du dich so gut darauf verstehst, habe ich immer gedacht ›Ellen macht das schon‹ und die Flucht ergriffen oder mich irgendwo verkrochen.«

»Ja, im Schuppen!«, erinnerte ich ihn. »Hängen all diese Einsichten damit zusammen, dass du jetzt keinen Schuppen mehr hast, in dem du dich verkriechen kannst? Früher hast du mir nämlich oft das Gefühl gegeben, dass ich überhaupt nicht zur Mutter tauge. Ich war ja auch wirklich regelmäßig überfordert, und manchmal hätte ich mir am liebsten die Ohren abgerissen, nur um mir nicht in einer Tour wieder ihr Geschwätz anhören zu müssen. Aber mit der Zeit habe ich gelernt, es auszublenden. Ich hab einfach gelächelt und genickt und mich im Geiste an meinen Happy Place gebeamt, während sie schier endlos von irgendwelchen Ameisen geplappert haben, die sie im Kindergarten gesehen hatten, oder darüber, welche ihrer diversen bunt zusammengestöpselten Fantasiewesen im Kampf gegeneinander die größten Chancen auf den Sieg hätten.«

»Hör auf zu tiefstapeln«, sagte Simon. Du warst eine tolle Mutter, und das bist du noch. Also, danke …«

»Wie wär's denn, wenn du versuchen würdest, ein besserer Vater zu sein, statt dich bei mir zu bedanken?«, schlug ich vor.

»Und wie soll ich das anstellen? Ich schätze, ich hab mich einfach am Verhalten meines eigenen Vaters orientiert – malochen gehen, Geld verdienen, die Rechnungen bezahlen, bloß nicht über Gefühle reden, immer schön weitermachen und stets Haltung bewahren. Ich kann doch nicht jetzt plötzlich anfangen, mit ihnen zu kuscheln oder ihnen mit Gefühlsduseleien kommen.«

»Das verlangt ja auch keiner von dir. Kleine Schritte ist das Stichwort. Dich auf deinen Vater rauszureden ist jedenfalls reichlich lahm. Meine Mum war weiß Gott keine gute Mutter, aber ich hab's auch ohne sie als gutes Vorbild geschafft – im Grunde, indem ich versucht habe, weniger wie sie zu sein und mehr wie Hannahs Mum. Du musst bloß ein bisschen mehr Interesse signalisieren. Unternimm etwas mit ihnen – geh mit Peter zu einer dieser grässlichen Gaming Conventions. Führ Jane zum Essen aus, behandle sie wie eine Erwachsene, nicht wie ein kleines Mädchen. Oder ... Ich weiß auch nicht – was würde dir denn die Therapeutin raten, bei der du nach unserer Trennung warst? Ich gehe ja selbst nach dem Trial-and-Error-Prinzip vor; keine Ahnung, was *du* sonst noch tun kannst oder sollst.«

»Du hast recht, das ist mein Problem und nicht deines. Und ich wollte dir ja auch nur dafür danken, dass du mir zwei so tolle Kinder geschenkt hast. Es war nicht meine Absicht, dir noch mehr Sorgen aufzubürden, als du ohnehin schon hast.«

»Du könntest es googeln«, regte ich an. »Google hat auf alles eine Antwort, außer auf die Frage, wie man einen Auftragskiller engagiert ... Nicht, dass ich das je gegoogelt hätte«, fügte ich hastig hinzu.

Er grunzte belustigt. »Und ob du das gegoogelt hast. Du bist eine grottenschlechte Lügnerin. Genau deshalb könntest du nie jemanden um die Ecke bringen.«

»Genau deshalb bräuchte ich im Fall des Falles einen Auftragskiller«, sagte ich und fuhr dann betont munter fort: »Na, wie dem auch sei, dank allem, was du im Laufe der Jahre gelernt hast, wirst du den Kindern, die du mit Marissa zeugst, bestimmt ein besserer Vater sein.«

»Wie gesagt, sie will gar keine Kinder.«

»Ich glaube, du irrst dich. Ich wette, insgeheim will sie doch welche. Als mein Arbeitskollege Tom vor vier Jahren geheiratet hat, hieß es auch, sie wollten keine Kinder, seine Frau hat genau wie Marissa argumentiert – Überbevölkerung, Belastung für die Umwelt, Laber, Rhabarber, und inzwischen haben sie drei kleine Kinder. Ich hab mal zufällig seinen Google-Suchverlauf gesehen, da stand unter anderem ›Vasektomie ohne Zustimmung der Ehefrau‹.«

Simon riss entsetzt die Augen auf. »Du meinst, Marissa hat mich angelogen?«

»Direkt angelogen vielleicht nicht, nein«, wiegelte ich ab. Den Ereignissen des heutigen Abends zum Trotz würde ich den Teufel tun und schlecht über Marissa reden, es konnte schließlich trotz allem passieren, dass die beiden irgendwann heirateten und sich vermehrten wie die Karnickel. »Ich schätze mal, sie ist im Augenblick tatsächlich überzeugt, dass sie keine Kinder will. Aber warum drängt sie dann so darauf, dass du dich scheiden lässt? Vielleicht ändert sie ja ihre Meinung, wenn sie erst das Gefühl hat, in einer sicheren Beziehung zu sein. Plötzlich hört sie die Uhr ticken, und ehe du weißt, wie dir geschieht, ziehst du nächtens wieder los, um Hustensaft zu besorgen. Mmmm, hast du den Geruch von ausgekotztem Hustensaft noch in der Nase, Simon? Ein einzigartiges Aroma, erst so zuckersüß, und so abartig ekelerregend, wenn sie das Zeug fünf Minuten später wieder hochwürgen.«

Simon war ins Schwitzen geraten. »Du bist echt krank, weißt du das? Da sag ich dir was Nettes, und du kommst mir mit solchen Horrorszenarien!«

»Jep«, sagte ich grinsend. »Ich wollte dir nur einen kleinen Einblick in eine mögliche Zukunft gewähren. Du wärst nicht der erste Mann, der glaubt, seine Partnerin will keine Kinder, nur um ein paar Monate später festzustellen, dass das ein Irrtum war.«

»Hm. Neuerdings trinkt sie keinen Alkohol mehr«, sagte Simon nachdenklich. »Um gesünder und fitter zu sein, sagt sie, und sie will, dass ich ebenfalls darauf verzichte.«

»Na klar, deine Jungs schwimmen schneller, wenn sie nüchtern sind. Ich persönlich finde ja, ein ordentlicher Vollrausch dann und wann hat auch was für sich.«

»Oh Gott«, stöhnte Simon.

In diesem Augenblick stürmte Jane herein, gefolgt von ihren Freundinnen. Sie waren deutlich früher zurück als erwartet und berichteten höchst entrüstet, der einzige Nachtclub, in dem man den Minderjährigen unter ihnen mit ihren gefälschten Ausweisen Zutritt gewährt habe, sei eine miese Kaschemme gewesen, in der es vor widerlichen Kerlen gewimmelt habe. Dummerweise hatte Jane mit ihrem »Birthday Girl«-Anstecker sogleich ihre Aufmerksamkeit erregt. Simon lief puterrot an vor Wut, als er das hörte, und als er erfuhr, dass einer der Typen, die versucht hatten, sie anzumachen, bereits fünfzig gewesen war, begann an seiner Schläfe eine Ader zu pulsieren. Was sind das für Fünfzigjährige, die sich am Freitagabend in Nachtclubs herumtreiben und zu allem Überfluss auch noch Mädchen im Teenageralter anbaggern? Sollten die nicht eher in ihrem Fleecepullover vor der Glotze hocken und *Die Gebrauchtwagenprofis – Neuer Glanz für alte Kisten* gucken?

»Soll ich hinfahren und diesem Schwein die Fresse polieren?«, knurrte Simon.

»Gott, Dad, du bist echt *sowas* von peinlich! Keine Sorge, ich komm schon klar mit solchen Typen, okay?«

»Ja, du warst klasse, Jane!«

»Hast du ihm einen Tritt in die Eier verpasst?«, erkundigte ich mich.

»Nein, Mum! Das wäre Körperverletzung und strafbar! Ich hab ihn gefragt, wie alt er ist, und dann hab ich gesagt, dass er älter ist als meine Mum und dass er sich was schämen sollte, und da hat er den Schwanz eingezogen und ist abgehauen, und Emily hat ihm nachgerufen: ›Ja, verpiss dich, Opi! Und besorg dir mal ne Tüte Süßigkeiten, wie es sich für einen richtigen Pädophilen gehört!‹ Er hat ausgesehen, als würde er gleich in Tränen ausbrechen. Tja, und dann war da noch so ein Schnippi, der unbedingt wollte, dass Sophie ihn anlächelt, und sie hat zu ihm gesagt: ›Ich denke doch gar nicht daran, einen Loser wie dich anzulächeln, nur weil du dringend ein bisschen Selbstbestätigung brauchst, du Vollhonk!‹ Danach hatten wir die Nase voll von diesen ganzen Wichsern, also sind wir Pommes essen gegangen und dann nach Hause gefahren.«

»Pommes sin' sowieso besser als Männer«, lallte Emily mit einem seligen Lächeln.

Montag, 4. März

Obwohl mein Team zurzeit sehr unter Druck steht, weil die Deadline für die Fertigstellung unseres aktuellen Großprojekts unerbittlich näher rückt, mussten wir heute Vormittag eine geschlagene Stunde auf den unbequemen Stühlen im Konferenzraum hocken, wo ein aufgekratzter Amerikaner namens Chad auf Geheiß der Personalabteilung über Motivation und Energievampire schwadronierte. Uns war nicht ganz klar, inwiefern es unsere Produktivität und unsere Motivation erhöhen sollte, diesem Chad zu lauschen, der früher fünfundzwanzig Kilo schwerer war und von Energievampiren am beruflichen Aufstieg gehindert wurde, bis er abgenommen, seinen Bürojob an den Nagel gehängt und stattdessen angefangen hat, als supererfolgreicher Motivationstrainer durch die Welt zu jetten. Es war komplette Zeitverschwendung, aber wir hatten im Vorfeld eine Rundmail von der Personalabteilung erhalten, in der wir alle ziemlich barsch darüber informiert wurden, unsere Teilnahme an dieser Veranstaltung werde »erwartet«, und wer sind wir sterbliche Warmblütler schon, dass wir denen da oben widersprechen könnten, wenn sie glauben, Energievampire stellten in unserer Firma ein Problem dar?

Während ich so dort saß und mir Nullachtfünfzehn-Kekse reinschob, sann ich darüber nach, dass ich doch eigentlich Motivationstrainerin werden könnte. Schließlich haben neunundneunzig Prozent aller Motivationstrainer keinerlei Qualifikationen für diesen Beruf vorzuweisen, einmal abgesehen von der Fähigkeit, leere Phrasen zu dreschen. Natürlich gibt es auch einige wenige, die wirklich inspirierend sind, Leute, die Schreckliches durchlebt oder Heldenhaftes geleistet haben, aber Chad gehört definitiv nicht zu diesem erlesenen Kreis. Und wenn er das Zeug dazu hat, dann habe ich es allemal, dachte ich. Schließlich habe ich mein halbes Leben damit zugebracht, entweder meine Kinder oder mein Team zu motivieren. Ja, kein Zweifel, ich gäbe eine brillante Motivationstrainerin ab. Ich bin sehr geübt darin, frei nach dem Prinzip des Bullshit-Bingo einen Haufen Worthülsen herunterzurattern, um meinen Zuhörern zu verdeutlichen, dass sie sich verdammt noch mal auf ihre vier

Buchstaben setzen und ordentlich ranklotzen sollen, weil sie sonst das Projekt an die Wand fahren werden.

Deutlich aufregender als Chads Gefasel fand ich eine E-Mail, die mir Ed, mein ehemaliger Boss, geschickt hat. Ed hat mir, als er im Rahmen einer sagenhaften Beförderung in die Unternehmenszentrale in Kalifornien geholt wurde, seine Stelle und sein Büro vermacht, was mir ausnehmend gut gefällt. Die zahlreichen zusätzlichen Aufgaben, die damit verbunden sind, gefallen mir allerdings weniger gut.

Wie auch immer, Eds Nachricht bestätigte die besorgniserregenden Gerüchte von einer bevorstehenden Fusion, die hier schon seit geraumer Zeit die Runde machen. Er schrieb, es werde mit großer Wahrscheinlichkeit zu »umfassenden Umstrukturierungsmaßnahmen« kommen, was so viel bedeutet wie: Ihr werdet alle gefeuert und durch Leute von der anderen Firma ersetzt. Aber es war nett von ihm, mich darauf vorzubereiten, dass man mich womöglich schon in absehbarer Zukunft abservieren würde. Ich befürchte fast, Daryl und die ganzen anderen aufgeblasenen Wichtigtuer mit ihren Hochwasserhosen werden ihren Job behalten, weil sie nämlich genau wissen, was für Sprüche sie klopfen müssen. Ich dagegen kann bloß bei der Wahrheit bleiben, die da lautet: Mein Team hat bislang jede Deadline eingehalten, und zwar ohne je das Budget zu sprengen; wir haben noch kein einziges Projekt in den Sand gesetzt, und es gab weder Produktrückrufe noch internationale Zwischenfälle – mal ehrlich: Was zum Teufel erwartet ihr eigentlich noch von uns? Wir sind kompetent und effizient, und wir würden vermutlich sogar noch bessere Arbeit leisten, wenn uns diese Hipster in ihren affigen Hochwasserhosen nicht ständig in die Quere kämen.

Okay, die affigen Hochwasserhosen erwähne ich wohl besser

nicht, sollte es tatsächlich zu der gefürchteten Umstrukturierung kommen. Vielleicht sollte ich sogar selbst in eine Hochwasserhose investieren, damit ich auch so hip und cool wirke und den Eindruck erwecke, ich wüsste, was abgeht. Ich könnte ja mal Jane fragen, was sie davon hält und welche Klamotten bei jungen Leuten heutzutage sonst so angesagt sind. Kann natürlich sein, dass sie, statt mir Modetipps zu geben, bloß die Augen verdreht. Nun ja, solange sie nicht behauptet, Carole Baskin sei an allem schuld ... (Vergangenes Wochenende habe ich mir im Beisein meiner ziemlich verkaterten Tochter sämtliche Folgen von *Tiger King* angeschaut, jetzt kann ich endlich mitreden).

Für uns Frauen ist jede Phase der Erwerbstätigkeit so ein Kampf! Am Anfang, wenn wir jung und hübsch sind, heißt es »Die hat den Job doch nur gekriegt, weil sie mit XY in der Kiste war«, und ständig rücken uns irgendwelche schleimigen Typen auf die Pelle und nerven uns mit unangebrachten sexuellen Anspielungen (»Nun hab dich nicht so, ist doch bloß gutmütiges Geplänkel!«). Dann will uns plötzlich keiner mehr einstellen, geschweige denn befördern, weil es ja sein könnte, dass wir – welch ausgemachte Dreistigkeit! – Kinder bekommen. Und sobald wir Kinder *haben*, wird von uns erwartet, dass wir die perfekte Mutter und zugleich Mitarbeiterin des Monats sind und mühelos alle Bälle gleichzeitig in der Luft halten. Die Gesellschaft begegnet uns mit Verachtung, weil wir arbeiten gehen, und die Kollegen behaupten, berufstätige Mütter könnten oder wollten sich nicht voll reinhängen. Schon dieses Etikett »berufstätige Mütter« – wie viele Männer werden eigentlich als »berufstätige Väter« bezeichnet? Kein einziger! Eine beruflich erfolgreiche Frau, die Kinder hat, muss in JEDEM Interview die Frage »Wie schaffen Sie es, Karriere und Familie zu vereinbaren?« beantworten. Einem erfolgreichen Mann wird diese Frage nie gestellt! NIE!

Irgendwann haben wir dann die Phase hinter uns, in der wir ständig zwischen Büro und Schule hin und her hetzen oder uns am Nachmittag davonstehlen, weil wir den Gedanken nicht ertragen, dass unsere Kinder die einzigen sind, die beim Schulsporttag oder bei etwaigen todlangweiligen Schulaufführungen von niemandem angefeuert oder bejubelt werden, und – zack! – sind wir plötzlich alt und unsichtbar und werden nicht mehr ernst genommen, weil wir nicht mehr sexy aussehen – und das, nachdem wir gerade *wegen* unserer Attraktivität jahrelang nicht ernst genommen wurden. Und als würde das noch nicht genügen, bekommt frau am Ende mit großer Wahrscheinlichkeit auch noch weniger Rente als ein Mann.

Natürlich ist es nicht nur im Beruf anstrengend, eine Frau zu sein, da können sich manche Männer noch so oft beklagen, wie schrecklich es im einundzwanzigsten Jahrhundert doch sei, ein Mann zu sein, nur weil sie nicht mehr jederzeit ungestraft Kommentare über unsere Titten vom Stapel lassen können. Aber ich sollte wohl nicht so pessimistisch sein, denn ganz allmählich ändert sich die Welt. Für mich mag der Zug abgefahren sein, doch mir scheint, zumindest unsere Töchter werden es ein bisschen besser haben, und zwar dank unserer Anstrengungen. Gut möglich, dass ihnen viele der Kämpfe, die wir ausgefochten haben, erspart bleiben, dass sie gar nichts ahnen von der Existenz der gläsernen Decken im Berufsleben, die wir durchbrochen haben.

So trostlos mir die aktuelle Lage vorkommen mag, die Welt, in der Jane aufwächst, ist so anders als die, in der Hannah und ich lebten, als wir in ihrem Alter waren. Wir hatten eine sehr altmodische Lehrerin, die uns noch mit achtzehn ermahnte, niemals mit Jungs auszugehen, die Lackschuhe tragen, weil sie versuchen könnten, uns damit unter den Rock zu gucken. Eine lachhafte Vorstellung, schon damals, und erst recht heutzutage, in einer Zeit, in der Penisfotos, Nackt-Selfies und Sexvideos von Prominenten ebenso zum Alltag gehören wie das Unter-den-Rock-Fotografieren. Welcher pickelige Jugendliche würde da noch seine abgewetzten Doc Martens oder seine stinkenden Adidas-Turnschuhe gegen auf Hochglanz polierte Lacklederschuhe austauschen, nur um einen Blick auf den doppelt verstärkten Zwickel unserer Baumwollschlüpfer von Marks & Spencer zu erhaschen? Hannahs Mutter hat mal erzählt, als sie jung war, wurde ihr eingeschärft, sich von ihren Verehrern nicht in schicke Restaurants ausführen zu lassen, weil die weißen Tischtücher die *armen, unschuldigen* Männer an Bettwäsche erinnern und eine unbezwingbare Leidenschaft bei ihnen wecken könnten. Es werden zwar in einer Tour neue technische Hilfsmittel erfunden, die irgendwelchen Widerlingen in die Hände spielen, dafür sind die Mädchen in Janes Generation im Gegensatz zu uns damals nicht gewillt, den alltäglichen Sexismus hinzunehmen – ganz im Gegensatz zu mir und meinen Altersgenossinnen. Uns wurde noch gesagt, wir sollten keinen Aufstand machen, wenn uns ein Mann die Hand aufs Knie legte, wenn uns Bauarbeiter »Zeig doch mal deine Hupen, Herzchen« nachriefen oder Arbeitskollegen ungebeten Avancen machten.

Auch die ganze #MeToo-Diskussion finde ich sehr erfreulich, wenngleich einige misogyne Männer behaupten, hinter dieser Bewegung steckten lauter überempfindliche Schneeflocken, die sich gefälligst nicht so anstellen sollen. Manche dieser Typen zerfließen schier vor Selbstmitleid, weil »man heutzutage ja echt gar nichts mehr sagen darf, sonst sind die Weiber immer gleich total stinkig.«

Ich selbst wurde zum Glück nie ernsthaft sexuell bedrängt, beleidigt oder missbraucht, aber erst als immer mehr Frauen offen auf das Phänomen zu sprechen kamen, wurde mir, wie vielen meiner Altersgenossinnen allmählich bewusst, wie sehr wir darauf konditioniert waren, uns diesen alltäglichen Sexismus gefallen zu lassen und etwaige unangemessene Kommentare hinzunehmen, wie sehr wir uns angewöhnt hatten, unser Verhalten zu ändern, um die Männer auch ja nicht zu verstimmen oder gar in Rage zu versetzen, und wie falsch das alles war.

Ob es nun der Boss war, der uns auf die Oberweite glotzte, der Taxifahrer, dem wir die falsche Adresse nannten, weil er uns allzu persönliche Fragen stellte, oder einer der zahlreichen Besoffenen in Bars und Clubs, die uns Getränke spendierten, die wir gar nicht wollten und um die wir nicht gebeten hatten, die ihnen aber das Gefühl gaben, ein Anrecht auf unsere Zeit und Aufmerksamkeit zu haben, wir waren darauf gedrillt, stets zu lächeln und freundlich zu bleiben, um all diese Männer auch ja nicht zu erzürnen. Denn tief drin hatten wir Angst vor dem, was geschehen konnte, wenn wir sie erzürnten.

Jane und ihre Freundinnen macht diese Angst weit weniger zu schaffen, was zum Teil daran liegen mag, dass schon in meiner Generation ein Umdenken stattfand. Unsere Töchter sollten nicht auch so aufwachsen wie wir. Wir brachen Tabus und zerstörten die gläsernen Decken, damit sie es nicht tun mussten. Ich kann nur hoffen, unser Kampf um mehr Gleichberechtigung hat sich gelohnt. Meine Mutter schickte mich zum Ballettunterricht und begründete ihre Entscheidung mit »Es kann nicht schaden, wenn du lernst, dich etwas damenhafter zu benehmen, Liebes«, als ich protestierte. Ich habe Jane zum Jiu-Jitsu geschickt – »Damit du den Typen im Fall des Falles beide Arme brechen kannst«, sagte ich, als sie mich nach dem Grund dafür fragte. Gut, Jane lässt sich ohnehin von niemandem etwas gefallen. Zugegeben, das kann ganz schön nervig sein, wenn ich diejenige bin, die ihre Attitüden zu spüren bekommt, zugleich ist insbesondere ihre Unerschrockenheit einer der Gründe, weshalb ich so stolz auf sie bin.

Jane wird niemals zulassen, dass irgendwelche Jungs sie mit ihren Schweißhänden begrapschen, nur weil sie Angst hat, es könnte unhöflich wirken, wenn sie sich zur Wehr setzt. Sie wird es nicht kommentarlos hinnehmen, wenn ihre Kollegen witzeln, sie habe wohl ihre Tage, nur weil sie sich ihre Unverschämtheiten verbittet. Wenn jemand »Heiße Titten, Zuckerpuppe!« zu ihr sagt, wird sie nicht einfach schüchtern lächeln, in der Hoffnung, dass der Betreffende Leine zieht. Sie wird all diesen Typen klipp und klar sagen, wohin sie sich ihre antifeministischen Kommentare stecken können, und dann wird sie ihnen möglicherweise beide Arme brechen und das Knie in die Eier rammen. Natürlich wäre es mir am liebsten, wenn sie nie in eine Situation geriete, in der sie ihre Jiu-Jitsu-Fähigkeiten anwenden muss, aber sollte es je zum Äußersten kommen, dann hoffe ich, sie langt ordentlich hin und beweist, dass ich sie nicht umsonst zehn Jahre lang jede Woche zu diesem Kurs gekarrt habe.

Aber nicht nur Jane ist so wehrhaft. Ich beobachte ähnliches bei ihren Freundinnen, bei Emily, Sophie und den zahlreichen Laras und Lea(h)s und Olivias. Die achtzehnjährige Ellen hätte es niemals gewagt, den widerlichen alten Knackern in dem Nachtclub, in dem Jane ihren Geburtstag gefeiert hat, Paroli zu bieten. Sie hätte diese Widerlinge angelächelt, wie sie es verlangt hatten, und gehofft, in Ruhe gelassen zu werden, wenn sie nett und freundlich blieb. Aber wieso soll frau in einer derartigen Situation kuschen? Jane und ihre Freundinnen haben gut daran getan, diesen Typen die Meinung zu geigen. Bleibt nur zu hoffen, dass noch viele weitere Mädchen so werden wie sie, und dass es immer mehr Jungs wie Peter geben wird, die dazu erzogen wurden, Frauen zu respektieren (von einer Schwester wie Jane beispielsweise). Dann werden die Männer, die nach wie vor glauben, es sei in Ordnung, wenn sie sich wie sexistische Arschlöcher aufführen, hoffentlich bald einsehen, dass sie auf dem Holzweg sind und dass sie zumindest ihr Verhalten, wenn schon nicht ihre Einstellung entsprechend ändern müssen, und sei es nur aus Angst vor den Konsequenzen. Zugutekommen wird das all jenen jungen Frauen, die nicht so viel Glück hatten wie Jane und Co. Und die nicht über so viel Selbstvertrauen und Mut wie sie verfügen, aus welchen Gründen auch immer.

Ich hatte so lange über all das nachgesonnen, dass sich mein Computerbildschirm im Standby-Modus befand, als die Gewitterziege von der Personalabteilung hereinkam und fragte, ob ich den Evaluierungsbogen zur Nützlichkeit des Vortrags über Energievampire schon ausgefüllt hätte.

»Das wollte ich *gerade* erledigen«, versicherte ich ihr, worauf sie doch glatt Anstalten machte, sich in meinem Büro niederzulassen, um mir dabei zuzusehen! Zum Glück konnte ich sie zum Gehen bewegen, indem ich sie daran erinnerte, dass die Umfrage vertraulich war. Ich stierte eine Weile auf das dämliche Formular und öffnete dann die Datei mit meinem sträflich vernachlässigten Lebenslauf. Dank Ed hatte ich wenigstens die Möglichkeit, mich damit zu befassen, ehe die Sache mit der Fusion offiziell verkündet wurde. Höchste Zeit, positiv zu denken und mir in Erinnerung zu rufen, dass ich teamfähig und entschlossen bin und meine größten Schwächen Perfektionismus und eine allzu ausgeprägte Engagiertheit sind.

Oh Gott. Welche Floskeln wollen Arbeitgeber heutzutage in

einem Lebenslauf lesen? Und WARUM zum Henker sind wir gezwungen, diesen Zirkus mitzumachen? Wieso müssen wir uns verstellen und Hobbys angeben, die uns total am Arsch vorbeigehen? Warum dürfen wir nicht einfach schreiben: »Ich hätte diesen Job gern, weil ich es angenehm finde, wenn ich meine Rechnungen bezahlen und mir etwas zu Essen kaufen und dann und wann in Urlaub fahren kann, und ich glaube, ich bin für die Stelle geeignet, weil ich alle notwendigen Kenntnisse und Fähigkeiten mitbringe. Ich bin überzeugt, wenn ihr mich einfach in Ruhe werkeln lasst, dann werde ich die Ergebnisse einfahren, die ihr von mir erwartet.« Stattdessen müssen wir eine Leidenschaft fürs Drachenfliegen erfinden, die für den Job, um den wir uns bewerben, kein bisschen relevant ist (es sei denn, es geht um eine Stelle als Lehrer an einer Drachenflugschule, da ist sie vermutlich essenziell). In der Hinsicht erinnert es ein bisschen ans Online-Dating, wobei man da einfach aussteigen kann, wenn man die Nase voll hat, und die Konsequenzen halten sich in Grenzen, im schlimmsten Fall ist der Stolz verletzt. Im Falle von Erwerbsarbeit hingegen setzt man womöglich seine gesamte Existenz aufs Spiel.

APRIL

Samstag, 6. April

Das Ende einer Ära und der Beginn einer neuen: Meine Nachbarin Margaret ist gestern nach insgesamt drei verschiedenen Abschiedspartys tatsächlich ausgezogen, erfüllt von diebischer Freude darüber, wie niedrig in ihrer kleinen Wohnung künftig ihre Heizkostenabrechnung ausfallen wird. Ich muss sagen, was sie über ihr Altersdomizil erzählte, klang vielversprechend. »Ich glaube, das wird wie eine schöne lange Kreuzfahrt«, sagte sie fröhlich. »Jetzt muss ich mir bloß noch bei einer Weinverkostung einen rüstigen Rentner anlachen.« Ich musste geloben, dass ich sie regelmäßig besuchen komme, um mit ihr ein paar Gläschen Gin zu kippen und sie mit Zigaretten zu versorgen.

Zum Abschied schenkte sie mir ein hübsches altes Fernglas, das ihrem Großvater gehört hatte. »Ich hoffe, es wird Ihnen gute Dienste leisten, wenn Sie die hiesige Fauna und Flora studieren«, sagte sie mit einem vielsagenden Zwinkern, als sie es mir überreichte. Ich nehme an, ich soll damit den mysteriösen Adonis, der ihr Haus gekauft hat, bespitzeln.

Heute kamen Sam und Colin zum Abendessen zu mir, und als ich ihnen davon berichtete, gerieten sie sogleich in Verzückung bei der Aussicht, mir könnte ein romantisches Abenteuer bevorstehen. Ich versuchte, ihren Enthusiasmus zu dämpfen, indem ich sie daran erinnerte, dass ich diesen Mann noch gar nicht GESEHEN, geschweige denn kennengelernt hatte und dass er womöglich total unsympathisch war.

»Ich halte es für höchst unwahrscheinlich, dass ich auf ihn stehen werde, und für noch unwahrscheinlicher, dass er auf mich stehen wird. Außerdem können wir nicht ausschließen, dass er ein Serienmörder à la Blaubart ist und ich als Leiche in einem gruseligen Kabuff in seinem Keller ende«, gab ich zu bedenken. »Und eingezogen ist er auch noch nicht. Vorhin stand zwar kurz ein Wagen in der Einfahrt, aber der ist wieder weggefahren und nicht mehr zurückgekommen. Und ich habe weder einen Transporter noch einen Umzugslaster gesehen.«

Wie es der Zufall wollte, rumpelte just in diesem Moment ein Wagen vorbei und hielt vor dem Nachbarhaus.

»Dann mal los.« Sam schnappte sich eine Flasche aus meinem Weinregal. »Höchste Zeit, nachbarschaftliche Beziehungen anzubahnen.«

»Was? Nein, warte!«, rief ich. »Ich kann nicht weg, das Hühnchen ist im Ofen, und ich muss noch den Salat machen! Außerdem können wir ihn doch nicht einfach so überfallen.«

»Wir überfallen ihn nicht, wir heißen ihn willkommen«, widersprach Colin. »Nun stell dich nicht so an, Ellen! Leb ein bisschen! Du willst nichts von Online-Dating wissen und lässt dich partout nicht zu einem Blind Date überreden. Willst du wirklich bis zum Ende deines Lebens allein bleiben, jetzt, wo du dank deiner Erfahrungen mit Jack weißt, dass nichts dabei ist, sich vor einem Menschen nackt auszuziehen, mit dem man nicht zwanzig Jahre lang verheiratet war?«

»Jawohl«, sagte ich. »Der letzte Mann, der mich nackt gesehen hat, ist in die Antarktis gezogen! Das sagt doch wohl alles, oder? Ich hab mich damit abgefunden, dass ich allein bleiben werde. Es stört mich nicht. Ich habe meine Hunde und die Hühner.«

»Ach, komm, halten die dich etwa warm, wenn du nachts im Bett liegst?«, fragte Sam.

»Allerdings. Manchmal wache ich schweißgebadet auf, wenn Judgy auf meinem Kopfkissen liegt und Barry mal wieder versucht, mit mir zu kuscheln, obwohl er inzwischen so groß ist wie ein Shetland-Pony.«

»Jetzt hör schon auf, uns hanebüchene Ausreden aufzutischen und lass uns rübergehen. Einfach mal Hallo sagen. Was hast du schon zu verlieren? Es ist doch nur eine Frage der Zeit, bis ihr euch über den Weg lauft, schließlich seid ihr Nachbarn. Und überleg doch mal, wie romantisch es sein wird, wenn du später an diesen lauen Frühlingsabend zurückdenkst: Zwei verwundete Seelen, deren Blicke sich unversehens treffen ... der Eispanzer um ihre enttäuschten, erkalteten Herzen schmilzt dahin, erwärmt von der Liebe, die sie füreinander empfinden, und ehe sie es sich versehen, wird aus dem nachbarschaftlichen Verhältnis ein Verhältnis mit dem Nachbarn!«

»Nicht so voreilig«, bremste ich ihn ein. »Wir kennen ihn doch noch gar nicht. Wer weiß, ob es überhaupt stimmt, dass er so umwerfend attraktiv ist – Margarets Sehvermögen war in letzter Zeit nicht mehr das Allerbeste. Es kann außerdem gut sein, dass das in dem Auto gerade eben gar nicht er war, sondern zum Beispiel ... der Klempner, der noch etwas reparieren muss. Und wie bereits erwähnt, könnte er ein Serienmörder sein.«

»Meiner Erfahrung nach geht die Wahrscheinlichkeit, dass ein Klempner an einem Samstagabend beruflich unterwegs ist, gegen Null, aber sollte es sich tatsächlich so verhalten, dann hast du zweifellos den engagiertesten, fleißigsten Klempner im ganzen Land aufgetan, und das kann nur von Vorteil sein. Und was die Sache mit dem Serienmörder angeht: ein Grund mehr, JETZT rüber zu gehen, wo Colin und ich hier sind. Er wird uns schließlich nicht alle drei kaltmachen.«

»Wer weiß. Das fiele dann auf jeden Fall in die Kategorie Serienmord«, widersprach ich.

»Also los, gehen wir. Du hast gesagt, das Hühnchen braucht noch eine halbe Stunde. Jetzt besorgen wir dir erstmal einen Tanzpartner für den Matratzentango!«

»Das dürfte etwas länger dauern als eine halbe Stunde. Moment, Moment, was ist das für ein Wein? Ich will einem potenziellen Idioten auf gar keinen Fall meine beste Flasche opfern, aber ich will auch nicht mit dem dubiosen Lambrusco aufkreuzen, der seit neunzehndreiundsiebzig bei sämtlichen Tombolas landauf landab die Runde macht. Das könnte peinlich werden, falls er mir doch sympathisch ist. Hm, ein Rioja für fünf neunundneunzig? Na gut, meinetwegen.«

Colin nickte. »Okay, los geht's.«

»Warte!«, rief ich. »Wie seh ich aus? Es wäre vermutlich kontraproduktiv, wenn ich mit glänzender Nase, Trump-Frisur und Bratensoße auf dem Pulli aufkreuze.«

Colin und Sam musterten mich prüfend.

»Okay, vielleicht solltest du dir kurz die Nase pudern, die Haare bürsten und ein etwas weniger verhaartes Oberteil anziehen«, sagte Sam.

»Eins mit einem schönen weiten Ausschnitt«, schob Colin hinterher. »Es kann nicht schaden, wenn du schon mal zeigst, was du zu bieten hast.«

»Vergiss es«, sagte ich. »Meine Mädels stelle ich erst zur Schau, wenn ich weiß, dass er es wert ist.«

Trotzdem zog ich mir eine saubere Bluse an, denn der Pulli, den ich getragen hatte, war nicht nur ziemlich verhaart, sondern roch auch unverkennbar nach Hund, weil Judgy gern mit mir kuschelt, wenn er nass ist. In seinen Augen ist das eine absolut legitime Methode, das Fell trocken zu kriegen.

»Halt, halt, halt, wartet!«, quiekte ich, als Sam und Colin gleich darauf durch den Vorgarten voranstiefelten.

»Was ist denn jetzt noch?«, fragte Sam entnervt.

»Was ist, wenn er uns für polyamouröse Freaks hält, die in einer Art Kommune leben und eine Dreiecksbeziehung führen? Oh Gott, und wenn es nun doch der Klempner ist und nicht der neue Nachbar? Das wäre verheerend – womöglich glaubt er, wir wollen ihn in irgendein klischeehaftes Porno-Szenario rund um eine defekte Waschmaschine verwickeln, und dann komme ich deswegen bei der Handwerkerinnung auf die schwarze Liste!«

»Ja, sehr wahrscheinlich«, ätzte Colin. »Weil eine *Ménage à trois* nämlich die einzig logische Erklärung dafür ist, dass eine Frau am Samstagabend zwei Männer zum Abendessen einlädt, richtig? Ganz ehrlich, Ellen, deine Ausflüchte werden immer lächerlicher. Wir können ja, um jegliche Missverständnisse im Keim zu ersticken, ganz beiläufig erwähnen, dass wir Freunde von dir sind und miteinander verheiratet, und dass wir nicht auf flotte Dreier stehen, okay? Hat dir eigentlich schon mal jemand gesagt, dass du zu viel Fantasie hast?«

Vor der Tür des Nachbarhauses gab es ein Gerangel und Geschubse, als wären wir Schulkinder. Schließlich schoben mich Sam und Colin nach vorn und zischten: »Bauch rein, Brust raus, Ellen! Und mach wenigstens den obersten Blusenknopf auf!«

Ich klingelte. Die Tür flog auf, und – meine Herren, mein

neuer Nachbar sah in der Tat ziemlich umwerfend aus. So umwerfend, dass Sam seinen Gatten und mich reichlich unsanft anrempelte, weil wir unser Gegenüber beide einen Augenblick mit offenem Mund anstierten. Intellektuellenbrille, etwas zerzaustes und stellenweise leicht angegrautes blondes Haar, das ihm in die unwahrscheinlich blauen Augen hing, und – Tusch und Trommelwirbel! – ein Tweed-Sakko mit Lederflicken an den Ellbogen. Ganz *eindeutig* Indiana Jones in den Szenen als Universitätsdozent (okay, vielleicht eine Spur älter), und wenn er so aussehen konnte, dann bestand durchaus die Möglichkeit, dass er auch die andere Version draufhatte: die des verschwitzten, dreckverschmierten Indiana Jones, der antike Artefakte klaut und dabei seinen Hut verliert. Ob er wohl eine Hut besitzt?

»Guten Abend«, sagte die Erscheinung. »Kann ich Ihnen behilflich sein?«

Ich schluckte und machte den Mund auf, brachte jedoch bloß eine Art Krächzen hervor. Diesmal wurde ich von beiden Seiten in die Rippen geboxt, und zwar unnötig kräftig, wie ich fand.

»Äh, guten Abend«, quiekte ich. »Wir wohnen gleich nebenan … Ich meine, *ich* wohne nebenan, hahaha, und ich wollte mal Hallo sagen und Sie im Viertel willkommen heißen. Hier, für Sie.« Ich hielt ihm die Flasche Wein hin.

»Oh«, sagte er etwas verdattert. »Äh, danke. Ich würde Sie ja reinbitten, aber das Haus ist noch komplett leer, die Möbel kommen erst morgen. Ich werde heute Nacht auf dem Boden schlafen. Ich kann Ihnen noch nicht einmal eine Tasse Tee anbieten, weil jemand das Wasser abgestellt hat und ich keine Ahnung habe, wo sich der Hauptwasserhahn befindet.«

»Ach, das kenn ich. Wir hatten beim Einzug kein warmes Wasser. Ich hätte kotzen können«, verkündete ich fröhlich. Super. Da lernte ich den womöglich attraktivsten Mann der Welt kennen und präsentierte mich gleich in unserer allerersten Unterhaltung als Ma-Flodder-Verschnitt! Gut gemacht, Ellen. Ganz großartig.

»Ich weiß, wo er ist. Soll ich es Ihnen zeigen?« Ich musste buchstäblich meine rechte Hand mit der Linken festhalten, damit ich nicht in Versuchung geriet, ihm die Haare aus der Stirn zu streichen. Ich liebe Männer mit Wuschelfrisur. Simon und Jack waren in dieser Hinsicht leider eine herbe Enttäuschung. Natürlich ist es ein schmaler Grat zwischen dem Look von Hugh Grant in *Vier Hochzeiten und ein Todesfall* und Curt Cobains ungepflegter Zottelmähne.

»Äh, ja, das wäre klasse. Ich heiße übrigens Mark.«

Mark. Ein guter Name. Mit zehn war ich total verknallt in einen Mark gewesen. Er saß im Englischunterricht neben mir und hat mir ständig den Radiergummi geklaut, trotzdem habe ich ihn sehr verehrt und war wild entschlossen, ihn später mal zu heiraten. Der Mark damals hatte eine ganz ähnliche Frisur; vielleicht stammt ja daher meine Vorliebe dafür. Nach der Grundschule verlor ich ihn aus den Augen, aber als das mit Internet-Stalking anfing, habe ich ihn bei Friends Reunited aufgestöbert und bei der Gelegenheit mit Entsetzen festgestellt, dass er schon in jungen Jahren eine Glatze bekommen hatte. Ohne seine Haarpracht sah er längst nicht mehr so gut aus (Ja, ich weiß, ich bin furchtbar oberflächlich!). Ich fragte mich, ob es in Anbetracht meiner unerwiderten Liebe zu meinem Mitschüler und seinem verfrühten Haarverlust ein gutes oder ein schlechtes Omen war, dass mein neuer Nachbar ebenfalls so hieß. Da ich ihn nach wie vor schmachtend anglotzte und mich zudem wegen meiner unbedachten Wortwahl grämte, ergriff Sam die Initiative.

»Hallo, Mark! Ich bin Sam, das ist mein Mann Colin, und das ist Ellen. Sie hat Colin und mich zum Essen eingeladen. Hey, warum kommen Sie nicht mit rüber und essen mit uns? Ellen kocht immer für eine halbe Kompanie, und sie ist eine begnadete Köchin. Und eine prima Nachbarin obendrein – sie lässt die Mülltonnen nach der Leerung nie länger als nötig draußen stehen, sie sonnt sich nicht nackt im Garten, sie schmeißt keine Partys, auf denen die Gäste randalieren ... Das war eher Margarets Domäne, genau wie das Nacktsonnenbaden. Ach ja, und Männerbesuch bekommt Ellen auch keinen, hahaha.«

Na, vielen Dank auch, Sam! Wirklich einnehmend, das Bild, das du da VOR DEM ATTRAKTIVSTEN MANN DER WELT von mir zeichnest! Entweder hat Mark jetzt Visionen von mir, wie ich im Evakostüm zu Drum'n'Bass-Rhythmen Mülltonnen herumwuchte, womöglich mit einem auf Ziegelsteine aufgebockten Transporter im Hintergrund, oder aber er hält mich für eine verklemmte alte Jungfer, die die hiesigen Behörden mit Beschwerdebriefen wegen Falschparkern, Hundehaufen und lärmender Kinder bombardiert.

»Ich habe übrigens keine Katzen«, platzte ich heraus in dem Versuch, das Image der alten Jungfer im Twinset mit Perlenkette abzustreifen.

»Äh, alles klar«, sagte Mark. »Tja, danke, aber ich will mich nicht aufdrängen.«

»Von Aufdrängen kann keine Rede sein! Ellen hat vorhin erwähnt, wie schade sie es findet, dass Margaret weggezogen ist, und wie sehr sie sich darauf freut, ihren neuen Nachbarn kennenzulernen.« Colin strahlte ihn an.

»Verzeihung, wer ist Margaret?«

»Die Besitzerin dieses Hauses – äh, die Vorbesitzerin. Sie hat sich übrigens nie nackt im Garten gesonnt, das war nur ein

Witz«, erklärte ich hastig. HERRGOTT NOCH MAL, ELLEN, ERST REDEST DU ÜBERS KOTZEN UND JETZT AUCH NOCH ÜBER SENIORINNEN MIT EXHIBITIONISTISCHEN TENDENZEN! WAS ZUM TEUFEL IST BLOSS MIT DIR LOS?

»Ach, richtig. Ja, die war ein ziemliches Unikum, nicht? Ähm, wie war das mit dem Haupthahn?«

Ich zeigte ihm das gut getarnte Versteck hinter einer Fliesenattrappe im Bad, von dem ich übrigens nur deshalb weiß, weil ich zufällig zugegen war, als es bei Margaret mal einen Wasserrohrbruch gab. Ich durchstöbere nicht gewohnheitsmäßig die Domizile meiner Freunde auf der Suche danach.

Dann gingen wir wieder nach unten, und Sam unternahm den nächsten Vorstoß: »Also Mark, wie sieht es aus – bei Ellen gibt es heute Brathähnchen ...«

Mark zögerte. Wunderte mich nicht, dass er wenig Lust verspürte, mit dieser wunderlichen Truppe mitzugehen, die unangemeldet bei ihm hereingeschneit war. Wahrscheinlich hielt *er uns* für Serienmörder! Zweifellos würde er gleich höflich ablehnen mit dem Argument, er sei Vegetarier oder er habe furchtbar viel zu tun (was in Anbetracht das fast leeren Hauses nicht sonderlich glaubwürdig wäre).

»Ich weiß nicht recht ... Ich will wirklich nicht stören.«

Colin ließ nicht locker. »Dann kommen Sie zumindest auf einen Drink mit rüber.«

»Ja, genau«, pflichtete Sam ihm bei. »Nur mal kurz auf gute Nachbarschaft anstoßen«.

Der arme Mark wirkte noch immer hin- und hergerissen, doch er kam nicht an gegen Sam und Colin, die wild entschlossen waren, ihn mitzunehmen, damit ich mir einen detaillierten Eindruck von ihm verschaffen konnte.

»Also gut«, willigte er schließlich etwas verunsichert ein.

»HERVORRAGEND!«, rief Colin. »Wunderbar. Dann mal los.«

Sie scheuchten ihn zur Tür und die Straße entlang, bevor er es sich noch einmal anders überlegen konnte, und ehe der arme Bursche wusste, wie ihm geschah, thronte er auch schon mit einem großen Glas Cabernet Sauvignon in der Hand auf meinem Sofa. Zum Glück waren die Kinder nicht zu Hause, sondern bei Simon, und da ich Besuch erwartet hatte, war das Haus sogar einigermaßen aufgeräumt.

Während Mark sehr langsam seinen Wein trank, erzählte er uns ein wenig von sich. Er war doch glatt Archäologe! Mein Glaube an das Universum war wiederhergestellt. Hollywood hat nicht gelogen! Es gibt sie doch, die attraktiven Archäologen im Tweed-Sakko! Ich konnte mein Glück kaum fassen. Er erzählte, er habe ein Sabbatical eingelegt, um ein Buch zu schreiben, und zwar über ... Ehrlich gesagt schaltete ich an dieser Stelle auf Durchzug; das Thema klang nicht so wahnsinnig fesselnd – es ging nicht um den Heiligen Gral oder um ein Amulett, auf dem ein Fluch lastet, sondern um irgendwelche Gesteinsbrocken aus dem Neolithikum oder Paläolithikum. Trümmer.

»Ellen hat sich auch schon archäologisch betätigt, stimmt's, Ellen?«, bemerkte Colin.

»Naja, nicht so richtig ernsthaft.«

»Na, und ob! Du warst überzeugt, dass das deine neue Berufung ist«, fügte Sam wenig hilfreich hinzu.

»Ah ja?«, fragte Mark höflich. »Erzähl doch mal.« Mittlerweile duzten wir uns.

»Ach, das war letztes Jahr – ein Projekt, an dem sich alle Dorfbewohner beteiligen konnten«, murmelte ich.

Jetzt war Marks Interesse an mir offenbar geweckt. »Ah, faszinierend. Es ist erstaunlich, was bei derartigen Grabungen so alles auftaucht. Und, was kam dabei raus?«

»Ein großes Loch in der Erde«, erwiderte ich.

»Äh, ich meinte eher, wonach habt ihr gegraben?« Das klang schon etwas weniger interessiert.

»Ich weiß es ehrlich gesagt gar nicht genau. Es ging um irgendwelche Ruinen. Aber wir haben nichts gefunden.«

»Wie, überhaupt gar nichts?«

»Nun ja, ein paar ... Trümmer. Die beteiligten Archäologen meinten, es könnte sich um Teile einer Mauer handeln, aber sie waren nicht ganz sicher. Wir haben keine richtig tollen Sachen gefunden, keinen Schatz oder so.«

»Die Mauern *sind* der Schatz, das ist ja das Tolle an der Materie. Sie stellen eine Verbindung zur Vergangenheit dar, zu den Menschen, die sie gebaut haben. Das ist alles Teil des großen Ganzen.«

»Hmja«, machte ich wenig überzeugt. »Ich hatte auf etwas Aufregenderes gehofft, auf Schmuck oder zumindest einen Topf oder so.«

Ehe ich mich als totale Banausin auf dem Gebiet der Archäologie outen konnte, wechselte Colin elegant das Thema und erkundigte sich bei Mark, wie er sein Haus einzurichten gedenke.

Im Großen und Ganzen wirkte mein neuer Nachbar sehr sympathisch, wenn auch noch immer eine Spur geplättet von unserem Überfall, und ich hatte den Eindruck, dass er sich nicht hundertprozentig wohl in seiner Haut fühlte, denn er lehnte hartnäckig ab, als wir ihm nachschenken wollten und verzog sich, nachdem er sein Glas geleert hatte, mit den Worten »Wird ein anstrengender Tag morgen.«

»Na, was hältst du von ihm?«, fragte mich Sam, als wir uns zu Tisch begaben.

»Nun ja, er sieht umwerfend aus«, musste ich zugeben.

»Ganz meine Meinung«, stellte Colin fest, was ihm einen missbilligenden Blick von Sam eintrug.

»Er könnte trotzdem ein Serienmörder sein. Und selbst, wenn er keiner ist, warum ist er noch Single? Warum hatte er bis jetzt keine einzige längere Beziehung?«

»Er hatte durchaus längere Beziehungen«, widersprach Colin aufgekratzt. »Ich hab ihn danach gefragt, als du auf dem Klo warst. Ich habe ganz schön viel rausgefunden; du warst ewig weg.«

»Ich war aber bloß für kleine Mädchen, und dann habe ich mir noch schnell die Nase nachgepudert«, beeilte ich mich zu versichern.

»Gut zu wissen«, sagte Colin trocken. »Na, jedenfalls hatte Margaret Unrecht, als sie sagte, er habe noch nie eine Freundin gehabt. Er hatte zwei längere Beziehungen. Eine mit Mitte zwanzig, aber seine damalige Freundin wollte gleich eine Familie gründen, und er fühlte sich noch nicht bereit dafür, und eine weitere mit Mitte dreißig, die daran gescheitert ist, dass *er* eine Familie gründen wollte und *sie* noch nicht dafür bereit war. Danach gab es die eine oder andere Liebelei, aber nichts Ernstes mehr. Er sagte, er hat sich damit abgefunden, dass er möglicherweise nie Kinder haben wird, aber er hofft, trotzdem eine Frau kennenzulernen, mit der er den Rest seines Lebens verbringen kann.«

»Du meine Güte, ich hätte nicht gedacht, dass ich *so* lange weg war«, staunte ich. »Stell dir mal vor, was du vielleicht noch alles aus ihm herausgekitzelt hättest, wenn ich doch groß … Entschuldigt. Hm, meinst du, er plaudert immer so viel aus dem Nähkästchen? Hattest du den Eindruck, er gehört zu den Leuten, die ständig über Gefühle reden wollen? Oh Gott – was, wenn er einer von denen ist, die darauf bestehen, dass man in einer Beziehung über die Dinge reden muss, die einen nerven, statt seinen Frust in sich hineinzufressen und irgendwann zu explodieren, wie es *normale* Menschen tun?«

»*Du* tust das, und es ist ehrlich gesagt alles andere als normal, Ellen«, sagte Sam. »Es soll Leute geben, die sind der Ansicht, dass man Beziehungsprobleme besser auf andere Art und Weise bewältigen sollte.«

»Ich versuch's ja!«, verteidigte ich mich. »Alle sagen mir andauernd, ich soll über meine Probleme reden, und ich bemühe mich redlich, aber es fällt mir immer noch schwer. Und überhaupt bin ich mit meiner Strategie der Verdrängung bisher ganz gut gefahren. Simon hatte jedenfalls nie ein Problem damit.«

»Simon war *fast* genauso gut wie du im Verdrängen von Problemen, meine Liebe, und die Tatsache, dass ihr getrennt seid, könnte eventuell darauf hinweisen, dass es vielleicht doch besser ist, über Probleme zu reden«, belehrte mich Colin. »Aber genug von Simon, reden wir lieber wieder über deinen schnuckeligen Nachbarn. Schon möglich, dass er ein bisschen viel gelabert hat, aber ich glaube, das war eher auf die Tatsache zurückzuführen, dass so ein Umzug sehr stressig und emotional belastend ist, und außerdem hat er auf leeren Magen ein ziemlich großes Glas Wein getrunken.«

»Ach, richtig«, sagte ich erleichtert. »Mit Alk im Blut wird doch jeder zur Quasselstrippe.«

»Er hat mich über dich ausgefragt, während du auf dem Klo warst. Ich glaube, er mag dich«, sagte Sam mit einem verschmitzten Lächeln.

»Ach was!«, widersprach ich. »Das kann ich mir nicht vorstellen. Er ist der reinste Adonis, und Historiker obendrein!

Warum sollte jemand, der ein intellektuell angehauchtes Gespräch über Trümmer führen kann, *mich* mögen?«

Colin schnalzte missbilligend mit der Zunge. »*Fishing for Compliments*, Ellen? Es gibt genügend Gründe, dich zu mögen, das weißt du genau.«

»Hmpf. Wahrscheinlich hat er dich bloß ausgefragt, um den idealen Zeitpunkt für meine Ermordung zu eruieren«, brummte ich. »Der Mann hat jahrelang nichts anderes getan, als Löcher zu graben, und dank seines Berufs hat er auch noch die perfekte Ausrede parat! Noch können wir nicht ausschließen, dass er ein Serienmörder ist.«

»Also, die wenigsten Serienmörder morden, weil sie so gerne Löcher graben, und die Fähigkeit, Löcher zu graben, steht auch nicht unbedingt in der Stellenbeschreibung. Laut dem True-Crime-Channel gehen die meisten Serienmörder außerdem deutlich fantasievoller bei der Entsorgung der Opfer vor. Warum bist du überhaupt so felsenfest davon überzeugt, dass er ein Serienmörder ist?«

»Weil ich mein Glück kenne«, seufzte ich. »Und weil ich endlich kapiert habe, dass es im Leben nun mal nicht so läuft wie in diesen ganzen romantischen Filmkomödien oder in den Liebesromanen mit Stöckelschuhen auf dem rosaroten Cover. Ein gutsituierter, interessanter, intelligenter Mann, der noch solo ist, sowas ist einfach zu schön, um wahr zu sein. An solchen Männern ist zwangsläufig etwas faul. Und deshalb lege ich die Latte bewusst tief und nehme an, dass er ein Serienmörder ist, denn wenn er keiner ist, lässt das alle anderen Makel vergleichsweise vernachlässigbar erscheinen, schon, weil sie sich nicht negativ auf den Wert meines Hauses auswirken werden. Es wäre garantiert ein Albtraum, dieses Haus zu verkaufen, wenn herauskommt, dass auf dem Nachbargrundstück ein Serienkiller sein

Unwesen getrieben hat. Ach, herrje, der Wein ist alle. Wie wär's mit Whisky?«

»Seit wann bist du denn so zynisch, Ellen?«, fragte Sam sanft. »Ich weiß, du tust immer so pragmatisch und gibst dich gern tough und unabhängig, aber tief drin hast du doch immer an die Liebe geglaubt, und daran, dass es dort draußen jemanden gibt, der für dich bestimmt ist. Was ist denn passiert, dass du dir von einem Mann, der dir praktisch in den Schoß fällt und rundum perfekt zu sein scheint, bloß noch erhoffst, dass er nicht allzu viele Leute auf dem Gewissen hat?«

»Das Leben«, sagte ich knapp. »Das ist passiert. Mein Exmann hat im Rahmen einer absolut klischeehaften und vollkommen vorhersehbaren Midlife-Crisis mit einer anderen geschlafen und sich dann eine jüngere Freundin angelacht, worauf ich ihn verlassen habe, und der letzte Mann, der an mir interessiert war, ist in die Antarktis gezogen – in die ANTARKTIS, hörst du?«

»Warum hast du eigentlich gar nicht erst versucht, mit Jack eine Fernbeziehung zu führen?«, erkundigte sich Colin. »Du hast eines Tages verkündet, dass er in die Antarktis aufbricht, und das war's dann.«

»Was hätte das denn bringen sollen? Er sitzt in der Antarktis, verdammt noch mal! Wie stellst du dir das vor? Zwei Jahre lang allwöchentlich ein Telefonat? Das hätte diese Beziehung nicht überstanden; ich kannte ihn doch kaum, und er mich ebenso wenig. Da ist es ja fast besser, mit einem Knacki zusammen zu sein – da darf die Frau wenigstens regelmäßig zum Beischlaf-Besuch vorbeikommen, oder? Wenn es statt der Antarktis zumindest Australien gewesen wäre ... Dort hätte ich wenigstens Urlaub machen können. Ich hätte meine Angst vor den Killerspinnen überwinden und das Filmset von *Nachbarn* besichtigen können, und die Oper in Sydney, und die ganzen anderen kulturellen Highlights des Landes ...«

»Echt bemerkenswert, deine Besessenheit von australischen Seifenopern«, stellte Sam fest. »Angeblich finden es die Australier ganz schön nervig, dass die Briten Australien nur auf diese Serien reduzieren. Das wäre ungefähr so, als würde ganz Australien annehmen, dass es in Großbritannien immer so zugeht wie in *Albert Square* und *Coronation Street*.«

»Tja, denen ist offenbar nicht klar, welche nachhaltigen Auswirkungen es hatte, dass die Teenager in den 90ern hier ständig australische Soaps zu sehen bekamen. Wir leben in einem Land, in dem es um vier Uhr nachmittags dunkel wird, in dem monatelang Kälte und Nebel herrschen und das Schwimmen nur in versifften, verchlorten städtischen Bädern möglich ist, weil das Meer so kalt ist, dass man spürt, wie sich sämtliche innere Organe zusammenziehen, wenn man auch nur kurz den großen Zeh reinsteckt! Da muss es einem doch unwillkürlich so vorkommen, als befänden sich die Ramsey Street aus *Nachbarn* oder die Summer Bay aus *Home and Away* mit ihren Grillpartys und Pools im Garten und den goldenen Stränden auf einem anderen Planeten. Aber das ist eigentlich alles unerheblich, weil Jack ja nicht nach Australien gezogen ist, sondern in die Antarktis. Dorthin, wo die Pinguine leben, nicht die Eisbären, zumindest das weiß ich seither, und auch, warum Eisbären keine Pinguine fressen. Jedenfalls ist mir klar geworden, dass nicht jede Charlene ihren Scott bekommt, und dass in der Realität kein Märchenprinz kommt, um die Prinzessin aus dem Turm zu retten. Es kommt noch nicht einmal dieser idiotische Shrek. Ich muss mich selbst retten. Ich kann mich nicht darauf verlassen, dass jemand anderes es tut. Rapunzel hätte sich ganz schön viel Ärger erspart, wenn sie das eine Ende ihres Zopfes ans Bett geknüpft und sich einfach daran abgeseilt hätte. Auf dem Boden angekommen hätte sie sich selbst einen schicken Kurzhaarschnitt verpassen können, und dann hätte sie in die Welt hinausziehen und ordentlich Furore machen können. Selbst das Mädchen mit den Schwefelhölzern, dessen Schicksal mich stets zu Tränen gerührt hat, hätte, statt mutterseelenallein zu erfrieren, einfach sämtliche Streichhölzer anzünden und sie unter der Tür der Schweine durchschieben sollen, die sie nicht kaufen wollten. An den brennenden Häusern hätte sich die Kleine wenigstens eine ganze Weile wärmen können.«

»Das wäre dann aber eine *sehr* andere Geschichte gewesen«, sagte Sam etwas skeptisch.

»Wahrscheinlich wäre sie wegen Brandstiftung ins Gefängnis gewandert und dort elendiglich verreckt«, fügte Colin hinzu.

»Ja, schon möglich, aber zumindest hätte sie selbst über ihr Schicksal bestimmt, statt ergeben darauf zu warten, dass jemand ihr Leben verändert. Dasselbe gilt für Rapunzel. Sie hätten die Zügel in die Hand nehmen und damit ihre Zukunft beeinflussen können, ob nun zum Besseren oder zum Schlechteren. Wenn ich von mir aus nicht glücklich bin, dann kann jemand anderes dieses Problem nicht für mich lösen. Ja, es wäre schön, wenn ich jemanden hätte, der mich abends zu Hause erwartet, jemanden, der die Last mit mir teilt. Es wäre wunderbar, eine Beziehung zu haben wie ihr beide, obwohl ich weiß, dass auch bei euch nicht alles immer eitel Wonne Sonnenschein ist, und dass es Colin nervt, wenn du schnarchst, Sam ...«

»Ich SCHNARCHE NICHT!«, widersprach Sam.

»Tust du doch«, sagte Colin.

»Und ich weiß, dass es dich in den Wahnsinn treibt, wenn Colin beim Fernsehen ständig kommentiert, was passiert, Sam ...«

»Ich ZEIGE DAMIT LEDIGLICH INTERESSE AM GESEHENEN, das ist alles!«

»... aber im Großen und Ganzen seid ihr zwei doch wie füreinander geschaffen. Ihr habt gemeinsame Interessen, ihr unterstützt euch gegenseitig, ihr respektiert euch, ihr liebt euch, und ihr denkt nicht immer nur an euch selbst, sondern auch an den anderen. Es ist ein tolles Gefühl, wenn man einen solchen Partner hat, und mit Simon war es auch so, ganz am Anfang, aber dann ging alles den Bach runter; die Kinder kamen, wir hatten keine Zeit mehr füreinander und haben uns auch nicht die Zeit genommen, um unsere Probleme aus der Welt zu schaffen. Ja, vielleicht war unsere Liebe einfach nicht stark genug. Ich weiß auch nicht. Aber es gab eine Zeit, da dachte ich, er sei, wenn schon nicht mein Seelenverwandter, dann zumindest eine Art Gleichgesinnter, obwohl er durchaus auch eine elende Nervensäge sein konnte. Aber dann war es plötzlich vorbei, und wisst ihr was? Es ist okay. Es geht mir gut, auch allein. Ich *brauche* keinen Seelenverwandten und keinen Gleichgesinnten. Es ist ungefähr so wie bei einem Auto mit einer superteuren Stereoanlage – es ist schön, sie zu haben, aber das Auto fährt auch ohne, und es kann sogar sein, dass sie einen in falscher Sicherheit wiegt und man nicht merkt, dass etwas nicht in Ordnung ist, weil man es nicht hört, wenn das Auto seltsame Geräusche macht. Also, ja, Mark wirkt sympathisch, und er sieht toll aus, und ehrlich gesagt würde ich ihn vermutlich vögeln, bis er die Sterne sieht, falls sich die Gelegenheit ergibt, aber realistisch gesehen ist er mit großer Wahrscheinlichkeit nicht der Richtige, und ich komme ganz allmählich in ein Alter, in dem ich keinen Sinn mehr darin sehe, meine Energie auf ein zukünftiges Ich zu konzentrieren, von dem ich hoffe, es könnte besser sein. Wir müssen im Jetzt leben. Wir dürfen nicht ständig denken: ›Wenn ich irgendwann mal abnehme …‹ oder ›Wenn ich erst einen Freund habe …‹ oder ›Wenn ich endlich im Lotto gewinne …« Man muss das Beste aus dem machen, was man hat und wer man ist. Okay, ein Lottogewinn wäre trotzdem schön … Puh!« Ich holte tief Luft. »Vom Whisky werde ich immer so tiefsinnig, findet ihr nicht?«

Sam war eingenickt.

»Hey, sag bloß, er hat kein Wort von all den Weisheiten mitbekommen, die ich gerade von mir gegeben habe?«, stieß ich empört hervor.

»Ich fürchte, nein, Süße«, sagte Colin. »Willkommen in meiner Welt. Glaubst du denn, *du* wirst dich morgen früh noch daran erinnern?«

»Wohl kaum. Vielleicht sollte ich's mir aufschreiben?«

»Also, nach deinem letzten diesbezüglichen Versuch hast du mir tags darauf eine Nachricht geschickt, in der stand, in deinem Bett lägen sechzehn Din-A-4 Seiten voller unentzifferbarer Schriftzeichen und satanischer Symbole. Ich bin sicher, du wirst dich zumindest an das Wesentliche erinnern. Sollen wir uns eine Zigarette genehmigen, während wir abwarten, ob unser männliches Schneewittchen hier von einer Kutsche abgeholt wird, ehe es sich in einen Kürbis verwandelt?«

»Also, es ist eine Sache, Metaphern durcheinanderzubringen«, sagte ich, »aber Märchen zu vermischen, das ist unverzeihlich.«

»Sagte die Frau, die aus der tragischen Gestalt des Mädchens mit den Schwefelhölzern eine brandstiftende Proll-Braut machte.«

Freitag, 12. April

Als ich heute Früh versuchte, meine Kinder zu wecken, ehe ich zur Arbeit fuhr, packte mich die Verzweiflung.

In Peters Zimmer miefte es mal wieder, dass mir beinahe das Frühstück hochkam. Warum nur riechen Jungs im Teenageralter so abstoßend? WARUM? Ich zwinge meinen Sohn, täglich zu duschen, ich wechsle jede Woche seine Bettwäsche und alle zwei Tage seine Handtücher, ich reiße ständig die Fenster auf und versprühe tonnenweise Lufterfrischer, und trotzdem stinkt es da drin wie in einem Pumakäfig. Wenn seine Freunde da sind, ist es noch schlimmer. Er hat mir noch immer nicht verziehen, dass ich die Turnschuhe seines Kumpels Oscar Wilson in die Waschmaschine gesteckt habe, die dieser mal an der Hintertür abgestellt hatte – es war Peter unsäglich peinlich, aber das war mir egal; das ganze Haus stank nach diesen Tretern! Wie es scheint, habe ich damit eine Grenze überschritten, aber danach war es viel besser.

Bei Jane verzog ich lediglich das Gesicht in Anbetracht der auf dem Boden herumliegenden sauberen Kleidungsstücke, die ich zweifellos schon bald im Schmutzwäschekorb wiedersehen würde, weil mein Fräulein Tochter zu bequem ist, sie aufzuheben und ordnungsgemäß zu verstauen, aber zumindest riecht es in ihrem Zimmer bloß nach Selbstbräuner und zu viel Parfüm.

Dass ich mich überhaupt in die Höhlen der beiden gewagt habe, war dem kühnen Versuch geschuldet, sie zum Aufstehen zu bewegen, denn es ist höchste Zeit, dass sie anfangen, für die unerbittlich näher rückenden Prüfungen zu lernen. Meine Ermahnungen, sie sollten bitte, bitte aufstehen und sich an ihre Schreibtische setzen, Osterferien hin oder her, gingen unter in gegrunzten Bemerkungen wie »Ja, gleich«, und geknurrten Befehlen à la »Hör auf, mich zu nerven!«

Tja, leider muss ich sie nerven, sowohl zu meinem eigenen als auch zu ihrem Wohl. Ich lese in letzter Zeit erschreckend häufig, die Millennials könnten es sich nicht leisten, auf eigenen Beinen zu stehen und seien deshalb gezwungen, für immer und ewig bei ihren Eltern zu wohnen. Ich kann mir nie merken, wo genau die Grenzen zwischen den Generationen verlaufen – soweit ich weiß, gehöre ich der Generation X an, meine Eltern sind beziehungsweise waren Boomers, dann gibt es noch die Millennials, und ich glaube, Peter und Jane sind Gen Z. Aber darum geht es nicht. Es geht darum, wie sehr mir bei der Vorstellung graut, dass eine dreißig Jahre alte Jane und ein achtundzwanzig Jahre alter Peter noch immer zu Hause wohnen, überall ihren Kram herumliegen lassen, ständig das Breitbandinternet in Beschlag nehmen, ganz zu schweigen vom dauerbelegten Badezimmer. Ich habe ja so meine Zweifel, dass es sich die Millennials tatsächlich nicht leisten können, von zu Hause auszuziehen – ich vermute viel eher, sie haben einfach keine Lust, den gewohnten Komfort gegen ein Zimmer in einer von Ratten heimgesuchten Wohngemeinschaft einzutauschen, und mutieren deshalb zu Nesthockern. Meiner Meinung nach trägt die Erzeugerfraktion zumindest zum Teil die Verantwortung dafür, indem sie sie gewähren lässt und ihnen ein allzu bequemes Leben ermöglicht. Ich behaupte nicht, dass Eltern ihre Kinder auf die Straße setzen sollten, aber Kevin aus der Buchhaltung klagte mir neulich sein Leid, weil sein Sohn mit neunundzwanzig so überhaupt keine Anstalten mache, auszuziehen, und ich dachte bei mir: Na, kein Wunder – warum sollte er, wenn Mami zu Hause für ihn kocht und wäscht, und das, ohne Miete von ihm zu verlangen?

Ich jedenfalls bin wild entschlossen, es bei meinen Kindern anders zu machen, und der erste Schritt auf ihrem Weg in die Unabhängigkeit ist eine anständige Schulbildung, damit sie später einen gut bezahlten Job finden und nicht behaupten können, sie hätten nicht genug Geld für eine eigene Wohnung. Mein Plan hat allerdings einen klitzekleinen Haken: Jane hat bislang in der Schule ziemlich gut abgeschnitten, ohne viel zu lernen und ist deshalb der Ansicht, dass sie auch das Abitur ohne großen Aufwand hinter sich bringen wird, obwohl ich ihr immer wieder zu vermitteln versuche, dass sie da auf dem Holzweg sein könnte. Peter wiederum scheint zu glauben, dass er die Hürde der mittleren Reife ebenso elegant nehmen wird wie seine Schwester – keine Ahnung, wie er darauf kommt; vielleicht glaubt er, dass das Wissen seiner Schwester durch eine Art Osmose auf ihn übergehen wird. Zudem ist er felsenfest überzeugt, dass er als professioneller Gamer Millionen verdienen wird.

Zugegeben, der Gedanke, dass die beiden in absehbarer Zeit aus dem Haus sein werden, ist auch ein klein wenig alarmierend. Ich habe noch nie allein gelebt. Nach der Scheidung meiner Eltern wohnte ich überwiegend bei meiner Mutter und verbrachte die Wochenenden bei meinem Vater, mit Studienbeginn brach dann die Zeit der Wohngemeinschaften an, jedenfalls bis ich Simon kennenlernte und mit ihm zusammenzog, und jetzt wohnen die holden Kinderlein bei mir. Vor diesem Hintergrund ist die Vorstellung, dass irgendwann niemand mehr da sein wird, der etwas von mir will, wenn ich abends nach Hause komme, niemand, der überall Dreck und Unordnung hinterlässt, ständig meine Sachen woanders hinlegt oder die gerade erst abgewischten Arbeitsflächen in der Küche vollkrümelt, gelinde gesagt ein Traum.

Ich meine, ich kann nicht ausschließen, dass ich eines Tages beim Anziehen der Unterhose die Balance verliere und mir beim Sturz eine tödliche Kopfverletzung zuziehe, und kein Schwein merkt etwas, bis sich die Nachbarn über den Mief beschweren. Natürlich finde ich den Gedanken, dass mein auf dem Boden liegender, aufgeblähter Leichnam mit dem Schlüpfer auf Halbmast gefunden wird, nicht gerade angenehm, aber zumindest wird mit großer Wahrscheinlichkeit das Haus blitzsauber und tipptopp aufgeräumt sein (einmal abgesehen vom Gestank), wenn schließlich jemand die Tür aufbricht. Merke: Sollte ich irgendwann tatsächlich allein leben, dann muss ich mir unbedingt ein paar neue Unterhosen zulegen und die alten grauen mit dem ausgeleierten Gummibund aussortieren, damit ich im Falle des Falles eine respektable Leiche abgebe.

Ganz allein wäre ich ohnehin nicht, ich habe ja immer noch die Hunde. Barry, dieser Goldschatz, würde, sollte ich je in eine derart missliche Lage geraten, garantiert in Lassie-Manier Hilfe holen und mir damit das Leben retten. Judgy dagegen würde sich wohl bloß genüsslich auf meinem Bett räkeln und denken: »Haha, du dumme Gans, ab sofort ist das MEIN Bett!« Wobei er das auch jetzt schon tut; er knurrt mich sogar an, wenn ich versuche, ihn runterzuscheuchen. Loyalität ist für ihn ein Fremdwort.

Apropos Hunde: Wenn ich mal alleine lebe, kann ich mir endlich noch mehr Hunde zulegen – liebenswürdige, loyale Hunde –, und abends kann ich immer Toast essen und selbigen mit meinen geliebten Vierbeinern teilen. Aber vorher muss ich die Kinder dazu bringen, auszuziehen.

Ich bellte ein aufmunterndes »Los, raus aus den Federn, ihr faulen Säcke! Jetzt wird gelernt, sonst seid ihr auf ewig dazu verdammt, hier zu wohnen, und glaubt mir, ich werde jede Gelegenheit nutzen, um euch vor euren Freunden zu blamieren! Ach ja, geht mit den Hunden vor die Tür, und räumt gefälligst die Spülmaschine aus, ich bin nämlich verdammt noch mal nicht euer Dienstmädchen!« Damit machte ich mich auf den Weg zur Arbeit.

Was die am Horizont dräuende finstere Fusionswolke betrifft, gibt es nach wie vor nichts Neues, und allmählich frage ich mich, ob sich Ed getäuscht haben könnte oder ob das womöglich seine Auffassung von einem Scherz war. Andererseits sind die Gerüchte inzwischen mehreren Leuten zu Ohren gekommen; ich wurde sogar gefragt, ob ich Näheres darüber weiß. Ich fürchte also, es stimmt, und die da oben spielen lediglich noch etwas auf Zeit, ehe sie es offiziell kundtun.

Im Großen und Ganzen verlief der Tag ereignislos. Ich war wenig überrascht, aber nichtsdestotrotz verärgert, als ich nach Hause kam und feststellte, dass sich die Kinder weder um die Spülmaschine noch um die Hunde gekümmert hatten, weshalb Judgy im Wohnzimmer einen Protesthaufen hinterlassen hatte, den angeblich weder Peter noch Jane bemerkt hatten. Ich seufzte, trug Peter auf, mit den armen Hunden rauszugehen, damit sie ihre zum Bersten vollen Blasen erleichtern konnten und befahl Jane, den Geschirrspüler auszuräumen. Um die Köttel kümmerte ich mich selbst, denn als ich die Kinder letztes Mal gebeten habe, derlei wegzumachen, sind sie bei der Suche danach prompt hineingetreten. Mal wieder ein sehr glamouröser Freitagabend für meine Wenigkeit!

Dann kam Jane an, um mir wegen der Blackbox in ihrem Auto ein Ohr abzukauen. Offenbar hatte sie aus nicht näher genannten Gründen zu viele Strafpunkte angesammelt, und jetzt sollte ich ein bisschen mit ihrem Wagen herumfahren, um ihren Score positiv zu beeinflussen. Ich erwiderte, das könne doch wohl auch bis morgen warten, ich habe mir gerade ein Glas Wein gönnen wollen, und außerdem sei ich müde und habe nicht die geringste Lust, in ihrem Auto ziellos durch die Gegend zu gondeln, nur weil sie sich mit ihrem unvernünftigen Fahrverhalten selbst einen Strich durch die Rechnung gemacht habe. Als ich anregte, sie solle doch zu ihrem Vater fahren und ihn um diesen Gefallen bitten, reagierte sie mit der üblichen Kombination aus Aufstampfen, Türenknallen und Das-ist-alles-so-UNFAIR-Gezeter, und binnen kürzester Zeit kam ich zu der Einsicht, dass es einfacher war, mich ihrem Willen zu beugen, damit ich wenigstens hinterher in Frieden meinen Wein genießen konnte.

Bei meiner Rückkehr hatte ich allerlei Visionen von einem herrlich kühlen, von Kondenswassertröpfchen benetzten Glas Weißwein, und mir war, als könnte ich bereits spüren, wie mir der erste Schluck die Kehle hinunterrann. Zu meiner großen Freude stand auf dem Tischchen im Hausflur ein Blumenstrauß – zweifellos von Peter als Entschuldigung dafür, dass er nicht schon eher mit den Hunden vor die Tür gegangen war. Was für ein lieber, sensibler Junge er doch sein konnte (dass er seiner Schwester vorhin »Ach, fick dich doch ins Knie!« nachgerufen hatte, kehren wir jetzt einfach mal unter den Teppich)! Das war natürlich alles meiner exzellenten Erziehung zu verdanken. Vergessen war der Wein. Ich lief nach oben, um mich zu bedanken und meinem Sohnemann im Rahmen eines ausgiebigen Pläuschchens zu vermitteln, wie viel er mir bedeutet und wie wichtig solche Gesten sind.

Mit dem Strauß in der Hand riss ich die Tür zu seinem Zimmer auf. »Tausend Dank, Liebling!«, rief ich. »Das war doch nicht nötig! Ich bin sehr gerührt, aber es ist mir gar nicht recht, dass du dein Taschengeld für mich ausgibst. Trotzdem, ich freu mich riesig, also danke!«

»Was is'?«, nuschelte Peter, ohne den Blick vom PC-Bildschirm zu lösen.

»Ach, Schätzchen, es muss dir doch nicht peinlich sein, wenn du mir eine Freude machst.«

»Keine Ahnung, wovon du redest, ich hab nix gemacht.«

Mein süßer Kleiner. Und so bescheiden!

Ich trat zu ihm und schwenkte den Strauß. »Los, gib es zu, diese wunderschönen Blumen sind von dir, stimmt's? Das ist wirklich lieb von dir, Schatz.«

»Mum, das Mikro ist an! Alle meine Kumpels können dich hören!!«

»Entschuldige, Liebes«, flüsterte ich vernehmlich. »Ich wollte mich bloß bedanken.«

Peter klickte hektisch auf das Mikrofon-Symbol und drehte sich zu mir um. »Okay, ich bin auf stumm geschaltet. Also, was gibt's?«

»Danke für die Blumen!«, wiederholte ich geduldig.

»Äh, was hab ich damit zu tun?«

»Na, die sind doch von dir, oder?«

»Nö. Warum sollte ich dir Blumen schenken? Das wär doch total abartig, du bist meine *Mum*.«

»Von wem sind sie denn dann?«

Er hatte sich bereits wieder dem Computer zugewandt.

»So 'nem Typ.«

»Von wem?«

»Ich sagte VON SO 'NEM TYP!«

»Was denn für ein Typ? Hat er irgendetwas gesagt, als er die Blumen abgegeben hat?«

»Was?«

»Peter, WER hat diese Blumen gebracht?«

»Na, so ein Typ eben!«

»Er wird doch sicher seinen Namen genannt haben!«

»Kann mich nicht erinnern.«

»Herrgott noch mal, Peter, das kann doch höchstens eine halbe Stunde her sein. Denk nach! War es ein Bote?«

»Ja, kann sein. Oder nein, doch nicht. Wobei …«

»Was hat er gesagt?«

»Hab ich vergessen.«

»Irgendwelche besonderen Merkmale?«

»Was?«

»WIE HAT DER MANN AUSGESEHEN, PETER?«

Peter murmelte etwas in sein Headset und knallte einen Zombie ab.

»Peter?«

»Ja, ich denke nach!«

Schweigen, dann: »Er trug eine Brille. Und er sagte etwas von wegen ›nebenan‹.«

Mark? Konnten die Blumen tatsächlich von Mark, meinem attraktiven neuen Nachbarn sein? Hm. Vielleicht bestand ja zumindest die Chance auf ein bisschen Action in der Horizontalen, auch ohne Seelenverwandtschaft. Das wäre schön, Batterien sind schließlich ganz schön teuer. Aber was, wenn die Blumen doch nicht von Mark waren? Was, wenn der Strauß irrtümlich bei mir abgegeben wurde und eigentlich für Mark gedacht war, zur Hauseinweihung oder so? In dem Fall wäre es megapeinlich, wenn ich mich bei ihm bedanke und er gar nicht weiß, worum es geht. Dann müsste ich wohl umziehen, und ich mag mein Haus, und außerdem würde das die Hühner total aus dem Tritt bringen, sodass sie mich nur noch mehr hassen.

»Peter, bitte! Hat er sonst noch irgendetwas gesagt?«

»Ich glaub, er hat ein Zettel dagelassen.«

»*Glaubst* du? Unten lag aber kein Zettel! Wo ist er?«

»Keine Ahnung!«

Oh Mann. Das Leben mit Teenagern ist echt nichts für schwache Nerven.

Samstag, 13. April

Vorhin entdeckte ich einen zerknitterten Zettel, als ich die Hosentaschen von Peters Jeans leerte (und zwar nur sehr zögerlich; ich überlege schon jedes Mal, ob ich dafür nicht besser Gummihandschuhe anziehen soll ... Bislang bin ich auf keine mit dubiosen Substanzen verkrusteten Taschentücher gestoßen, aber es wäre Peter durchaus zuzutrauen, dass er dergleichen nicht im Klo runterspült, sondern in die Hosentaschen steckt). Mir war natürlich bewusst, dass es eine krasse Verletzung seiner Privatsphäre war, zu lesen, was auf dem Zettel stand, weshalb ich kurz überlegte, ob ich ihn Peter einfach raufbringen sollte, doch dann beschloss ich, dass ich als verantwortungsbewusste (sprich, neugierige) Mutter zumindest einen Blick darauf werfen sollte. Der Zettel war von einer nicht näher definierbaren, klebrigen Substanz überzogen, was mich jedoch nicht sonderlich beunruhigte; Peter hinterlässt seit jeher auf allem, mit dem er in Berührung kommt, eine leicht klebrige Patina. Ich strich den Zettel glatt und kniff die Augen zusammen in dem Versuch, das Geschriebene zu entziffern. Shit, ich muss dringend zum Augenarzt.

»Liebe Ellen«, las ich, »leider habe ich dich nicht persönlich angetroffen. Ich wollte mich für die Einladung neulich bedanken und erkenntlich zeigen – ruf mich doch an oder schreib mir eine Nachricht. Ich hoffe, der Strauß gefällt dir. Mark.« Darunter stand eine Handynummer.

Sieh an, es war tatsächlich Mark. Ich muss also nicht umziehen. Und was nun? Schließlich war ich bis jetzt ganz zufrieden mit meinem Single-Leben. Wozu es mit einer Beziehung unnötig verkomplizieren? Andererseits fand ich ihn wirklich ausnehmend attraktiv. Und was, wenn ich mich irre – was, wenn wir doch Seelenverwandte sind und es nie herausfinden, nur weil ich nicht den Mut habe, ein Risiko einzugehen? Ich sollte mich zumindest auf einen Drink mit ihm treffen, und sei es nur, um auszuloten, wie groß die Wahrscheinlichkeit war, dass er ein Seelenverwandter oder ein Serienmörder war. Ehrlich gesagt rechnete ich weder mit dem einen noch mit dem anderen, aber mit etwas Glück wurde bei der Gelegenheit der Grundstein für eine gute Nachbarschaft oder gar eine Freundschaft gelegt. Wie dem auch sei, ich musste ihm antworten, das war klar. Jetzt hieß es cool bleiben. Wobei ich ja nicht *stante pede* zu ihm rüber gelaufen war, um mich ihm an den Hals zu werfen (was allerdings nur dem Umstand geschuldet war, dass Peter vergessen hatte, mir seine Nachricht zu geben). Vielleicht nahm Mark ja einfach an, dass ich sehr beschäftigt war und ein ausgefülltes, aufregendes Sozialleben hatte. Und überhaupt hatte er sich fast eine ganze Woche Zeit gelassen, ehe er mit den vermaledeiten Blumen hier aufgekreuzt war. Sollte ich ihn noch ein bisschen schmoren lassen, ehe ich ihm schrieb? Nein, der arme Kerl war eben erst umgezogen, bestimmt hatte er alle Hände voll zu tun gehabt mit der Suche nach Besteck und sauberen Boxershorts. Womöglich hatte es ja bloß deshalb so lange gedauert, weil er sich aufgrund einer akuten Unterwäschekrise nicht in die Öffentlichkeit gewagt hatte. Du benimmst dich lächerlich, schalt ich mich. Es ziemt sich nicht für intelligente Erwachsene, derlei kindische Überlegungen anzustellen. Nur Teenager versuchen, den Zeitpunkt der Antwort auf eine Nachricht möglichst lange hinauszuzögern, und ich würde Jane für ein solches Verhalten die Leviten lesen. Ich beschloss, es kurz und schmerzlos zu machen.

Hallo Mark,
vielen Dank für die schönen Blumen, das wäre doch nicht nötig gewesen! Ich hoffe, du hast inzwischen alles ausgepackt und dich schon etwas eingelebt.
Gruß, Ellen

Mark schrieb umgehend zurück.

Freut mich, dass sie dir gefallen. Ich bin fast fertig, aber allmählich fällt mir die Decke auf den Kopf. Wie ist der hiesige Pub so? Gediegen oder Mördergrube?

Glückwünsch zum erfolgreichen Auspacken. Der Pub ist ganz nett; soweit ich weiß, gab es dort bisher keine Morde.

Gut zu wissen. Wollen wir uns nachher auf einen Drink dort treffen?

Wow, der ging ja ganz schön ran. Ich fand seinen Übereifer sowohl aufregend (Ha! Ich bin immer noch unwiderstehlich!) als auch furchteinflößend (Oh Gott, er kann es wohl kaum erwarten, mit dem Serienmorden anzufangen!). Aber wie dem auch sei – HEUTE ABEND? Ganz sicher nicht. Ich brauche Vorlaufzeit. Da geht gar nichts ohne Beinrasur und Anti-Krähenfüße-Gesichtsmaske für einen jugendlich strahlenden Teint! Hm. Oder vielleicht doch? Ich konnte auch mal spontan sein. Schließlich war ich vergangenen Samstag auch nicht mordsmäßig aufgetakelt gewesen, und Mark hatte bei meinem Anblick nicht gleich schreiend das Weite gesucht. Außerdem gingen wir bloß in den Pub. Vielleicht wollte der Gute ja lediglich mit einer Bekannten ein Bierchen kippen, auf rein nachbarschaftlicher oder freundschaftlicher Basis. Dann wäre es sogar peinlich, total aufgedonnert und mit voller Kriegsbemalung zu erscheinen. Ja, es war zweifellos besser, wenn ich die Sache gelassen anging und ihm signalisierte, dass ich keine notgeile alte Matrone war, selbst wenn Marissa, diese dämliche Tussi mit ihren glänzenden Haaren und ihren kecken Hupen und ihrem beknackten Cross-Fit-Kurs genau das von mir dachte.

Aber was, wenn sie nicht die Einzige war, die so dachte? Dieser Gedanke war mir schon mehrfach gekommen, seit ich ihre abschätzige Bemerkung über mich auf Janes achtzehntem Geburtstag gehört hatte. Was, wenn ich doch längst jenseits von Gut und Böse bin? Was, wenn andere beim Anblick meiner vermeintlich stilvollen Outfits denken: Püh, von hinten Lyzeum, von vorne Museum? Hm. Nein, meine herzallerliebsten Kinderchen würden es mir sofort sagen, wenn sie meine Art, mich zu kleiden auch nur ansatzweise unpassend fänden. Aber wenn ich wegen meiner Vorliebe für ein Glas Wein in guter Gesellschaft schon als versoffene Lusche gesehen werde, dann wirken meine Versuche, mich unterhaltsam, geistreich und amüsant zu geben, auf andere wie die Schimpftiraden einer alten Schrulle.

Männer haben es in dieser Hinsicht mal wieder viel leichter. Sie tauschen einfach die Frau an ihrer Seite gegen ein jüngeres Modell aus und reißen derbe Witze à la »Ich bin so jung, wie sich die Frau an meiner Seite fühlt« (igitt!). Frauen dagegen werden mit Artikeln zum Thema »Fünfzig ist das neue Vierzig« bombardiert und mit Erpressermethoden dazu gebracht, allerlei Wundercremes zu kaufen, die gegen Tränensäcke und Krähenfüße und schlaffe Haut und Lachfalten helfen und ihnen wieder ein jugendliches Aussehen verleihen sollen. Und damit nicht genug – neulich habe ich sogar eine Werbung für Ohrringe gesehen, die angeblich das Problem der ausgeleierten Ohrlöcher lösen! Als hätten wir nicht schon genug Sorgen, müssen wir uns jetzt auch noch Gedanken machen, weil unsere OHRLÄPPCHEN ERSCHLAFFEN!

Und während Frauen angehalten werden, sich mit allen nur erdenklichen Mitteln um ein möglichst jugendliches Aussehen zu bemühen, gehen die Männer, für die sie all das tun, hin und suchen sich eine Jüngere, so wie diese ekelhaften alten Säcke, die sich an Jane und ihre Freundinnen rangemacht haben. Was für eine unsägliche *Arroganz*! Wie können diese Typen annehmen, dass eine Achtzehnjährige mit so einem ins Bett will? Männer werden nämlich ebenfalls alt und grau und runzlig, aber im Gegensatz zu uns werden sie deswegen weder öffentlich an den Pranger gestellt, noch bekommen sie von skrupellosen Werbefritzen eingeredet, sie müssten etwas dagegen unternehmen. Ein Hoch auf matriarchalische Gesellschaften, in denen Weisheit und Erfahrung mehr gelten als Jugendlichkeit und körperliche Schönheit!

Ich beendete meine unerfreuliche Grübelei über das Patriarchat und machte mich ausgehfertig. Allzu viel Zeit blieb mir dafür nicht mehr, aber das hatte auch Vorteile: Sollte Mark nämlich wider Erwarten Interesse an mir zeigen, dann kam ich wegen meiner bepelzten Beine (vom Wildwuchs an diversen anderen Körperstellen ganz zu schweigen) wenigstens nicht in Versuchung, gleich beim ersten Date mit ihm zu schlafen. Ich würde schön brav allein nach Hause gehen, wie es sich für eine anständige Frau gehört. Nicht, dass ich gewohnheitsmäßig beim ersten Date mit einem Mann ins Bett hüpfe. Das habe ich nicht mehr getan seit ... äh, Simon. Und nach der Trennung war ich nur mit einem weiteren Mann in der Kiste, wofür ich erst einmal meine Selbstzweifel hatte niederringen müssen, aber am Ende hat es sich gelohnt. Nun ja, bis Jack dem Ruf der Wildnis gefolgt war. Hoffentlich war Mark nach dem Sex mit mir nicht auch so traumatisiert, dass er deswegen gleich die Hemisphäre wechselte! Vorausgesetzt, er wollte überhaupt Sex mit mir. Und ich mit ihm. Er sieht toll aus, aber ich kenne ihn kaum und kann noch immer nicht ausschließen, dass er meinen Gefühlen mit einer »Ich bin kein Rassist, aber …«- Bemerkung oder so jäh den Garaus macht. Womöglich ist er *Daily Mail*-Leser oder postet verrückte Kommentare unter Zeitungsartikeln. Oder er ist kein Fan von *Blackadder*. Einem Mann, der keine Zitate aus meiner Lieblingsserie aus dem Ärmel schütteln kann, könnte ich niemals mein Herz schenken. Ich weiß, das klingt oberflächlich, aber ein kompatibler Sinn für Humor ist essentiell. Und was, wenn er Socken mit Sandalen kombiniert oder seine sexy Wuschelfrisur nur darauf zurückzuführen ist, dass er sich die Haare wachsen lässt, um sie später zu einem Dutt am Hinterkopf zusammenzubinden? Zweiteres wäre *definitiv* ein K. O.-Kriterium.

Während ich noch so dort stand und über etwaige weitere Makel nachsann (Vielleicht hatte Mark ja keinen Schniedel? Vielleicht war er genau deswegen ein Serienmörder – weil er so erbost darüber war, dass er keinen Schniedel hatte?), polterte Peter die Treppe hinunter und kam in die Küche.

»Was ist los, Mum? Was stehst du denn mit offenem Mund hier in der Küche rum?« Er fuhr fort, ohne meine Antwort abzuwarten: »Ich bin am Verhungern. Wo bleibt das Abendessen?«

»Es ist genug zu essen da, du musst es dir zur Abwechslung bloß mal selbst zubereiten, ehe du es dir in den Mund schaufelst«, erwiderte ich. »Ich gehe heute Abend nämlich aus; ich hoffe, das ist okay.«

»Von mir aus. Können Lucas und Toby dann herkommen? Und können wir Pizza bestellen?«

»Hast du auch nur eine Seite gelernt? Am Montag geht die Schule wieder los, und in ein paar Wochen fängt die Prüfungsphase an, insofern halte ich es für keine besonders gute Idee, wenn ihr heute eine All-Night-Zocker-Session veranstaltet.«

»Wir treffen uns zum Lernen, nicht zum Zocken«, behauptete er wenig überzeugend und schob sich die dritte Scheibe Brot binnen einer Minute in den Mund. »Und chill mal wegen der Prüfungen, Mum. Wird schon schiefgehen. Also, dann sag ich ihnen, dass sie kommen können.«

»Hey, ich habe noch nicht ja gesagt! Also gut, meinetwegen, aber nur, wenn ihr auch wirklich lernt. Und bleibt nicht wieder so lange auf, ja?«

Wie schön, dass es ihn offensichtlich kein bisschen interessierte, mit wem ich auszugehen gedachte und wohin. Andererseits konnte ich ihm wohl kaum eröffnen, dass ich vorhatte, mich an den heißen Nachbarn ranzumachen, vorausgesetzt, ich war in Marks Augen keine abstoßende alte Vettel, und vorausgesetzt, er genügte meinen hohen Ansprüchen, was seine Frisur und seine Kenntnis von Sitcoms aus den Neunzigern anbelangte. Und wenn ich von meinen Kindern im Zusammenhang mit ihren Prüfungen noch ein einziges Mal »Chill mal!« höre, kann ich für nichts garantieren. Es kommt mir so vor, als wäre ich die Einzige in dieser Familie, die das Thema einigermaßen ernst nimmt.

Mark und ich trafen uns direkt im Pub, weil ich die Befürchtung hegte, wenn wir gemeinsam hingingen, könnten wir bei der Ankunft schon unser ganzes Smalltalk-Pulver verschossen haben und müssten uns schweigend gegenübersitzen, bis wir endlich unseren Gin Tonic geleert hatten und uns mit einer Ausrede aus dem Staub machen konnten.

Doch all meine Ängste erwiesen sich als unbegründet. Mark trug geschlossene Schuhe, und mit das Erste, was er sagte, als er sich eine Strähne aus der Stirn strich (was ich verflucht sexy fand), war, dass er dringend zum Friseur müsse. Er hat also nicht vor, mit einem Dutt rumzulaufen.

Ich war entschlossen, mich als kultivierte und charmante Gesprächspartnerin zu präsentieren, statt über Fischotter zu labern, wie ich es normalerweise tue, wenn ich nervös bin. Ich hatte mir auch fest vorgenommen, keine geschmacklosen oder gar zotigen Zweideutigkeiten zum Besten zu geben, nur um mir selbst zu beweisen, dass Marissa, dieses Biest, Unrecht hatte mit ihrer Unterstellung, ich sei eine lahmarschige Lusche, die nur über ihre Kinder redet. Ich kann mich über zahlreiche spannende Themen unterhalten, jawohl!

Als Erstes erkundigte ich mich bei Mark nach seiner hochinteressanten Tätigkeit. Ich habe zwar nur eine sehr vage Vorstellung vom Unterschied zwischen Neolithikum und Paläolithikum, aber was er erzählte, klang faszinierend, und ich konnte den Drang, ihn zu fragen, ob er je mit Nazis oder mit verwunschenen Amuletten zu tun hatte, erfolgreich unterdrücken. Unter anderem berichtete er von seiner Mitarbeit bei Ausgrabungen in Petra, was ausgesprochen spannend klang.

»Ich will seit langem Urlaub in Jordanien machen und durch die Wüste nach Petra reiten«, bemerkte ich beiläufig. Keine Ahnung, wie ich darauf kam – bislang war das lediglich etwas gewesen, das ich »eventuell machen würde, wenn ich reiten könnte und keine Angst vor Pferden hätte«. Aber eben hatte ich es laut ausgesprochen, mit Nachdruck, gerade so, als gehörte ich zu den Menschen, die sich ständig auf derlei Abenteuer einlassen, statt zwei Wochen am Pool eines All-inclusive-Hotels in Portugal oder Spanien zu liegen und Cocktails zu schlürfen.

»Wow«, sagte Mark. »Das wäre garantiert ein Erlebnis. Ich hätte ja keine sonderlich große Lust aufs Reiten, aber Petra muss man gesehen haben.«

»Ja, vielleicht plane ich das fürs nächste Jahr ein«, behauptete ich und wechselte dann rasch das Thema. »Und wo würdest du Urlaub machen, wenn du es dir aussuchen könntest?«

»In Vietnam. Das muss ein wunderschönes Land sein.«

»Oh ja, ganz traumhaft«, pflichtete ich ihm bei, als wüsste ich Bescheid. Ähem. Meine ehemalige Schulfreundin Susan Lancaster war kürzlich dort, und ihre Instagram-Bilder waren höchst aufschlussreich.

Ich lenkte das Gespräch auf die Literatur. »Hast du in letzter Zeit irgendwelche interessanten Bücher gelesen?« (Hach, was bin ich doch kultiviert!)

»Ich komme kaum je zum Lesen, mal abgesehen von der Fachliteratur, die ich mir aus beruflichen Gründen zu Gemüte führe«, gestand Mark. »Wobei ich kürzlich eine hochinteressante Wordsworth-Biographie gelesen habe.«

»Ach ja, der Autor des Narzissen-Gedichts«, sagte ich wie aus der Pistole geschossen.

»Ja, aber er war noch viel mehr als das«, sagte Mark mit ernster Miene. »Er war ziemlich radikal, er hat sich für die Französische Revolution begeistert und die Menschen zum Umdenken bewegt. Eine faszinierende Lektüre.«

»Ach, sieh an, das wusste ich nicht. Muss ich auch lesen.«

Mark nickte nachdrücklich. »Unbedingt.«

Es wurde ein ausgesprochen lehrreicher Abend, der mir allerlei neue Erkenntnisse in verschiedensten Bereichen bescherte, und obendrein konnte ich mich die ganze Zeit über am Anblick meines Gegenübers erfreuen. Mark war der Mann, auf den ich mein Leben lang gewartet hatte – intelligent, interessant und selbst vielseitig interessiert, und obendrein besaß er geschmackvolle Strickwaren. Ja, auch mit Jack war es schön gewesen, aber er hatte mich nie dazu animiert, meine kleinen grauen Zellen anzustrengen oder meine zugegebenermaßen sehr begrenzte intellektuelle Komfortzone zu verlassen. Schon malte ich mir das aufregende Leben aus, das mir mit Mark bevorstand: Wir würden Dinnerpartys organisieren und bei Tisch mit unseren intellektuellen Gästen geistreiche Gespräche führen – oder womöglich sogar einen *Salon* ins Leben rufen, der unseren klugen Freunden eine Gelegenheit bot, über Kunst, Literatur und Philosophie zu debattieren! Begeistert leerte ich mein Gin-Glas.

Mark verfolgte es etwas überrascht. »Ähm, soll ich mal Nachschub holen?«

»Sehr gern«, antwortete ich gut gelaunt.

Nach dem zweiten Drink wollte Mark dann aufbrechen, und ich erhob keine Einsprüche, schließlich bin ich KEINE Alkoholikerin. Während wir durch das Dorf spazierten, verkniff ich es mir, ihm allerlei skurrilen Tratsch und Klatsch über die Bewohner der Häuser zu erzählen, die wir passierten, denn so etwas tun edelgesinnte Intellektuelle wie ich nun mal nicht.

Als wir uns meinem Zuhause näherten, erfasste mich eine leichte Panik. Was nun? War unser Treffen ein richtiges Date gewesen, sprich, erwartete er, dass ich ihn fragte, ob er noch »auf einen Kaffee« mit reinkommen wolle, oder wäre ich dann in seinen Augen ein Flittchen? Wie verhielt sich eine Intellektuelle in dieser Situation? Wollte ich überhaupt, dass er noch mit reinkam? Dann fiel mir ein, dass Peters Freunde da waren, womit sich die Frage erübrigte – zweifellos lagen im Flur diverse übelriechende Turnschuhe herum, und auch sonst sah es da drin mittlerweile bestimmt aus, als hätte eine Bombe eingeschlagen, obwohl ich das Haus vorhin in einem einigermaßen aufgeräumten Zustand hinterlassen hatte. Außerdem wäre es wohl moralisch fragwürdig, einen Verehrer gleich beim ersten Date mit nach Hause zu nehmen, wenn die Kinder anderer Leute bei uns zu Gast waren. Eine schrecklich bourgeoise Einstellung, ich weiß; vermutlich sollte ich mich bemühen, etwas mehr *Bohémienne* zu sein.

Als wir am Gartentor angelangt waren, sagte ich: »So, hier wohne ich. Aber das weißt du ja bereits, hahaha. Mein Sohn hat Freunde zu Besuch – ich sollte wohl gleich mal reingehen und anfangen, das Chaos zu beseitigen, das sie angerichtet haben. Vielen Dank, das war ein sehr netter Abend.«

»Oh. Äh, ja, finde ich auch«, sagte Mark etwas bedröppelt.

Hach, was sind wir doch höflich und nett! Nett, schüchtern und verschämt. Wie zum Henker schafft man den Sprung von »Das war nett« zu »Nimm mich von hinten, Tiger?«

Vielleicht sollten wir uns ein Beispiel an den Holländern nehmen, die angeblich vollkommen ungeniert über Sex reden, ganz ohne Gekicher oder Euphemismen. Das muss sehr befreiend sein. Befreiend, aber auch beängstigend, wenn man in Großbritannien zur Welt gekommen ist. Über Sex *reden*! Was für eine verrückte Idee!

»Tja, dann bis demnächst!«, zwitscherte ich und eilte von dannen.

Ich war schon an der Tür, da rief er: »Ähm, Ellen?«

»Ja?«

»Wann kommt eigentlich die Müllabfuhr?«

Die Müllabfuhr? Ich wette, ein Holländer käme nie auf die

Idee, nach dem ersten Date diese Frage zu stellen. Und sonderlich intellektuell ist sie auch nicht. Die Müllabfuhr, du meine Güte. Hätte Keats Mary Shelley diese Frage gestellt?

»Es gibt eine hochkomplizierte Übersicht, wann welche Tonnen geleert werden und was wo hineingehört«, antwortete ich. »Ich fotografiere den Zettel ab und …«

»Wie wär's, wenn du mir den Zettel irgendwann kommende Woche vorbeibringst? Ich könnte uns was Schönes kochen.«

Hatte er sich ernsthaft gerade nach der Leerung der Mülltonnen erkundigt, damit er einen Aufhänger hatte, um mich zum Essen einzuladen? Hm, allmählich taten sich erste Risse in der perfekten Fassade auf.

»Das müsste dann aber vor Dienstag sein, da wird der Restmüll abgeholt.«

»Gut, das kann ich mir auch so merken. Und vielleicht finde ich bis dahin ja auch den Zettel. Bestimmt hängt er irgendwo. Wann würde es dir denn passen?«

Mein lieber Schwan, der gibt ja echt ganz schön Gas! Findet er mich wirklich so toll, oder kann er es kaum erwarten, den ersten Serienmord zu begehen?

»Äh, Mittwoch?«

»Wunderbar. Dann also bis Mittwoch.«

»Alles klar, bis dann!«

Ich habe ein Date, ganz hochoffiziell! Bis dahin muss ich mir auf jeden Fall die Beine rasieren und mich auf die Suche nach meinem Push-up-BH machen, der seit geraumer Zeit nicht mehr zum Einsatz kam. Ich vermute, er liegt irgendwo ganz hinten in der Schublade mit den selten getragenen Satin-Dessous (ich sage nur Arsch-frisst-Hose-Phänomen; mit meinen uralten Oma-Baumwollschlüpfern habe ich dieses Problem nie!). Ach ja, und ich sollte ein paar kluge Bücher lesen.

Mittwoch, 17. April

Das Abendessen bei Mark war göttlich. Ich hatte im Vorfeld die Wordsworth-Biografie quergelesen und mir ein paar Folgen der Kinderserie *Horrible Histories* reingezogen, um mir zumindest einen groben Überblick über das Georgianische und das Viktorianische Zeitalter zu verschaffen, von wegen historischer Kontext und so.

Das war eine willkommene Ablenkung von den unerfreulichen Entwicklungen im Büro. Zwei Mitglieder meines Teams haben heute wegen der Gerüchte über fusionsbedingte Entlassungen gekündigt; sie werden zu unserem größten Konkurrenten wechseln. Ich frage mich, ob ich ebenfalls das sinkende Schiff verlassen soll, ehe es zu spät ist. Andererseits können sie uns schließlich nicht *alle* entlassen. Mark habe ich mit diesen Problemen nicht behelligt. Erstens wollte ich nicht mehr daran denken, zweitens wusste ich nicht so recht, wie ich diesen ganzen nervenaufreibenden Unternehmenspolitikscheiß jemandem erklären sollte, der primär mit dem Leben in Elfenbeintürmen und in der Vergangenheit beschäftigt ist und sich ein Jahr freigenommen hat, um ein Buch zu schreiben. Dafür habe ich mich ausführlich bei Simon ausgekotzt, der mich vorher anrief, um zu fragen, wo er Jane am Samstag abholen solle. Offenbar hat er sie mehrfach gebeten, ihm die Adresse ihrer Freundin Leah zu schicken, bei der sie am Freitagabend nach einer Party übernachten wird, weil er sie am Samstag dort abholen wird, aber keine Antwort erhalten. Er gab sich geradezu bemerkenswert mitfühlend, statt mir wie üblich bloß zu sagen, was ich tun soll, was höchst untypisch für ihn war. Er riet mir allerdings dazu, prophylaktisch meinen Lebenslauf auf Vordermann zu bringen und Kontakt zu ein oder zwei Personalvermittlungen aufzunehmen, um mich darüber zu informieren, wie es auf dem Stellenmarkt zurzeit so aussah. Noch war nicht gesagt, dass ich gehen musste, aber es konnte nicht schaden, schon mal die Fühler auszustrecken.

Wenn ich es recht bedenke, klang er seltsam matt, gerade so, als wäre er sehr erschöpft. Früher hätte er mir ausführlich dargelegt, wie müde er doch sei – viel müder als ich natürlich, weil es ja furchtbar anstrengend ist, so wichtig und beschäftigt zu sein wie er. Niemand weiß so gut wie Simon, wie sich wahre Müdigkeit anfühlt. Vielleicht brütete er ja etwas aus? Ich war ein klein wenig besorgt und hätte mich beinahe erkundigt, ob alles in Ordnung war, doch ich rief mir in Erinnerung, dass dafür jetzt Marissa zuständig war. Sollte sie ihm doch Wick MediNait einflößen und sich sein mit schwacher, brüchiger Stimme vorgebrachtes Gejammer anhören, während er seine Symptome googelte. »Ich bin viel kranker als du« ist sein absolutes Lieblingsspiel. Früher musste ich nur flüchtig erwähnen, ich hätte ein Kratzen im Hals und bräuchte eine Halstablette, da sank er auch schon theatralisch stöhnend auf das Sofa, rieb sich die Kehle und stöhnte, er habe bestimmt Diphtherie, Kinderlähmung, Tuberkulose oder sonst irgendeine lebensbedrohliche Krankheit. Er war immer entsetzlich beleidigt, weil sich mein Mitleid mit ihm sehr in Grenzen hielt, selbst wenn ich ihn wiederholt darauf hinwies, dass er einer der gesündesten Menschen war, die ich kannte.

Aber zurück zu meinem göttlichen Abendessen. Mark ist ein ausgezeichneter Koch. Er hatte eine sehr beeindruckende Pasta gezaubert, mit Trüffeln, Anchovis und diversen anderen exotischen Zutaten, bei denen Simon nicht im Traum darauf käme, sie mit Nudeln zu kombinieren. Außerdem ist Mark ein Weinkenner. Der edle Tropfen, den er mir aus einer sehr teuer aussehenden Flasche einschenkte, war qualitativ definitiv besser als alles, was ich normalerweise trinke (ich fürchte, die Plörre, die ich ihm zum Einzug gebracht habe, hat er geradewegs in den Abfluss gekippt). Eigentlich hätte mein ungeschulter Gaumen nach dem ersten großen Glas Nachschub benötigt, um auch die feineren Nuancen würdigen zu können, doch Mark machte keine Anstalten, eine zweite Flasche zu öffnen. Stattdessen kochte er Kaffee, was natürlich viel stilvoller ist, wie es sich für die Organisatoren eines literarischen *Salons* gehört. Danach lag ich mit Kopfschmerzen bis drei Uhr nachts wach, aber für seine Kunst muss man bekanntlich leiden.

Und kommendes Wochenende gehen wir ins Theater! Wie unglaublich mondän ist das denn? Das war natürlich auch Marks Vorschlag. Colin bombardiert mich mit Nachrichten; er will unbedingt wissen, ob wir schon gevögelt haben, aber Mark ist ein Gentleman – er gehört nicht zu den Kerlen, die so mir nichts, dir nichts mit einer Frau ins Bett hüpfen. Trotzdem hoffe ich, dass wir nach dem Theater zumindest ein bisschen knutschen werden. Nein, natürlich nicht knutschen, dafür ist er viel zu distinguiert. Aber ein zärtlicher, romantischer Kuss könnte durchaus drin sein.

MAI

Freitag, 3. Mai

Heute war ich mit Hannah zu einem längst überfälligen Scheiß-drauf-Freitag mit reichlich Wein verabredet.

Als ich gegen sieben bei ihr klingelte, vernahm ich von drinnen zwar lautes Scheppern und Poltern sowie ein ohrenbetäubendes Kreischen, doch geöffnet wurde mir nicht. Schließlich marschierte ich durch den Garten und betrat das Haus durch die Hintertür. Hannahs Küche, die ich bislang nur picobello aufgeräumt kannte, glich einem Schlachtfeld. Es roch durchdringend nach Bananen und verbranntem Teig.

Ich öffnete die Backofentür und holte einen länglichen schwarzen Kohleklumpen heraus, während aus dem Obergeschoss weiter Gepolter und Geschrei an mein Ohr drangen. Ich ging hinaus in den Flur und rief vom Fuße der Treppe: »Hannah? Bist du da oben? Ist alles okay?« Im selben Augenblick begann der Rauchmelder zu jaulen, wohl wegen der schwarzen Schwaden, die aus dem Backofen gequollen waren.

Prompt erschien Hannah am oberen Treppenabsatz und rief: »Oh Mann, das kann doch alles nicht WAHR sein!«

»Hannah?«

»Oh Gott, Ellen! Was machst du denn hier?«

»Na, wir sind verabredet. Heute ist Scheiß-drauf-Freitag!« Ich wedelte mit einem Geschirrtuch, bis das aufsässige Heulen des Rauchmelders verstummte.

»Ich weiß, ich weiß, ich kann nur nicht fassen, dass es schon so spät ist. Shit, Edward sitzt in der Badewanne. Warte kurz!« Sie schoss davon.

Ich ging nach oben, wo mich noch mehr Chaos erwartete. In der halben Minute, die Edward unbeaufsichtigt gewesen war, hatte er es geschafft, den Großteil des Wassers aus der Wanne auf den Badezimmerboden zu schöpfen.

»Edward!«, stieß Hannah hervor. »Was SOLL denn das?«

Edward gluckste.

»Herrgott noch mal!«, knurrte sie. »Jetzt muss ich auch noch den Boden wischen. Wie bist du denn reingekommen, Ellen?«

»Durch den Hintereingang.«

»Ach, herrje, das heißt, du warst in der Küche. Dort wollte ich eigentlich noch aufräumen, und ... Oh Gott! Das Bananenbrot ist noch im Ofen! SCHEISSE, SCHEISSE, SCHEISSE!«

»Ich hab's rausgeholt, aber ich fürchte, es ist nicht mehr zu retten. Steck Edward in seinen Schlafanzug, ich wische inzwischen die Überschwemmung hier auf.«

Ich machte im Bad klar Schiff und ging wieder nach unten, während Edward brüllte wie am Spieß, weil Hannah versuchte, ihm den Pyjama anzuziehen.

Ich öffnete die mitgebrachte Flasche, goss ein großes Glas ein und kehrte damit zu Hannah zurück, die nun wieder im Bad war. Sie hatte sich ihren Sohnemann unter einen Arm geklemmt und fuhrwerkte ihm mit der Zahnbürste im heulbedingt weit aufgerissenen Mund herum.

»Hier«, sagte ich.

Hannah trank einen großen Schluck. »Danke! Ich muss ihm noch eine Gute-Nacht-Geschichte vorlesen«, stöhnte sie, während er weiter brüllte. »Eigentlich sollte Charlie längst zu Hause sein, aber er muss mal wieder Überstunden schieben, und ich kann ihm noch nicht einmal Vorwürfe deswegen machen, schließlich ist er Arzt und kein Bürohengst, der bloß irgendwelche unwichtigen Spreadsheets oder Kalkulationstabellen bastelt. Er rettet dort draußen Leben.«

»Trink einfach beim Vorlesen deinen Wein und komm runter, wenn du fertig bist.«

Während Hannah Edward ins Bett brachte, machte ich mich ans Aufräumen der Küche. Überall klebte Bananenbrei, der Boden war stellenweise zentimeterdick mit Mehl und Zucker bedeckt. Drei Mal hörte ich, wie Hannah die Kinderzimmertür schloss, aber sie kam nie weiter als bis zur Treppe, dann wurde die Tür wieder aufgerissen, und das Theater ging von vorn los, gefolgt von Türenknallen und allerlei wüsten Drohungen à la »Denk daran, was mit kleinen Jungs passiert, die nicht im Bett bleiben wollen!«

Sobald die Küche wieder einigermaßen präsentabel aussah, warf ich die Waschmaschine an und begann die saubere Wäsche aus dem Trockner zusammenzulegen.

Hannah brach in Tränen aus, als sie schließlich hereinkam und mich bei dieser Tätigkeit erblickte.

»Ach, Ellen«, schluchzte sie, »du bist doch nicht gekommen, um für mich die Hausarbeit zu erledigen! Wir wollten uns bei einem schönen Glas Wein einen netten Abend machen.«

Ich griff nach der Flasche, deutete damit auf den Tisch und sagte: »Setz dich.«

»Nein, ich muss noch …«

»Hinsetzen!«, befahl ich streng.

Hannah fügte sich. Ich schenke ihr ein und machte mich dann wieder ans Wäschezusammenlegen. »Trink«, befahl ich.

»Ich kann doch nicht einfach untätig rumsitzen, während du meine Wäsche zusammenlegst«, schniefte sie.

»Natürlich kannst du das. Wozu hast du denn eine beste Freundin? So, und jetzt erzähl mal.«

»Ach, ich ... Ich komme einfach zu gar nichts. Ich habe keine Zeit für den Haushalt, weil Edward mich braucht. Ich habe keine Zeit, mich mit ihm zu beschäftigen, weil ich Wäsche waschen oder putzen muss. Und ich habe keine Zeit für sonst irgendetwas. Seit Wochen träume ich davon, einfach mal einen Abend für mich zu haben«, stöhnte sie. »Nur ein paar Stunden Ruhe und Frieden, um ungestört ein Bad zu nehmen, zu essen, ein Buch zu lesen ... Okay, wahrscheinlich würde meine Konzentration bloß für eine Modezeitschrift oder eine Folge von *Love Island* ausreichen. Aber Charlie arbeitet immer ewig lange, und wenn er nach Hause kommt, ist er hundemüde. Als Emily und Lucas klein waren, hat meine Mutter sie immer einen Abend die Woche beaufsichtigt, oder auch tagsüber mal ein paar Stunden, aber das geht jetzt nicht mehr. Für Edward ist sie einfach nicht schnell genug, und sie könnte ihn auch gar nicht hochheben. Sie ist jetzt definitiv in dem Alter, wo man nicht mehr bloß stolpert, sondern hinfällt und sich ernsthaft verletzt. Womöglich bricht sie sich die Hüfte. Das würde ich nicht verkraften, zusätzlich zu Edward. Und Emily zetert in einer Tour, ich hätte ja keine Ahnung, wie das alles für sie ist, und ich solle dafür sorgen, dass Edward still ist, weil sie sich bei dem Krach nicht aufs Lernen konzentrieren kann. Sie sagt, wenn sie bei den Prüfungen durchrasselt, sei das allein meine Schuld. Und Lucas schottet sich total ab; er hockt nur noch mit seinem Headset vor dem Computer und unterhält sich mit weiß Gott wem ...

»Ich glaube, hauptsächlich mit Peter«, schaltete ich mich ein in dem Versuch, sie etwas zu beruhigen.

»Und Charlie, der fällt einfach ins Koma, wenn er nach Hause kommt und gegessen hat, und ich könnte ihn dafür erwürgen, weil Edward einfach nie schläft. Ich stecke ihn abends in ein Lavendelbad, ich lese ihm seine Gute-Nacht-Geschichte vor, ich tue alles, damit er vor dem Schlafengehen runterkommt, und zwanzig Minuten später ist das kleine Aas wieder auf und will kuscheln oder etwas trinken, oder er behauptet, in seinem Zimmer sei ein Monster. So geht das oft bis elf Uhr abends. Bestimmt taucht er in ein, zwei Minuten wieder auf, wart's nur ab. Und morgens wird er um fünf wach! Er ist zweieinhalb, eigentlich braucht er mindestens zwölf Stunden Schlaf. Wie zum Geier kann es sein, dass er mit der Hälfte auskommt, während ich mich nach sechs Stunden Schlaf fühle wie ein Zombie, obwohl ich erwachsen bin? Ich habe einfach das Gefühl, jeder will etwas von mir, und es ist so verdammt schwer, weil die emotionalen Bedürfnisse eines Kleinkindes so anders sind als die von Teenagern, und … Oh Gott, entschuldige, Ellen. Du hattest dich auf einen entspannenden Abend gefreut. Wir sehen uns kaum je, und wenn, dann jammere ich dir die Ohren voll und erkundige mich noch nicht einmal, wie es dir geht. Wie läuft's denn mit Mark, dem Sahneschnittchen? Bist du jetzt wahnsinnig intelligent und intellektuell? Wart ihr schon in der Kiste?«

»Ganz ruhig, Hannah«, sagte ich, sobald sie Luft holte. »Mach dir keine Gedanken. Du musst nicht fragen, wie es mir geht, wenn bei dir gerade Land unter ist und du den Drang verspürst, dir etwas von der Seele zu reden. Wir werden heute Abend ein, zwei Gläser Wein trinken und nebenbei ein bisschen Ordnung schaffen, dann hast du morgen zumindest eine Sorge weniger. Und sei nicht so streng mit dir selbst. Besorg dir eine

Putzfrau. Such eine Kinderbetreuung für Edward, wenigstens für einen Tag die Woche. Wenn Charlie so viel arbeitet, musst du dir eben von anderer Seite Hilfe holen. Du kannst nicht alles allein schaffen.«

»Aber das sollte ich. Charlie denkt bestimmt, ich bin eine totale Nulpe, wenn ich es nicht schaffe, mich um den Haushalt und die Kinder zu kümmern.«

»Also erstens ist mir schnurz, was Charlie denkt. Es geht hier um dich, und wenn er so etwas denkt, dann ist er ein Idiot, und das ist dann sein Problem und nicht deines. Und zweitens: Hast du schon mit ihm darüber geredet? Und drittens: Wenn ich an deiner Stelle wäre, würdest du dann denken, ich sei eine Nulpe? Was würdest du zu mir sagen?«

Hannah wischte sich die Tränen aus den Augen und nahm einen großen Schluck Wein. »Vermutlich genau das, was du gerade zu mir gesagt hast«, murmelte sie.

»Na also. Niemand hält dich für eine Nulpe. Rede mit Charlie, okay? So, ich stecke jetzt die nasse Wäsche in den Trockner und werfe gleich noch einmal die Waschmaschine an, und dann machen wir noch eine Flasche Wein auf und nehmen uns das Wohnzimmer vor. Und ich habe noch einen Vorschlag: Fahr mit Charlie übers Wochenende weg. Du musst dringend ein bisschen entspannen. Sekt in der Badewanne statt Haushalt und Kochen. Ich kümmere mich solange um Edward.«

»Darum würde ich dich niemals bitten«, sagte Hannah.

»Musst du ja auch nicht; ich biete es dir an. Das ist etwas ganz anderes. Du musst bloß ja sagen.«

»Aber … du magst doch gar keine Kinder«, wandte Hannah ein.

»Stimmt doch gar nicht«, widersprach ich. »Ich mag meine Kinder, meistens jedenfalls. Und deine ebenfalls. Ich betrachte sie ohnehin fast als meine eigenen. Die beiden großen kannst du ja bei ihrem nichtsnutzigen Vater unterbringen, oder du fragst Colin und Sam, ob sie bei ihnen übernachten können. Wobei die beiden vermutlich auch ganz gut allein zurechtkommen, schließlich ist Emily fast achtzehn. Es wird dir guttun, Hannah.«

»Ich weiß nicht recht«, sagte sie zögernd. »Edward hat es echt faustdick hinter den Ohren.«

»Hannah, ich habe selbst zwei Kinder, wie du weißt. Als Jane so alt war wie Edward jetzt, musste ich mich ja auch um sie und den frisch geschlüpften Peter kümmern. Da werde ich es doch wohl schaffen, mal einen Tag und eine Nacht auf Edward aufzupassen.«

»Na, bei mir war es doch genau gleich; ich hatte auch ein Kleinkind und ein Neugeborenes zu versorgen, aber das fand ich damals nie so stressig wie jetzt mit Edward. Womöglich sind das ja jetzt die ersten Anzeichen des vermaledeiten Greisenalters, von dem meine Mum immer redet. Vielleicht ist das Knacken in meinen Knien und das Ziehen im Rücken ja ein Fingerzeig von Mutter Natur, die mir damit sagen will, dass ich zu alt bin für diesen ganzen Scheiß. Andererseits ist Mutter Natur selbst schuld, dass ich einen Nachzügler bekommen habe, also kann sie sich ihre Fingerzeige sonst wohin schieben, diese dämliche Trulla! Aber es könnte auch an Edward liegen und daran, dass Lucas und Emily einfach pflegeleichter waren ... Ich hatte damals ja keine Vergleichsmöglichkeit. Ich schätze, er ist wirklich deutlich ›aufgeweckter‹ – so drückt es Charlies Mutter aus. Sie war ganz entsetzt, als ich ihn neulich einen Terrorzwerg nannte. ›Unsinn, meine Liebe, er ist bloß ein bisschen aufgeweckt‹, sagte sie. Sie hat ja keine Ahnung, was er sich neulich im Kindermalkurs geleistet hat! Stell dir vor, er hat in den Eimer mit der Modelliermasse gekackt, und anschließend ist er unten ohne durchs Atelier getigert auf der Suche nach roter Farbe und hat geschrien: ›Ewad roter Popsch! Ewad Pavian!‹ Ist das noch aufgeweckt oder schon vom Teufel besessen? Und danach musste ich noch zu Tesco, und da wollte er dann partout nicht im Wagen sitzen bleiben, und als wir endlich an der Kasse waren, hatte er plötzlich seinen Schniedel in der Hand! Keine Ahnung, wie er das geschafft hat. Er hat damit herum gewedelt und gekräht: ›Guck, mein PIIIIIEPMATZ! Ewad großer Piepmatz!‹«

»Herrje … Ich schätze, das war's dann mit dem Malkurs?«

»Jep. Ich hab mich zwar entschuldigt, aber da können wir uns definitiv nicht mehr blicken lassen. Edward hatte ohnehin keine Lust darauf, aber der Kurs war schon bezahlt, und ich wollte ihn nicht verfallen lassen. Tja, das hatte ich dann davon. Dabei ist er erst *zwei*! Mir graut schon jetzt bei der Vorstellung, mit welchen Mitteln er in zwanzig Jahren seinen Kopf durchsetzen wird. Ich wage gar nicht, mit ihm den Indoor-Spielplatz zu besuchen, aus Angst, er könnte im Bällebad abwursten. Ich würde es nicht ertragen, da auch noch Hausverbot zu bekommen. Um die Tesco-Filiale muss ich ja jetzt ebenfalls einen großen Bogen machen.«

Ich unterdrückte ein Glucksen. Natürlich war es nicht witzig, dass Edward in den Eimer mit der Modelliermasse gekackt hatte, aber als kreative, wenn auch fiese Protestaktion war es zugegebenermaßen genial. »Hör zu, ich bleibe einfach zu Hause mit ihm«, versprach ich. »Er wird keine Gelegenheit bekommen, sich in der Öffentlichkeit zu exponieren oder irgendwo hinzumachen, wo es sich nicht ziemt. Es wird alles gut gehen, glaub mir.«

Als Charlie gegen halb zehn nach Hause kam, verabschiedete

ich mich und zischte Hannah beim Hinausgehen zu: »Rede mit ihm!«

Samstag, 11. Mai

Ich habe Schmetterlinge im Bauch und wandle auf Wolken! Es gab eine Entwicklung an der archäologischen Front. Es kam tatsächlich zu einem Kuss! Heute waren Mark und ich auf einem Jazzkonzert, was eigentlich nicht ganz mein Ding ist, aber es fand im Freien statt, es war ein wunderschöner Frühsommerabend, und der Duft nach frisch gemähtem Gras hing in der Luft. Mark hatte einen leckeren Wein mitgebracht, und die Musik war einigermaßen erträglich, ein klares Anzeichen dafür, wie mondän und kultiviert ich inzwischen bin. Bestimmt hatte es rein gar nichts mit der Tatsache zu tun, dass ich den Großteil von Marks Wein getrunken habe (Mark musste noch fahren und hielt sich deswegen zurück).

Hinterher brachte er mich nach Hause. Er stellte den Wagen ab, stieg aus und begleitete mich noch bis zur Tür. Dort blieb er stehen, schob mir eine Strähne aus der Stirn und nahm mein Gesicht in beide Hände.

»Ellen«, hauchte er. »Ich kann nicht anders, ich muss dich küssen.«

Es war sowas von Mr.-Darcy-aus-*Stolz und Vorurteil*-mäßig, ey!

Und es war ein sehr schöner Kuss. Ich war total von den Socken, bis die Hunde unruhig wurden und sich von innen gegen die Tür warfen, was mich wieder auf den Boden der Tatsachen zurückholte.

»Möchtest du noch mit reinkommen?«, fragte ich.

Er küsste mich auf die Stirn. »Heute nicht«, murmelte er.

»Ich bin verrückt nach dir, aber ich möchte nichts überstürzen. Diesen Fehler habe ich schon einmal gemacht. Ich rufe dich morgen an, ja?«

Dann küsste er mich erneut und machte sich vom Acker, während ich zu den Hunden hineinging, die mich schon ungeduldig erwarteten. Ich war völlig hin und weg – nicht einmal das Kissen, das Judgy in seiner Wut über meine Abwesenheit zerfetzt hatte, konnte meine Laune trüben. Ich war in derart romantischer Stimmung, dass ich beschloss, ein Gedicht zu schreiben, aber auch die Poesie scheint nicht zu meinen verborgenen Talenten zu zählen, denn es wurde kein romantisches Liebesgedicht, sondern ein anzüglicher Limerick, und selbst bei dem haperte es mit dem Versmaß.

Mein heißer Nachbar Mark ist Archäologe.
Er wirkt auf mich wie eine Droge.
Zwischen uns knisterte es kräftig.
Im Flur knutschten wir heftig,
gebettet auf Postwurfsendungen und Kataloge.

Okay, die letzten zwei Zeilen waren reines Wunschdenken, aber meine Befürchtung, er könnte keinen Schniedel haben, war unbegründet, das konnte ich sehr deutlich spüren, als er sich beim Küssen zärtlich an mich geschmiegt hat.

Donnerstag, 16. Mai

Tja, das war mal wieder ein voller Erfolg.

Peter und Jane haben heute ihre ersten Prüfungen geschrieben, und ich hatte mir im Vorfeld große Mühe gegeben, ihnen eine liebevolle Mutter zu sein, die sie tatkräftig unterstützt.

Sonderbarerweise haben beide Kinder mein Angebot, mit ihnen zu lernen oder sie abzufragen, strikt abgelehnt, was eventuell daran liegen könnte, dass ich vergangenes Jahr ausgeflippt bin, als mir Jane widerstrebend gestattet hat, einen Blick auf den Mathematikteil der Vorbereitungen für die mittlere Reifeprüfung zu werfen. »Was ist denn das für ein Quatsch, den sie euch da beibringen? Das hat man zu meiner Zeit aber ganz anders gemacht! Wie zum Henker soll man mit dieser idiotischen Methode Algebra-Aufgaben lösen?«, zeterte ich, worauf Jane etwas von wegen »ahnungslos« und »Dinosaurier« murmelte. Da mir meine Sprösslinge nicht erlaubten, ihren Geist zu nähren, beschloss ich, zumindest dafür zu sorgen, dass sie sich gesund und gehirngerecht ernährten, weshalb ich jegliches Junkfood vom Speiseplan strich und durch nährstoffreiches, mit viel Liebe selbst zubereitetes Essen ersetzte, das gut für ihre kleinen grauen Zellen war. Ihre Begeisterung hielt sich in Grenzen.

Heute bin ich aus Anlass der oben erwähnten Prüfungen schon extra früh aufgestanden, um ihnen ein gesundes, nahrhaftes Frühstück zuzubereiten. Damit sie geistig auch voll auf der Höhe waren und die Welt mit ihrer Genialität beeindrucken konnten, gab es Obstsalat, Rührei und Vollkorntoast, sprich, Vitamine, Proteine und langkettige Kohlenhydrate. Vielleicht erwähnen sie ja, wenn sie später einmal Politiker von Weltrang und Nobelpreisträger sind, in einer Dankesrede, dass sie nie so weit gekommen wären ohne die Umsicht, Fürsorge und Weisheit ihrer Mutter.

»Ta-daa!«, rief ich. »Das Frühstück der Champions!«

Jane knabberte ein klein wenig an ihrem Toast und schob ihr Rührei auf dem Teller hin und her, und Peter beschwerte sich, weil es kein Nutella gab, und machte sich die übliche Riesenportion Frühstücksflocken mit Milch. Zusätzlich verdrückte er sein Rührei mit Toast, wich jedoch angewidert zurück, als ich ihm den Obstsalat hinschob. Judgy hatte mich währenddessen mehrfach mit der Schnauze angestupst, um zu signalisieren, dass er sich widerstrebend opfern würde, das übrige Rührei zu verzehren, wenn meine sogenannten echten Kinder schon so undankbar waren und das von mir zubereitete Frühstück verschmähten. Doch Peter hatte im Nu alles verschlungen. Der Mitschüler, der nachher neben ihm sitzen musste, konnte einem nur leidtun.

»So, meine Lieben«, sagte ich fröhlich. »Wie fühlt ihr euch? Zuversichtlich und gut vorbereitet?«

»Gott, Mum, würdest du bitte den *Mund* halten?«, fauchte Jane. »Ich muss mich konzentrieren, und das kann ich nicht, wenn du mich die ganze Zeit vollllaberst.«

»Oh, entschuldige, Liebes. Was ist mit dir, Peter? Für dich ist das ja die erste richtig wichtige Prüfung. Geht's dir gut? Bist du nervös? Gibt es irgendetwas, das du mir sagen möchtest?«

»Nein, Mum, bitte lass mich einfach in Ruhe essen, ja?«

»Okay, okay, dann bin ich eben still. Wollt ihr noch irgendetwas? Vergesst nicht, Wasser mitzunehmen und es auch zu trinken! Die Versorgung mit Wasser ist essenziell fürs Gehirn!«

»HALT DEN RAND, MUM!«

Damit machten sie sich beide auf den Weg zur Schule und knallten die Haustür hinter sich zu. Ich kratzte derweil den allerletzten Rest Rührei von Peters Teller in die Futterschüsseln der Hunde. Schon seltsam, je mehr ich mich ins Zeug legte, desto mehr schien ich meine Kinder zu nerven. Hm. Ich konnte mich nicht entsinnen, dass meine Mutter sonderlich viel Aufhebens um meine Abschlussprüfungen gemacht hätte; sie hat mir damals lediglich signalisiert, dass Durchfallen keine Option war, nachdem sie ach so viel Geld und Energie in meine völlig überteuerte Schulbildung gesteckt hatte. Sie hat sich nie den Kopf darüber zerbrochen, ob ich auch genügend langkettige Kohlenhydrate und Proteine zu mir nahm, um mein Hirn optimal mit Nährstoffen zu versorgen, und ich bezweifle, dass sie wusste, welche Prüfungen ich an welchem Tag schrieb. Ganz sicher klebte an ihrem Kühlschrank keine Tabelle, in der die Prüfungen ihrer Kinder in unterschiedlichen Farben vermerkt waren. Frechheit eigentlich. Wäre ihr ein Zacken aus der Krone gefallen, wenn sie mir zur Abwechslung mal das Gefühl gegeben hätte, dass ihr nicht egal war, was in meinem Leben vor sich ging? Andererseits war ich damals ein Teenager wie Peter und Jane und hätte womöglich ganz ähnlich wie sie reagiert. Aber *wenn* meine Mutter mehr Einsatz gezeigt hätte, und *wenn* ich einen Nobelpreis gekriegt hätte, dann hätte ich sie definitiv in meiner Dankesrede erwähnt. Vielleicht besteht also noch Hoffnung.

Gut, auf den Nobelpreis wahrscheinlich eher nicht. Meine Kinder waren absolut unausstehlich, als ich von der Arbeit nach Hause kam. Auf meine Frage, wie es ihnen bei ihren Prüfungen ergangen sei, knurrte Peter bloß »Bestens«, und Jane brüllte: »ICH WILL NICHT DARÜBER REDEN!« Mir lag ein »Nun ja, ich hab immer wieder gesagt, ihr sollt mehr lernen« auf der Zunge, doch ich hielt mich zurück und dünstete stattdessen etwas Brokkoli für sie, damit sie ihn beim Abendessen mit Nichtachtung strafen konnten.

Noch drei Wochen. Drei Wochen, in denen ich mitverfolgen konnte, wie sie sich das Leben verbauten. Drei Wochen, in denen sie jede Hilfe von meiner Seite ablehnen würden. Und dann würden sie zweifellos irgendwelche anderen Gründe finden, um mich zu hassen und mir zu sagen, ich sei in jeder Hinsicht total auf dem Holzweg.

Ich rief Simon an, um mich mit ihm über die nicht existente berufliche Zukunft unserer Kinder auszutauschen, erreichte aber nur den Anrufbeantworter. Hannah, Sam und Colin versicherten mir, ihre Kinder verhielten sich ganz ähnlich, die Aussagen glichen sich zum Teil Wort für Wort, und es könne ja wohl kaum sein, dass sie alle ihre Prüfungen verbockt haben. Ich zog in Erwägung, meine geliebte Schwester Jessica anzurufen, um mich zu erkundigen, wie ihre perfekten Sprösslinge die Situation meisterten, aber das hätte wenig Sinn – zweifellos würde sie erzählen, dass Persephone und Gulliver zufrieden ihre Goji-Beeren-Smoothies schlürften und sich wacker schlugen, und selbst wenn sie das nicht täten, würde sie lügen und behaupten, es sei alles wunderprächtig, und dann käme ich mir unzulänglicher denn je vor.

Sonntag, 26. Mai

Ich. Bin. Erledigt. Wenn ich an einem Sonntag diese Worte stöhne, weist das normalerweise darauf hin, dass ich mich am Samstagabend prima amüsiert habe, vermutlich mit *Patron XO Café Tequila* und einer kleinen Tanzeinlage. Dabei war ich gestern stocknüchtern; ich hatte noch nicht einmal die Gelegenheit, an einem schönen kalten Sauvignon Blanc zu *riechen*. Dieses Wochenende passte ich nämlich wie vereinbart auf Klein Edward auf. Ich hatte Hannah im Vorfeld versichert, ich würde problemlos mit ihm zurechtkommen – ein folgenschwerer Irrtum, wie sich herausstellte, denn Edward ist in der Tat »aufgeweckt«. Ich hatte völlig vergessen, wie unbarmherzig zweijährige Kinder sein können. Man muss sie jede Sekunde beschäftigen, und die einzige Möglichkeit, sie zum Kooperieren zu bewegen, ist die Bestechung mit raffiniertem Zucker, und natürlich geht der Schuss nach hinten los, wenn man ihnen jedes Mal etwas Süßes verspricht, nur damit sie artig das tun, was man von ihnen will.

Hannah brachte Edward am späten Vormittag vorbei und bedankte sich überschwänglich bei mir.

»Ich trage eine Bauchweghose«, flüsterte sie mir bei der Übergabe breit grinsend zu, »und ich hab mir sogar die Wimpern getuscht, auf *beiden* Seiten! Gott, Ellen, ich kann dir gar nicht genug danken! Ein ganzer Abend mit Charlie in trauter Zweisamkeit! Das wird wunderbar. Du bist echt die beste Freundin, die man sich vorstellen kann.«

»Warum trägst du eine Bauchweghose?«, fragte ich. »Sinn und Zweck der Mission ist doch, dass du dich erholst, und nicht, dass du dich für Charlie schönmachst.«

»Ich tu's nicht für Charlie, sondern für mich! Ich hätte nie gedacht, dass ich es als Luxus empfinden würde, figurformende Dessous zu tragen, aber schon der Gedanke an Unterwäsche, bei der es volle fünf Minuten dauert, mich herauszuschälen, wenn ich mal aufs Klo muss, ist richtig aufregend. Außerdem sieht dieses Kleid so deutlich besser an mir aus. Es tut so gut, mein Spiegelbild zur Abwechslung mal nicht in unvorteilhaften Leggings zu sehen. Ich fühle mich wieder wie eine richtige Erwachsene.«

»Tja, ich wünsche dir ein wunderbares Wochenende als richtige Erwachsene. Aber tu um Gottes Willen nichts Unüberlegtes, soll heißen, lass dich bloß nicht noch einmal schwängern! Für *zwei* Kleinkinder spiele ich nicht den Babysitter. Ich mag eine gute Freundin sein, aber ich bin nicht lebensmüde.«

»Keine Sorge«, sagte Hannah bestimmt. »Ich habe Kondome und Femidome dabei, und ich nehme die Pille. Ruf mich an, falls Not am Mann ist; wobei ich sicher bin, du wirst hervorragend zurechtkommen. Wie du selbst sagst, hast du ja reichlich Erfahrung mit Kindern.«

Sie gab Edward einen Abschiedskuss. »Wiedersehen, Liebes! Sei schön brav. Mami ist morgen wieder da!« Dann saß sie auch schon im Auto und brauste davon.

Edward, der erst in diesem Moment begriff, dass seine Mami ihn verließ, brach in ein markerschütterndes Gebrüll aus.

Das süße kleine Engelchen mit den blonden Löckchen hatte einen beachtlichen Stimmumfang, und in seine Lunge passte erstaunlich viel Luft. Die Geräusche, die Edward von sich gab, beschworen Bilder von einem Bauernhof herauf, auf dem fürchterliche Dinge vor sich gehen. Zunächst röhrte er wie ein verwundeter Stier, dann klang er wie ein Esel, dem mit einer rostigen Säge die Eier amputiert werden.

Mittlerweile hatte er sich im Vorgarten auf die Erde geworfen, trat um sich und kreischte so laut, dass bestimmt das ganze Dorf annahm, ich würde den armen, unschuldigen Jungen foltern. Da all meine Versuche, ihn zum Aufstehen zu bewegen, fehlschlugen, hievte ich ihn schlussendlich hoch und schleppte ihn ins Haus, wobei er mir einen schmerzhaften Tritt in den linken Busen verpasste. Wie kann es sein, dass Kinder so klein und doch so kräftig sind?

Ich bereute es sogleich, den kleinen Racker nach drinnen verfrachtet zu haben, weil sein Geheul nun von den Wänden widerhallte. Es klang jetzt schriller, ungefähr wie ein Kater im Todeskampf, und Judgy verlieh seinem Unmut darüber sogleich Ausdruck, indem er bellte, so laut er konnte. Der stets um Anpassung bemühte Barry verfolgte das Geschehen zunächst etwas ratlos und begann dann zu jaulen.

Mittlerweile klingelten mir die Ohren, aber mir entging nicht, dass Edward nur so tat, als sei er zutiefst verstört, denn bislang war keine einzige Träne über seine rosigen Wangen gerollt.

Dieses Verhalten war mir von meinen Kindern natürlich wohlbekannt. Auch sie hatten bisweilen ein herzzerreißendes Geheul angestimmt, als würde gleich die Welt untergehen, allerdings ohne dabei Tränen zu vergießen. Reine Schauspielerei. Bei Edward verhielt es sich ähnlich – er war nicht so sehr untröstlich, weil Hannah und Charlie ihn »verlassen« hatten, vielmehr diente diese Szene dazu, Grenzen auszutesten: Er wollte wissen, wie weit er gehen konnte bei der bedauernswerten Dumpfbacke, bei der man ihn abgeladen hatte. Dass er dann und wann eine kurze Pause einlegte, um Luft zu holen und sich mit einem unauffälligen Blick zu mir davon zu überzeugen, dass er noch meine volle Aufmerksamkeit hatte, bestätigte meinen Verdacht.

Ich ging in die Knie, damit wir auf Augenhöhe waren, auch im übertragenen Sinne, und schaltete auf Supernanny-Modus: »Das sind aber keine schönen Geräusche, die du da von dir gibst, Edward«, sagte ich betont fröhlich. »Meine beiden Hundchen mögen sie auch nicht, wie du siehst. Also, wie wär's, wenn du damit aufhörst?«

Edward kreischte weiter. Ich war direkt beeindruckt von der Tonhöhe, die er erreichte – sie ließ sogar die auf dem Tisch im Flur stehende Kristallvase meiner Großmutter vibrieren. Ächz. Das hatte mir gerade noch gefehlt, dass meine Staubfänger in den Krach mit einstimmten!

»Edward«, sagte ich in meinem besten Hart-aber-fair-Tonfall, »wenn du dir weiterhin die Kehle aus dem Leib brüllen willst, bitte, nur zu, aber ich gehe jetzt mit den Hunden in den Garten, okay? Wenn du aufhörst, darfst du rauskommen und mir beim Hühnerfüttern helfen und ein bisschen schaukeln.

Und nach dem Mittagessen darfst du *Oktonauten* gucken, und vielleicht gibt's dazu ja sogar ein paar Schoko-Bons.«

Sein Gebrüll wurde eine Spur leiser.

Er öffnete ein Auge und musterte mich mit einem verschlagenen Blick. »*OKTONAUTEN*!«, röhrte er. »JETZT GLEICH! *OKTONAUTEN* UND SCHOKO-BONS!«

»Nein, Edward, nicht jetzt. Nach dem Mittagessen, wenn du schön brav warst.«

»NEIIIIIIIIIIIN! WILL JETZT *OKTONAUTEN*! JEEEEE-ETZT!«

»Hör zu, wenn du aufhörst zu schreien, gehen wir raus und spielen im Garten. Du wirst sehen, das macht Spaß.«

»NEIIIIIIIIIIIN!«

»Also, ich gehe jetzt mit den Hunden in den Garten. Wenn du hier fertig bist, dann kannst du ja rauskommen, und wir füttern die Hühner und schaukeln, ja? Aber erst musst du aufhören zu brüllen.«

Damit stand ich auf und ging mit meinen armen Hunden durch die Küche und zum Hintereingang.

»BIS NACHHER, EDWARD«, trällerte ich und schloss dann hörbar die Tür.

Natürlich bin ich nicht so verantwortungslos, einen kleinen Jungen, der gerade einen Tobsuchtsanfall inszeniert, unbeaufsichtigt zu lassen, aber wenn Jane früher im Supermarkt einen Aufstand machte und all meine Versuche, sie zu beruhigen, fehlschlugen, erwies es sich oft als hilfreich, wenn ich tat, als ließe ich sie einfach sitzen. Einmal dackelte mir eine alte Dame hinterher und drohte empört, sie werde den Kinderschutzbund informieren, worauf ich zischte, dass ich um die Ecke stehenzubleiben gedachte, um unauffällig ein Auge auf Jane zu haben, während sie sich allein wähnte. Wir diskutierten noch immer, als mein Töchterlein mit tränennassen Wangen und einem strahlenden Lächeln im Gesicht angehopst kam und flötete: »Weiter einkaufen, Mami, ja?«

Bei Peter funktionierte diese Taktik leider nicht so gut. Er schrie weniger oft rum, dafür war er unfassbar stur. Es war schier unmöglich, ihn zum Weitergehen zu bewegen, wenn er sich in den Kopf gesetzt hatte, dass er bleiben wollte, wo er war. Setzte ich ihn kurzerhand in den Einkaufswagen, kletterte er einfach wieder raus und hockte sich mitten im Laden auf den Boden. Versuchte ich, ihn hochzuheben, wand er sich aus meinem Polizeigriff – ich meine, aus meiner liebevollen Umarmung – und ließ sich prompt wieder auf dem Boden nieder. Es interessierte ihn nicht die Bohne, wenn ich tat, als würde ich gehen und ihn einfach sitzen lassen. Einmal gelang es ihm doch glatt, eine Flasche Olivenöl für neun Pfund neunundneunzig aufzuschrauben, in dem Bestreben, sich einen Schluck daraus zu genehmigen. Bis ich mein Versteck im nächsten Gang verlassen und zu ihm gehastet war, hatte er den Rest bereits auf den Boden gekippt und griff nach der nächsten Flasche. Danach habe ich jahrelang keinen Fuß mehr in diese Waitrose-Filiale gesetzt.

Doch bei Edward war ich zuversichtlich, dass meine Strategie aufgehen würde. Ich linste durch das Fenster der Hintertür und verfolgte, wie er binnen kürzester Zeit aufhörte, mit den Beinchen zu strampeln. Eine weitere Minute später verstummte auch das Geschrei. Ich grinste selbstgefällig in mich hinein. Wow, dachte ich stolz, Ellen Green, Kinderbändigerin *extraordinaire*. Ich überlegte, ob ich Hannah den einen oder anderen Tipp für den Umgang mit dem kleinen Terrorkrümel geben sollte. Hm. Besser nicht, womöglich bekam sie es noch in den falschen Hals. Aber ich sollte ein Buch über den richtigen Umgang mit

Kleinkindern schreiben, jawohl. Das wurde bestimmt ein *Sunday Times*-Bestseller, und dann konnte ich meinen Job an den Nagel hängen und als Erziehungsguru im Frühstücksfernsehen auftreten.

Schließlich haben all diese Flitzpiepen, die sich »Erziehungsexperten« schimpfen, meist auch nicht mehr Qualifikationen vorzuweisen als ihre zwei Bums-Trophäen. *Good Morning Britain* brachte neulich allerlei »unbezahlbare« Ratschläge von einer Frau, die als Mutter eines dreijährigen Mädchens und eines sechs Monate alten Babys mit blonden Engelslocken natürlich vom Fach ist. Sie fotografiert die beiden regelmäßig in unpraktischen weißen Kleidchen, mit sonnigen Maisfeldern im Hintergrund, und postet die Fotos bei Instagram – ihr Account hat irgendeinen affigen Namen, in dem selbstverständlich das Wort »Mami« vorkommt, damit auch ja jeder kapiert, dass sie eine Mami ist. Sie existiert gar nicht mehr jenseits der Mutterschaft; sie ist nur noch und ausschließlich Mami, und ihre Instagram-Posts zeigen ausnahmslos Bilder ihrer Töchter in diesen unglaubwürdig sauberen Kleidchen, nebst zahlreichen Selfies, die sie in Sweatshirts mit der Aufschrift *Mama* zeigen, sie ist nämlich MUTTER, wer hätte das gedacht? Ihre Einträge sind mit Hashtags wie #Mamaherz und #MeinwunderbaresLeben und #MakingMemories und #LebedenMoment und #livelaughlove versehen, und ganz nebenbei macht sie Werbung für völlig überteuerte Gesichtscremes (#NoFilter) und allerlei überflüssige Baby Gadgets (#NieMehrOhne #JetztZugreifen) sowie für unfassbar hässliche Kleider, von denen ganz sicher niemand wissen will, wo man sie kaufen kann (#Weilalledanachfragen #affiliatelink #gifted #soblessed). Einer ihrer revolutionären Tipps, die sie unbedingt über das staatliche Fernsehen verbreiten musste, lautete, man solle Kindern klein geschnippeltes

Gemüse in einer Nudelsoße unterjubeln, damit sie genügend Vitamine zu sich nehmen – genau das also, was Mütter bereits seit grauer Urzeit tun. Bestimmt ist schon Frau Neandertaler auf die geniale Idee gekommen, das Grünzeug, das sie gesammelt hatte, mit einem Stein zu zerdrücken, damit sich der Nachwuchs nicht über die verdächtig aussehenden »Stücke« im Mammuteintopf beschwerte, und damit Herr Neandertaler nicht bemängelte, es schmecke nicht wie bei Muttern. Allerdings hat Frau Neandertaler garantiert keine Höhlenmalereien angefertigt, die sie beim Zerstampfen der Blätter zeigen, ganz zu schweigen von Unterschriften wie #GenießejedenAugenblick oder #Siewerdenvielzuschnellerwachsen (Wobei damals ja allenthalben Säbelzahntiger lauerten, die ihnen vorher den Garaus machen konnten).

Im Gegensatz zu dieser idiotischen Instagram-Mami habe ich richtige, wertvolle Tipps auf Lager, schließlich habe ich dank Peter und Jane schon weit mehr Phasen der Hölle, die sich Mutterschaft nennt, durchlaufen. Ich kenne zum Beispiel ein Mittel gegen Erbrochenes auf Autositzen (egal ob von zu viel Limonade beim Kinobesuch oder von zu viel Wodka nach einer Teenagerparty), ich weiß, wie man Frühstücksbrei vom Küchenplafond stemmt und wie man sich am besten an Eltern rächt, die nach der Geburtstagsparty ihres Sprösslings alle Gäste mit einer Partytüte voller Haribo nach Hause schicken (das Böse in Reinkultur, gern gepaart mit einer Vuvuzela oder irgendwelchen Spielsachen aus dem Ein-Pfund-Shop mit zahlreichen mikroskopisch kleinen Bestandteilen, die mit elterlicher Hilfe zusammengebaut werden müssen und von der Größe her ideal sind, um sie sich in die Nase oder ins Ohr zu schieben, und dazu so scharfkantig, dass Mami anfängt zu jodeln, wenn sie draufsteigt). Und so weiter und so fort. Mein Buch wäre der Hit.

Ich grinste noch immer selbstgefällig bei dem Gedanken an die tolle neue Karriere, die mich erwartete, als die kleinen Beine plötzlich aus meinem Blickfeld verschwanden. Shit! Wo wollte er hin? Nun, wahrscheinlich hatte er sich bloß aufgerappelt und brauchte noch eine Minute, um sich zu beruhigen. Zweifellos würde er gleich angetrottet kommen und vertrauensvoll die speckigen Fingerchen in meine Hand legen, und dann würden wir einen ganz zauberhaften Nachmittag miteinander verbringen. Ich würde ihm die Wunder der Natur zeigen, die mein Garten in Hülle und Fülle zu bieten hatte, und in zwanzig, dreißig Jahren, wenn er der nächste David Attenborough war und den BAFTA für sein Lebenswerk entgegennahm, um ihn zu seinen zahlreichen anderen Preisen zu stellen, würde er in der Ansprache sagen: »Das verdanke ich alles bloß Ellen Green, der Autorin des weltberühmten Erziehungsratgebers. Es überrascht mich nicht, dass Ellen von Eltern und Kindern gleichermaßen verehrt wird, denn ihre Weisheit sucht ihresgleichen. Für mich ist sie jedoch nicht nur der Star ihrer eigenen preisgekrönten Fernsehserie, sondern auch eine gute Freundin der Familie. Sie hat den Grundstein für mein Wissen über Hühner und Bienen und Pflanzen gelegt. Ich erinnere mich noch gut an jenen herrlichen Nachmittag bei ihr, an dem sie mir gezeigt hat, was in ihrem wunderbaren Garten grünt und blüht, und an dem sie mir beigebracht hat, dass man Löwenzahn essen kann. Damit war mein naturalistisches Interesse geweckt ...«

Moment, oder bedeutet naturalistisch, dass er einen Hang zur Freikörperkultur entwickelt hat? Und vom Löwenzahn sollten wir lieber die Finger lassen, die Hunde haben mit großer Wahrscheinlichkeit drauf gepinkelt. Wo blieb der kleine Racker überhaupt? Er hätte längst auftauchen müssen. Oh Gott, womöglich war er gegen den Kleiderständer im Flur gerannt und davon erschlagen worden. Ich schoss ins Haus und schickte ein Stoßgebet gen Himmel, auf dass Hannahs Sohnemann nicht bereits in den ersten fünfzehn Minuten, die ich für ihn zuständig war, das Zeitliche gesegnet hatte, denn dann konnte ich mir meine neue Karriere als Erziehungsexpertin abschminken, ehe sie begonnen hatte.

Alles war still. Ein schlechtes Zeichen. Stille Kleinkinder sind die Allerschlimmsten. Edward war nicht im Flur, aber zumindest stand der Kleiderständer noch aufrecht da, und auch sonst waren alle Möbel an ihrem angestammten Platz.

»Edward!«, rief ich. »Edward, wo bist du?« Keine Antwort, dafür vernahm ich ein Geräusch aus dem Wohnzimmer. Ich riss die Tür auf. Edward hockte im Schneidersitz auf dem Boden und guckte mit ausdrucksloser Miene *Die Oktonauten*. Sein Mund war braun verschmiert, vor ihm lag die Jumbo-Packung Schoko-Bons, die ich als Bestechungsgeld für das Wochenende besorgt und ziemlich weit oben im Regal deponiert hatte. Wie zum Henker hatte es der kleine Scheißer in den paar Minuten, die ich draußen im Garten auf ihn gewartet hatte, geschafft, das Regal zu erklimmen (zum Glück war es nicht umgestürzt und hatte ihn unter sich begraben!), die Tüte aufzureißen und den Großteil des Inhalts zu verspeisen? War er etwa eine Art Time Lord? Und viel wichtiger: Wie zum Teufel war es ihm gelungen, meinen »Smart TV« einzuschalten und auch noch den Kindersender CBeebies einzustellen? Der Junge ist erst *zwei*, Herrgott noch mal!

Ich bin achtundvierzig und habe Computerwissenschaften studiert, und obwohl der Kauf dieser dämlichen Kiste schon mehrere Monate zurückliegt, habe ich nach wie vor keinen blassen Schimmer, wie man sie bedient. Am Ende drücke ich meistens heulend oder fluchend wahllos irgendwelche Knöpfe, stoße leere Drohungen wie »Ich werf dich aus dem Fenster!« aus und bitte dann meine Kinder, mir zu helfen, oder ich kapituliere und sehe auf meinem Laptop fern. Wenn ein Zweijähriger, der sich noch regelmäßig die Windel vollkackt, damit zurechtkommt, dann bedeutet das wohl, dass nicht der vermaledeite Fernseher das Problem ist, sondern ich. Oh Gott, als nächstes flehe ich, nachdem ich hilflos auf meinem Smartphone herumgewischt habe, einen jungen Menschen an, mir behilflich zu sein, und rede bei Ferngesprächen extralaut, damit meine Worte auch sicher bei den Menschen am anderen Ende der Leitung ankommen. Und irgendwann esse ich wahrscheinlich nur noch Suppe, bin am Boden zerstört, wenn ich meine Quizsendung verpasse und behaupte, *Countdown* sei einfach nicht mehr dasselbe, seit Richard Whiteley anno zweitausendfünf das Zeitliche gesegnet hat. Im Augenblick hatte ich allerdings andere Probleme als das vermaledeite Greisenalter.

»Edward!«, sagte ich streng. »Wir hatten doch ausgemacht, dass es die *Oktonauten* und die Schoko-Bons erst nach dem Mittagessen gibt!« Ich entwand ihm die schokoladenverschmierte Fernbedienung, was er widerwillig geschehen ließ, ohne den Blick von der Glotze abzuwenden, wo Captain Barnius eben mit der Rettung eines depressiven Barrakudas beschäftigt war. Als nächstes versuchte ich, dem kleinen Stinker die Schoko-Bons abzunehmen, doch er umklammerte die Packung noch fester, also drückte ich stattdessen auf den »Aus«-Knopf der Fernbedienung (das ist der einzige, bei dem ich weiß, wozu er gut ist).

Nun war plötzlich der Teufel los. In seiner Entrüstung darüber, dass er nun nicht erfahren würde, wie Dr. Sebastian den trübsinnigen Fisch behandelte, ließ Edward den Tränen, die er vorhin beim Abschied von Hannah nicht vergossen hatte, freien Lauf, trommelte mit den Fersen auf den Boden und pfefferte die

Tüte mit den verbliebenen Schoko-Bons in die Ecke. Barry, der sich mit gutem Grund in der Nähe herumgedrückt hatte (er erinnerte sich offenbar noch gut daran, dass Edward ein ergiebiger Snackspender war), tigerte gierig hinterher.

Fünf Minuten später zeichnete sich kein Ende des Heulkonzerts ab. Ich kniete vor Edward, bettelte und flehte, drohte und gelobte, doch meine Worte (»Nun sei doch bitte, bitte, mal eine Sekunde still!«) verhallten ungehört. Im Gegensatz zum vorigen Wutanfall waren seine Augen nun fest zugekniffen, und auf dem Wohnzimmerteppich bildeten sich nasse Flecken von seinen Tränen. Binnen kürzester Zeit war er beängstigend dunkelrot angelaufen, und allmählich machte ich mir Sorgen, obwohl ich bereits »brüllendes Kleinkind«, »geplatzte Gefäße« und »sonstige Verletzungen« gegoogelt hatte (offenbar bestand keine Gefahr, außer für mein Trommelfell). Aber was, wenn sich Google irrte? Und was, wenn Edward morgen noch hier lag und tobte? Da ich nicht wollte, dass Hannah und Charlie ihren Sohn als dehydriertes Nervenbündel in Empfang nahmen, wenn sie ihn morgen abholten, lenkte ich schließlich ein. Ich hasste mich selbst dafür, aber es musste sein – ich griff mir die Fernbedienung, drückte auf den Einschaltknopf und hoffte inständig, dass sich der verdammte Fernseher noch an den Sender erinnern konnte. Er tat es, Halleluja! CBeebies war wieder da.

»Tschüss, Benny Barracuda!«, rief die verrückte Katze, die unerklärlicherweise auch zu den *Oktonauten* gehört, denn der Großteil der Crew hat zumindest eine gewisse Affinität zum Leben im Wasser. Edwards Geheul verstummte, als hätte ich einen Schalter umgelegt. Er setzte sich aufrecht hin und guckte weiter, als wäre nicht das Geringste geschehen.

»*Oktonauten* super. Ewad mag *Oktonauten*!«, verkündete er. Ein leises Hicksen war, von seinem tränennassen, knallrot angelaufenen Gesicht einmal abgesehen, der einzige Hinweis auf den emotionalen Aufruhr der vergangenen Minuten.

Dann grunzte er plötzlich empört und rief: »SCHOKO-BONS! WO SIND MEINE SCHOKO-BONS?«

»Die hast du alle aufgegessen, Edward!«, versicherte ich ihm hastig. »Die Tüte ist leer.«

Er beäugte mich misstrauisch. »Ellen meine Schoko-Bons essen?«

»Nein, Liebes, du hast sie alle selbst gegessen«, beharrte ich.

Zum Glück schien er mir zu glauben und wandte seine Aufmerksamkeit wieder der Mattscheibe zu, wo sich nun Big Andy auf die Suche nach Dinosauriern machte. Ich sank auf einen Polstersessel und sah auf die Uhr. Drei Minuten nach zwölf. Edward war noch keine halbe Stunde hier, und er hatte bereits zwei Mal Zeter und Mordio geschrien und fast eine ganze Packung Schoko-Bons geleert, und den allerersten Machtkampf um den Fernseher hatte er auch ganz eindeutig für sich entschieden. Puh. Noch vierundzwanzig Stunden. Bei mir regten sich erste Zweifel, was meine neue Karriere als Erziehungsguru anging. Wobei ja ein Erziehungsguru normalerweise nicht selbst mit den kleinen Biestern zu tun hat, er beobachtet lediglich aus der Entfernung und erteilt seinen Mitmenschen gute Ratschläge zum Umgang mit Kindern. Nachdem Andy sein heutiges Dinosaurierabenteuer ausgestanden hatte, schaltete ich hastig den Fernseher aus, bevor womöglich Mister Tumble auftauchte.

Diesmal nahm Edward es gleichgültig hin, holte jedoch beunruhigend tief Luft, als er Barry mit der Schnauze in der Schoko-Bons-Tüte erspähte.

»Hundi frisst meine Schoko-Bons!«, rief er empört.

»Nein, Liebes, das Hundi leckt bloß die letzten Krümel aus

den Papierchen. Die Schoko-Bons hast du selbst aufgegessen, weißt du nicht mehr? So, wie sieht es aus, kommst du mit in die Küche? Wir könnten zusammen ein leckeres Mittagessen kochen.«

Edward musterte mich mit schmalen Augen, als wüsste er genau, dass das ein schamloses Ablenkungsmanöver war, doch zum Glück war sein Hunger offenbar stärker als sein Drang, mich zu ärgern.

»Okay«, brummelte er widerstrebend.

Hannah hatte mich gewarnt, er sei ein sehr heikler Esser, aber ich war guter Dinge – mit ein paar einfachen Tricks ließ er sich bestimmt mühelos dazu bringen, alles, was ich ihm vorsetzte, genussvoll zu verzehren. Unter anderem sollte er mir bei der Zubereitung des Mittagessens zur Hand gehen, denn wie jeder weiß, sind Kinder, wenn sie beim Kochen helfen dürfen, stets gewillt, das Resultat zu essen. Zugegeben, bei Peter und Jane hat das nicht geklappt, sondern eher das Gegenteil bewirkt, weil sie auf diese Weise erfuhren, welche Zutaten in den leckeren Gerichten waren, die ich für sie kochte, und außerdem glich die Küche hinterher immer einem Schlachtfeld. Aber vielleicht war ich bei ihnen einfach zu ungeduldig gewesen. Heute jedenfalls würde ich Edwards Geschmack nach meinem Willen beugen, nicht zuletzt mithilfe meines speziellen Kinderbändiger-Tonfalls.

»Also, was hältst du davon, wenn wir uns einen leckeren Käsetoast machen? Das wird ein Spaß, meinst du nicht?«

»Ja!« Edward nickte lächelnd. »Spaß!«

Zehn Minuten später hatte er es geschafft, den geriebenen Käse über sämtliche horizontale Flächen in der Küche zu verteilen. Ich verfolgte mit wachsender Verzweiflung, wie Judgy und Barry die Käsekrümel vom Boden inhalierten, weil Judgy von Milchprodukten Verdauungsbeschwerden bekommt. Seine Darmwinde riechen so übel, dass er sogar selbst angewidert den Raum verlässt.

Während ich noch versuchte, Edward davon abzuhalten, dass er sich den übrigen Käse ins Haar massierte, drohte das Toastbrot unter dem Grill schwarz zu werden. Ich riss die Ofentür auf, in der Hoffnung, es noch retten zu können, und Edward nutzte die Gelegenheit prompt, um sich an der Käsereibe eine Fingerspitze aufzuritzen.

»Auaaaa!«, heulte er auf. »Elleeeeeeen! AUAAAAA!«

»Ach herrje. Keine Sorge, Edward, der Finger ist ja noch dran.«

»AUAAAAAAAAAAAA!«, brüllte er und glotzte den kleinen Kratzer so entgeistert an, als handle es sich um einen abgetrennten Arm. Ich klebte ein Pflaster darauf, musste mir Vorwürfe anhören, weil es kein *Oktonauten*-Pflaster war, klebte zu Entschädigung zwei weitere Pflaster darüber, und dann schrillte der Rauchmelder los.

»LAUUUUUUUUUT!«, heulte Edward. Ich wedelte mit einem Geschirrtuch, um den Rauch zu verteilen und gab beschwichtigende Laute von mir. Dann holte ich die angekokelten Toastbrotscheiben aus dem Ofen und fing noch einmal von vorne an.

Endlich saßen Edward und ich am Küchentisch, vor uns zwei leckere Portionen Käsetoast.

Edward hatte nicht nur den Käse gerieben, er hatte ihn auch auf die Brotscheiben gestreut, hatte sie zusammengeklebt und aus seinem Toast mit einem alten Ausstecher, den ich vor Jahren für Peter gekauft hatte, einen Dinosaurier ausgestochen.

»Sieht das nicht lecker aus, Edward?«, fragte ich ermutigend. »Mmm, beiß doch mal ab.«

»Nein«, sagte Edward bockig. »Mag nicht.«

»Aber du hast doch noch gar nicht *probiert*. Und es ist ein Dino-Toast! Also, komm, nur einen Bissen.«

»Nein. Dino-Toast bäh. Mag nicht. Ewad will Smelzkäse-Sanditsch.«

»Aber du hattest doch solchen Spaß, als du deinen Dino-Toast gemacht hast«, erinnerte ich ihn. »Du hast gesagt, du wirst ihn essen. Du hast selbst gesagt, dass er lecker aussieht.«

»Nein, nicht lecker. Mag nicht. Will Smelzkäse-Sanditsch.«

»Okay, hör zu: Wie wär's, wenn du einmal abbeißt, und wenn es dir wirklich nicht schmeckt, dann mache ich dir ein Sandwich mit Schmelzkäse, okay? Na? Ein kleiner Bissen?«

»Nein.«

»Bitte.«

»Nein.«

»Wenn du einmal probierst, darfst du nach dem Mittagessen noch mal *Oktonauten* gucken.«

»Nein.«

»JETZT BEISS WENIGSTENS EIN EINZIGES MAL AB, HERRGOTT NOCH MAL! WIR HABEN FAST EINE STUNDE GEBRAUCHT, UM DIESEN BESCHEUERTEN TOAST ZU MACHEN! In der Zeit hätte ich auch etwas Richtiges kochen können! Ein schönes blutiges Steak zum Beispiel!« Das Wort »blutig« erinnerte Edward an seinen verletzten Finger. Er begann erneut zu schluchzen und behauptete, er brauche ein weiteres Pflaster.

»Wenn ich dir noch ein Pflaster gebe, isst du dann deinen Toast?«

»Ja.«

»Also gut, hier hast du dein Pflaster. Und jetzt iss.«

»Nein. Smelzkäse.«

Mittlerweile war mein Käsetoast kalt geworden. Hätten meine eigenen Kinder am Tisch gesessen, dann hätte ich an dieser Stelle gefaucht: »Okay, dann eben nicht, mir doch egal.« Aber es ist verpönt, anderer Leute Kinder hungern zu lassen, selbst wenn es sich um den Nachwuchs der besten Freundin handelt. Ich versuchte es ein allerletztes Mal: »Captain Barnius *liebt* Dino-Käsetoast«, sagte ich. »Das ist sein Lieblingsessen.«

»Nein. Barnius mag Smelzkäse-Sanditsch, keine Dinos. Dinos bäh.«

Ich gab auf und holte den Schmelzkäse. Ich war zu hungrig für weitere Scharmützel. Kaum hatte ich zwei Scheiben Toastbrot bestrichen, zusammengelegt und halbiert, rief Edward: »Nein, will Drecke!«

Ich bestrich zwei neue Scheiben und schnitt sie diagonal auseinander, in der Hoffnung, dass ich ihn richtig verstanden hatte und er Dreiecke haben wollte.

»So, bitte sehr«, sagte ich resigniert.

»Danke, Ellen«, flötete er honigsüß.

Mittlerweile war der geschmolzene Käse in meinem Toast wieder fest geworden, und just als ich im Begriff war, hineinzubeißen, wehte ein allzu vertrauter Geruch zu mir herüber.

Mein Gegenüber sah zu mir hoch und verkündete freudestrahlend: »Ewad hat Kacka macht!«

Das konnte doch wohl nicht wahr sein! Ich hievte den kleinen Mistkäfer aus dem Hochstuhl und trug ihn nach oben, wobei ich ihn so weit wie nur irgend möglich von mir weghielt und mich sehr zusammenreißen musste, um mich nicht auf ihn zu übergeben, während ich ihn saubermachte. Warum riechen die Fäkalien anderer Kinder so viel übler als die der Eigenen? Ich meine, auch bei Peter und Jane musste ich beim Windelwechsel des Öfteren würgen, und ich erinnere mich noch, dass Peters

Hintern mal eine Woche lang orangerot leuchtete, weil er nach dem Verzehr von Kürbisbrei eine ganze Weile in seiner vollgekackten Windel hatte ausharren müssen, bis sich eine Gelegenheit zum Wechseln ergab. Aber so widerwärtig die Hinterlassenschaften des eigenen Nachwuchses auch sein können, die von fremden Kindern sind noch tausend Mal schlimmer.

Ich ging wieder nach unten, entsorgte die miefende Windel im Mülleimer vor der Tür, weil Barry sie verstörenderweise für einen leckeren Snack zu halten schien, und riss alle Küchenfenster auf, um den Gestank hinauszulassen, dann verdrückte ich erschöpft den Rest meines kalten Käsetoasts. Edward biss von jedem seiner Schmelzkäse-Dreiecke einmal mittig ab und verkündete: »Ewad satt!«

Ich wischte ihm Hände und Gesicht ab (wie kann es sein, dass sich Kinder immer derart bekleckern, selbst wenn sie kaum etwas gegessen haben?) und erlaubte ihm, noch einmal den Fernseher einzuschalten. Während er *Sarah & Duck* guckte, räumte ich die Küche auf. Dabei stellte ich entsetzt fest, dass ich bereits auf Kleinkindbetreuungsmodus geschaltet und mir ohne lange darüber nachzudenken die Reste von Edwards Teller in den Mund gesteckt hatte. Was war nur los mit mir? Er war noch nicht einmal mein Kind! Und bei Peter und Jane hatte ich mir gegenüber wenigstens argumentieren können, dass ihre bereits gut eingespeichelten Essensreste an manchen Tagen das Einzige war, was ich zwischen die Kiemen bekam, weshalb der Verzehr quasi mein Überleben sicherte. Das ist noch etwas, was diese selbstgefälligen Schwangeren, die so sicher sind, dass sie alles richtig machen werden, noch nicht ahnen: Eines Tages kommt der Tag, an dem dir ein Kind ein halb zerkautes Gummibärchen in die Hand spuckt, weil es irrtümlich ein grünes erwischt hat, und statt angewidert »Igitt!« zu rufen, steckst du es dir einfach in den Mund, weil es a) die einfachste Möglichkeit ist, das schleimige Ding zu entsorgen und b) nun ja, warum nicht? Und das Beste ist, dass keine der anderen anwesenden Mütter auch nur das Gesicht verziehen, sondern möglicherweise sogar ein bisschen neidisch sein wird auf den unerwarteten Snack.

Die Hunde leckten, um mir beim Aufräumen zu helfen, sorgfältig den Boden sauber (alle Eltern von Kleinkindern sollten sich einen Hund zulegen, das ist die einzige Möglichkeit, die Böden sauber zu halten), aber es dauerte eine ganze Weile, bis ich nicht nur die Arbeitsflächen von Käse und Krümeln befreit hatte, sondern auch die Schranktüren (Wie kam das Zeug dort hin? WIE?). Dabei sah ich immer nach Edward, um sicherzugehen, dass er sich nicht gleich auf die nächste Kamikaze-Mission der Zerstörung begab. Das bedeutete natürlich, dass ich zum Aufräumen deutlich länger brauchte als sonst üblich. Auch das hatte ich schon völlig vergessen – wie lange alles dauert, wenn man ein Kleinkind davon abhalten muss, sich selbst oder seine Geschwister umzubringen, den Goldfisch zu sezieren oder das Haus in Brand zu stecken. Inzwischen bin ich daran gewöhnt, binnen fünf Minuten startklar zu sein, aber bis vor ein paar Jahren glich jeder Aufbruch einer militärischen Operation. Es galt, genügend Snacks einzupacken, dazu Berge von Wechselklamotten für den Fall eines »Unfalls« – ob nun körperflüssigkeitsbedingt oder weil Peter ein fatales Talent dafür besaß, in jedem Gewässer im Umkreis von drei Kilometern zu landen, angefangen von etwaigen Pfützen, in die er sich der Länge nach fallen ließ, bis hin zum Windermere, dem größten See Englands, wo er mit einem gezielten Kick einen seiner Gummistiefel ins kühle Nass beförderte und sich dann prompt in die Fluten stürzte, um ihn herauszufischen.

Sobald man die nötigen Utensilien beisammen hat, gilt es, die Kinder einzufangen, die einem die Zehen in die Nasenlöcher rammen bei dem Versuch, ihnen ihre Schuhe anzuziehen, weil sie urplötzlich beschlossen haben, dass Schuhe das Böse in Reinkultur sind und es eine Zumutung ist, dass sie nicht in Socken rausgehen dürfen, wo Pfützen, Glassplitter und allerlei andere nicht näher definierbare Gefahren lauern. Hat man sie dann davon überzeugt, dass es auch keine gute Idee ist, in Badebekleidung vor die Tür zu gehen, weil draußen Schnee liegt, gilt es, alles ins Auto zu verfrachten, einschließlich der sich sträubenden lieben Kleinen. Alternativ belädt man den Buggy, wobei darauf zu achten ist, dass er wegen der zahlreichen am Griff hängenden Taschen nicht nach hinten kippt. Und dann kann es *endlich* losgehen, und man schmettert, obwohl man stinksauer und schweißgebadet ist, fröhlich »Old MacDonald hat 'ne Farm« in der Hoffnung, dass die kleinen Lieblinge später vielleicht, vielleicht sogar ein paar #HappyMemories an diesen Tag haben werden.

Bleibt nur zu hoffen, dass sie bestimmte Details vergessen – etwa, dass man sie verhalten als »kleine Kackbratze« tituliert hat, oder dass man ein heißverehrtes Plüschtier, von dem sie sich niemals, unter gar keinen Umständen, trennen konnten, versehentlich in einer ausgesprochen fragwürdig aussehenden öffentliche Toilette versenkt hat, nachdem man darauf bestanden hat, es zu halten, aus Angst, das Kind könnte es in selbige fallen lassen … Daran kann sich Peter dummerweise noch sehr gut erinnern. Er behauptet nach wie vor, sein heißgeliebter Super-Hippo sei nach dieser kleinen Schwimmeinlage einfach nicht mehr derselbe gewesen, dabei habe ich das Vieh mehrfach mit neunzig Grad gewaschen. In Peters Augen ist das ein Beweis für mein Versagen als Mutter, obwohl es ein Unfall war und ich mich in den vergangenen zwölf Jahren immer wieder wortreich dafür entschuldigt habe.

Als ich in der Küche endlich fertig war und nach nebenan ging, war Edward erneut verschwunden. Wie konnte das sein? Hatte *Postbote Pat* etwa seinen hohen Ansprüchen als Zuseher nicht genügt? Gut, ich könnte es ihm nicht verdenken – ein Briefträger im Hubschrauber! Sehr glaubwürdig. Außerdem wirkt der neue *Postbote Pat* von CGI irgendwie unheimlich, kein Vergleich mit dem aus meiner Kindheit.

»Edward!«, rief ich besorgt. »Wo bist du?« Ich hatte doch erst vor zwei Minuten nach ihm gesehen. Zwei Minuten, verdammt noch mal!

Ich hörte ein Kichern, gefolgt vom Rauschen der Toilettenspülung im Bad. Oh Gott. Wie war er so schnell dort hinaufgelangt? Und was trieb er da oben? Hoffentlich hatte er nicht am Desinfektionsmittel genippt oder versucht, sich mit der Klobürste die Zähne zu putzen. Was, wenn die Badewanne übergelaufen und er ertrunken war? Okay, das war eher unwahrscheinlich, schließlich hatte er gerade die Klospülung betätigt. Es sei denn, er hatte dabei den Kopf in die Schüssel gesteckt. Aber wenn ein Kind so dämlich ist, das zu tun, kommt vermutlich Darwins natürliche Auslese in Spiel.

Ich hastete ins Obergeschoss und riss die Badezimmertür auf. Zum Glück hatte sich der Kasten noch nicht wieder gefüllt, denn das Wasser stand schon knapp unter dem Rand der Kloschüssel. Warum? Was zum Teufel hatte Edward hinunter gespült?

»Plitsch platsch! Pitschiplitschi platsch!«, krähte er und pfefferte eine meiner Unterhosen ins Wasser.

»Nicht, Edward!« Ich machte einen Satz nach vorne und fischte das Kleidungsstück heraus. Es handelte sich um einen meiner schon etwas ausgeleierten Oma-Baumwollschlüpfer, die zwar unsexy bis dorthinaus sind, dafür aber ausgesprochen bequem. Direkt darunter schwamm mein schönster Satin-Slip, der mit der schwarzen Spitze. Den hatte ich am Donnerstag getragen, als mich Mark zum Essen ausgeführt hatte – nur für alle Fälle, doch er hatte meine Einladung, noch auf einen Kaffee mit reinzukommen, erneut höflich ausgeschlagen, was mir allmählich echt zu denken gibt.

Aber im Moment hatte ich drängendere Probleme: Die Schüssel war im Begriff, überzulaufen, und im Wasser erspähte ich ein weiteres Stück Unterwäsche von mir, besser gesagt, den kleinen Zipfel davon, der gerade noch aus dem Siphon hervorlugte.

Edward gluckste und patschte mit der flachen Hand auf die Wasseroberfläche, das es spritzte. »Plitsch platsch! Schöne bunte Fische! Gehen schwimmen!«

Er musste auf dem Weg ins Bad einen Abstecher in mein Schlafzimmer gemacht und sich einiges von dem Haufen frisch gewaschener Wäsche auf meinem Bett geangelt haben. Nun, wenigstens spielte er nicht mit meinen bereits getragenen Dessous.

Als ich in die Hocke ging, um ihn hochzuheben und in sicherer Entfernung von der Toilette abzustellen, erwischte er die Klobürste und drosch sie ins Wasser, sodass eine Fontäne auf uns beide niederging.

»Ewad angeln!«

»NEIN!«, brüllte ich. »Schluss damit! Toiletten sind unhygienisch, Edward, damit spielen wir nicht!«

»EWAD ANGELN!«

Er schwang drohend die Klobürste, und ich konnte gerade noch verhindern, dass ich sie ins Gesicht bekam. Es gab ein längeres Gerangel, bis ich sie ihm abgenommen hatte (immer wieder erstaunlich, welche Bärenkräfte kleine Kinder entwickeln, wenn sie verbotene Gegenstände auf keinen Fall loslassen wollen), zumal wir mittlerweile beide ziemlich nass und glitschig waren. »SCHLUSS JETZT!«, fauchte ich schließlich. »GIB GEFÄLLGST DAS DING HER, EDWARD!«

»MEINE ANGEL!«, zeterte er empört. »Ellen teilen!«

»Herrgott noch mal!« Ich weigerte mich, meine Klobürste mit ihm zu »teilen« und stellte Edward voll bekleidet in der Badewanne ab, von wo aus er ein allerletztes Mal die Klospülung betätigte. Es gurgelte bedrohlich, meine Unterhosen verschwanden, die Schlüssel lief über.

Edward beobachtete das sanfte Plätschern und rief begeistert: »Wasserfall!« Vergessen war der Ärger darüber, dass ich ihm seine »Angel« abgenommen hatte.

»Du bist ein *sehr, sehr böser* Junge, Edward!«, zischte ich, während er versuchte, aus der Badewanne zu klettern.

»Ewad schwimmen!«

»NEIN!«, herrschte ich ihn an. »DU BLEIBST JETZT GEFÄLLIGST, WO DU BIST, SONST ... SONST VERBRENNE ICH DEN FERNSEHER, UND DANN WAR'S DAS MIT DEN *OKTONAUTEN*!« Das war die wirkungsvollste Drohung, die mir einfiel, wenngleich ich sie ganz sicher nicht wahrmachen würde. Das einzige andere Druckmittel, das mir sonst noch einfiel, lautete »sonst kommen Mami und Daddy nicht zurück«, und es war auch verpönt, den Kindern anderer Leute Albträume und Traumata fürs Leben zu bescheren. Zum Glück wirkte meine Drohung, denn Edward blieb, wo er war, während ich den rechten Arm in die Toilette steckte in dem verzweifelten Versuch, die Verstopfung zu beheben. Ich habe noch nie die Hand in den Siphon einer Toilette geschoben, und ich verspüre auch nicht den

Drang, es noch einmal zu tun. Ich glaube, ich kann mit Fug und Recht sagen, dass Klempner nicht auf meiner Liste potenzieller Berufswünsche steht. Endlich bekam ich den Baumwollschlüpfer, der die Verstopfung verursachte, zu fassen. Ich zog daran und sah mich, während sich die Schüssel leerte, erschöpft in meinem schönen Bad um, das ich erst vor einem Jahr hatte renovieren lassen und das mir theoretisch als Oase des Friedens und der Ruhe diente, sofern Jane nicht stundenlang duschte und den Abfluss der Badewanne mit ihren Haaren verstopfte, und sofern Peter keine Mammuthaufen produzierte und reichlich Beweismaterial dafür im Klo hinterließ. Okay, kurze Bestandsaufnahme: drei, nein vier triefend nasse Unterhosen, die als Fische in meiner Toilette geschwommen waren; ein total durchnässter Zweijähriger, der in der Badewanne kauerte und mich anknurrte, weil er herauswollte; der geschmackvoll geflieste Badezimmerboden geflutet (an der Schwelle sickerte das Wasser bereits in den Teppich draußen); ich selbst ein begossener Pudel; mein Pullover bis zur Schulter triefnass.

Eins nach dem anderen, Ellen, sagte ich mir. Ich watete durch das Bad, um ein paar der alten Handtücher zu holen, die ich für den Fall der Fälle aufbewahrt hatte (bis dato hatte ich nie so recht gewusst, für *welchen* Fall, aber jetzt war es sonnenklar). Edward verfolgte eine Weile, wie ich sie auf dem Boden verteilte, damit sie das Wasser aufsogen, dann stand er auf. »Ewad helfen!«, verkündete er, zerrte flugs meine teuren Badetücher von John Lewis von der Stange und pfefferte sie ebenfalls auf den Boden.

»Ach, Scheiße!«, schrie ich wütend.

»Scheiße!«, echote er fröhlich. »Scheiße ist verboten. Ellen böse! Ab in die Ecke, hahaha!«

»Ich darf das sagen, weil ich gerade sehr, sehr verärgert bin«, sagte ich streng. »Nein, untersteh dich, aus der Wanne zu steigen!« Ich schälte ihn aus seinen nassen Kleidern, drehte den Hahn auf, ließ den Blick über die diversen Flaschen mit Schaumbad und dergleichen wandern, die allesamt zur Reinigung und Beruhigung von Körper und Geist bestimmt waren, dann kippte ich eine halbe Flasche antibakterielle Flüssigseife ins Badewasser und fügte sicherheitshalber noch einen Schuss antiseptische Waschlotion hinzu.

»Stinkikacka«, stellte Edward fest, während ich ihm die blonden Engelslocken schamponierte.

»Keine Sorge, gleich bist du wieder sauber, du kleiner Dreckspatz.«

»Stinkikacka«, sagte Edward erneut. »Stinkt.«

»Ja, ich weiß, aber das muss ein kleiner Junge schon mal aushalten, wenn er in der Toilette gespielt hat.«

»Nein, KACKA! Ewad hat Kacka macht!«

Ich hielt inne. Tatsächlich, im Badewasser schwamm eine gewaltige braune Wurst! Wie zum Henker konnte ein so kleines Kind so ein Riesending produzieren? War das biologisch überhaupt *möglich*, dass die Ausscheidungen eines Menschen umgekehrt proportional zu seiner Körpergröße waren? Sowas ist doch bestimmt nicht normal!

Ich seufzte bloß. Mein Kontingent an Wut und Abscheu war erschöpft; ich hoffte nur noch, die nächsten vierundzwanzig Stunden zu überstehen, ohne mich mit der Cholera anzustecken. Resigniert hob ich Edward aus dem Wasser, setzte ihn auf den Klodeckel, drohte ihm schlimme Konsequenzen an, sollte er es wagen, sich auch nur einen Millimeter zu bewegen, und entnahm dem Schrank unter dem Waschbecken ein paar Gummihandschuhe. Derart gerüstet fischte ich die Monsterwurst aus dem Wasser, entsorgte sie mitsamt den Handschuhen, streifte ein frisches Paar Gummihandschuhe über, schrubbte die Wanne mit Desinfektionsmittel, füllte sie mit Wasser und antibakterieller Seife, und dann ging der Badespaß von vorne los.

Nachdem ich Edward abgetrocknet und angezogen hatte, setzte ich ihn draußen im Flur auf den Boden und brachte ihm mein iPad mit Netflix-Premium-Abo sowie eine nicht mehr ganz taufrische Notfall-Tüte Haribo, die ich in der hintersten Ecke des Vorratsschranks gefunden hatte (sie war vor zwei Jahren abgelaufen, aber Zucker ist schließlich ein Konservierungsstoff; allenfalls war Edward etwas länger als sonst mit dem Verzehr beschäftigt).

Nachdem ich das Bad wieder auf Vordermann gebracht hatte, musste ich mich nur noch um mich selbst kümmern, was mich vor ein Problem stellte – ich wollte Edward auf gar keinen Fall unbewacht im Flur sitzen lassen, während ich duschte, hatte aber auch Bedenken, ihn zu mir rein zu holen, wie ich es früher mit Peter und Jane getan hatte. Ich war mir hinsichtlich der diesbezüglichen Gepflogenheiten nicht ganz sicher, ging aber davon aus, dass es nicht üblich war, sich vor den Kindern anderer Leute nackig zu machen. Außerdem bin ich Britin und somit per se verklemmt. Die Skandinavier und die Holländer sehen das bestimmt lockerer, aber ich hab's lieber zugeknöpft, sowohl im Wortsinn als auch metaphorisch gesprochen.

Ich löste das Problem, indem ich ein Badetuch über die Duschwand hängte, sodass ich vor neugierigen Blicken geschützt war und trotzdem jederzeit hinauslugen konnte, um Edward im Auge zu behalten. Vorausgesetzt, er blieb in der Ecke, in der ich ihn platziert hatte. Mein Selbstwertgefühl war dank Marks unerklärlicher Zurückhaltung ohnehin angeknackst, und nach dem heutigen Tag konnte ich weiß Gott darauf verzichten, dass mich Edward mit diesen blauen Augen ansah und mir mit Unschuldsmiene eine deprimierende Frage à la »Warum bist du da unten so pelzig und runzelig?« stellte.

Ehe ich mir die Haare wusch, trug ich ihm auf, mir etwas vorzusingen, damit ich ihn hören und sicher sein konnte, dass er sich nicht vom Fleck rührte und womöglich noch mehr Unheil stiftete. Allmählich konnte ich nachvollziehen, warum Hannah ihn Conan, den Zerstörer nannte.

Wir einigten uns auf »Die Räder am Bus«. »An Absolute Cunt of a Day« von Kevin Bloody Wilson hätte zwar deutlich besser gepasst, aber Hannah und Charlie wären sicher mäßig erfreut, wenn Edward demnächst zu Hause – oder, schlimmer noch, beim nächsten Babysingen – ein Lied mit derart derbem Text anstimmte.

Edward sang, ich schrubbte und schrubbte. Ich nahm mir vor, einen schönen langen Spaziergang mit ihm zu machen, irgendwohin, wo er anderer Leute Hab und Gut zerstören und die Besitzer damit in den Wahnsinn treiben konnte. Irgendwohin, wo es Zeugen gab, damit ich mich, sollte er weiter meine Geduld überstrapazieren, zwingen musste, ihn mit Edward oder Schätzchen anzusprechen statt mit »Du verfluchter kleiner Randalinski, was hast du jetzt wieder angestellt?«

»Sehr gut, Edward«, lobte ich ihn, während ich aus der Dusche stieg. Mein Nervenkostüm befand sich in einem fortgeschrittenen Stadium der Auflösung, aber zumindest war ich wieder sauber. »Schön weitersingen, ja? Ellen ist gleich fertig. Ich zieh mich bloß noch schnell an.«

Und dann stieg mir plötzlich ein sehr vertrauter Geruch in die Nase. Ich erstarrte. Edward schmetterte zwar nach wie vor sein Liedchen, dennoch musste er seine Ecke verlassen haben – vermutlich nur Zentimeter für Zentimeter, damit ich nicht merkte, dass er sich bewegte; der Bursche war gewieft wie ein Ninja. Er war zur Wickeltasche gekrabbelt, die ich in meinem grenzenlosen Leichtsinn dort draußen hatte stehen lassen, und hatte sich die Zinksalbe unter den Nagel gerissen.

»Was machst du da?«, fragte ich schwach.

»Ewad braver Junge«, informierte er mich fröhlich. »Ewad helfen! Popcreme! Teppich weich, wie mein Popsch!«

Er hatte fast die gesamte Tube Zinksalbe auf den Teppich vor dem Bad gedrückt und gewissenhaft einmassiert. Zinksalbe ist die fieseste, fettigste, klebrigste Substanz, die der Mensch jemals erfunden hat. Aus einem Teppich ist sie definitiv nicht mehr rauszukriegen. Ich weiß das aus Erfahrung, denn sowohl Jane als auch Peter haben mir bereits auf diese Weise »geholfen«.

»Ewad helfen!«, beteuerte er noch einmal und wedelte mit den fettigen Fingern.

Ich zog flüchtig in Erwägung, das Haus einfach abzufackeln, samt dem mit Zinksalbe beschmierten Teppich, den nassen Handtüchern und Dessous und den Kinderklamotten, die im von Edward verseuchten Badewasser geschwommen waren. Allerdings bliebe dann immer noch das Problem des mit Zinksalbe beschmierten Kleinkinds. Ich schlüpfte seufzend in meinen Bademantel und ließ Edward das dritte Bad ein. Es war gerade mal halb vier.

Bis zum frühen Abend spielte ich ernsthaft mit dem Gedanken, Hannah anzurufen und »Bitte hol diesen Ausbund des Teufels sofort ab!« zu flehen. Ich tat es nur deshalb nicht, weil mir bewusst war, dass der Albtraum, den ich gerade erlebte, für sie zum Alltag gehörte. Ich konnte ihrem kurzen Ausflug in die Welt der Erwachsenen, in der Schaumbäder keine antibakterielle Waschlotion enthielten, unmöglich ein vorzeitiges Ende bereiten.

Nach dem – vorläufig – letzten Bad (man konnte ja nie wissen) spazierte ich mit Edward zum Dorfladen. Die erhoffte entspannende Wirkung stellte sich allerdings nicht ein. Mein Begleiter bewegte sich mal im Schneckentempo vorwärts, mal raste er davon wie Speedy Gonzales, während ich hinterdrein hastete und »Warte!« kreischte. Wir verbrachten eine geisttötende halbe Stunde im Park, wo er sich auf der Wippe und der Schaukel vergnügte und ich am unteren Ende der Rutsche stand und versuchte, ihn rechtzeitig aufzufangen, bevor er mit dem Gesicht voran im Matsch landete und ein viertes Vollbad benötigte. Eine ältere Dame mit einem Hund an der Leine blieb stehen, um mit Edward zu plaudern und ihn zu fragen, ob er einen netten Tag mit seiner Omi verbringe.

Edward antwortete zuckersüß: »Ellen nicht nett!

Ellen hat ›Scheiße‹ sagt! Ewad nicht, Ewad braver Junge. Und du?«

Als die alte Scharteke hastig das Weite suchte, rief er ihr im Plauderton nach: »Boa, dicker Popsch!«

Sie hatte *tatsächlich* einen dicken Hintern, aber das musste er ihr ja nicht unbedingt so unverblümt sagen. Andererseits war ich selbst kurz davor gewesen, ihr die Meinung zu geigen, nachdem sie mich für Edwards »Omi« gehalten hatte. Sehe ich etwa so aus? Ja, wir leben im einundzwanzigsten Jahrhundert, und ja, mittlerweile gibt es auch viele sehr junggebliebene Großmütter. Weißhaarige betagte Damen, die stets ihr Strickzeug und eine Tüte Werther's Original dabeihaben und mit ihren Rentnerausweisen scharenweise die öffentlichen Verkehrsmittel kapern, sind selten geworden, aber trotzdem. Ich zückte mein Handy, um unauffällig mein Äußeres zu checken und musste mir dem bekanntermaßen wenig schmeichelhaften Selfie-Modus zum Trotz eingestehen, dass ich in der Tat ziemlich verhärmt wirkte, und das nach nur einem Tag mit Edward.

Als meine Zehen vor Kälte schon ganz taub waren, gelang es mir schließlich, ihn vom Spielplatz loszueisen, indem ich ihm eine Tüte Wotsits versprach. Es war ohnehin besser, wenn wir uns vom Acker machten, bevor er selbst oder andere Kinder zu Schaden kamen – vorhin auf der Rutsche hatte er dem kleinen Mädchen vor ihm, das den Start seiner Meinung nach unnötig lang hinausgezögert hatte, einen kräftigen Schubs verpasst. Statt der kleinen Tüte Maisflips, die mir vorschwebte, wollte Edward dann unbedingt ein Comic-Heft für vier Pfund fünfundneunzig, weil es dazu irgendeinen popeligen *Oktonauten*-Plunder gab. Als ich mich anschickte, zu widersprechen, holte er tief Luft, um sein an einen verwundeten Stier erinnerndes Protestgeheul anzustimmen, und da in diesem Moment die Schreckschraube mit dem Monsterhintern von vorhin den Laden betrat, sah ich mich gezwungen, zu kapitulieren. Ich wollte nicht auch noch als knauserig und gemein dastehen, nachdem Edward ihr vorhin gesteckt hatte, dass ich in seiner Gegenwart Kraftausdrücke verwendete. Es war ihm durchaus zuzutrauen, dass er mich noch weiter diffamierte, um meinen Ruf nachhaltig zu schädigen. Womöglich behauptete er als nächstes, ich hätte ihn mit dem Kopf voran ins Klo gesteckt. Oder aber er begann, die anderen Kunden zu beleidigen; Kindermund tut ja bekanntlich Wahrheit kund.

Kaum hatten wir den Laden verlassen, riss er die Folie auf, in die das Heft eingeschweißt war, nahm das überteuerte Plastikteil heraus und machte es kaputt. Großes Drama. Der Heimweg in der abendlichen Kühle zog sich in die Länge und gestaltete sich denkbar unerquicklich. Ich versicherte sämtlichen Passanten, die stehenblieben, um zu fragen, ob mit dem schniefenden, schluchzenden Knirps auch alles in Ordnung sei, jaja, er sei bloß völlig übermüdet. (Fragt *mich* mal, Leute!) So schlurften wir dahin, bis ich die Nase voll hatte und mich erbot, ihn huckepack zu nehmen, und dann ließ ich mir von ihm den nächsten halben Kilometer die Haare vollschleimen und in die Nieren treten, während meine Wirbelsäule unter seinem schier unglaublichen Gewicht bedenklich krachte und knarzte.

Dummerweise lief mir in unserer Straße auch noch Mark über den Weg. Er trug eine Papiertüte aus dem teuren hiesigen Delikatessenladen, die allem Anschein nach mindestens zwei Flaschen Wein enthielt.

»Oh, hi«, sagte er mit einem etwas überraschten Blick zu dem Kind auf meinen Schultern. »Ich wollte dich gerade anfunken, um zu fragen, ob du zum Abendessen rüberkommen möchtest, aber wie es aussieht, bist du beschäftigt. Wer ist denn dieser kleine Bursche?«, fügte er mit jener gezwungenen Jovialität hinzu, die Erwachsene an den Tag legen, wenn sie signalisieren wollen, dass sie gut mit Kindern können, obwohl sie keinerlei Erfahrung im Umgang mit ihnen haben.

»Das ist Edward, der Sohn einer Freundin. Er übernachtet heute bei mir.« Ich beäugte sehnsüchtig seine Papiertüte, die nebst Wein höchstwahrscheinlich auch einen exquisiten Käse enthielt – die Sorte, die man nicht zwischen zwei Scheiben Toastbrot verzehrt oder einem Kleinkind anvertraut, auf dass es sich das Zeug in die Haare schmiert.

Und dann – keine Ahnung, was mich ritt – schlug ich Mark allen Ernstes vor, er könne ja zu mir kommen, nachdem ich Edward ins Bett gesteckt habe. »Es ist echt höchste Zeit, dass *ich dich* mal bekoche, nachdem du mich schon so oft zum Essen eingeladen hast«, stellte ich fest und fragte mich im selben Moment, ob ich eigentlich noch ganz bei Trost war. Wenn Edward mit den Zerstörerhänden endlich schlief, hatte ich garantiert keine Lust mehr, mich zwecks Zubereitung eines aufwendigen Nudelgerichts erneut in die Küche zu stellen und beim Verzehr dann auch noch geistreiche Konversation zu machen. Vielmehr würde ich mich mit einem riesigen Glas Gin und einer Packung Knabberzeug mit künstlichem Zwiebelaroma vor den Fernseher fläzen und mich berieseln lassen, jawohl.

Meine Erleichterung war daher groß, als Mark sogleich »Oh, vielen Dank, aber ich hab später noch was vor« sagte.

Gut, eine Spur pikiert war ich trotzdem, obwohl meine Einladung vermutlich etwas halbherzig geklungen hatte und mein sexy Satinslip im Moment nicht einsatzbereit war. Ich begab mich ins Haus und setzte Edward (der sich zum Glück damit begnügt hatte, Mark drohend zu mustern), auf dem Boden ab.

»Ewad Essen!«, forderte Edward.

»Erst muss ich die Hunde füttern«, sagte ich so freundlich es mir möglich war, was zugegebenermaßen nicht sonderlich freundlich war. Edward war nicht der Einzige, der fror und hungrig und genervt war. »Judgy und Barry haben bestimmt einen Mordshunger.«

»Ewad Essen. Jetzt«, beharrte Edward. »Oder Schokolade«, fügte er hinterlistig hinzu.

»Keine Schokolade, und das Abendessen gibt es, sobald ich die armen Hunde gefüttert habe«, sagte ich bestimmt. Es konnte nicht schaden, wenn er lernte, dass nicht immer alles nach seiner Pfeife tanzte, und dass Haustiere ihre Mahlzeiten immer vor den Menschen bekommen, selbst, wenn darunter ein renitentes Kleinkind ist. Zum Glück hatte Hannah das Abendessen bereits vorgekocht, sodass ich es nur noch aufwärmen musste.

Edward isst abends nämlich ausschließlich Hannahs Fischauflauf, und auch der muss immer haargenau gleich schmecken. Bei der geringsten Abweichung inszeniert er ein Drama im Stil von *Der Exorzist*, wirft mit Essen um sich und speit alles, was wie durch ein Wunder den Weg in seinen Schlund gefunden hat, wieder aus. Heute Vormittag noch hatte ich in meiner Überheblichkeit beim Anblick der Tupperdose mit besagtem Auflauf mit dem Gedanken gespielt, Edward ein richtig exotisches Gericht vorzusetzen, um seinen kulinarischen Horizont ein wenig zu erweitern, und mir bereits ausgemalt, wie ich Hannah berichten würde, er habe sich mit Heißhunger darüber hergemacht. Doch mittlerweile hatte ich die Kraftproben gründlich satt. Edward wollte seinen Fischauflauf, also kriegte er ihn, zumal sich der Aufwand für mich damit auf ein Minimum reduzierte. Ich kippte den Hunden ihr Futter in die Näpfe und stellte eine Portion Auflauf für Edward in die Mikrowelle. Einen Augenblick später vernahm ich ein lautes Knurren. Ich fuhr herum.

Edward kauerte auf allen Vieren neben den Näpfen und knurrte den armen Barry an, um ihn von seinem Futter fernzuhalten, und ehe ich's mich versah, hatte er sich auch schon eine Handvoll davon in den Mund geschoben.

»EDWARD!«, schrie ich, hob ihn hastig hoch und dankte Gott, dass er sich Barrys Napf für seine kleine Einlage als Wolfskind ausgesucht hatte. Bei Judgy wäre er damit definitiv an den Falschen geraten; zweifellos würden sich die beiden nun ineinander verkeilt auf dem Fußboden wälzen in dem Versuch, einander die Kehle zu zerfleischen. Der arme, ängstliche Barry dagegen ist seiner enormen Körpergröße zum Trotz stets darauf bedacht, Konflikten möglichst aus dem Weg zu gehen.

Zum Glück ertönte in diesem Moment das »Ping!« der Mikrowelle. Nachdem ich es mit Mühe und Not geschafft hatte, Edward in den Kindersitz zu bugsieren, knallte ich den Teller mit dem Auflauf vor ihm auf den Tisch.

Edward wich angewidert zurück. »Bäh!«

»Nix bäh!«, sagte ich streng. »Lecker Fischauflauf. Du *liebst* Fischauflauf!«

»Nein! Ewad mag nur Mamis Fislauf! Das bäh!«

»Das *ist* Mamis Fischauflauf«, erklärte ich beschwichtigend. »Mami hat ihn extra für Edward gemacht! Los, probier mal!«

»Nein! NICHT Mamis Fislauf! BÄH! EWAD HUND! EWAD HUNDIFUTTER!«

Na, toll. Damit war definitiv ein neuer Tiefpunkt erreicht. Ich diskutierte mit einem Kind, das so heikel war, dass es das vor ihm stehende Essen nicht probieren wollte, obwohl es gerade mit großer Begeisterung eine Handvoll Hundefutter verdrückt hatte.

Ich versuchte es mit sämtlichen Tricks – ich schmeichelte ihm, ließ den Löffel vor seinem Gesicht kreisen, untermalt von Flugzeuggeräuschen, beschrieb in den schillerndsten Farben die Belohnungen, die auf kleine Jungs warteten, wenn sie brav ihren Fischauflauf aßen. Am Ende biss mich Edward in die Hand, ohne auch nur einen Löffel Auflauf gegessen zu haben.

»EWAD HUND!«, tat er mit finsterer Miene kund.

Zu guter Letzt ließ ich mich auf den nächsten faulen Kompromiss ein: Edward bekam eine Schüssel trockene Cornflakes und bestand darauf, sich beim Verzehr auf den Boden zu kauern wie ein Hund. Ich fragte mich, ob derlei noch unter verantwortungsvolle Erziehung fiel oder nicht – einerseits erlaubte ich ihm, seine Umwelt auf fantasievolle Weise im Rahmen eines Rollenspiels zu erkunden, ohne sein noch in der Entwicklungsphase befindliches Weltbild einzuengen, indem ich ihm meine stereotypen Vorstellungen davon aufzwang, wie sich Kinder verhalten sollten, andererseits ließ ich zu, dass er *auf dem Boden aß. Wie ein Hund.*

»Fertig!«, verkündete er schließlich triumphierend. »Ewad braves Hundi, Ellen?«

»Ja, Edward braves Hundi«, sagte ich matt.

»Ewad fernsehen?«

»Hunde sehen nicht fern«, erwiderte ich ungnädig, was ziemlich dumm war, weil ich mich damit um ein paar kostbare Minuten Ruhe brachte. Warum zum Teufel hatte ich das gesagt? Tja, so ist das mit kleinen Kindern. Früher oder später wird man hineingesogen in ihre verrückte Welt, in der weder Vernunft noch Hausverstand existieren, und dann stellt man fest, dass man sich auf allerlei abstruse und vollkommen sinnbefreite Diskussionen mit ihnen einlässt, nur weil man von ihnen wenigstens EIN einziges Mal am Tag hören will, dass man Recht hat, verdammt noch mal!

Ich habe mal in einem Buch gelesen, dass Eltern bei Auseinandersetzungen mit ihren Kindern gut daran tun, sorgfältig Für und Wider abzuwägen und einfach nachzugeben, wenn es um etwas Unwichtiges geht. Ist es wirklich so schlimm, wenn der Sprössling darauf besteht, die Milch aus dem blauen Becher zu trinken und den Saft aus dem Roten? Oder wenn er sich rundheraus weigert, zwei gleiche Schuhe zu tragen? Nein, natürlich nicht. Aber manchmal muss man als Mutter bei derlei Debatten auch siegen, einfach um des Siegens Willen. Weil der Trotzkopf mal wieder auf jede Aussage mit »NEIN!«, »WILL NICHT!« oder »BÄH!« reagiert beispielsweise. Oder weil er, obwohl er nicht einmal in der Lage ist, sich selbst den Hintern abzuwischen, auch nach zwanzig Minuten guten Zuredens nicht einsehen will, dass er eine Hose anziehen muss. Oder weil er einem den Holzsteckwürfel ins Gesicht rammt, nachdem Mami darauf hingewiesen hat, dass sie es nicht sonderlich angenehm findet, wenn ihr Duplo-Steine in den BH geschoben werden. An solchen Tagen muss man zwischendurch eine Schlacht für sich entscheiden, einfach, damit zumindest dieses EINE MAL klar ist, wer verdammt noch mal das Sagen hat.

Ich habe selbstverständlich kapituliert und die Glotze angeworfen, und siehe da, es gibt einen Gott, denn Tom Hardy las die Gutenachtgeschichte – er trug dabei zwar einen unnötig hässlichen Anorak, aber immerhin.

Edward nahm ein viertes Bad (mein Versuch, ihn in eine beruhigende Stimmung zu versetzen), verlangte danach seine Milch, weigerte sich jedoch, sie aus einer Schnabeltasse zu trinken, weshalb der Großteil daneben ging (ich hatte vergessen, dass man Kleinkindern nur halbvolle Gläser geben darf) und fand sich prompt das fünfte Mal an diesem Tag in der Badewanne wieder. Zum Glück hatte Hannah ausreichend Wechselkleidung mitgeliefert.

»Nein!«, protestierte Edward, als ich ihn schließlich schlafen legte, und kletterte alarmierend behände aus seinem Reisebettchen. »Ewad Hund! Wo schlafen die Hundis?«

Judgy und Barry schlafen selbstverständlich bei mir im Bett, aber ich war nicht wild darauf, auch noch Gesellschaft von einem verschwitzen Kind zu bekommen, das im Schlaf alle Viere von sich streckt und gelegentlich um sich schlägt. Schlimm genug, dass Judgy so viel Platz für sich beansprucht. Barry versucht zwar immer, sich möglichst klein zu machen, aber er ist und bleibt nun mal ein Riesenvieh, auch in zusammengerolltem Zustand.

»Auf dem Boden« flunkerte ich in der Hoffnung, Edward damit zur Rückkehr in sein Bett bewegen zu können.

»Ewad auch«, erklärte er. »Wo sind deine Hundis?«

»Für die ist noch nicht Schlafenszeit.«

»Für Ewad auch nicht. Ewad Hund.«

Ich rief nach Judgy und Barry. Judgy bedachte mich mit einem entrüsteten Schnauben und trollte sich wieder, Barry dagegen, die gute Seele, legte sich artig neben den Stapel Decken, die ich für Edward in einer Ecke deponiert hatte.

Edward rollte sich zufrieden darauf zusammen, und ich begann, ihm aus *Wo die wilden Kerle wohnen* vorzulesen.

»Blöd!«, befand Edward schon bald, also holte ich einen Stapel uralter Kinderbücher von Dr. Seuss aus Janes Zimmer, doch auch *Der Kater mit Hut* stieß auf wenig Gegenliebe, es musste eine Geschichte mit einem HUNDI sein. Ich machte mich wieder auf die Suche und entdeckte schließlich eine Ausgabe von *Flecki im Park*, die zwar Edwards Zustimmung genoss, die ich selbst allerdings so dröge fand, dass ich mir kurzerhand einen neuen Text dazu ausdachte: Flecki, der kleine Hund, geht immer gleich ins Bett, wenn man es ihm aufträgt, und er bleibt auch artig liegen, weil er es gar nicht erwarten kann, im Traum allerlei aufregende Abenteuer zu erleben. Edward war nicht überzeugt und wollte wissen, weshalb Flecki auf den Bildern mit einem Ball spielte, wenn er doch angeblich schlief.

»Er spielt eben im Traum mit dem Ball!«, erklärte ich barsch, und es kostete mich all meine Willenskraft, kein »Wag es ja nicht, noch einmal meine Worte infrage zu stellen, du kleiner Scheißer!« hinterherzuschieben.

Barry warf mir einen flehentlichen Blick zu, als ich das Licht ausknipste, doch ich bedeutete ihm, liegenzubleiben, bis Edward eingeschlafen war. Ich ließ mich draußen auf der obersten Treppenstufe nieder, um auf den nächsten Anschlag von Edward zu warten, der im Schlafzimmer munter vor sich hinplapperte. Er erzählte Barry eine lange, verworrene Geschichte, aber da ich von Barry dann und wann jenes tiefe Brummen vernahm, das er von sich gibt, wenn er rundum glücklich und zufrieden ist, ging ich davon aus, dass er sich nicht daran störte.

Endlich kehrte Stille ein. Ich ließ noch einige Minuten verstreichen, ehe ich auf Zehenspitzen ins Schlafzimmer schlich, um Barry zu erlösen. Edward lag nicht mehr in seinem improvisierten »Bett«, sondern in Löffelchenstellung zwischen Barrys ellenlangen Läufen. Er schlief.

»Komm, Barry«, flüsterte ich. Mein Hund sah zu mir hoch, ohne sich vom Fleck zu rühren.

»Nun komm schon«, lockte ich erneut. »Du kriegst auch ein Stück Käse.« Barry seufzte. Er liebt Käse. Trotzdem blieb er, wo er war. Er legte sich lediglich etwas bequemer hin, und als ich mich anschickte, Edward hochzuheben, schob er mit der Schnauze meine Hand weg. Offenbar betrachtete er Edward nun als sein Junges. Ich nickte. Ich wusste, dass ich ihn getrost in Barrys Obhut überlassen konnte, denn ich habe live miterlebt, dass Kinder ihn am Schwanz gezogen und ihm die Finger in die Augen gebohrt haben, und als Louisas Ausgeburten der Hölle da waren, haben ihm die kleinen Rotzlöffel sogar die Schnurrhaare gestutzt, und Barry hat alles geduldig über sich ergehen lassen.

Judgy, der vor der Tür stand, nieste missbilligend – er hatte etwas von Käse gehört und sah offenbar nicht ein, warum er wie Barry darauf verzichten sollte. Ich breitete eine Decke über Edward und betrachtete ihn ein letztes Mal. Im Schlaf sah er richtig süß aus, wenn auch nicht so süß wie mein geliebter Barry, der sich gleich einem lebenden Schutzwall von hinten an ihn schmiegte.

Es erstaunt mich immer wieder, was für ein unheimlich weiches Herz der gute Barry hat, obwohl er in den ersten Monaten seines Lebens Höllenqualen ausgestanden haben muss. Als er ins Tierheim kam, hatte er am ganzen Körper Brandwunden von Zigaretten, und jemand hatte ihn so brutal getreten, dass mehrere Rippen gebrochen waren. Er hat als Welpe nur Angst und Schmerz und Grausamkeit erfahren, man könnte es ihm also weiß Gott nicht verdenken, wenn sein Verhältnis zum Menschen von Misstrauen und Hass geprägt wäre, und doch hat Barry nichts als Liebe zu geben. Zu lieben und geliebt zu werden war das Einzige, was er je wollte, seit er bei uns ist. Er ist das freundlichste Wesen, das mir je untergekommen ist, sowohl bei Hunden als auch bei Menschen. Ja, ich weiß, jeder Hundebesitzer hält seinen Vierbeiner für den besten Hund der Welt, und zu Recht, aber ich empfinde es als großes Privileg, einem Hund wie Barry, der so viel mitgemacht hat und sich dennoch sein sanftes, reines Naturell erhalten hat, ein Zuhause geben zu können, und obendrein das Gefühl, dass er dort sicher ist und geliebt wird, wenngleich er bei einem Schönheitswettbewerb wohl kaum den ersten Preis gewinnen würde (wobei er für mich sehr wohl der Schönste von allen ist). So schick ein Rassehund von einem Züchter auch sein mag, dieses Gefühl gibt einem nur ein Hund aus dem Tierheim.

Judgy riss mich mit einem neuerlichen Niesen aus meinen Gedanken, fast als wollte er sagen: »Hallo? Ich komme ebenfalls aus dem Tierheim, und ich könnte jetzt sehr gut ein Stück von dem Käse vertragen, den du vorhin erwähnt hast, besten Dank!« Ich folgte ihm ergeben in die Küche, um ihm seinen Wunsch zu erfüllen, und natürlich brachte ich auch Barry ein Stückchen Käse. Dann ging ich in den Garten, um die Hühner einzuschließen.

Gegen zehn war ich so müde, dass auch mir die Augen zufielen und ich mich auf den Weg ins Schlummerland begab. Wie zum Henker stand Hannah das tagtäglich durch? Wie hatte ich es jahrelang durchgestanden? Da sieht man's mal wieder: Das Leben wird mitnichten einfacher; jede Phase beschert einem neue Herausforderungen. Kaum hat man die Jahre der Kleinkinder-Trotzanfälle überstanden, folgen auch schon die mit Türenknallen garnierten Teenager-Schimpfkanonaden. Und doch, nichts ist so anstrengend wie die ersten paar Jahre, und zwar körperlich wie mental, weil man sich ständig in Alarmbereitschaft befindet und zugleich geistig total verarmt. Außerdem können sich die lieben Kleinen ab einem gewissen Alter wenigstens selbst den Hintern abwischen!

Zum Glück schlief Edward die ganze Nacht durch, allerdings war er schon um fünf Uhr morgens wach, und auch Barry trippelte um diese unchristliche Zeit bereits ungeduldig im Schlafzimmer auf und ab, weil er abends nicht wie gewöhnlich noch mal draußen gewesen war, um seine Blase zu entleeren. Der Ärmste galoppierte denn auch die Treppe hinunter und wartete flehentlich winselnd am Hinterausgang darauf, dass ich ihm die Tür öffnete. Mit unverkennbarer Erleichterung hob er gleich darauf das Bein am Lavendelstock direkt neben dem Hintereingang. Toll. Trotzdem war es ein schöner Morgen, die Sonne ging gerade auf. Ich atmete ein paar Mal tief durch. Erst dann wurde mir bewusst, dass sich zum wasserfallartigen Rauschen von Barrys Urinstrahl ein Plätschern hinzugesellt hatte. Edward hatte sich, obwohl ich ihm befohlen hatte, in der Küche zu warten, seiner Windel entledigt und strullerte nun selig lächelnd ebenfalls in den Lavendel.

»Lass mich raten«, sagte ich. »Du machst Pipi im Garten, wie das Hundi.«

Er sah breit grinsend zu mir hoch. »JAAA. Ewad hat das

Hundi lieb. Ewad bleibt bei Ellen und bei dir, ja?«, sagte er, zu Barry gewandt.

Judgy und ich schnappten entsetzt nach Luft bei dem Gedanken, das kleine Monster tagtäglich um uns zu haben, Barry dagegen wirkte von der Vorstellung höchst angetan. Er mag ein Herz aus Gold haben, aber dann und wann setzt bei ihm das Hirn aus. Nun gut, über sein künftiges Zuhause sollte Edward nachher mit Hannah und Charlie debattieren.

Das Frühstück ging ohne größere Komplikationen über die Bühne, weil ich es mir einfach machte und Edward erlaubte, wieder auf dem Boden zu essen. Sobald er seine Schüssel geleert hatte, verkündete er, er wolle in den Garten, um die Hühner zu sehen. Es war halb sechs, ich hatte noch nicht einmal meine dringend nötige erste Tasse Tee ausgetrunken, und ich brauchte zumindest noch eine zweite, ehe ich im Schlafanzug im Garten herumturnte. Ich erklärte Edward, meine Hühner seien genau wie ich keine Frühaufsteher, doch er wollte nichts davon hören.

»Okay, Ewad geht allein«, verkündete er und marschierte zur Tür.

»EDWARD!«, donnerte ich. »BÖSER HUND! SITZ!«

Zu meiner großen Überraschung gehorchte er, genau wie Judgy und Barry übrigens. Ich belohnte meine Vierbeiner mit je einem Hundeleckerli und versuchte, Edward mit einer Handvoll süßer Frühstückscerealien abzuspeisen, doch er wollte ebenfalls ein Hundeleckerli. Ich gab ihm einen Hundekeks mit Aktivkohle, weil er vergangene Nacht ausgesprochen laut gepupst hatte.

Dann beschloss ich, einen neuen Befehl auszuprobieren.

»Edward«, sagte ich, »Ellen geht jetzt nach oben und zieht sich an. Bist du ein braver Hund?«

»JA!« Er nickte. »Ewad SEHR braver Hund.«

»Okay«, sagte ich. »Brave Hunde bleiben, wo sie sind, wenn man es ihnen befiehlt. Wenn ich den Fernseher einschalte und zu dir sage: ›Edward, sei ein braver Hund und bleib im Wohnzimmer, dann musst du dort sitzenbleiben. Meinst du, du kannst das?«

Nachdrückliches Nicken. »Ewad sitzenbleiben.«

»Und denk daran, Hunde machen nicht im Haus Pipi«, fügte ich vorsichtshalber hinzu. »Gut, dann komm mal mit. Ich schalte den Fernseher ein, und wenn du artig davor sitzen bleibst, bis ich wieder runterkomme, kriegst du noch einen Hundekeks, abgemacht?«

»Okay, Ewad braves Hundi. Ewad will Hundekeksi.«

Ich schalte die Glotze ein, befahl Edward streng, sich nicht von der Stelle zu rühren und eilte nach oben. Blieb nur zu hoffen, dass der Junge später keine perversen abseitigen sexuellen Vorlieben entwickelte oder bis ans Ende seiner Tage eine Therapie machen musste! Ich zog mich hastig um, und zu meiner großen Verwunderung saß Edward tatsächlich noch im Wohnzimmer und guckte *Bob der Baumeister*, als ich wieder nach unten kam.

»Ewad braves Hundi! Ewad Keksi!«, sagte er.

»Sehr braves Hundi«, bestätigte ich und brachte ihm ein weiteres Hundeleckerli. Eigentlich seltsam, dass ich nicht schon viel früher auf die Idee gekommen war, die in der Hundeschule erlernten Erziehungsmethoden auch bei meinen Sprösslingen anzuwenden. Dabei sage ich seit Jahren, dass Kinder ein bisschen wie Welpen sind – sie müssen regelmäßig gefüttert werden, brauchen viel Auslauf und haben die Angewohnheit, überall Pfützen zu hinterlassen und die Möbel zu ruinieren.

Und natürlich hatte ich mich mal wieder zu früh gefreut über meinen plötzlichen Erfolg, der mich hoffen ließ, es könnte doch ein Erziehungsguru in mir stecken: Der Reiz des Neuen verflog allzu rasch, und im Nu fand Edward es viel lustiger, ein »böses Hundi« zu sein. Wie zum Beweis begann er, mitten in meinem Garten ein Loch zu graben, während ich die Hühner fütterte. Barry saß daneben und brachte hektisch kläffend seine Missbilligung zum Ausdruck; Judgy dagegen, diese treulose Tomate, ging Edward fleißig zur Hand. Als ich versuchte, den beiden Einhalt zu gebieten, knurrte mich Edward an und biss mir in den Knöchel. Ich zog ernsthaft in Erwägung, ihm mit einer zusammengerollten Zeitung einen Klaps zu verpassen und »Böser Hund!« zu keifen, aber das wäre dann wohl doch eine Spur zu weit gegangen.

Stattdessen steckte ich den protestierenden, vor Dreck strotzenden Edward in die Badewanne, zum sechsten Mal in den neunzehn Stunden, die er nun bei mir war. Ich musste wohl damit rechnen, dass sich meine Stromrechnung im laufenden Quartal infolge seines Besuches vervierfachte, schon wegen der zahlreichen Vollbäder, und auch, weil die Waschmaschine seit dem Toiletgate am Vorabend im Dauerbetrieb lief. Noch drei Stunden, bis Hannah und Charlie ihren Sohnemann abholen wollten.

Ich schlug Edward einen weiteren Spaziergang vor, und er stimmte begeistert zu, bestand jedoch darauf, weiterhin Hund zu spielen, sprich, er wollte auf allen Vieren und an der Leine gehen. Hm, vielleicht macht er ja irgendwann Karriere als Abgeordneter der Konservativen, so wie John Whittingdale, der ehemalige Minister für Kultur, Medien und Sport, der bekanntlich mal eine Affäre mit einer Domina hatte.

Jedenfalls weigerte sich Edward rundheraus, das Haus ohne Hundehalsband zu verlassen – er hatte das Körbchen mit den zahlreichen hübschen Halsbändern entdeckt, die ich im Laufe der Jahre für Judgy besorgt habe, die dieser allerdings partout nicht tragen will. In den Augen meines Hundes sind die Dinger offenbar zu frivol für einen stolzen Border Terrier, denn er widersetzt sich standhaft jedem Versuch meinerseits, ihm eines anzulegen, sei es nun das schicke aus Tweed oder eines der anderen zur Jahreszeit passenden, festlich verzierten Exemplare. Edward dagegen war begeistert – er hatte sich gleich drei umgeschnallt, und zusätzlich eine Hunde-Fliege. Während er damit durch das Haus stolzierte, überlegte ich fieberhaft, wie ich ihn beschäftigen konnte, bis er endlich abgeholt wurde. Ihn noch länger vor der Glotze sitzen zu lassen, konnte ich beim besten Willen nicht mit meinem Gewissen vereinbaren. Ich zog flüchtig in Erwägung, etwas mit ihm zu backen, verwarf diesen bekloppten Gedanken jedoch sofort wieder, als mir das Chaos einfiel, das er gestern beim »Kochen« in der Küche angerichtet hatte.

Spielzeugknete hatten wir schon seit Jahren keine mehr im Haus, aber bestimmt konnte man derlei auch selbst herstellen. Vielleicht sollte ich mal nach einem Rezept googeln. Ach, lieber nicht, das Zeug hatte die unangenehme Angewohnheit, sich in sämtlichen Ritzen und Spalten des Hauses festzusetzen, und unter den Fingernägeln wurde es hart wie Beton.

Malen? Nein, bei Kleinkindern landet die Farbe für gewöhnlich überall *außer* auf dem Papier. Wir hatten ohnehin nur den teuren Farbkasten im Haus, den ich Jane voriges Jahr für den Zeichenunterricht gekauft hatte, und der war mir definitiv zu schade dafür, dass Edward dann womöglich bloß Hundehaufen malte.

Vielleicht sollten wir ein Puzzle machen? Das macht Spaß, und man trainiert damit spielerisch das Gehirn. Und vor allem geht es ohne Lärm und Flüssigkeiten vonstatten. Ja, das war perfekt.

»Edward, was hältst du davon, wenn wir ein Puzzle legen?«, schlug ich vor.

»Nein«, sagt er sogleich. »Kein Pasl. Pasl blöd.«

»Aber ich hab eines, da ist ein süßes Hundi drauf!« Ich zog eine Schachtel aus dem untersten Regal des Spieleschranks und zeigte sie ihm. »Hier, siehst du?«

»Nein. Blöd.«

Hm. Ein Brettspiel? Dummerweise hatte ich sämtliche für Kleinkinder geeignete Spiele aussortiert, und die, die wir noch besaßen, bestanden entweder aus winzigen Teilen, die wie dafür geschaffen waren, dass sie sich ein Zweijähriger in die Nase schob, oder man musste dafür lesen können. Wobei *Cards Against Humanity* wohl auch dann nicht das Richtige gewesen wäre, wenn Edward bereits lesen gelernt hätte.

Außerdem schummeln kleine Kinder bei Brettspielen ohne Ende. Ich erinnere mich noch gut an die Partie *Schlangen und Leitern*, bei der Peter sein Männchen ungeachtet der gewürfelten Punktzahl munter übers Spielbrett manövrierte. Am Ende schob er mein Männchen einfach vom Brett und krähte in Endlosschleife »SIEGER! PETER SIEGER!« und »Sieger kriegt Schokokekse!« Ich revanchierte mich, als er etwas älter war, indem ich ihn sechs Mal hintereinander vernichtend beim *Vier gewinnt* schlug und so lange »Peter hat verloren!« rief, bis er in Tränen ausbrach. Ja, im Nachhinein betrachtet war das pädagogisch fragwürdig, aber, ach, was habe ich meinen Triumph damals genossen!

Edward schnallte sich ein weiteres Hundehalsband um (eines im weihnachtlichen Mistelzweig-Design), dann ging er erneut auf alle Viere und begann zu bellen. Und da hatte ich plötzlich die rettende Idee.

»Edward, hast du Lust, dich zu verkleiden?«

Er überlegte kurz, dann nickte er. »Ja.«

Ha! Verkleiden. Kreativ, kein Krach, keine Flüssigkeiten. Ich hatte eben doch das Zeug zum Erziehungsguru!

Wir marschierten nach oben, um meinen Fundus an Pseudo-Designer-Fummel zu sichten. Anfangs präsentierte ich Edward allerlei Kleidungsstücke, in denen er etwas maskuliner wirken würde, ein mit silbernen Pailletten bestickter Bolero beispielsweise (»Hier, sieh mal, das könnte doch ein Kettenhemd sein!«). Doch schon bald war klar, dass er nur ein Ziel hatte, nämlich sich mit möglichst viel Glitzer zu behängen und darin umher zu stolzieren. Warum auch nicht? Er war zwei. Wenn Jungs in dem Alter nicht mit Tiara, paillettenbesetztem Bolero, Federboa und Pumps mit Zehn-Zentimeter-Stöckel herumlaufen dürfen, wann dann? Die Pumps nahm ich ihm allerdings aus Sicherheitsgründen wieder ab, nachdem er damit gestrauchelt war und sich um ein Haar den Schädel an der Ecke meines Frisiertisches aufgeschlagen hätte. Sich in Schale werfen ist gut und schön, aber ich wollte kein Blut auf meinem Pailletten-Bolero, und außerdem war bereits der Teppich im Flur ruiniert, das genügte vollauf für dieses Wochenende.

Ich hatte schon ganz vergessen, wie toll es ist, sich zu verkleiden. Als ich klein war, konnte ich mir keine schönere Beschäftigung vorstellen, als die Schränke meiner Großmutter zu durchstöbern. Sie hob stets alles auf und besaß Dutzende glamouröser Abendkleider, von denen einige zweifellos noch aus der Zeit des Zweiten Weltkriegs stammten. Für so etwas würden Sammler von Vintage-Mode heutzutage garantiert ein kleines Vermögen hinblättern. Dummerweise hat mein Vater nach Granny Greens Tod das Aussortieren der Kleidung meiner Mutter überlassen, und so ist fast alles im Müll gelandet, bis auf einige wenige Schätze, die ich retten konnte. Etliche davon waren eben wieder aufgetaucht, unter anderem ein Paar lange türkisfarbene Satinhandschuhe.

Ich sehe mich noch heute mit diesen Handschuhen in Granny Greens Garten auf und ab marschieren. Ich war ungefähr sieben und trug dazu ein smaragdgrünes Satinkleid, das mir mehr als einen halben Meter zu lang war (ich löste das Problem, indem ich mir den Saum in die Unterhose stopfte) sowie einen scharlachroten Pillbox-Hut mit Schleier, ein schwarzes Kropfband, fünf oder sechs Jade- und Türkisperlenketten und an den Füßen viel zu große silberne Riemchensandalen, aus denen meine Zehen bei jedem Schritt vorne rausrutschten, sodass sie im Nu ganz schmutzig waren. In einer Hand schwang ich ein goldenes Mesh-Täschchen, als handle es sich dabei um ein Mikrofon, und schmetterte aus voller Kehle »Super Trouper.« Das war einer der letzten Tage, an denen ich vollkommen unbefangen war und überzeugt, dass ich atemberaubend aussah. Ich weiß noch, wie Mr. Briggs, der Nachbar meiner Großmutter, über die Gartenmauer spähte und seiner Verwunderung über den Krach und über mein Outfit Ausdruck verlieh, und wie Granny sagte: »Sie amüsiert sich bloß ein bisschen, Bernard. Komm doch auf einen Gin rüber.«

Eine Woche später bekam ich zufällig mit, dass mich meine Großmutter mütterlicherseits als »Tönnchen« bezeichnete und Mum riet, mich auf Diät zu setzen. Und dann behauptete Sandra Evans, ich würde nie einen Freund haben, weil »Jungs nur Mädchen mit blauen Augen und blonden Haaren mögen«, und damit war der Grundstein für meine lebenslangen Zweifel an meinem Äußeren gelegt. Aber der Anblick der türkisfarbenen Handschuhe verwandelte mich jäh wieder in das kleine Mädchen, das in Großmutters Garten umhertanzte, während Granny Green und Bernard Briggs Gin und Dubonnet becherten und

Gauloises (Granny) und Benson & Hedges (Mr. Briggs) rauchten und mir nach meiner »Vorstellung« applaudierten. Erst Jahre später, als Granny und Mr. Briggs bereits gestorben waren, erfuhr ich, dass die beiden nach dem Tod ihrer jeweiligen Ehepartner ein bisschen mehr als bloß gute Freunde gewesen waren. Als Kind hatte ich mich bisweilen gewundert, warum Mr. Briggs eigentlich so oft bei Granny frühstückte. Ein Frühaufsteher, keine Frage, hatte ich damals gedacht.

Natürlich habe ich mir große Mühe gegeben, meine Zweifel in Bezug auf meinen Körper und mein Äußeres nicht an meine Kinder weiterzugeben, aber ich fürchte, schon bei dem Versuch, die Fehler unserer Eltern zu vermeiden, machen wir neue und schaffen damit andere Probleme und Unsicherheiten. Ich bin gespannt, was mir Peter und Jane in der Hinsicht später einmal vorwerfen werden.

Edward riss mich aus meinen düsteren Gedanken, indem er »Ewad HÜBSCH, Ellen!«, krähte.

»Ja, Edward, du siehst sehr hübsch aus.«

»Ewad Stippenlift!«

Damit rannte er schnurstracks zu meiner Frisierkommode und schnappte sich meinen kostbaren Dior-Lippenstift. Nun bereute ich meine Entscheidung, ihm die Stöckelschuhe ausgezogen zu haben, denn darin wäre er deutlich langsamer gewesen. Zum Glück konnte ich mit einem beherzten Rugby-Tackle gerade noch rechtzeitig intervenieren – und nicht etwa, weil ich der Ansicht war, Jungs sollten keinen Lippenstift tragen. Verkleiden ist eine Sache, aber mein Zwanzig-Pfund-Lippenstift war mir dann doch zu schade dafür, dass sich Edward damit das Gesicht beschmierte.

Edward war empört. »GIB MIR STIPPENLIFT!«, befahl er.

»Nein. Das ist MEIN Lippenstift, der ist nichts für Kinder.«

»WILL STIPPENLIFT! EWAD HÜBSCH SEIN!«, tobte er.

»NEIN!«

»ELLEN GEMEIN!«

»Du bekommst stattdessen etwas Puder auf die Wangen«, versprach ich und schwang meine Quaste in dem Versuch, einen Kompromiss zu erzielen. Natürlich hegte ich auch nicht die Absicht, meinen sündteuren Puder an ihn zu verschwenden, ich wollte nur so tun als ob. Edward würde garantiert nichts merken.

»NEIN. Puder blöd! Will ROTEN STIPPENLIFT!«, beharrte er.

In diesem Augenblick klingelte es gottlob an der Tür. Judgy und Barry begannen zu kläffen, als gelte es, einen Einbrecher in die Flucht zu schlagen, was Edward daran erinnerte, dass er auch ein Hund war, also stimmte er in das Gebell mit ein. Ich scheuchte die drei nach unten und öffnete die Tür. Hannah und Charlie wirkten etwas konsterniert beim Anblick ihres Sohnes, der in meinem ausgefallensten Glitzerfummel (samt einem zum Rambo-Stirnband umfunktionierten Seidenschal) mitten im Flur auf dem Boden saß, den Kopf in den Nacken warf und einen imaginären Mond anheulte.

»Hallo, Edward«, sagte Charlie. »Na, war's schön bei Ellen? Mami und Daddy sind wieder da und fahren jetzt mit dir nach Hause.«

Edward unterbrach sein Geheul nur kurz, um ihn in verächtlichem Tonfall zu informieren, er sei ein Hund und bei Ellen und ihren Hundis zu Hause, dann fing er wieder an.

»Ähm, ich kann das erklären«, sagte ich.

Es dauerte eine ganze Weile, bis sie den sich sträubenden Edward in den Wagen verfrachtet hatten. Er war erst bereit einzusteigen, nachdem er sich noch einmal eines von Judgys Hundehalsbändern umgeschnallt hatte, samt Leine, wobei er immer wieder greinte, er sei kein kleiner Junge, sondern ein HUND, und er wolle bei mir bleiben. Barry verfolgte die vermeintliche Misshandlung seines Schützlings fassungslos. Hannah überreichte mir zum Abschied einen erlesenen *Handcrafted*-Gin, umarmte mich kurz und sagte: »Ich kann dir gar nicht genug danken! Es war himmlisch. Ich fühl mich wieder wie ein Mensch!«

Dann kehrte schlagartig Ruhe ein. Mir blieben noch ein paar Stunden, bis Simon Peter und Jane zurückbrachte. Nun, da kein krakeelendes Kamikaze-Kleinkind mehr durch das Haus fegte, war es plötzlich sehr still. Barry war ohne sein Junges nur noch ein apathisches Häuflein Elend, was Judgy schamlos ausnutzte, indem er sich auf ihn drauflegte.

Ich machte mich daran, das Chaos zu beseitigen, warf die Waschmaschine an, saugte gründlich und schrubbte alle klebrig-verkrümelten Oberflächen. Nachdem ich die Wäsche aufgehängt hatte, begab ich mich in mein Schlafzimmer, um die herumliegenden Kleidungsstücke wieder in den Schrank zu hängen. Ich hatte wirklich viel zu viele Klamotten. Offenbar war ich wie Granny Green unfähig, etwas wegzuwerfen. Ganz hinten in der Ecke entdeckte ich sogar mein Brautkleid, eine schauderhafte Kreation aus Tüll und Taft, die fatal an ein überdimensionales Sahnebaiser erinnerte. Ein Glück, dass Edward das Teil nicht bemerkt hatte. Ich erspähte den Rock, den ich bei meinem ersten Date mit Jack getragen hatte (auf dem lastete jetzt garantiert ein Fluch), und das Kleid, in dem ich mich an meinem vierzigsten Geburtstag von Simon in Paris zum Essen ausführen ließ. Wir haben damals zwar nicht im Mondschein am Ufer der Seine getanzt, aber wir haben Händchen gehalten, was zu dem Zeitpunkt eine außerordentlich romantische Geste für Simon war. Und – oh Gott, daneben hing eine alte Schaffelljacke, die ich in den Neunzigern (!) gebraucht gekauft hatte. Simon hatte stets behauptet, sie rieche nach Schafkadaver. Ich schnüffelte vorsichtig daran. Hm, ganz Unrecht hatte er nicht. Lieber Himmel, das grässliche Kostüm von meinem allerersten Vorstellungsgespräch! Und da, meine alte Schulkrawatte! *Warum* zum Geier habe ich die aufgehoben? Ich habe die Schule *gehasst*!

Kein Zweifel, es war hoch an der Zeit, gründlich auszumisten. Eigentlich hatte ich das schon vor dem Umzug hierher tun wollen, aber direkt nach der Trennung war ich nicht in der Lage gewesen, rationale Entscheidungen zu treffen. Ich hatte bloß die ganze Zeit geheult und fast alles behalten. Zeit, die Vergangenheit loszulassen. Ich machte drei Stapel: Behalten, Second-Hand-Laden, Altkleidercontainer. Eine ungemein therapeutische Tätigkeit. Schließlich griff ich seufzend nach meinem elfenbeinfarbenen Hochzeitskleid. Wozu es behalten? Es war grauenhaft. Ja, damals war es mit den Puffärmeln und der Schleife am Bürzel der letzte Schrei gewesen, ganz im Stil von *Anne auf Green Gables*, und ich hatte mich darin gefühlt wie eine Prinzessin. Aber Jane würde eher sterben, als darin zum Altar zu schreiten. Im Grunde erinnerte es mich nur an meine gescheiterte Ehe (und an die entsetzliche Mode der Neunziger). Definitiv ein Fall für den Second-Hand-Laden; vielleicht konnte es ja noch jemand für eine Bad-Taste-Party oder einen Kostümball brauchen.

Ich war eben im Begriff, es auf den mittleren Stapel zu legen, als mir ein eitler Gedanke kam: Ob es mir wohl noch passte? Dass der Reißverschluss zuging, war ziemlich ausgeschlossen, wenngleich ich allwöchentlich Zumba machte, um die Kalorien rauszuschwitzen, die ich in Form von Sauvignon Blanc und Chips zu mir nahm.

Ich zog mich aus und zwängte mich in das Kleid, und siehe da, es passte! Zugegeben, um den Reißverschluss zuzukriegen, musste ich so fest den Bauch einziehen, dass mir beinahe schwarz vor Augen wurde, und atmen war praktisch ein Ding der Unmöglichkeit, aber immerhin. Während ich noch mein Spiegelbild betrachtete und mich angesichts der Unmengen an Tüll fragte, wie zum Teufel ich es damals geschafft hatte, mal für kleine Mädchen zu gehen, vernahm ich plötzlich aufgeregtes Gegacker aus dem Garten. Ich spähte aus dem Fenster und erblickte im Hühnerverschlag Nigel, den fiesen Garfield-Verschnitt, der am Ende der Straße wohnt. Aber wie es aussah, wurde nichts aus dem Sonntagsbraten, auf den er offenbar gehofft hatte – er hatte wohl die Wehrhaftigkeit von Maggi, Knorr und Dr. Oetker unterschätzt, die wütend Jagd auf ihn machten und versuchten, ihm die Augen auszupicken. Sieh an, jetzt erwies sich ihre schon fast krankhafte Unfreundlichkeit zur Abwechslung mal als Vorteil. Trotzdem hatte ich das Gefühl, intervenieren zu müssen und rannte so schnell es ging in den Garten, was gar nicht so einfach war mit all dem Stoff um die Beine.

Bis ich beim Hühnerverschlag ankam, kauerte der Eindringling ängstlich in einer Ecke. Typischer Fall von »Große Klappe, nichts dahinter«. In der Eile hatte ich vergessen, an der Hintertür in meine Gummistiefel zu schlüpfen, aber ich konnte es nicht mit meinem Gewissen vereinbaren, den Kater noch länger auf Rettung warten zu lassen, also watete ich in meinen Flipflops durch den Schmodder, wohlweislich mit geschürztem Rock, damit der Kleidersaum nicht schmutzig wurde.

Ich scheuchte die Hühner fort, die nur widerstrebend von ihrem Opfer abließen und sich nun stattdessen auf meine Zehen stürzten, und packte Nigel, der sich jedoch nicht wie erwartet vor Dankbarkeit schnurrend an mich schmiegte, im Gegenteil:

Das Biest jaulte mir ins Ohr und zerkratze mir die Wange, und sobald ich den Verschlag mit ihm verlassen hatte, strampelte es sich frei und zerfetzte dabei auch noch das Mieder meines Kleides. Blödes Vieh. Das war garantiert das letzte Mal, dass ich ihm zu Hilfe geeilt bin.

Dann wollten die Hunde zum Pinkeln raus, wobei sie erst jeden Zentimeter des Gartens beschnüffeln mussten, bis sie den optimalen Platz gefunden hatten, um sich zu erleichtern. Währenddessen begannen meine Speckled Sussex nach Futter zu krächzen, denn warum sollte ich mich wohl im Garten aufhalten, wenn nicht, um ihnen ihren Mais zu bringen? Danach musste ich erst einmal meine Flipflops vom Hühnerdreck säubern, und kaum war ich wieder im Haus, spazierten auch schon Peter und Jane zur Tür herein, gefolgt von Simon.

»MUM?«, rief Jane schon im Flur. »MUM! Dad ist da. Er will mit dir re …« Sie erstarrte in Anbetracht des Bildes, das ich abgab – zerzaust, blutend, nass und krampfhaft darum bemüht, etwaige Blößen zu bedecken, die ich Kater Nigels Krallen verdankte. »Heilige Scheiße, Mutter, was ist das für ein scheußlicher Fetzen?«

»Das ist ihr Hochzeitskleid«, sagte Simon, der eben hinter ihr aufgetaucht war, mit gerunzelter Stirn.

»Was gibt's zu essen?«, wollte Peter wissen.

Mein Ex glotzte mich nach wie vor ungläubig an.

»Lieber Himmel, Ellen, was ist passiert?«, zischte er.

Tja, was sollte ich darauf antworten? Kam wohl darauf an, wie seine Frage gemeint war: »Was ist passiert?« im Sinne von »Warum bist du dreckig und blutig und nass?« Nur zwei Worte: meine Menagerie. Oder meinte er: »Wo ist die strahlend schöne Braut von damals abgeblieben, und was ist das für eine abgetakelte alte Fregatte, die da vor mir steht?« Darauf hatte ich nämlich keine Antwort. Und überhaupt war die ganze Situation schon peinlich genug. Ich würde den Teufel tun und alles nur noch schlimmer machen, indem ich sie kommentierte.

»Kann ich irgendetwas für dich tun?«, fragte ich kühl und so würdevoll, wie es mir unter den gegebenen Umständen möglich war.

»Ähm, nein, schon gut. Ich melde mich.« Damit war er auch schon auf und davon.

Großartig. Ich hatte den jüngsten Spross meiner besten Freundin in einen Hund verwandelt, der sich gern als Dame Edna verkleidet, und mein Ex denkt jetzt zweifellos, dass ich an den Wochenenden, an denen er die Kinder hat, im Hochzeitskleid durchs Haus geistere und mir vor Liebeskummer die Haare raufe, wie Miss Havisham aus *Große Erwartungen*, nur ohne die ganzen Spinnweben. Selbst meine Toleranz in Sachen Verwahrlosung hat Grenzen. Die Schwelle ist zwar ziemlich hoch, aber es gibt eine.

Shit, Shit, Shittekacke, Shit. Jetzt hatte ich mir einen Drink aber sowas von verdient!

JUNI

Mittwoch, 12. Juni

Inzwischen ist die Neuigkeit von der Firmenfusion offiziell, was den Vorteil hat, dass ich nicht mehr ständig gefragt werde, ob ich irgendwelche konkreten Informationen habe, dafür haben wir jetzt alle tierisch Bammel, entlassen zu werden.

Man hat uns einen quietschvergnügten Ami aus der neuen gemeinsamen Unternehmenszentrale geschickt, der vor versammelter Mannschaft eine Ansprache hielt, in der es darum ging, was für aufregende Zeiten das doch sind und wie toll er es findet, live dabei sein zu können. Er sagte auch, man freue sich schon sehr auf die neue, *verschlankte* Firma und die großen Erfolge, die sie feiern wird.

Das Schlagwort, mit dem gearbeitet wird, lautet also nicht Rationalisierung oder Umstrukturierung, sondern »Verschlankung«, und natürlich verkauft man uns die ganze Sache als positive Entwicklung, über die wir uns freuen sollen – yippie, yippie, yeah, was sind wir happy! Wie schön, dass die Zuständigen einen so hübschen Euphemismus gefunden haben, dass mindestens die Hälfte unserer Angestellten demnächst arbeitslos sein wird – und nicht nur das, vorher müssen sie auch noch ein höchst entwürdigendes Ritual durchlaufen: Ehe man ihnen erklärt, dass sie nicht mehr gebraucht werden, müssen sie sich ganz offiziell um ihren derzeitigen Job bewerben. Hossa und hurra! Aber, hey, seht es positiv, das ist eben Teil des *Verschlankungsprozesses*. Es geht ja immer um Effizienz und darum, nach *vorne* zu blicken, in die *Zukunft*. Tja, nur nicht für all die armen Schweine unter uns, die womöglich gar keine Zukunft mehr haben.

Aber ich sollte wenigstens versuchen, optimistisch zu bleiben. Bis jetzt wurde ich noch nicht gefeuert, und ich nehme an, es besteht eine geringe Chance, dass ich meinen Job behalten kann, wenn auch möglicherweise nicht genau den, den ich jetzt habe. Womöglich degradiert man mich und setzt mir einen energiegeladenen jungen Hüpfer vor die Nase, der mich mittels Mikromanagement kleinkriegen soll und mir erzählt, was ich alles falsch mache, während ich darüber nachsinne, ob er eigentlich schon volljährig ist. Wie kann es sein, dass in den Neunzigern geborene Leute bereits Positionen bekleiden, mit denen Macht und Verantwortung einhergehen? Das sind doch noch *Kinder*! Ich schätze, ich sollte dringend unser Unternehmensleitbild recherchieren, damit ich bei Bedarf das entsprechende Gewäsch vom Stapel lassen kann. Und recherchieren, wie man per Fernzugriff ein paar Pornodateien auf dem Computer der nervigen Personalerschickse installiert, nur für den Fall, dass ich doch rausfliege werde.

Samstag, 22. Juni

Es ist vorbei! Zwei sehr lange Monate, in denen ich in Endlosschleife »Lernt! Ernährt euch gesünder! Trinkt Wasser! Geht endlich schlafen!« gebrüllt und meinen Sprösslingen in einer

Tour Äpfel unter die Nase gehalten und Multivitamintabletten und Omega-3-Fettsäurekapseln aufgedrängt habe, sind endlich vorüber. Vorüber sind auch die Nächte, in denen das Haus erfüllt war von ihrem empörten Gezeter, nachdem ich das WLAN ausgeschaltet hatte, um sie zum Schlafen zu zwingen, weil sie sich sonst die ganze Nacht in sozialen Netzwerken rumgetrieben hätten.

Vergangene Woche schrieb Peter seine letzte Prüfung, und er war stocksauer, als ihm klar wurde, dass er diese Woche trotzdem wieder die Schulbank drücken muss. Jane hatte vergangenen Donnerstag ebenfalls ihre letzte Prüfung, was alarmierenderweise bedeutet, dass sie die Schule jetzt im Grunde hinter sich hat, einmal abgesehen von der »Abschlusszeremonie« sowie von einigen »freiwilligen« Unterrichtseinheiten, in denen es um die Bewältigung des Lebens als Erwachsener geht.

Die vergangenen Wochen waren für uns Eltern ungleich anstrengender gewesen als für unsere Kinder, die kaum mehr Gleichgültigkeit an den Tag legen hätten können, und um das Ende der Prüfungsphase feierlich zu begehen, ging ich mit Hannah, Sam und Colin aus.

Meine Freunde und ich sind schon vor langer Zeit übereingekommen, Wein nur noch flaschenweise zu bestellen statt im Glas, und wir tun auch schon längst nicht mehr so, als ginge es uns nur darum, ein bisschen Geld zu sparen. Nur Sam, der gern einen auf Bruce Willis macht, trinkt Bier – italienisches Bier, wohlgemerkt, so knallhart ist er dann auch wieder nicht.

Wir beglückwünschten uns zur überstandenen Prüfungsphase und versuchten nicht daran zu denken, dass in zwei Jahren unsere jüngeren Sprösslinge ihr Abitur machen würden.

»Ihr habt es gut«, sagte Hannah. »Danach habt ihr es wenigstens hinter euch. Ich dagegen muss erst Lucas durch das Abi peitschen, und in fünfzehn Jahren geht der ganze Scheiß bei Edward noch mal von vorne los! Da bin ich dann ja schon ...« Sie begann zu rechnen, gab aber schließlich auf, weil sie bereits den Großteil einer Flasche Pinot Grigio intus hatte. »Scheiß alt«, schloss sie.

»Vielleicht müssen die Kinder dann ja gar keine Prüfungen mehr ablegen, sondern bloß noch eine Art Datendownload aus ihrem Gehirn vornehmen, um zu belegen, dass alles, was sie wissen müssen, in ihren kleinen grauen Zellen gespeichert ist«, sagte Sam. »Womöglich müssen sie diesen ganzen Mist auch gar nicht mehr lernen, sondern können sich für den Datentransfer einfach einen Memory Stick ins Ohr stecken. Bis Edward sein Abitur macht, sind Kinder vermutlich bloß noch von der Regierung gesteuerte und mit Gefühlen ausgestattete Roboter. Entweder das, oder wir leben alle in einem postapokalyptischen dystopischen Alptraum, und das Einzige, worauf es ankommt, ist ein gutes Überlebenstraining. Dann wäre es ohnehin unerheblich, ob man in der Lage ist, die Hypotenuse eines rechteckigen Dreiecks zu berechnen ...«

»Nun ja, beim Aufbau von Zelten wäre das durchaus hilfreich«, wandte ich ein.

Sam verdrehte die Augen. »Schon möglich, aber bestimmt müssen Kinder dann keine beknackten Aufsätze über die Metaphorik in der Ode *An den Herbst* von John Keats schreiben, weil die Menschheit längst alle Bücher verbrannt und jegliche Kultur ausgemerzt hat.«

»Na, vielen Dank auch«, sagte Hannah. »Das sind ja reizende Aussichten für unsere Kinder, insbesondere für meinen Jüngsten. Demnach wird Edward entweder eine von der Regierung gesteuerte Marionette wie die Leute in *1984*, oder aber er haust in einem U-Bahn-Tunnel, ernährt sich von Ratten und kämpft inmitten der kümmerlichen Reste unserer Zivilisation ums Überleben.«

»Ja, das klingt ein bisschen deprimierend, Darling«, stellte Colin fest. »Wir wollten doch feiern. Was ist los?«

»Keine Ahnung«, brummte Sam und stierte bedrückt in sein Peroni. »Ich schätze mal, es liegt an diesem vermaledeiten Greisenalter. Oder aber am Bier; vielleicht hat das auf mich ja die gleiche Wirkung wie Gin. Fakt ist: Keiner weiß, was die Zukunft für uns bereithält, oder? Es ist alles ein großes Mysterium.«

»Herrgott noch mal, Sam!«, knurrte Colin. »Reicht es nicht, dass wir dir das Gin-Trinken verbieten mussten, weil du davon immer so trübselig wirst? Du bist der einzige Mensch, den ich kenne, der von Bier Depressionen kriegt.«

»Ich kriege keine Depressionen, und ich bin auch nicht betrunken«, stellte Sam würdevoll fest. »Ich mache mir lediglich Gedanken über die Kalamitäten unserer komplexen modernen Welt.«

»Und du prophezeist unseren Kindern, dass sie sich von Ratten ernähren werden«, meldete sich Hannah zu Wort. »Wenn das nicht deprimierend ist, was dann?«

»Okay, Schluss damit, jetzt wird gefeiert. Mir ist scheißegal, wie alt wir sind, ich bestelle jetzt eine Runde Shots und sage dem Barkeeper, er soll Gloria Gaynor auflegen. Nichts ist so erhebend wie ›I Will Survive‹, gepaart mit ein paar Gläsern Tequila.«

»So, meinst du?«, murmelte Sam melancholisch in sein Bier.

»Jawohl!«, sagte Colin. »Medizinische Studien belegen, dass Tequila und ›I Will Survive‹ ausnahmslos immer zur Stimmungsaufhellung beitragen. IMMER. Selbst wenn künftige Generationen einmal in irgendwelchen Katakomben dahinvegetieren, dann werden sie garantiert gleich besser drauf sein und sich so richtig auf ihre gegrillte Ratte am Spieß freuen, sollten sie eines Tages über eine vergessene Flasche Patron und einen uralten Walkman stolpern, dessen Batterien gerade noch genügend Saft haben, um ein allerletztes Mal ›I Will Survive‹ abzuspielen. Okay?«

»Okay!«, sagten wir alle artig, weil er Recht hatte. Und auch, weil uns das vermaledeite Greisenalter noch nicht kleingekriegt hat, solange wir gewisse grundlegende Körperfunktionen wie Sprechen und Geradeauslaufen beherrschen und noch in der Lage sind, Tequila zu trinken.

Als ich etwas später auf die Toilette wankte, war es bei mir mit Sprechen und Geradeauslaufen nicht mehr allzu weit her. Ehe ich wieder hinausging, wusch ich mir die Hände und stierte mit unstetem Blick in den Spiegel, um mein Aussehen zu überprüfen – Frau will schließlich weder mit Lippenstift auf den Zähnen noch mit verschmiertem Eyeliner à la Alice Cooper rumlaufen (von Tequila bekomme ich nämlich Schweißausbrüche).

Huch, wer glotzte mir denn da so ungeniert über die Schulter? Das war ja ganz schön creepy, und unhöflich obendrein! Ich fuhr herum, um die aufdringliche Unbekannte zur Schnecke zu machen und stellte fest, dass ich allein war. Ein neuerlicher Blick in den Spiegel bestätigte meine schlimmsten Befürchtungen: Diese Frau mit den verhärmten Gesichtszügen, den Tränensäcken und Krähenfüßen, die mich mit gerunzelter Stirn betrachtete, war *ich*. Ich hatte mich nicht erkannt! Wer ist das? Wer bin *ich?*, dachte ich entsetzt. Ich hatte mich deutlich jünger in Erinnerung gehabt als diese Gestalt im Spiegel, die so müde und bleich wirkte.

Ich taumelte zu den anderen zurück und ließ mich schwer auf meinen Stuhl plumpsen.

»Alles in Ordnung, Süße?«, erkundigte sich Sam. »Du siehst ein bisschen blass aus.«

»Leute, ich bekomme eine existenzielle Krise!«, verkündete ich theatralisch.

»Wasndas?«, lallte Hannah. »Nie gehört. Is da auch Wodka drin, wie beim Sex on the Beach?«

»Das ist kein Cocktail, Hannah, ich rede von meinem seelischen Zustand! ICH WEISS NICHT MEHR, WER ICH BIN!«

»Ha! Du bis Ellen Greene«, informierte sie mich zufrieden grinsend. »Du bis wohl ein bisschen angeschickert, wie? Haha! Und da sagsu immer, *ich* würde nichts vertragen!«

»Ich weiß, dass ich Ellen Green heiße!«, rief ich. »Aber ich weiß nicht, wer diese Ellen Green ist! Ich weiß nur, wer sie *war*. Ich weiß, wer sie war, bevor sie Simon geheiratet hat und Ellen Russell wurde, aber ich bin nicht mehr Ellen Russell, und ich bin auch nicht mehr die Ellen Green von vor der Ehe. Ich war mein halbes Leben lang jemandes Ehefrau, jemandes Mutter, jemandes Angestellte, aber jetzt bin ich geschieden, und schon sehr bald werde ich auch keine Mutter mehr sein – nein, sagt jetzt nicht, ich werde immer die Mutter meiner Kinder sein, denn ihr wisst *genau*, es ist nicht mehr dasselbe, wenn sie erst außer Haus sind! Ehe ich mich versehe, werden sich Peter und Jane zanken, wer mit dem Pflichtbesuch bei der alten Mutter dran ist, die in einer Windel zu Hause auf dem Sofa hockt. Und es kann gut sein, dass ich demnächst auch keinen *Job* mehr habe, über den ich mich definieren kann. Du hast Charlie, Hannah, und Sam und Colin, ihr habt einander, aber ich, ich habe bald niemanden mehr. Ich werde total vereinsamen. Ich werde ganz auf mich gestellt sein und nichts mehr haben, was mir Halt gibt. Ich werde total in der Luft hängen und früher oder später davonsegeln wie ein Heliumballon, den ein unverantwortliches Kleinkind einfach losgelassen hat, und kein Mensch wird um mich weinen, wenn ich schließlich hinterm Horizont verschwinde!«, schniefte ich, darum bemüht, die Tränen zurückzuhalten. Einen auf Heulboje zu machen, ziemt sich ja nicht in einem gehobenen Lokal.

Alle am Tisch versicherten mir sogleich, meine Sorgen seien unbegründet.

»Du bist so eine *tolle* Frau! Und du bist nicht allein; du hast uns! Wir werden dein Anker sein, und wir werden definitiv um dich weinen, wenn du dereinst über den Jordan segelst«, beteuerte Colin.

»Und außerdem ist da doch noch Mark«, erinnerte mich Sam, »auch wenn er darauf besteht, es langsam anzugehen und ihr es noch immer nicht getan habt –«

»Was ich allmählich nicht mehr romantisch, sondern nur noch frustrierend finde«, fiel ich ihm ins Wort, »zumal alles andere an ihm, einschließlich seiner Küsse, darauf schließen lässt, dass der Sex ganz wunderbar sein könnte.«

»Verständlich, aber vergiss nicht: Sollte sich wider Erwarten herausstellen, dass er dich nur deshalb so lange hinhält, weil er miserabel im Bett ist, dann tummeln sich da draußen noch jede Menge andere Kandidaten.«

Sie versicherten mir, ich sei ein absolutes *Sahneschnittchen*, und jeder Mann, mit dem ich mich einließe, könne sich glücklich schätzen. Colin rieb mir beschwichtigend den Rücken, und Hannah versuchte, mich zu umarmen, langte jedoch daneben und wurde zum Glück von Sam aufgefangen, ehe sie auf dem Boden landete. Alle waren so nett und fürsorglich, dass es mir gleich wieder etwas besser ging. Dennoch konnte ich den Anblick dieser Fremden, die mich auf der Toilette angestarrt hatte, ebenso wenig vergessen wie das verwirrende Gefühl, das mich dabei erfasst hatte: Wer zum Teufel *bist* du, und wenn du ich bist, wer bin *ich* dann?

Sonntag, 30. Juni

Es heißt ja immer, wenn etwas zu schön klingt, um wahr zu sein, dann ist es das vermutlich auch. Tja, das kann ich bestätigen. Heute Morgen kam Peter, eingehüllt in eine Wolke Axe Afrika und gefolgt von Toby, der bei uns übernachtet hatte, in die Küche und verkündete: »Wir gehen mit den Hunden raus« – und das ganz ohne Bitten und Betteln und Versprechungen und Drohungen von meiner Seite! Na, wer sagt's denn, dachte ich freudig überrascht, hatte ich doch jahrelang jedes Wochenende »Könnte jetzt endlich mal einer von euch mit den Hunden Gassi gehen, verdammt noch mal?« zetern müssen. Es war nicht einmal nötig gewesen, die Jungs zu wecken oder mit dem Geruch von Frühstücksspeck in die Küche zu locken. Sie waren unaufgefordert aufgestanden, und wie es aussah, hatten sie sich sogar die Haare gekämmt und nicht nur reichlich Deo benutzt, sondern obendrein das Aftershave, das ich Peter zu Weihnachten geschenkt hatte. Ich unterdrückte ein Husten, als sie, in eine Wolke Dior *Sauvage* gehüllt, an mir vorbei zur Tür marschierten, angeführt von Barry, der jedes Mal völlig außer Rand und Band ist, wenn es nach draußen geht, während Judgy, der beim Spazierengehen an jedem Torpfosten schnüffelt, ergeben hinterdrein trottete.

Ich hätte wissen müssen, dass an der Sache etwas faul ist. Es war völlig untypisch für Peter und Toby, und spätestens das Aftershave hätte mich stutzig machen müssen. Aber da ich nun mal schrecklich naiv und eine unverbesserliche Optimistin bin, brühte ich mir lediglich eine Tasse Tee auf und setzte mich, um die im Haus herrschende Ruhe zu genießen. Eine Dreiviertelstunde später klingelte mein Handy. Auf dem Display stand *Toby*. Seltsam. Ich konnte mich nicht entsinnen, dass mich Toby je angerufen hätte. Er hat wie alle Angehörigen der Generation Kurztext eine unkontrollierbare Angst davor, das Handy für Echtzeit-Gespräche zu benutzen.

»Hallo, Toby«, sagte ich.

Schweigen, dann stotterte Toby: »Ähm, Ellen, wir … ähm …«

»Was ist los, Toby?«

»Also, wir sind im Park, und, ähm, Peter hat sich irgendwie wehgetan.«

»Wehgetan? Wie denn das?«

»Naja, also … Er ist von einer Mauer gefallen.«

»Was wollte er denn auf einer Mauer?«

»Äh, draufstehen.«

»Herrgott noch mal! So schlimm wird es doch wohl nicht sein! Ich wette, wenn er erst ein paar Schritte gegangen ist, wird es besser.«

»Also, er sagt, er kann nicht auftreten.«

»Und wenn er auf einem Bein hüpft? Er hat es ja nicht weit nach Hause.«

»Keine Ahnung. Hier ist eine Frau, die sagt, sie ruft jetzt einen Krankenwagen.«

»Himmel, Arsch und Wolkenbruch! Dass die Leute immer derart überreagieren müssen! Okay, ich hole euch wohl besser ab. Ich fahre gleich los, ja?«

Unterwegs schimpfte ich halblaut vor mich hin, mal auf meinen tollpatschigen Sohn, mal auf die Dramaqueen, die gleich einen Krankenwagen gerufen hatte, nur weil Peter mal wieder auf die Schnauze gefallen war. Sowas passiert Jungs doch andauernd! Wenn ich jedes Mal einen Krankenwagen gerufen hätte, sobald sich Peter irgendwo runtergestürzt und behauptet hat, er habe höllische Schmerzen, wäre das staatliche Gesundheitssystem schon vor Jahren kollabiert.

Ich hielt mit quietschenden Bremsen am Eingang des Parks und erspähte sogleich eine kleine Menschentraube, die sich in der Nähe versammelt hatte.

»Also ehrlich, Peter!«, stieß ich ungehalten hervor, während ich darauf zuhielt. »Dass du immer so ein Theater machen musst! Ich wette, du kannst sehr wohl gehen. Reiß dich gefälligst ein bisschen zusammen.«

Peter lag auf dem Boden, auf dem Knöchel eine Packung Tiefkühlmais, die, wie sich herausstellte, aus Mrs. Jenkins Einkaufskorb stammte.

»Es tut echt scheußlich weh, Mum«, hauchte er. Er war ziemlich blass.

»Ach, komm, so schlimm kann es gar nicht sein. Also, steh auf. Mein Wagen steht gleich da drüben.«

»Ich kann nicht, Mum, ehrlich«, stöhnte er.

»Nun stell dich nicht so an, es sind nur ein paar Meter. Wenn es sein muss, dann hüpf eben auf einem Bein.«

Nun meldete sich Frank Watson zu Wort, der beim Rettungsdienst Saint John's Ambulance tätig ist und im Gemeindesaal als Ersthelfer fungiert. »Also, für mich sieht der Knöchel eindeutig gebrochen aus.« Er nahm mit gewichtiger Miene die Packung Tiefkühlmais von Peters Knöchel und fügte dann streng hinzu: »Der Junge sollte besser liegenbleiben. Der Krankenwagen ist gleich da.«

»Ach, bitte!«, keifte ich wütend. Dann fiel mein Blick auf Peters Fuß, der in einem unnatürlichen Winkel vom Bein abstand. Schluck. Der Knöchel war ungefähr viermal so dick, als er eigentlich sein sollte. Die Umstehenden musterten mich mit schmalen Augen – die Mutter, die ihren schwerverletzten Sohn zwingen wollte, zum Auto zu hüpfen. »Ach herrje, Liebes«, sagte ich schwach und schob ein »Keine Sorge, alles wird gut, Mami ist bei dir«, hinterher, darum bemüht, wie eine liebevolle, besorgte Mutter zu klingen. Die *bin* ich ja auch, Peter ist nur leider ein notorischer Hypochonder; das hat er von seinem Vater.

»Wo sind die Hunde?«, fragte ich ihn leise. Mittlerweile war er leicht grün um die Nase.

»Da drüben bei Toby.«

Ich sah zu seinem Freund, der sich am Rand des Menschenauflaufs herumdrückte und zu verhindern versuchte, dass Judgy an den Einkaufskorb pinkelte, den Mrs. Jenkins dort achtlos abgestellt hatte, um das Schauspiel aus der Nähe zu verfolgen.

Ich winkte ihn zu mir. »Toby, sei so gut und bring die Hunde heim, ja? Hier ist mein Schlüssel. Ich verständige inzwischen Jane, und dann rufe ich deinen Vater an und sage ihm, dass er dich abholen soll.«

Während sich Toby gehorsam mit Judgy und Barry vom Acker machte, traf der Krankenwagen ein. Die Sanitäter schnalzten beim Anblick von Peters Knöchel mehrfach mit der Zunge und verabreichten meinem Sohnemann etwas Lachgas gegen die Schmerzen, ehe sie ihn auf die Trage schnallten und in den Wagen schoben. Ich durfte mein Auto ausnahmsweise vor dem Park stehen lassen, damit ich Peter begleiten konnte. Aufgeregt stieg ich ein; es war meine erste Fahrt in einem Krankenwagen. Sonderlich spannend gestaltete sie sich allerdings nicht – wie es scheint, ist eine Knöchelverletzung kein Grund, Sirene und Blaulicht anzuwerfen.

Der nette Sanitäter, der zum Glück nicht miterlebt hatte, wie ich versucht hatte, Peter zum Aufstehen zu bewegen und mich deshalb noch für eine gute Mutter hielt, schenkte mir ein beruhigendes Lächeln. Ich dachte bei mir, wie gut er doch aussah, und schämte mich sogleich für meine Oberflächlichkeit.

»Machen Sie sich keine Sorgen«, sagte er freundlich. »Das wird schon wieder. Jungs in dem Alter sind tough. Hast du Schmerzen, Kumpel? Möchtest du noch etwas Lachgas?«

Peter nickte matt und nahm noch einmal einen Atemzug.

Dann ließ er die Maske sinken und verzog das Gesicht. »Püh, mir wird ganz schwummrig. Mum, du sagst doch immer, du liebst Lachgas, weil man sich davon so schön betüddelt fühlt. Willst du auch was?«

Ich hatte große Lust auf etwas Lachgas, und sei es nur, um meine Sorge um Peter kurz zu vergessen, und obendrein das unschöne Gefühl, von den Leuten vorhin als Rabenmutter abgestempelt worden zu sein. Da mich der freundliche, attraktive Sanitäter nach Peters Frage nun etwas weniger freundlich musterte, lehnte ich jedoch dankend ab, obwohl das Lachgas in meiner Erinnerung das einzig Gute an meinen beiden Geburten war. Nach neun Monaten Abstinenz war mir die benebelte Euphorie, in die es mich versetzte, damals sehr willkommen gewesen. Gegen die Schmerzen selbst konnte das Zeug zwar herzlich wenig ausrichten, aber es half mir dabei, sie etwas gleichgültiger hinzunehmen.

Im Krankenhaus wurde Peter geradewegs in einen Untersuchungsraum geschoben, während ich am Empfang den Anmeldebogen für ihn ausfüllte. Dann rief ich Simon an, bat ihn, Jane zu informieren und zu uns nach Hause zu schicken, damit die Hunde nicht allein waren, und trug ihm außerdem auf, dafür zu sorgen, dass Toby von Sam oder Colin abgeholt wurde. Ich war richtig stolz auf mich, weil ich so ruhig und gefasst blieb und an alles dachte.

In der Zwischenzeit hatte man Peter zum Röntgen gebracht, was mich wunderte, schließlich hört man in den Nachrichten immer von Leuten, die eine halbe Ewigkeit in der Notaufnahme herumsitzen und darauf warten müssen, bis man ihnen ihre abgetrennten Gliedmaßen wieder annäht. Aber bislang erweckte das hiesige Krankenhaus auf mich einen sehr effizienten Eindruck. Eine freundliche Krankenschwester zeigte mir den Wartebereich, und noch ehe Simon eintraf, kam Peter wieder aus der Röntgenabteilung zurück. Man schob ihn in einen mit Vorhängen abgetrennten Bereich, wo wir auf das Ergebnis warten sollten.

»Was genau ist passiert, Peter?«, fragte ich, als ich endlich mit ihm allein war.

»Naja, ich bin auf die Mauer geklettert und runtergefallen«, murmelte er verlegen.

»Klar so weit, aber *warum* bist du auf die Mauer geklettert?«

»Ähm ... wegen der Miezen.«

»Miezen? Wolltest du einen Wurf Katzenbabys retten oder so?«

»Nein, Mum, *Miezen* – Mädchen!«

»Miezen? Ist das dein Ernst? Also, erstens wundert es mich, dass dieses Wort in eurer Generation überhaupt verwendet wird; ich hätte angenommen, das klingt viel zu uncool. Und zweitens: Ich habe dir jahrelang eingebläut, Frauen mit Respekt zu begegnen und darauf zu achten, dass sich das auch in deiner Ausdrucksweise niederschlägt, und du gehst her und erzählst mir was von *Miezen*! Also ehrlich, Peter! Meine Meinung von dir war schon mal besser.«

»Mum, ich liege im Krankenhaus! Könntest du mir den Sexismus-Vortrag ausnahmsweise ersparen?«, stöhnte Peter.

Und da fiel es mir wie Schuppen von den Augen. »Sag mal,

seid ihr etwa nur deshalb mit den Hunden spazieren gegangen, um Mädchen anzubaggern?«

Peter wich meinem Blick aus.

»So war es doch, oder?«

»Naja, wir haben irgendwo gelesen, dass Miezen, entschuldige, ich meine, dass *Mädchen* Hunde lieben, und dass man einfacher mit ihnen ins Gespräch kommt, wenn man einen Hund dabeihat. Aber Judgy und Barry sind total unbrauchbar – wann immer ein Mädchen vorbeikam, hat Barry einen Riesenhaufen gemacht. Er kackt ganz schön viel, ey.«

»Sehr gut. Ich bin froh, dass zumindest meine Hunde den Kampf gegen das Patriarchat aufgenommen haben. Und wie ging es weiter?«

»Tja, jedenfalls wollen Mädels nicht mit einem reden, wenn man gerade einen riesigen Hundehaufen aufklaubt, und deshalb dachten wir, wenn wir auf die Mauer klettern, dann bemerken uns Leah Johnson und Lara White vielleicht; in der Schule sind wir nämlich immer Luft für sie. Und dabei bin ich runtergefallen, und jetzt halten sie mich garantiert für einen totalen Loser und werden nie mit mir reden. Und das ist noch nicht alles, Mum …«

»Was denn noch?«

»Naja, du hast es vermutlich nicht gemerkt, als mich die Sanitäter auf die Trage gelegt haben, aber meine Hose hat hinten einen langen Riss, weil ich beim Sturz von der Mauer an einem Ast hängen geblieben bin.«

»Ach herrje.«

»Ja, und alle Mädels haben meine Unterhose gesehen.«

»Und? Ist doch nicht weiter schlimm. Immerhin hattest du eine an!«

»Es ist die Spider-Man-Unterhose, die du mir zu Weihnachten geschenkt hast. Die ist total uncool! Ich muss die Schule wechseln, Mum!«

Nun verspürte ich natürlich großes Mitleid mit meinem Sohn, zum einen wegen des gebrochenen Knöchels, zum anderen, weil er sich in jener Phase befand, in der das weibliche Geschlecht für Jungs ein großes Mysterium ist, auf dessen Erforschung sie ebenso scharf sind wie die Spürnasen samt Hund aus Enid Blytons Serie *Fünf Freunde*. Andererseits war ich stinksauer, weil er die Mädchen, die er mit seiner ungeschickten Aktion hatte beeindrucken wollen, als »Miezen« bezeichnet hatte, und vor allem, weil er meine unschuldigen Hunde für sein schamloses Vorhaben eingespannt hatte!

Ich erklärte Peter gerade, warum er zwei Jahre vor dem Abitur ganz sicher nicht die Schule wechseln würde, nur weil ein paar Mitschülerinnen seine mit Cartoon-Figuren bedruckte Unterhose gesehen hatten, als Simon zu uns stieß und die Erklärungen von vorn begannen, wobei Peter immerhin den Ausdruck »Miezen« tunlichst vermied.

Dann kam der Arzt mit den Röntgenbildern. Er wirkte sehr sympathisch, aber ich konnte ihn leider kein bisschen ernst nehmen, denn er sah aus wie ein Zwölfjähriger. Mir lag ein »Ist dein Daddy da? Ich würde gern mit einem Erwachsenen reden« auf der Zunge. Mist. Neulich habe ich mich beim Anblick eines Polizisten bei ganz ähnlichen Gedankengängen ertappt. Ich fürchte, das ist noch ein Anzeichen dafür, dass mich das vermaledeite Greisenalter allmählich einholt.

Leider war das, was uns der kindliche Arzt verkündete, recht unerfreulich. Womöglich war er ja tatsächlich erst zwölf, dachte ich, ein Wunderkind, das Medizin studiert hat, ähnlich wie in der Fernsehserie *Doogie Howser, M.D.* Das würde bedeuten, dass ich doch noch nicht so verdammt alt war. Dann fiel mir wieder ein, dass *Doogie Howser, M.D.* eine *Fernsehserie* ist, und somit fiktiv, und ich versuchte, mich auf das zu konzentrieren, was das Milchbubi sagte. Wir erfuhren, dass Peter, dieser Faulpelz, der sonst nur halbe Sachen macht, zur Abwechslung mal ganze Arbeit geleistet hatte, nun, da es um gebrochene Knochen ging: Die Fraktur war so kompliziert, dass sein Knöchel mit einer Schraube fixiert werden musste.

Zum Glück war der zuständige Chirurg gerade verfügbar, Peter konnte auf der Stelle operiert werden. Nicht einmal zwei Stunden nach Tobys vager Aussage, Peter habe sich »irgendwie wehgetan«, hieß es nun also »Wir bereiten schon alles für die OP vor«!

Das wirft natürlich ein ganz tolles Licht auf unser Gesundheitssystem und seine wundervollen Angestellten, selbst unter dem immensen Druck, den die Regierung in Form von Kürzungen darauf ausübt, aber für mich als Mutter war es ein ziemlicher Schock. Erstaunlicherweise war es erst ein einziges Mal vorgekommen, dass eines meiner Kinder im Krankenhaus behandelt werden musste, und damals hatte sich Peter bloß eine Erbse in die Nase gesteckt, das zählte also gar nicht richtig. Jetzt benötigte er eine *Narkose*, und man würde ihn *aufschneiden* und *seine Knochen zusammenschrauben.*

Aber mir blieb kaum Zeit, über all das nachzudenken, denn es galt, Formulare zu unterschreiben und den Ärzten und Krankenpflegerinnen zuzuhören, die uns alles geduldig erklärten, und zudem musste ich Peter beruhigen und dafür sorgen, dass er genügend Information erhielt, um alles zu verstehen, aber nicht so viel, dass er die Nerven verlor. Er musste eine Nacht im Krankenhaus bleiben, aber da er noch keine sechzehn war, durfte ein Elternteil bei ihm im Zimmer schlafen, und einer von uns durfte ihn in den OP begleiten.

»Meine Mum!«, flehte er mit vor Angst weit aufgerissenen Augen. »Ich will, dass Mum mitkommt. Bitte, Mum, ich brauche dich!«

»Natürlich komme ich mit«, sagte ich. »Ich bleibe bei dir, solange es geht. Keine Sorge, mein Spatz, alles wird gut.«

Dann wurde Peter auch schon in den Operationssaal geschoben, und der Anästhesist verabreichte ihm die Narkose. Ich durfte bleiben, bis die Wirkung einsetzte, und ich hatte angenommen, es wäre ungefähr so, wie Peter beim Einschlafen zuzusehen, aber er war von einer Sekunde auf die andere weg. Es war erschreckend – eben hatte er noch mit mir geredet, und dann, zack! Wie ausgeknipst. Daraufhin wurde ich von einer netten Pflegerin hurtig hinausbegleitet, damit man unverzüglich mit der Operation beginnen konnte. Und jetzt stellte sich heraus, dass meine Nerven doch nicht so stark waren, wie ich angenommen hatte, denn kaum musste ich mich nicht mehr für Peter zusammenreißen, gingen bei mir alle Schleusen auf, und ich heulte los. Simon, der vor der Tür auf mich gewartet hatte, nahm mich in die Arme.

»Nicht doch, nicht doch«, flüsterte er. »Du warst ganz großartig. Alles wird gut. Mach dir keine Sorgen, das wird schon wieder. Er schafft das.«

Ich schluchzte und schniefte und kam mir zugleich schwach und albern vor – natürlich würde alles wieder gut werden! Wir leben in einer reichen Industrienation mit ausgezeichneter und obendrein kostenloser medizinischer Versorgung, sagte ich mir und rief mir in Erinnerung, wie viele Eltern deutlich weniger Glück hatten als wir – Eltern, deren Kinder chronisch, oder womöglich sogar lebensbedrohlich krank waren, deren Leben sich ausschließlich oder überwiegend in Krankenhäusern abspielte, Eltern, die hilflos mitansehen mussten, wie ihre Kinder litten.

Ich hatte weiß Gott keinen Grund, mich zu beschweren. Trotzdem ist man als Mutter einfach nicht darauf vorbereitet, das eigene Kind auf dem OP-Tisch liegen zu sehen, selbst wenn die Prognose noch so gut ist. Ich war seit jeher froh darüber, dass meine Kinder so robust und kaum je krank sind, aber in diesem Moment wurde mir schmerzlich bewusst, dass das alles andere als selbstverständlich ist. Dummerweise ließ mich das nur noch lauter schluchzen. Ich war ein hicksendes, schniefendes Häufchen Elend. Als ich mich endlich ein bisschen gefangen hatte, begaben wir uns in die Kantine und holten uns eine Tasse Tee.

Erst jetzt wurde mir schlagartig klar, dass Peters Timing mal wieder erste Sahne war.

»Shit«, stieß ich hervor. »Morgen kommt ein Team von der neuen Firma, mit der wir zusammengelegt werden, um uns bei der Arbeit zu ›beobachten‹. Tja, das heißt dann wohl, ich kann mich schon mal von meinem Job verabschieden. Ich werde definitiv nicht im Büro sein, um diese Leute mit meiner Brillanz, Effizienz und Produktivität zu beeindrucken.«

»Warum denn nicht?«, wollte Simon wissen.

»Na, weil ich mich nicht zweiteilen kann!«, knurrte ich. »Ich bleibe heute Nacht hier bei Peter, und wenn er morgen entlassen wird, muss ich ihn erstmal nach Hause bringen und in sein Zimmer verfrachten – keine Ahnung, wie das gehen soll, wenn er mit Krücken unterwegs ist. Und irgendjemand muss bei ihm bleiben, bis er wieder fit für die Schule ist. Du hast ja gehört, was der Arzt gesagt hat – den Gehgips bekommt er erst in einer Woche, wenn die Schwellung zurückgegangen ist. Das heißt, jemand muss ihn rund um die Uhr betreuen. Theoretisch könnte Jane das übernehmen, aber das kann ich nicht mit meinem Gewissen vereinbaren. Sie würde seine Wehrlosigkeit ausnützen und ihn gnadenlos quälen. Das heißt, ich muss mir nächste

Woche frei nehmen. Der Zeitpunkt könnte echt beschissener nicht sein, aber es hilft nichts, ich bin und bleibe nun mal seine Mutter, ich muss mich um ihn kümmern.«

»Was ist, wenn ich heute Nacht hierbleibe und ihn morgen mit zu mir nehme?«, schlug Simon vor. »Ich kann nächste Woche von zu Hause aus arbeiten und ihn versorgen. Ich habe zwar ein paar Meetings, aber die kann ich bestimmt verschieben. Und falls nicht, kommt Peter garantiert auch mal ein, zwei Stunden ohne mich zurecht. Bei mir gibt es keine Treppe, und das Haus ist mit einem Aufzug ausgestattet. Ich bin sicher, er schafft es auch alleine aufs Klo, sollte ich mal kurz wegmüssen.«

Ich starrte ihn an. »*Du? Du* würdest dir die Zeit nehmen, dich um Peter zu kümmern?«

»Warum nicht? Du beschwerst dich doch immer, dass du nicht alles allein machen kannst. Und das sollst du ja auch gar nicht. Er ist *unser* Sohn, wir sind *beide* für ihn verantwortlich, nicht nur du. Warum also solltest du dir freinehmen, wenn dein Job auf dem Spiel steht? Ich bin sein Vater. Ich sollte genauso für ihn da sein wie du. Und für mich macht es keinen Unterschied, ob ich kommende Woche im Büro bin oder nicht. Aber für dich könnte es verheerende Folgen haben, wenn du nicht um deine Stelle kämpfst. Es ist höchste Zeit, dass ich mal einspringe, Ellen. Du hast so viel für meine Karriere geopfert, und ich werde dir nie vergessen, wie du mich vor ein paar Monaten unterstützt hast, als ich mich um meine Eltern kümmern musste.«

»Oh«, sagte ich. Auf die Idee, dass Simon beruflich zurückstecken und sich um Peter kümmern könnte, wäre ich nie im Leben gekommen. Das hat er bisher noch nie getan, kein einziges Mal. Er hat mir stets signalisiert, so etwas sei völlig ausgeschlossen, weil er ja so wichtig und beschäftigt ist, weshalb mir am Ende oft nichts anderes übrigblieb, als anstelle von bereits anberaumten Meetings Telefonkonferenzen abzuhalten, wobei ich höllisch aufpassen musste, meinen fiebernden Kindern nicht zu viel Hustensaft einzuflößen, während ich zugleich versuchte, mich auf die Gesprächsbeiträge der anderen Teilnehmer zu konzentrieren. Und bei seinen unzähligen Geschäftsreisen hat er mich ein ums andere Mal vor vollendete Tatsachen gestellt, ohne sich zeitlich mit mir abzustimmen oder auch nur einen Gedanken daran zu verschwenden, dass ich möglicherweise selbst unterwegs sein könnte.

»Warum solltest du?«, fragte ich misstrauisch und wartete auf das »Aber«: »Ich kümmere mich eine Woche um Peter, aber danach trampe ich ein halbes Jahr durch die Mongolei, und dann musst du zusehen, dass du ohne mich zurechtkommst.« Oder »Ich kümmere mich eine Woche um Peter, aber danach lege ich ein Sabbatical ein und mache einen einjährigen Asientrip mit Marissa, und du wirst vor Neid erblassen beim Anblick meiner Instagram-Posts, während du meinen stets hungrigen Sohn samt den Bremsstreifen in seinen Spider-Man-Unterhosen durch die Gegend kutschierst. Viel Spaß! Ich werde in Angkor Wat den Sonnenaufgang bewundern und verliebte Blicke mit Marissa austauschen, und dann werden wir den Tag selbstvergessen mit Sightseeing verbringen, und nachts werden wir uns zärtlich lieben, während du im Auto hockst und hoffst, dass dir Peter und seine angeheiterten Freunde auf dem Heimweg von der Party, von der du sie abholst, nicht auf die Fußmatten göbeln.«

»Weil es an der Zeit ist, dass ich mich auch einmal einbringe«, erklärte Simon. »Bei meinem letzten Besuch in Frankreich meinte meine Mutter, es wundert sie überhaupt nicht, dass du dich scheiden lassen willst. Sie war lediglich erstaunt, dass du so lange durchgehalten hast. Sie kann Marissa nicht ausstehen.«

»*Mich* konnte sie auch nicht ausstehen, als wir noch verheiratet waren«, erinnerte ich ihn. »Wahrscheinlich fühlt sie sich inzwischen von mir bloß nicht mehr bedroht, jetzt, wo sie eine neue Konkurrentin hat, mit der sie um die Gunst ihres geliebten Sohnes wetteifern muss.«

»Sie mochte dich sehr wohl!«

»Sie hat mir vorgeworfen, ich würde beim *Trivial Pursuit* bescheißen! Sie hat behauptet, es könne gar nicht sein, dass ich die richtige Lösung weiß, und mir unterstellt, ich hätte die Antworten vorher auswendig gelernt!«

»Das tut sie nicht bei jedem. Das ist ihre Art und Weise, Leuten zu zeigen, dass sie sie mag und dass sie zur Familie gehören. Marissa hat sie nie vorgeworfen, sie würde bescheißen, nicht einmal beim *Rommé*. Also, bist du einverstanden, wenn ich heute Nacht bei Peter bleibe und ihn morgen bei mir einquartiere? Er kann bleiben, bis er wieder mobil und fit genug für die Schule ist. Oder auch länger, wenn es für ihn einfacher ist ohne Treppe. Vielleicht könntest du eine Tasche mit dem Nötigsten für ihn packen und sie morgen Jane mitgeben?«

»Kann ich machen.« Ich war immer noch überzeugt, dass mir Simon dieses Angebot nur unterbreitet hatte, weil er insgeheim plante, mit Marisa eine Weltreise zu unternehmen und davon ausging, dass ich keine Einwände erheben würde, wenn er erst ein so großes Opfer gebracht und sich *eine ganze Woche* um seinen kranken Sohn gekümmert hatte.

Wir gingen wieder nach oben und warteten, bis wir zu Peter durften. Er war nach der Operation noch sehr benommen, aber es war alles gut gegangen. Er lebte, und er würde wieder ganz der Alte werden. Vor Erleichterung hätte ich beinahe erneut geheult. Peter nahm die Nachricht, dass er vorübergehend zu Simon ziehen sollte, gelassen auf.

»Dad hat ohnehin das bessere Breitbandinternet, Mum. Bringst du mir meinen Computer und meine Xbox und meine Playstation und mein Nintendo Switch?«

»Na klar«, versicherte ich ihm. »Und saubere Unterwäsche.«

»Und vergiss die Ladekabel nicht, und die ganzen anderen Kabel; ohne die geht gar nichts.« Auf seine Prioritäten hatte die traumatische Erfahrung keinerlei Auswirkungen gehabt, so viel war offensichtlich.

JULI

Samstag, 6. Juli

Schon seltsam, so ohne Peter. Ich kann mich nicht entsinnen, dass ich je so lange von ihm getrennt gewesen wäre. Er fehlt mir, trotzdem komme ich besser als erwartet damit zurecht, wohl, weil ich zur Abwechslung mal nicht ständig Lebensmittel und Klopapier ranschaffen muss. Da auch Jane die meiste Zeit unterwegs ist, rede ich viel mit meinen Hunden und finde mich allmählich damit ab, dass ich endgültig zur durchgeknallten Hundenärrin mutieren werde, wenn die Kinder einmal aus dem Haus sind. Aber noch ist es längst nicht so weit. Ich sehe Peter trotzdem täglich, weil ich nach Feierabend immer einen Abstecher zu Simon mache und auch dort zu Abend esse. Da auch Marissa stets zugegen ist – mit einem Gesicht wie drei Tage Regenwetter –, ist die Atmosphäre bisweilen etwas angespannt, aber Peter besteht darauf, dass ich zum Essen bleibe, und nicht einmal Marissa könnte einem Kind mit gebrochenem Knöchel diesen Wunsch abschlagen.

Jane war selbstverständlich vollkommen unbeeindruckt vom Unfall ihres Bruders. Sie ging sogar so weit, anzudeuten, sie wolle sein Zimmer zu einem begehbaren Kleiderschrank umfunktionieren, sollte er auf Dauer zu Simon ziehen. Ich entgegnete, dass sie, falls sie bei den Prüfungen gut genug abgeschnitten habe, ohnehin im September ausziehen und die meiste Zeit woanders leben werde, weshalb es mir etwas unnötig erscheine, ihren Bruder auszuquartieren. Als ich fragte, ob sie bereits einen Ferienjob habe, schnaubte sie nur verächtlich.

Im Büro waren die ganze Woche die »Beobachter« unterwegs. Sie saßen in Meetings (»Ignoriert uns einfach. Tut genau das, was ihr immer tut!«) und machten alle nervös.

Erschwerend kommt hinzu, dass wir eines unserer bisher größten Projekte pünktlich zum Abschluss bringen müssen, und das, obwohl wir unterbesetzt sind, seit zwei Mitarbeiter wegen der Gerüchte über eine mögliche Fusion gekündigt haben. Somit fühle ich mich prompt wieder so wie während der Prüfungsphase der Kinder – ich treibe alle zur Eile an und signalisiere zugleich, dass wir gut in der Zeit liegen und das Kind schon schaukeln werden, damit die Arbeitsmoral nicht leidet und alle ihr Bestes geben, ganz egal, was die Zukunft für uns bereithalten mag.

Es ist anstrengend und kräftezehrend, zusätzlich zu meinen üblichen Aufgaben für den nötigen Ansporn sorgen zu müssen, aber mir scheint, wir Frauen, insbesondere wir Mütter, finden uns andauernd in dieser Rolle wieder. Ganz egal wie gestresst, besorgt oder verängstigt wir sind, wir machen weiter, um unseren Mitmenschen das Gefühl zu geben, es sei alles in bester Ordnung. Im Grunde bin ich für mein Team im Moment in erster Linie ein Fels in der Brandung, wie ich das jahrelang auch für meine Kinder war, sei es während der Trennung von Simon oder kürzlich während der Prüfungsphase. Immer wieder habe ich ihnen mit einem Lächeln im Gesicht versichert, dass alles okay ist, stets bemüht, mir nicht anmerken zu lassen, was in mir vorgeht, denn wie sollen sie unbesorgt sein, wenn ich es nicht bin?

Sehr bedauerlich, dass man all das nicht in einer Bewerbung anführen kann. Ich versuche allabendlich, meinen Lebenslauf zu überarbeiten, damit ich demnächst anfangen kann, mich nach einem neuen Job umzusehen, nur für alle Fälle, und viele der Fähigkeiten, die ich meiner Mutterschaft verdanke, haben mir auch am Arbeitsplatz sehr geholfen. Dennoch wird die Mutterschaft als Karriere-Booster nach wie vor total unterschätzt. Hätte ich ein teures Seminar zum Thema Verhandlungsgeschick besucht, dann könnte ich das ohne Weiteres unter *Fortbildungen* auflisten, und alle wären beeindruckt. Aber es interessiert kein Schwein, wenn ich argumentiere, dass ich über Verhandlungsgeschick verfüge, weil ich wiederholt ein wütendes Kleinkind zu der Einsicht bringen konnte, dass der blaue Becher genau der gleiche blaue Becher ist wie immer, der, aus dem es auch gestern schon getrunken hat, und nein, er wurde nicht gegen irgendeinen identisch aussehenden BÖSEN blauen Becher ausgetauscht. Jede Frau, die derartige Erfahrungen gemacht hat, bringt alles mit, um als Friedensstifterin im Nahen Osten Erfolge zu feiern.

Wenn man in einem Tagungshotel in Swindon drei Tage damit zugebracht hat, den Vorträgen eines Grünschnabels über Multitasking, Organisation und Motivation zu lauschen, dann denken alle, man sei bestens gerüstet. Aber kein Schwein glaubt einer Frau, wenn sie argumentiert, dass sie mindestens ebenso gut gerüstet ist, weil sie binnen kürzester Zeit Lunchpakete gemacht, Hundekotze aufgewischt und sämtlichen Plunder aus einer Ecke des Hauses verbannt hat, um dort ein Zoom-Meeting abzuhalten, für das sie die gesamte verfügbare Bandbreite benötigte, weshalb sie zugleich die Kinder angemotzt hat, sie sollen sich gefälligst aus dem Internet ausloggen und ihre Schuhe im Übrigen selbst suchen, und nein, ein »Ich kann sie nicht finden!« sei verdammt noch mal nicht dasselbe wie suchen. Tja, sie könnte im Lebenslauf ebenso gut schreiben »Ich bin gut darin, Leuten den Hintern abzuwischen«.

Marissa bezeichnete mich als »melodramatisch«, als ich mich über all das beim Abendessen beschwerte. »Warum lässt du dich nicht zur Lehrerin umschulen, wenn du so viele tolle Fähigkeiten im Umgang mit Kindern hast?«

»Weil ich als Lehrerin vollkommen ungeeignet wäre – ich habe Null Geduld, und Lehrerinnen müssen gewisse Märtyrer-Qualitäten mitbringen, sonst gehen sie den Schülern an die Gurgel.«

Marissa ließ ihr kleines Lachen hören und murmelte etwas von wegen »in meinem Alter« sei es vermutlich auch schwierig, noch eine Umschulung zu machen und sich neue Fähigkeiten anzueignen. Ich verspürte große Lust, ihr meine Gabel ins Auge zu rammen, kam jedoch zu dem Schluss, dass es für Peters Genesungsprozess nicht zuträglich wäre, wenn er beim Verzehr seiner Penne all'arrabiata Zeuge eines blutigen Mordes würde.

Sonntag, 14. Juli

Ich hatte mich auf einen gemütlichen Sonntag eingestellt. Mein Plan war, zunächst mit den Hunden spazieren zu gehen und dann meinem Sohn einen Besuch abzustatten (Peter hat jetzt seinen Gehgips und geht ab Montag wieder zur Schule, will aber noch bei Simon bleiben, angeblich weil das Duschen dort einfacher für ihn ist. (Ich vermute, es liegt auch daran, dass Simon keine Einwände gegen eine im Wesentlichen aus Tortilla-Chips bestehende Ernährung erhebt und ihn nicht ständig mit Ermahnungen wie »Du musst fünf Portionen Obst und Gemüse pro Tag zu dir nehmen« nervt.) Danach wollte ich mich bei Sam und Colin erkundigen, was sie so trieben, und ausloten, ob sie Lust hatten, mit mir einen heben zu gehen, wie erwachsene Menschen das gelegentlich tun. Im Anschluss daran musste ich mich der Essensplanung für die kommende Woche widmen (mit Fokus auf Sparsamkeit, da Hackfleisch aufgrund meines drohenden Jobverlusts demnächst ein unerschwinglicher Luxus sein könnte), und vor dem Zubettgehen würde ich mir noch ein schönes heißes Bad gönnen.

Stattdessen stand Simon bei mir auf der Matte, als ich gegen elf mit den nassen und vor Dreck strotzenden Hunden vom Spaziergengehen zurückkehrte.

»Was machst du denn hier?«, fragte ich überrascht. »Ist irgendwas mit Peter?«

»Nein, Peter geht's gut. Er hat Besuch von irgendwelchen Kumpels – der Mief der Turnschuhe, die einem von ihnen gehören, ist das Übelste, was mir je untergekommen ist; den kriege ich garantiert nie wieder aus meiner Wohnung raus! Und meine Milch ist auch andauernd alle, aber abgesehen davon ist alles bestens. Ich … ich wollte mit dir reden. Allein.«

Aha. Jetzt ist wohl der Zeitpunkt gekommen, da er mir eröffnen wird, was ihm als Entschädigung für die Betreuung seines maladen Sohnes vorschwebt. Ich *wusste* es.

Ich seufzte. »Dann komm mal rein und hilf mir, die Hunde sauberzukriegen.« Wenn er schon mal da war, sollte er sich gefälligst nützlich machen. Während wir Barry und Judgy abrubbelten, sorgte ich dafür, dass Simon nicht zu Wort kam, indem ich unablässig vor mich hinplapperte (»Jaaa, du bist ein braaaves Hundchen, nicht? *Mein* braves Hundchen. Mein süßer kleiner Dreckspatz! Okay, wohl eher mein süßer *großer* Dreckspatz …«). Ich war fest entschlossen, es Simon nicht zu einfach zu machen; er sollte mir gefälligst in die Augen sehen, während er seine Argumente vorbrachte.

Deshalb ließ ich mir auch viel Zeit mit dem Aufbrühen einer Kanne Tee und der Suche nach einer Packung Kekse (ich hätte sogar ein Zierdeckchen auf den Tisch gelegt, hätte ich denn eines besessen). So dauerte es eine ganze Weile, bis wir uns endlich gegenübersaßen – am Küchentisch, mit den noch immer feuchten und leicht müffelnden Hunden zu Füßen. Sie durften erst wieder ins Wohnzimmer, wenn sie wirklich trocken waren.

»So, dann erzähl mal«, sagte ich zu Simon, weil er mir allmählich leidtat, nachdem ich ihn so lange hingehalten hatte. »Was gibt es so Wichtiges zu bereden, dass du deinen schwerverletzten Sohn der dubiosen Fürsorge seiner Stinketurnschuhfreunde überlässt, um mir an einem Sonntagvormittag einen Besuch abzustatten?«

Simon seufzte. »Es geht um Marissa und mich. Ich … Ich wollte, dass du es von mir hörst, und nicht aus zweiter Hand, von den Kindern oder so.«

»So, so.« Ich nehme an, sie haben sich verlobt. Bestimmt planen sie schon die lange Hochzeitsreise, nach deren Rückkehr sie freudig verkünden werden, dass Marissa ein Kind unter dem Herzen trägt. Nach meinem Wochenende mit Edward dachte ich, von einer gewissen Schadenfreude erfüllt, dass es Simon eigentlich ganz recht geschähe, wenn er in seinem Alter noch einmal in den Genuss von »Vaterfreuden« käme.

»Keine Sorge«, sagte ich, »ich hab vorige Woche die letzten Scheidungspapiere unterschrieben und an die Kanzlei geschickt. Es kann sich nur noch um Tage handeln, bis du hochoffiziell wieder frei bist.«

»Was? Ach so, darum habe ich mich noch immer nicht gekümmert, was genau genommen mit ein Grund war für … Also, Marissa und ich haben uns getrennt.«

Oh!

»Und, wer hat Schluss gemacht?«, wollte der herzlose Teenager in mir wissen. Was wäre mir lieber – dass Simon dieser selbstgerechten Schnepfe den Laufpass gegeben hatte oder dass er von ihr abserviert worden war?

»Tut das etwas zur Sache?«

»Sie hat Schluss gemacht, stimmt's?«

»Nein, ich war's, wenn du's genau wissen willst. Aber das ist doch völlig unerheblich, wir sind schließlich nicht mehr vierzehn.«

Meiner Ansicht nach war es *keineswegs* unerheblich, aber das behielt ich für mich.

»Und warum?«, fragte ich.

»Es gab mehrere Gründe, der Wichtigste davon heißt Peter.«

»Peter? Was hat er damit zu tun?«

»Sie hat sich unmöglich verhalten, seit er bei mir wohnt. In der ersten Woche hat sie es noch zähneknirschend hingenommen, aber diese Woche hat sie in einer Tour genörgelt – sie fühlte sich gestört und fand es lästig, dass er da war. Wir reden hier von *meinem* Sohn und *meiner* Wohnung, wohlgemerkt. Dass du jeden Abend da warst, hat ihr auch nicht in den Kram gepasst, und sie war sauer, weil ich sie im Vorfeld nicht gefragt habe, ob es ihr recht ist, wenn Peter eine Weile bei mir wohnt, dabei war sie noch gar nicht offiziell bei mir eingezogen, verdammt noch mal! Sie hat noch immer ihre eigene Wohnung! Es ist ja nicht so, als hätte ich ihn *dort* einquartiert. Na, jedenfalls haben wir uns gestern Abend deswegen ziemlich heftig gestritten.«

»Ach herrje, das klingt nicht gut, aber ehrlich gesagt kann

ich verstehen, dass es etwas gewöhnungsbedürftig ist, wenn sich urplötzlich ein Teenager in die traute Zweisamkeit drängt.«

»Warum verteidigst du sie? Du hasst sie, also tu jetzt nicht so, als wärst du auf ihrer Seite.«

»Ich hasse sie nicht. Ich bin nur in einigen Belangen nicht derselben Meinung wie sie.«

»Und ob du sie hasst. Man merkt es dir sofort an, wenn du jemanden nicht leiden kannst. Dann lächelst du immer so gezwungen und säuselst in einer Tour ›Alles wunderbar‹.«

»Es geht hier nicht um mich, sondern um Marissa und um dich. Du hast gesagt, es gab noch andere Gründe?«

Er nickte mit finsterer Miene. »Du hattest recht.«

»Könntest du das etwas näher ausführen?«, fragte ich, um einen neutralen Tonfall bemüht. Ich liebe es, wenn ich Recht habe. Und ich habe immer recht, oder jedenfalls meistens, aber Simon ist nur höchst selten gewillt, es zuzugeben.

»Sie wollte *doch* ein Kind von mir. Gestern Abend kam es raus. Sie hat doch glatt gesagt: ›Wenn WIR erst Kinder haben, dann kannst du aber nicht mehr so selbstsüchtig sein und Peter hier wohnen lassen, wann immer es dir passt.‹ Darauf ich: ›Moment mal. Von Kindern war nie die Rede. Du hast immer behauptet, du willst keine Kinder,‹ worauf sie sagte: ›Ich habe nicht behauptet, dass ich *überhaupt nie* Kinder will – *natürlich* will ich Kinder! Ich wollte bloß damals noch keine.‹ Aber das ist gelogen, verdammt noch mal! Sie hat sehr wohl behauptet, dass sie *nie* Kinder will. Sie hat mir sogar einen langen Vortrag zum Thema Überbevölkerung gehalten, aber das leugnet sie jetzt. Und selbst *wenn* ich ein Kind mit ihr hätte, dann wäre mir dieses Kind unter gar keinen Umständen irgendwie wichtiger als Peter; er ist und bleibt mein Sohn. Als ich gewagt habe, sie darauf hinzuweisen, nannte sie mich einen unvernünftigen Egoisten und meinte, *natürlich* müsse ihr Baby Priorität haben vor einem Teenager, der demnächst flügge wird. Und bei der Gelegenheit hat sie mir auch gleich eröffnet, dass sie mit dem Kinderkriegen eigentlich warten wollte, bis ich geschieden bin und wir heiraten können, aber weil sich das alles so lange hingezogen hat, wollte sie lieber zeitnah loslegen und erst später heiraten. Und da bin ich explodiert. Ich habe sie gefragt, wie zum Teufel sie überhaupt darauf kommt, dass wir heiraten werden und sie daran erinnert, dass ich ihr keinen Antrag gemacht habe, und dass ich wie gesagt kein weiteres Kind will, worauf sie behauptet hat, das hätte ich ihr verschwiegen. Aber davon kann keine Rede sein! Wir waren uns immer einig, dass wir keine Kinder wollen! Und plötzlich beschwert sie sich, es sei unfair von mir, sie so lange hinzuhalten, weil Frauen schließlich nicht ewig im gebärfähigen Alter seien.«

»Ha! Genau wie ich es dir prophezeit hatte!«, krähte ich triumphierend.

»Darauf habe ich ihr ziemlich unverblümt gesagt, wohin sie sich ihr gebärfähiges Alter schieben kann, weil ich nun mal keine weiteren Kinder will, und wenn sie so scharf darauf ist, dann soll sie sich besser einen Mann suchen, der das auch will, weil ich nämlich definitiv nicht zur Verfügung stehe. So ging das noch eine ganze Weile weiter, und sie hat immer wieder durchblicken lassen, ich würde ihr quasi ein Baby *schulden*, weil ich ihr etwas vorgemacht hätte. Dabei war es genau umgekehrt! *Sie* hat *mir* etwas vorgemacht! Sie hat klipp und klar und völlig unmissverständlich gesagt, dass sie keine Kinder will. Sie hat mich angelogen. Oh Gott, Ellen, was ist, wenn sie bereits schwanger ist? Womöglich wollte sie nur abwarten, bis sie ganz sicher sein kann, dass es funktioniert hat. Oh Gott, dass ich darauf erst jetzt komme! Erst neulich war in der *Daily Mail* ein

Artikel über eine Frau, die ihrem Freund Sperma gestohlen hat, weil sie unbedingt schwanger werden wollte.«

»Hä? Wie stiehlt man denn Sperma, bitteschön? Man kann das Zeug ja kaum unauffällig in der Handtasche verschwinden lassen, während der Mann mal kurz nicht hinsieht.«

»Keine Ahnung, ich erinnere mich nur noch an die Schlagzeile. Ich glaube, sie hatte das volle Kondom aufgehoben …«

»Igitt. Das klingt ziemlich unhygienisch, und unromantisch obendrein. Hat sich Marissa irgendwie verdächtig verhalten? Hast du sie dabei erwischt, dass sie eine volle Lümmeltüte aus dem Mülleimer gefischt hat?«

»Nein, wir benutzen die Dinger gar nicht.«

»Also, hör mal, dann musst du dich aber nicht wundern, wenn sie schwanger ist. Du *weißt* doch, wie Babys entstehen, Simon, und wenn du keine Gummis verwendet hast, kannst du ihr beim besten Willen keinen Spermadiebstahl vorwerfen!«

»Sie sagte, sie hätte sich eine Spirale einsetzen lassen, und deshalb könnten wir auf Kondome verzichten.«

»Na dann hoffe ich mal, sie hat dir keinen Tripper angehängt. Ganz im Ernst, was habt ihr Männer nur für ein Problem mit Kondomen, und warum überlasst ihr das Thema Verhütung immer uns Frauen?«

»Ellen, das ist jetzt verdammt noch mal echt nicht der richtige Zeitpunkt für einen deiner Vorträge über das Patriarchat! Es war Marissas Vorschlag, dass wir ungeschützt miteinander schlafen. Sie fand, wenn wir uns beide auf die gängigsten Geschlechtskrankheiten testen lassen, besteht nicht die Notwendigkeit, das Müllproblem noch weiter zu verschärfen. Also mach mir keine Vorwürfe, ja?«

»Ganz schön raffiniert, ein ökologisches Motiv vorzuschieben.« Ich grinste. »Ich nehme mal an, da sie so umweltbewusst ist, wird sie Stoffwindeln verwenden. Ach ja, es geht doch nichts über den Gestank eines Eimers vollgeschissener, in Lauge eingeweichter Windeln. Du Glückspilz!«

»Sag mal, findest du das alles etwa witzig?«

»Nein, natürlich nicht. Wofür hältst du mich?«

»Manchmal habe ich den Eindruck, du *genießt* es richtig, wenn ich leide«, sagte er finster.

»Ach, hör mir mit diesem Shades-of-Grey-Quatsch auf«, sagte ich. Ich meine, natürlich genoss ich es, aber das konnte ich unmöglich zugeben, wenn ich an meiner moralischen Überlegenheit festhalten wollte.

»Was meinst du, ist Marissa schwanger?«

»Kann ich mir nicht vorstellen. Das hätte sie dir bestimmt gesagt.«

»Und was, wenn sie es doch ist?«

»Tja, dann wird eben demnächst noch ein Mensch auf dieser Welt leben, an dessen Entstehung du beteiligt warst, und du wirst die Konsequenzen tragen müssen, ob es dir passt oder nicht.«

»Aber ich will nicht den Rest meines Lebens mit Marissa verbringen. Ich will …«

»Wenn du ein Kind mit ihr gezeugt hast, dann geht es allein um das Wohl des Kindes und nicht um das, was *du* willst. Du musst nicht unbedingt den Rest des Lebens mit ihr verbringen, aber du musst sehr wohl für das Kind da sein, und das bedeutet, dass du bis an dein Lebensende mit Marissa zu tun haben wirst. Bei uns ist es ja genauso, ob es uns nun gefällt oder nicht.«

»Das ist doch etwas ganz anderes!«, widersprach Simon. »Unsere Kinder sind nicht das Einzige, was uns verbindet. Wir haben so viel zusammen erlebt. Ich kann mir ein Leben ganz ohne dich überhaupt nicht vorstellen. Als wir uns neulich getroffen haben … Ach, vergiss es. Aber ich frage mich schon manchmal, wie das wohl später einmal wird, wenn Peter und Jane erwachsen sind.«

Und da wurde mir zum ersten Mal bewusst, dass Simon aus meinem Leben verschwinden würde, wenn die Kinder nicht mehr bei mir wohnten, denn dann hatten wir im Grunde keine Veranlassung mehr, uns über den Weg zu laufen. Nachdem Peter ausgezogen war, würde ich Simon vielleicht noch einmal kurz bei den Feierlichkeiten anlässlich von Janes Universitätsabschluss begegnen, und das nächste Mal dann vermutlich erst bei ihrer Hochzeit, vorausgesetzt, Jane heiratet irgendwann. Das würde bedeuten, dass wir uns über Jahre hinweg nicht sehen, womöglich nicht einmal miteinander reden würden …

Die Welt geriet flüchtig ins Schlingern, so wie neulich im Pub, als ich mich selbst nicht im Spiegel erkannt hatte. Dieses Erlebnis hing mir immer noch nach. Ich fragte mich nach wie vor, wer ich inzwischen eigentlich war, und die Vorstellung, Simon könnte auf Dauer aus meinem Leben verschwinden, brachte mich zusätzlich aus dem Tritt. Es hatte weiß Gott Zeiten gegeben, da hätte ich am liebsten mit einem Tritt in den Hintern aus meinem Leben befördert und ihm ein »Ich bin froh, dass ich dich los bin!« hinterhergeschrien. Aber er hatte Recht, wir hatten so viel zusammen erlebt, hatten so viele Schwierigkeiten gemeinsam bewältigt. Manchmal genügt ein Blick, und wir wissen genau, was der andere denkt. Schon bei dem Gedanken daran, dass all das schon bald der Vergangenheit angehören könnte, fühlte ich mich noch verlorener. Okay, höchste Zeit für meine bewährten Strategien: Verdrängung und Themenwechsel.

»Simon«, sagte ich fest. »Warum bist du hier?«

»Wie gesagt, um dir zu erzählen, dass das mit Marissa vorbei ist. Und um dich zu fragen, ob ich deiner Meinung nach das Richtige getan habe.«

»Warum? Es geht hier um dich. Was ich denke, ist vollkommen egal.«

»Aber deine Meinung ist mir wichtig.«

»Weil ich immer recht habe?«

»Du hast nicht immer recht, du *glaubst* nur, dass du immer recht hast. Das ist nicht dasselbe.«

»Tja, du irrst dich. Warum sonst solltest du mich nach meiner Meinung fragen?«

Simon schob die Unterlippe vor.

»Hör zu, Simon, meine Meinung tut überhaupt nichts zur Sache. Glaubst *du* denn, dass du das Richtige getan hast?«

»Ja. Ich meine, ich glaube schon. Vermutlich. Ich bin fast sicher.«

Ich seufzte. »Komm schon, das kannst du doch besser. Was empfindest du jetzt, nachdem du Schluss gemacht hast?«

Simon riss entsetzt die Augen auf, wie er es immer tut, wenn er gezwungen ist, über Gefühle zu reden. Und ich hatte gehofft, er wäre dank Marissa und ihrer Retreats und nicht zuletzt dank der Therapie, die er nach unserer Trennung gemacht hat, endlich geheilt von seiner Phobie vor Gesprächen über Gefühle. Tja, es sah nicht danach aus.

»Muss das wirklich sein?«, brummte er.

»Ja, es muss sein. Sag mir, was du empfindest, Simon«, befahl ich boshaft grinsend. »Sei wenigstens einmal in deinem Leben ein metrosexueller Mann. Du schaffst das. Du hast sogar eine Therapie hinter dir!«

»Ja, aber mit einer Therapeutin über Gefühle zu reden ist etwas anderes, als im echten Leben darüber zu reden.«

»Herrgott noch mal, Simon!«, blaffte ich ihn an. »Schluss mit dem Rumgeeiere! Komm zu Potte und sag mir, was in dir vorgeht!«

»Also, falls sie dich feuern, kannst du mit deiner einfühlsamen Art bestimmt auf Eheberaterin oder Therapeutin umsatteln«, ätzte er. »Okay, meinetwegen. Es ist mir peinlich, dass ich schon wieder eine Beziehung in den Sand gesetzt habe. Und ich komme mir dämlich vor, weil ich so begriffsstutzig war. Ich habe ein schlechtes Gewissen, weil ich Marissa möglicherweise daran gehindert habe, eine Beziehung mit einem Mann einzugehen, der bereit ist, mit ihr ein Kind zu zeugen. Wenn sich ihr Wunsch jetzt nicht mehr erfüllt, dann ist das womöglich meine Schuld. Aber vor allem bin ich erleichtert, weil ich wieder ich selbst sein kann, ohne ständig kritisiert zu werden. Ich hatte andauernd das Gefühl, jemand sein zu müssen, der ich nicht bin, um ihren Ansprüchen zu genügen.«

»Weil sie dir verboten hat, in ihrer Gegenwart zu pupsen, oder wie?«

»Nein. Nun, ja, zum Teil. Ich meine, wie soll man sich denn bitte entspannen, wenn man in der Gegenwart eines Menschen nicht pupsen darf? Aber es liegt nicht nur daran. Es war auch alles andere.«

»Also, in Anbetracht des gotterbärmlichen Miefs, den du im Laufe unserer Ehe oft verbreitet hast, muss ich sagen, es wäre mir lieber gewesen, wenn du in meiner Gegenwart nicht ganz so entspannt gewesen wärst. Aber mal davon abgesehen: Meinst du nicht, es ist das beste so, nachdem du das Gefühl hattest, dass du in ihrer Gegenwart nicht du selbst sein kannst?«

»Ja, du hast ja recht …«

»Ich habe immer recht!«

»Ja, ja, ich weiß. Aber manchmal kommt es mir so vor, als

wärst du die einzige Frau, bei der ich wirklich ich selbst sein konnte.«

»In meiner Küche wird nicht gepupst.«

Sein Telefon vibrierte. »Ich muss los. Peter schreibt, er hat Hunger, und ich soll ihm was von Nando's mitbringen, weil angeblich nichts mehr zu essen da ist.«

»Hat er auch nur ein einziges Mal Gemüse oder Ballaststoffe zu sich genommen, seit er bei dir wohnt?«

»Muss wohl, sonst wäre mein Klo nicht ständig verstopft.«

»Willkommen in meiner Welt!«

Kaum war Simon losgefahren, um Hühnerteilchen für Peter zu besorgen, schrieb mir Mark, und da wir außer ein bisschen rumknutschen noch immer keinen Schritt weitergekommen waren, beschloss ich, dass Mark, genau wie Simon, jetzt endlich mal zu Potte kommen musste. Er lud mich zu sich zum Abendessen ein. Ich lehnte ab und lud ihn stattdessen zu mir ein, weil er seit dem allerersten Abend kein einziges Mal mehr hier war. Er findet immer neue Ausreden. Heute Abend war es der Spargel, den er besorgt hatte. Ich mag Spargel, aber das allein ist keine Basis für eine Beziehung, schon wegen des Geruchs beim Pinkeln. Ich schlug als Kompromisslösung ein Treffen im Pub vor, und danach konnten wir ja sehen, wie es mit dem Spargel weiterging.

Nach einem großen Gin Tonic beschloss ich, den Stier bei den Hörnern zu packen. Oder auch nicht. Es hing alles davon ab, wie Marks Antwort lautete.

»Hör zu, Mark«, sagte ich, »was ist los? Ich bin nämlich nicht ganz sicher, was das zwischen uns eigentlich ist. Du sagst immer, du willst es langsam angehen, und dagegen habe ich auch nichts einzuwenden, aber es gibt einen Unterschied zwischen ›langsam‹ und ›stagnierend‹. Alles in allem habe ich den Eindruck, dass es zwischen uns ziemlich gut läuft, aber in letzter Zeit scheint es fast, als wären wir in einer Sackgasse gelandet. Vielleicht ist es an der Zeit für ein klärendes Gespräch, um etwaigen Missverständnissen vorzubeugen.«

Mark nahm meine Hand und sah mir in die Augen. »Ich bin froh, dass du es ansprichst, Ellen«, sagte er ernst. »Ich habe dich wirklich, wirklich sehr gern, und ich hätte große Lust, den nächsten Schritt zu machen, und noch weitere. Es ist nur so, dass du früher oder später immer sagst, du musst nach Hause, wegen der Hunde, und deshalb war ich nicht sicher, ob du schon so weit bist, oder ob du vielleicht einfach nicht willst, und ich wollte dich zu nichts drängen.«

»Naja, ich muss tatsächlich wegen der Hunde nach Hause«, sagte ich. »Wir treffen uns meistens an den Abenden, an denen meine Kinder unterwegs sind, und irgendjemand muss sie ja rauslassen. Sie warten nun mal nicht gern so furchtbar lange. Deshalb habe ich dich ja auch immer wieder zu mir eingeladen, aber du findest ständig irgendwelche Ausflüchte. Warte mal ... Liegt es an den Kindern? Willst du ihretwegen nicht zu mir kommen? Nerven sie dich? Oder stört es dich ganz allgemein, dass ich Kinder habe? Lädst du mich deshalb immer zu dir ein – damit du ausblenden kannst, dass es sie gibt?«

»Aber nein! Es liegt nicht an deinen Kindern. Sie wirken sehr nett. Nein, das ist es nicht ...«

»Was ist es dann? Warum willst du partout nicht zu mir kommen, selbst wenn meine Kinder außer Haus sind?«

»Wegen der Hunde.«

»Was?«

»Ich mag keine Hunde.«

»Du magst keine Hunde? Ganz allgemein nicht, oder nur Judgy und Barry?«

»Ganz allgemein nicht, und die deinen … Nun ja, der Kleine macht einen etwas schreckhaften Eindruck, und der große ist sehr … groß. Als ich das allererste Mal bei dir war, wusste ich noch nichts von ihnen. Und wie gesagt, ich … bin einfach kein Hundefan. Hunde haaren, und sie lecken an allem, und sie sind schmutzig und …«

»Meine Hunde sind *nicht* schmutzig«, widersprach ich gereizt, wohl wissend, dass das gelogen war. »Sie sind rundum perfekt.«

»Das sind sie ganz bestimmt. Für Hunde. Ich mag nur eben keine Hunde.«

»Und Katzen?«

»Auch nicht besonders.«

»Pferde?«

»Neben denen fühlt man sich so klein.«

»Was ist mit Shetlandponys?«

»Sollen die nicht ziemlich hinterhältig sein?«

»Gibt es irgendwelche Tiere, die du *magst?*«

»Eigentlich nicht. Aber vor allem mag ich keine Hunde. Ich weiß nicht, warum. Sie sind einfach nicht mein Fall, tut mir echt leid.«

»Oh.«

»Aber das ist doch eigentlich kein Problem, oder? Wir können uns doch trotzdem treffen, nur eben bei mir.«

»Und wer soll meine Hunde abends zum Pinkeln rauslassen und anschließend ins Bett bringen?«

»Du bringst deine Hunde ins Bett?«

»Sie kriegen ein letztes Leckerli, und dann sage ich: ›Gute Nacht, ihr zwei. Jetzt ist Schlafenszeit‹.«

»Kann es sein, dass du deine Hunde ein klein wenig anthropomorphisierst?«

»Nein, kein bisschen!«, erklärte ich pikiert, obwohl ich gar nicht ganz sicher war, was anthropomorphisieren bedeutet.

»Wir können uns doch treffen, wenn deine Kinder da sind und sich um die Hunde kümmern können«, schlug er vor.

»Nein, das geht nicht«, sagte ich knapp.

»Warum nicht?«

»Nun, Jane wird hoffentlich demnächst ausziehen und anfangen zu studieren, und ich kann von Peter wohl kaum verlangen, dass er andauernd die Hunde hütet. Außerdem sind Judgy und Barry ein wichtiger Teil meines Lebens. Was ist, wenn das mit uns etwas Ernstes wird und wir in ein paar Jahren zusammenziehen wollen? Was soll ich dann mit den beiden machen?«

»Kann dein Ex sie nicht nehmen?«

Und damit war die Sache für mich gegessen. Ein Mann, der mir so *en passant* vorschlägt, ich solle meine Hunde weggeben, und sei es nur zu Simon, konnte unmöglich mein Seelenverwandter sein. Es gab keine Zukunft für uns. Ehrlich gesagt war mir das schon klar gewesen, als er mir gestanden hatte, dass er keine Hunde mochte. Trotzdem hatte die oberflächliche Ellen in mir gehofft, von ihm zu hören, er sei bereit, sich zu ändern, er könne bestimmt lernen, Hunde zu lieben, oder er werde zumindest einen Blindenhund sponsern oder so – einfach, weil er so verdammt gut aussah. Aber mit der Anregung, ich solle meine Hunde weggeben, wurde er für mich absolut unattraktiv.

»Ausgeschlossen. Es tut mir leid, Mark, aber das wird nichts mit uns beiden.«

»Was? Warum denn nicht? So tragisch ist das doch nun auch wieder nicht, oder? Ich *mag* dich, Ellen, sehr sogar, und ich habe das Gefühl, das mit uns könnte etwas sehr Ernstes werden. Ich bin sicher, es findet sich eine Kompromisslösung.«

»Mark, ich bin achtundvierzig, und meine Hunde zählen

zu den wenigen Dingen in meinem Leben, die mir uneingeschränkt Freude bereiten. In einer solchen Angelegenheit kann es keine Kompromisslösung geben. Eine Kompromisslösung findet man, wenn es darum geht, in welcher Farbe das Badezimmer gestrichen werden soll, aber nicht bei derart wichtigen Dingen. Ich finde, ich habe es verdient, mit jemandem zusammen zu sein, der meine Leidenschaften teilt und sich mit mir daran erfreut, statt vorzuschlagen, ich solle mich davon verabschieden. Es macht dich nicht zu einem schlechten Menschen, dass du keine Hunde magst«, flunkerte ich (in meinen Augen machte ihn das natürlich zu einem regelrechten Monster!), »aber du bist definitiv nicht der Richtige für mich. Ich glaube, ich gehe jetzt besser. Vielen Dank für den Drink.«

Sobald ich zu Hause war, kotzte ich mich via WhatsApp bei meinen Freunden aus.

Ich: Ich weiß jetzt, warum Mark keine Anstalten gemacht hat, mich flachzulegen.
Colin: Weil er keinen Penis hat?
Ich: Schlimmer.
Sam: Was kann schlimmer sein als das?
Hannah: Wartet, wartet! Ich schalte mal eben den Fernseher ein, damit der Terrorzwerg beschäftigt ist. Fangt nicht ohne mich an!
Sam: Ist er wahnsinnig religiös und will nicht mit dir schlafen, ehe du Jesus in dein Herz gelassen und versprochen hast, die Hälfte deines Einkommens an seine Sekte zu spenden? Müsst ihr euch vorher von einem Geistlichen trauen lassen, der aussieht wie ein Pädophiler?
Hannah: Okay, es kann losgehen. Also, hat er einen Schniedel? Hast du ihn gesehen? Ist es ein Mini-Schniedel? Ist das das Problem?

Ich: Keine Ahnung, wie groß sein Schniedel ist, aber ich weiß jetzt endlich, warum er nicht zu mir nach Hause kommen wollte. ER MAG KEINE HUNDE! Es ist vorbei. Finito. Ende.
Sam: Was ist das für ein Mensch, der keine Hunde mag?
Colin: Ach herrje, Süße. Tja, ist wohl besser, dass du es frühzeitig rausgefunden hast.
Hannah: Denk an den Pub in Dundee, Ellen ...
Ich: Und ihr findet nicht, dass ich überreagiert habe? Ich meine, er hat sogar vorgeschlagen, ich könnte die Hunde ja zu Simon geben, falls wir je zusammenziehen!
Hannah: Okay, auf nach Dundee!
Sam: Wer sagt denn sowas? Man kann einen Hund doch nicht einfach weggeben! Da könnte er genauso gut vorschlagen, du sollst deine Kinder weggeben.
Colin: Ich vermute, Ellen würde eher ihre Kinder bei Simon unterbringen, als sich von ihren Hunden zu trennen.
Ich: SIE LIEBEN MICH BEDINGUNGSLOS. Sogar, wenn ich mal wieder zickig bin. Ist es da ein Wunder, dass ich sie ebenfalls liebe?
Ich: Wie schön, dass ihr euch alle überschlagt, um mir zu versichern, dass ich nie zickig bin, Leute!

Als ich später zu Simon fuhr, um Peter zu besuchen, berichtete ich, dass es zwischen Mark und mir ebenfalls aus war.

»Mir scheint, dieses Wochenende grassiert eine Art Schlussmach-Virus.« Ich seufzte. »Eure Beziehung ist an Marissas Kinderwunsch gescheitert, und meine an Marks Hundephobie. Wobei das zwischen Mark und mir noch gar keine richtige Beziehung war.«

»Jane hat erzählt, du vermutest, dass er keinen Penis hat.« Simon grinste selbstgefällig.

»Jane muss sich dringend abgewöhnen, andere Leute zu belauschen«, knurrte ich.

»Er war ohnehin ein schmieriger Schleimer. Er ist mir einmal auf der Straße begegnet, als ich die Kinder abgeholt habe. Und diese idiotische Frisur! Ich dachte nur: Junge, schön, dass du noch keine Glatze hast, aber du siehst aus wie ein Teenager, ey.«

»Da ist was dran«, pflichtete ich ihm bei. »Na jedenfalls sind wir jetzt beide wieder Single. Aber ich glaube, das ist mir lieber, als mit jemandem zusammen zu sein, nur weil ich nicht allein sein will. Ich fühl mich bloß ein bisschen verloren, jetzt, wo die Kinder allmählich erwachsen werden. Ich frage mich nach wie vor, wer ich eigentlich bin. Ich dachte immer, mit Ende vierzig weiß ich genau, wer ich bin, was ich bin und was als nächstes kommt. Tja, so kann man sich irren. Aber eines weiß ich immerhin: Es hat keinen Sinn, mit einem Mann zusammen zu sein, der nicht der Richtige für mich ist. Und ein Hundehasser ist so ziemlich das Gegenteil von meinem Traummann.«

»Erinnerst du dich noch an die Taube?«, fragte Simon.

»Die Taube, die du vom Haus deiner Großmutter in Hampshire mit dem Zug nach Edinburgh gebracht hast? Weil ich einmal beiläufig bemerkt hatte, dass ich gerne eine rosa Taube hätte, ohne zu ahnen, dass ich eine fette Taubenphobie habe?«

»Ja. Wie kommt es eigentlich, dass du Hühner magst und dich vor Tauben derart fürchtest?«

»Keine Ahnung. Hühner sind weniger flatterig als Tauben. Wieso? Komm mir jetzt bitte nicht mit klugen Sprüchen von wegen ›Wer Tauben hasst, sollte keine Hundephobiker verurteilen‹!«

»Gott, nein! Mir ist bloß wieder eingefallen, wie kompliziert wir damals das Leben fanden, dabei hatten wir keine Ahnung, dass es zu der Zeit noch vergleichsweise einfach war. Wir haben gehofft, dass alles einfacher wird, wenn wir mal älter sind, stattdessen wird alles immer nur noch komplizierter. Weißt du noch, wie du beim Öffnen der Schachtel gekreischt hast?«

»Jep.«

»Du hast gesagt, du hättest dich wohl weit weniger erschreckt, wenn stattdessen der Kopf von Gwyneth Paltrow in dieser Schachtel gewesen wäre. Du hast dich andauernd beschwert, weil ich nicht romantisch genug war, aber ist es ein Wunder, dass ich auf große romantische Gesten verzichtet habe, nachdem du so auf meinen ersten Versuch, romantisch zu sein, reagiert hast?«

»Irgendwie war es trotzdem romantisch.«

»Ja, nachdem du aufgehört hattest zu kreischen. Da habe ich dir das erste Mal gesagt, dass ich dich liebe, stimmt's?«

»Ja. Ja, das hast du.«

»Wie heißt noch gleich dieser Song ... irgendwas von wegen Remember the first time ...«

»Na, ›Do You Remember the First Time‹. Aber darin geht es doch darum, wie grauenhaften der Sex beim ersten Mal war, oder?«

»An *unser* erstes Mal erinnere ich mich auch noch.«

»Ach, echt? Obwohl wir so hackedicht waren?«

»Ich erinnere mich an vieles«, sagte Simon. »Zum Beispiel daran, wie ...«

»DAAAAAD!«, rief Peter da. »Dad, ich hab Hunger, und mein Knöchel tut übelst weh. Bringst du mir eine Tüte Doritos?«

»Iss lieber einen Apfel!«, rief ich. Und fragte mich, was Simon wohl gerade hatte sagen wollen.

Montag, 22. Juli

Die inquisitorischen Befragungen vor der großen Ausmist-Aktion haben begonnen. Soll heißen, die Phase der Bewerbungsgespräche zum Zwecke der Verschlankung unserer Firma. Auch ich wurde zu einem Meeting mit den Oberbossen gebeten und aufgefordert, den Nutzen jedes einzelnen Mitarbeiters meiner Abteilung zu rechtfertigen. Ich glaube, ich habe meine Sache recht gut gemacht, wobei es in unserem Team ohnehin kein Totholz gibt; jeder und jede Einzelne wird benötigt und bringt spezielle Qualifikationen und Fähigkeiten mit, ohne die wir aufgeschmissen wären. Ich legte mich sehr ins Zeug, um den Zuständigen das zu vermitteln, und war hinterher recht zufrieden mit mir – ich hatte alles in meiner Macht Stehende getan, um die Stellen meiner Teammitglieder zu retten. Erst später fragte ich mich, ob ich es womöglich falsch angegangen war, und ob ich nicht besser etwas mehr über mich hätte reden sollen. Vielleicht hätte ich darauf hinweisen sollen, dass meine Untergebenen nur meinetwegen so gute Arbeit leisteten und es in unserer Abteilung nur dank mir so hervorragend lief. Doch statt durchblicken zu lassen, dass ohne mich alles den Bach runter ginge und dass ich verdammt noch mal eine *Inspiration* und absolut unersetzlich war, hatte ich kein Wort über mich selbst verloren, sondern von Lydias Fleiß und James' Gewissenhaftigkeit, von Toms Kreativität und Liams Liebe zum Detail geschwärmt. Blieb nur zu hoffen, dass ich am Schluss nicht als Einzige ohne Job dastand.

Ich fragte Simon, wie er darüber dachte, als ich meinem Sohn den allabendlichen Besuch abstattete. Peter macht übrigens keine Anstalten, wieder zu seiner Schwester und mir zurückzukehren. Jane wiederum stand neulich mit einem Metermaßband in der Hand in seinem Zimmer und googelte Einbauschränke.

Simon überlegte kurz. »Haben sie gefragt, welche Rolle du in der Abteilung spielst? Inwiefern du dich einbringst?«

»Eigentlich nicht. Sie wollten wissen, wie die Stimmung in der Abteilung so ist und wie ich mit meinem Team klarkomme, aber für meine Arbeit haben sie sich nicht sonderlich interessiert. Vielleicht hätte ich trotzdem ein bisschen mehr über mich und meine Aufgaben reden sollen, um zu beweisen, dass ich aus der Firma nicht wegzudenken bin?«

»Das glaube ich nicht. Es klingt ganz danach, als hättest du genau das gesagt, was diese Leute hören wollten. Hättest du nur über dich selbst geredet, dann hätten sie womöglich daraus geschlossen, dass du über die Gruppendynamik in deinem Team gar nicht richtig Bescheid weißt und deinen eigenen Interessen oberste Priorität einräumst. Und wie wir wissen, kann einer allein kein Team bilden. Es sei denn, sie sind die Sorte Personalerfuzzis, die sehen wollen, dass sich jemand auf Kosten der anderen profiliert, um zu zeigen, wie machthungrig er oder sie ist. Dann hast du dir womöglich selbst den Ast abgesägt. Keine Ahnung, Ellen. Ich war nicht dabei. Was hattest du denn für ein Gefühl?«

»Eigentlich wirkten sie recht sympathisch. Ed, mein ehemaliger Boss war auch dabei, und der ist echt okay. Er würde mich bestimmt nicht ins offene Messer laufen lassen.«

»Dann gehe ich mal davon aus, dass du alles richtig gemacht hast. Und falls nicht, ist die Sache jetzt ohnehin gelaufen. Also, entspann dich und trink ein Glas Wein.«

»An einem Montagabend?«, sagte ich *pro forma*, als hätte ich nicht vorgehabt, nach Hause zu fahren und mir ein schönes großes Scheiß-drauf-Glas Wein zu gönnen. Ich sann kurz darüber nach, wie seltsam es war, dass ich mich mit Simon plötzlich über Themen wie Beruf und Karriere unterhalten konnte, nachdem wir jahrelang nur darüber geredet hatten, ob noch Joghurt für die Lunchpakete der Kinder da war, und falls nicht, wessen Schuld das war.

»Warum nicht? Du siehst aus, als könntest du es brauchen.«

»Und was ist mit meinem Auto?«

»Ruf Jane und sag ihr, sie soll dich abholen. Sie kann sich gefälligst auch mal nützlich machen, zumal sie sich soweit ich weiß noch immer keinen Ferienjob gesucht hat.«

»Ja, sie wollte eigentlich im Pub anrufen, wegen der Stelle als Bardame, aber wie es scheint, hatte sie dafür noch keine Zeit. Sie ist zu beschäftigt mit Shoppen und Snapchat und der Präsentation ihres neuesten Make-up-Looks auf Instagram.«

»Sag ihr, sie soll zum Abendessen herkommen. Ich nehme an, du bleibst?«

»Was gibt es denn?«

»Eine Gemüsepfanne. Ich dachte, es ist an der Zeit, dass unser Sohn mal ein paar Vitamine zu sich nimmt.«

»Klingt gut. Aber bist du sicher, dass da so viel Ingwer rein muss?«

»Jep.«

»Und kein Knoblauch?«

»Willst *du* kochen, Ellen?«

»Ich versuche nur zu helfen!«

»Dann trink deinen Wein und misch dich nicht ein.«

»Und wie wär's, wenn du …«

»Ellen!«

»Ich will dich doch bloß an meinem reichen Erfahrungsschatz teilhaben zu lassen. Herrje, so wird das nie was! Gib mir ein Messer.«

»Nein. Hör auf, dich einzumischen. Ich bin durchaus in der Lage, Gemüse zu schnippeln, Ellen!«

»Wie gesagt, ich will dir nur he …«

»Lass es bleiben. Du musst lernen zu akzeptieren, dass nicht immer alles genau so gemacht wird, wie du es machen würdest, und dass es deswegen noch lange nicht falsch ist. Du beschwerst dich andauernd, dass alles immer an dir hängenbleibt, aber das liegt daran, dass du so ein Kontrollfreak bist und den Leuten nicht die Freiheit lässt, die Dinge so zu machen, wie sie es wollen. Das solltest du mal ausprobieren. Am besten fängst du gleich damit an.«

»Reden wir noch über die Gemüsepfanne?«

»Nein, wenn du es genau wissen willst. Wenn du unbedingt helfen willst, kannst du mir Wein nachschenken und mit mir plaudern, aber ohne meine Kochkünste zu kritisieren, okay?«

»Okay. Trotzdem, wenn du noch ein bisschen …«

»Ellen!«

»Ist ja schon gut! Hier, dein Wein. Soll ich noch eine Flasche aufmachen?«

»Ach, scheiß drauf, warum nicht?«

Das Pfannengemüse ohne meine Einmischung schmeckte ärgerlicherweise ziemlich lecker. Vielleicht hatte Simon ja ausnahmsweise recht – vielleicht musste tatsächlich nicht immer alles genau nach meinen Vorstellungen gemacht werden. Aber ich werde den Teufel tun und das ihm gegenüber zugeben.

Donnerstag, 25. Juli

Ich glaube, Jane hat die laaange Zickenphase endlich hinter sich. Sie benötigte ein Kleid für die heutige »Graduation Ceremony«

sowie eines für den Abschlussball morgen Abend (»Leavers' Prom« genannt – Schulen sind neuerdings offenbar wild entschlossen, alles zu amerikanisieren, schließlich werden unsere Kinder ja auch von Nickelodeon und dem Disney Channel dauerberieselt), und sie hat mir doch tatsächlich gestattet, meine Meinung dazu zu äußern!

Dies ist insofern bemerkenswert, als es bei der Auswahl ihres Kleids für den Weihnachtsball voriges Jahr ein regelrechtes Debakel gab. Damals erhielt ich von ihr einen Link zu einem Kleid, und als ich sagte, es sei ganz hübsch, schrie sie: »Es ist POTTHÄSSLICH, Mutter! In so etwas würde ich mich nie und nimmer blicken lassen! Du hast echt keinen blassen Schimmer von Mode, ey.« Die Einigung auf ein Kleid erfolgte dann nach dem Prinzip der paradoxen Intervention: Sie schickte mir ein weiteres Bild von einem Kleid; ich behauptete, ich fände es scheußlich; darauf verkündete sie, sie wolle aber genau dieses Kleid haben. Danach bot ich an, ihr dazu die Perlenohrringe meiner Großmutter zu leihen, und sie erwiderte, sie wolle nicht aussehen wie eine billige Nutte. Es steht zu bezweifeln, dass das der von Granny Green angestrebte Look war, doch als ich dies Jane gegenüber erwähnte und hinzufügte, ich habe diese Ohrringe bei meiner Vermählung getragen, grinste sie so zynisch, dass ich hastig meine Hochzeitsfotos hervorkramte, um zu überprüfen, ob ich tatsächlich wie eine Prostituierte ausgesehen hatte (natürlich nicht).

Diesmal allerdings zeigte mir Jane ein Kleid, das ich wider Erwarten ausgesprochen hübsch fand, und als ich sicherheitshalber trotzdem Zweifel anmeldete, war sie doch tatsächlich enttäuscht und sagte, sie finde es wunderschön, und sie habe angenommen, es würde mir ebenfalls gefallen. Also bat ich sie, mir ein weiteres Foto davon zu schicken und flunkerte dann, auf dem ersten Foto habe man das Kleid bloß nicht richtig erkennen können, und es sei tatsächlich sehr schön. Dann fragte sie auch noch, welche Schuhe sie dazu tragen sollte, und – oh Wunder! – sie befolgte meinen Rat!

Wir lauschten zunächst den langatmigen Ansprachen des Direktors sowie diverser Lehrer und Elternvertreter, gefolgt von der »inspirierenden« Rede eines ehemaligen Schülers, dessen größter Erfolg offenbar die in den Sand gesetzte Qualifikation für den olympische Kugelstoß-Kader war. Mir fielen vor Langeweile bereits die Augen zu, als mich Simon plötzlich mit dem Ellbogen anstieß.

»Warum hast du nicht erwähnt, dass Jane eine Rede hält?«, zischte er.

»Äh, was?«, murmelte ich benommen. »Jane? Sie hat kein Wort davon gesagt.«

Doch dort stand sie, auf der Bühne – unsere Tochter, und sie war eloquent und selbstbewusst und witzig, und zu meiner großen Erleichterung enthielt ihre Rede keinen einzigen Kraftausdruck. Kreatives Fluchen und beleidigende Neuschöpfungen sind Janes neuester Zeitvertreib. Neulich hat sie ihren Bruder als verpimmelten Schwachmatenwicht bezeichnet. Sehr charmant.

Sie erwähnte, sie verdanke ihrer Schule nicht nur eine umfassende Allgemeinbildung samt Hochschulreife, sondern auch zahlreiche andere Lebenskompetenzen, und dann erwähnte sie zu meiner grenzenlosen Überraschung außerdem uns, ihre Eltern! Sie sagte, es gebe auch Kinder, die nicht das Glück hätten, von ihren Eltern so tatkräftig unterstützt zu werden wie sie, und für die spiele die Schule eine noch wichtigere Rolle.

Jane hatte die Unterstützung, die wir ihr angedeihen ließen, öffentlich gewürdigt! Sie hatte sich *öffentlich zu mir bekannt*!

Nachdem ich meine anfängliche Verblüffung überwunden hatte, platzte ich beinahe vor Stolz.

Hinterher eilte ich sogleich zu ihr. »Jane! Warum hast du denn nicht erzählt, dass du eine Rede halten wirst?«

»Weil ich verhindern wollte, dass du mich nervst oder irgendwelche peinlichen Aktionen bringst.«

»Du warst toll!«

»Okay, Mum, das reicht. Kein Grund, ewig rumzusülzen.«

Und damit ist ihre Schulzeit offiziell beendet. Mein kleines Mädchen ist erwachsen. Als ich beim anschließenden Dinner tief bewegt darauf zu sprechen kam, knurrte Jane, ich solle mich »gefälligst zusammenreißen«. Simon fuhr uns nach Hause, und beim Abschied umarmte er mich und flüsterte: »Mir geht's genau wie dir. Es ist beängstigend, aber wir haben unsere Sache gut gemacht. Wir haben sie achtzehn Jahre lang am Leben erhalten. Sie ist weder schwanger noch im Gefängnis, und jetzt ist es an der Zeit, dass sie auf eigenen Beinen steht. Denn genau darauf arbeiten Eltern hin, wenn sie Kinder großziehen, wie du weißt.«

AUGUST

Samstag, 3. August

Heute Mittag rief Simon an. Er war außer sich vor Sorge. Seine Eltern sind für ein paar Tage aus Frankreich hergekommen, um seine Schwester Louisa in ihrer Lyrik-Kooperative in Coventry zu besuchen, und dort musste seine Mutter dann mit Schmerzen in der Brust ins Krankenhaus gebracht werden. Wie sich herausstellte, hatte sie einen Herzinfarkt. Zum Glück hat sie überlebt, und sie sagte, sie wolle ihre Kinder sehen. Natürlich bot ich Simon an, ihn mit Peter und Jane nach Coventry zu fahren, aber er lehnte ab.

»Eine Nahtoderfahrung in der Familie genügt mir, danke; eine Fahrt auf der Autobahn mit dir am Steuer, das wäre jetzt zu viel für meine Nerven. Aber ich wäre dir sehr dankbar, wenn du mitkommen würdest. Ich könnte gut ein bisschen Beistand gebrauchen.«

Den Wunsch konnte ich ihm wohl kaum abschlagen, zumal Simon uneingeschränkt für mich da war, als mein Vater starb, obwohl wir damals bereits getrennt waren. Wir begaben uns also alle gemeinsam nach Coventry.

Als wir das Zimmer seiner Mutter betraten, war Louisa bereits vor Ort. Sie trug einen sehr schmuddeligen Kaftan, was ich in einem Krankenhaus hygienisch bedenklich fand, aber bei Louisa muss man schon froh sein, wenn sie nicht nackt herumläuft, damit der Geist der Göttin ungehindert durch ihren Körper strömen und ihre Mutter heilen kann oder sowas in der Art. Sie hatte mehrere Amulette auf Sylvias Bett verteilt, und ihre ersten Worte an mich lauteten: »Ellen, hast du ein Feuerzeug dabei? Ich möchte ein Reinigungsritual durchführen, indem ich den Raum mit Salbei ausräuchere. Bei der ganzen negativen Energie hier kann meine Mutter unmöglich gesund werden. Hier ist jemand gestorben, das spüre ich ganz deutlich.«

»Wir sind in einem Krankenhaus, Lou«, erinnerte Simon sie. »Natürlich ist hier schon mal jemand gestorben. Und untersteh dich, hier drin dein getrocknetes Grünzeug abzufackeln, sonst geht womöglich der Rauchmelder los, und dann muss die ganze Bude evakuiert werden. Hallo, Mum.«

Die arme Sylvia wirkte sehr klein und zerbrechlich, wie sie dort in ihrem Krankenhausbett lag, aber sie hatte es immerhin geschafft, sich zu schminken und sich zwei Schals um den Hals zu legen, sie schien also bereits auf dem Weg der Besserung zu sein. Sylvia wurde noch nie von einem Menschen ungeschminkt gesichtet, nicht einmal mitten in der Nacht. Bei einem unserer Besuche bei Simons Eltern hörten wir eines Nachts ominöse Geräusche und dachten gleich an einen Einbrecher (in Wahrheit war es ein Fuchs, der in den Mülltonnen stöberte), und Sylvia zog sich doch tatsächlich die Lippen mit Rouge Dior nach, ehe sie mit dem Schürhaken in der Hand die Treppe hinuntereilte. Ihr Credo lautet: »Falls ich brutal ermordet werde, will ich wenigstens ein gutaussehendes Opfer abgeben.«

»Hallo, Liebes«, erwiderte sie. »Danke, dass du gekommen bist. Ach, Ellen, du bist auch da, wie schön. Es tut mir leid, dass ich so fürchterlich aussehe. Und meine wunderhübschen Enkel. Peter, Jane, wie geht es euch? Peter, was hast du denn angestellt?«

Peter sah verlegen zu seinem Gehgips hinunter und murmelte etwas von wegen Unfall.

Louisa unterbrach sie, um Sylvia etwas Lavendelöl auf die Pulspunkte zu tupfen, »Wegen der beruhigenden Wirkung«, wie sie erklärte. Wie üblich kam sie gar nicht auf die Idee, dass die Hauptursache jeglicher Unruhe sie selbst war.

»Bleib mir damit gefälligst vom Leib«, rief Sylvia entrüstet. »Das riecht ja schauderhaft, wie die Unterwäscheschublade meiner Großmutter! Reich mir mal den Waschlappen dort, Simon. Ich will doch nicht riechen wie eine alte Schachtel!«

»Lavendelöl wirkt BERUHIGEND!«, beharrte Louisa. »Ich sorge nur dafür, dass du dich beruhigst!«

»Ich muss gar nicht beruhigt werden«, sagte Sylvia. »Es geht mir blendend.«

»Naja, blendend ist wohl nicht ganz der richtige Ausdruck, oder?«, wandte Simon ein. »Du hattest einen Herzinfarkt. Das ist so ziemlich das Gegenteil von blendend, Mum.«

»Deshalb das Lavendelöl und das energetische Reinigungsritual!«, keifte Louisa. »Danach ginge es ihr bestimmt gleich viel besser, aber auf mich hört ja mal wieder keiner.«

»Es wäre garantiert nicht hilfreich, wenn es hier nach alter Schachtel *und* verbranntem Salbei riechen würde«, wandte Sylvia ein. »Und leg diese Dinger bitte woanders hin, Liebes, die sind mir im Weg.« Sie drückte Louisa ihre Amulette in die Hand.

Louisa schnaubte. »Bitte, wie du meinst. Wenn du unbedingt auf den Schutz der Göttin verzichten willst …«

»Ich glaube, ich vertraue in erster Linie auf die Schulmedizin, wenn du nichts dagegen hast, Louisa«, sagte Sylvia barsch.

Hervorragend. Wenn sie diesen Tonfall anschlug, war sie definitiv nicht im Begriff, den Löffel abzugeben.

»Wo steckt eigentlich Dad?«, wollte Simon wissen.

»Der gönnt sich gerade eine Tasse Tee, nachdem Louisa ihn vorhin schier zur Weißglut gebracht hat«, berichtete Sylvia.

»Ich hab ihn bloß gefragt, ob er endlich seine Ernährung umgestellt hat, wie ich es ihm schon vor Monaten geraten habe. Aber er wurde richtig garstig, als ich sagte, er soll die Chemotherapie abbrechen und sich stattdessen lieber vegan und bio ernähren. Ich verstehe nicht, warum alle so gereizt reagieren auf meine Versuche, ihnen zu *helfen*«, lamentierte Louisa. »Wie geht es Dir, Ellen? Bist du schon in den Wechseljahren? Du siehst jedenfalls ganz danach aus. Ich habe einige wunderbare Gedichte über die Menopause geschrieben; eines davon heißt ›Meine Gebärmutter schrumpft, meine Yoni trauert‹. Du bekommst mein neues Buch natürlich zum Freundschaftspreis.«

»Äh, vielen Dank«, sagte ich matt. »Ich behalt's im Hinterkopf.«

Das ist Louisa, wie sie leibt und lebt. Was auch immer geschehen mag in dieser unbeständigen, Welt, welche Launen auch immer das Schicksal für uns bereithalten mag, eines wird sich wohl nie ändern, und das ist meine durchgeknallte Schwägerin. Gleich einer Naturgewalt walzt sie mit ihrer zusehends fragwürdigen Einstellung zu persönlicher Hygiene unaufhaltsam durch das Leben, bietet eine erkleckliche Anzahl alternativer Therapien an, über die sie in der Theorie wie in der Praxis mehr schlecht als recht Bescheid weiß, setzt Horden von verwilderten Kindern in die Welt (okay, das war in der Zeit vor der schrumpfenden Gebärmutter und der trauernden Yoni, und mittlerweile leben die meisten der Bälger beim Vater, weil sie von Louisas Lebenswandel die Schnauze voll haben) und überschwemmt die Welt mit grauenerregender Lyrik, die sie im Selbstverlag herausgibt und an arglose Unbeteiligte zu verscherbeln versucht.

Insgeheim fürchtet die fiese Ellen in mir ja, dass eines Tages jemand, der etwas von diesen Dingen versteht, über einen von Louisas dubiosen Gedichtbänden stolpert und verkündet, es handle sich um die brillante Arbeit eines Genies, und dass sie dann infolgedessen mit Verlagsverträgen überschüttet wird und die *Sunday Times* und die *New York Times* ihre Werke zu Bestsellern erklären, die sich millionenfach verkaufen, und wenn sie dann mit Literaturpreisen überhäuft wird, müssen wir alle vor ihr zu Kreuze kriechen. Da ich bereits mehrere Bücher von Louisa besitze, die hauptsächlich von einem ungesunden, an Besessenheit grenzenden Verhältnis zu ihren Fortpflanzungsorganen zeugt, rechne ich zwar eigentlich nicht damit, aber man erlebt in der Welt der Literatur ja immer wieder allerlei obskure Überraschungen.

Wie sonst ließe sich erklären, dass die verehrungswürdige Sankt Jilly von Cooper für ihre unzähligen hochinteressanten, unterhaltsamen und informativen Werke noch keinen einzigen Literaturpreis erhalten hat, während unzählige öde, geistlose Wälzer, in denen es zumeist um einen aufgedunsenen Professor geht, der eine stürmische Affäre mit einer attraktiven Studentin hat, über den grünen Klee gelobt werden? Es ist also eher unwahrscheinlich, aber nicht völlig ausgeschlossen, dass Louisas Gedichte eines Tages ein kommerzieller und literarischer Erfolg werden. Zugegeben, in Anbetracht der Tatsache, dass ihr letztes Werk den Titel *Salbung des Patriarchats mit dem Blut meines Uterus* trug, gehen die Chancen wohl gegen Null.

Louisa gestikulierte nun zur Verärgerung ihrer Mutter mit den Händen vor ihrem Gesicht herum, während sich Sylvia weiter mit Simon unterhielt und dabei mal rechts, mal links an ihrer Tochter vorbei spähte.

»Nun halt doch mal STILL, Mum!«, schimpfte Louisa. »Ich versuche gerade, den Heilungsprozess mittels Reiki einzuleiten, aber dazu musst du aufhören rumzuzappeln und mich das tun lassen, was ich am besten kann!«

»Du hast keinerlei Reiki-Qualifikationen vorzuweisen«, wandte Sylvia ein.

»Die brauche ich nicht, ich bin ein Naturtalent«, behauptete Louisa. »Und jetzt halt endlich STILL! Merkst du, wie die Energie des Universums in Form von Wärme aus meinen Händen in dich strömt?«

»Nein«, sagte Sylvia und fügte dann mit einem alarmierten Blick auf Louisas schmutzige Finger hinzu: »Wie wär's, wenn du dir ein bisschen Desinfektionsgel aus dem Spender dort neben der Tür holst, Liebes?«

»Ganz sicher NICHT!«, stieß Louisa entsetzt hervor. »Ich vergifte meinen Körper doch nicht mit Chemikalien! Komm schon, Mum, du gibst dir ja überhaupt gar keine Mühe. HALT STILL! ... Na, spürst du schon die heilende Wirkung?«

»Nein!«, wiederholte Sylvia.

»Aber *ich* spüre sie. Ich spüre, dass du auf dem Weg der Besserung bist. Und es gäbe noch so vieles, was du tun könntest, um den Selbstheilungsprozess zu unterstützen. Du ebenfalls, Ellen. Wie ich sehe, trägst du noch immer einen BH. Das solltest du unbedingt bleiben lassen. BHs können Brustkrebs verursachen, musst du wissen. Und du wirst dich viel besser fühlen, wenn du darauf verzichtest. Büstenhalter sind nichts weiter als ein Unterdrückungswerkzeug des Patriarchats, das uns die Luft abschnüren, uns zum Schweigen bringen und handlungsunfähig machen soll. Die Männer haben Angst vor unseren Brüsten, deswegen sollen wir sie zähmen, fesseln, bändigen … Ich fühle mich unheimlich STARK, seit ich keine BHs mehr trage.«

Jane und Peter stießen simultan ein entsetztes Stöhnen hervor, und auch Sylvia gab einen erstickten Laut von sich, als könnte durchaus der nächste Infarkt drohen, sollte Louisa so weitermachen. Simon war dunkelrot angelaufen und seiner Miene nach zu urteilen ebenfalls einem Herzkasper nahe.

Ich sah gezwungen lächelnd zu meinen Kindern. »Geht doch mal runter in die Cafeteria und begrüßt euren Großvater.« Sie suchten erleichtert das Weite.

Währenddessen quasselte Louisa unverdrossen weiter. »Mit den Unterhosen ist es nicht anders«, fuhr sie fort. »Ich trage schon seit Jahren keine mehr, deshalb bin ich auch so kreativ. Unsere Yoni bildet das Zentrum unserer Kraft, unserer Macht, und das ist dem Patriarchat ein Dorn im Auge. Nur deshalb zwingt man uns, die Pforte des Lebens mit zahlreichen Stoffschichten zu bedecken – um unsere Stimme zum Verstummen zu bringen, den Gesang unserer Yoni zu ersticken …«

Sylvia wimmerte auf, doch Louisa war jetzt so richtig in Fahrt gekommen und ließ sich davon nicht aufhalten. »Die Männer glauben, sie können uns ausbremsen, indem sie die Stimme unseres Leibes zum Verstummen bringen, die Stimme unserer mächtigen Yonis. Deshalb wurde auch der Tampon erfunden. Ich verwende ja mittlerweile nicht einmal mehr eine Menstruationstasse. Ich lasse das Blut einfach laufen. Ein ungemein befreiendes Gefühl.«

Simon verließ das Zimmer.

»Ich weiß, Mum, dich betrifft das nicht mehr, und dich vermutlich ebenso wenig, Ellen, ich bin ja deutlich jünger als du …«

»ZWEI JAHRE!«, rief ich ungehalten.

»Es verleiht mir ein unglaubliches Gefühl der Macht, wenn ich spüre, wie das Blut an meinen Beinen entlang rinnt, wenn ich weiß, dass meine Yoni frei ist und rein und in der Lage, zur Welt da draußen zu sprechen. Mir ist völlig unbegreiflich, dass es überhaupt noch Frauen gibt, die Unterwäsche tragen«, schloss sie.

Ich war vollkommen geplättet. Mir fiel beim besten Willen nichts ein, was ich darauf entgegnen sollte. Sylvia dagegen war zum Glück nicht bereit, sich diesen Bockmist noch länger anzuhören.

»Ich bitte dich, Louisa!«, sagte sie streng. »Singende Genitalien? So einen ausgemachten Unsinn habe ich ja in meinem ganzen Leben noch nie gehört. Selbst wenn es so was gäbe, würde ich es nicht hören wollen, und deshalb werde ich weiterhin meine Schlüpfer von Marks & Spencer tragen, was auch immer du sagst, und damit ist das Thema jetzt hoffentlich abgehakt! Und hör endlich mit dem Gefuchtel auf! DAS GEHT MIR AUF DIE NERVEN!«

Die meisten Menschen hätten diesen Wink mit dem Zaunpfahl verstanden und es gut sein lassen, doch nicht so Louisa.

»Mit dem Reiki bin ich jetzt ohnehin fertig«, verkündete sie pikiert. »Als nächstes muss ich deine Chakren in Einklang bringen, aber das dürfte schwierig werden, weil die Macht und Energie deiner Yoni durch das Tragen von Unterwäsche nun einmal nicht ungehindert fließen können, und das hat natürlich negative Auswirkungen auf den restlichen Körper. Wahrscheinlich hattest du deshalb einen Herzinfarkt. Da ist alles total blockiert von deinen Schlüpfern mit Zwickel und deinen bourgeoisen Attitüden.«

»Ich hatte einen Herzinfarkt, weil meine Arterien verstopft sind, und das liegt daran, dass ich erblich vorbelastet bin und zu viel Brie gegessen habe! Mit dem Tragen eines Schlüpfers hat das nicht das Geringste zu tun!«, protestierte Sylvia, just in dem Augenblick, als die Tür aufschwang und ihr Gatte Michael in Begleitung von Simon hereinkam.

»Was um Himmels Willen ist hier los, und warum redest du über deine Schlüpfer?«, wollte Michael verwundert wissen, während Simon hektische »Frag nicht!«-Gesten machte. Louisa öffnete den Mund, um zu einer Erklärung anzusetzen.

»Wo sind eigentlich deine Kinder, Louisa?«, rief ich hastig, ehe sie die nächste Tirade gegen den Schlüpfer mit Zwickel und die Unterdrückung der Frau durch das Patriarchat vom Stapel ließ.

»Meine Kinder haben mich verraten!«, stieß Louisa hervor und begann dann ausführlich über ihre Sprösslinge zu schimpfen. Sie bezeichnete sie als undankbares Pack und ihre Forderungen nach Hygiene, Schulbildung und einer Mutter, die zu Hause nicht dauernd nackt herumlief und ihre Pampelmusen frei schwingen ließ, als »unerhört«. Selbst Boreas, der Jüngste, hatte mittlerweile offenbar die Flucht ergriffen und lebte bei seinem Vater. Spätestens jetzt hatten sämtliche Anwesende auf Durchzug geschaltet und waren heilfroh, dass Louisa nicht mehr über ihre Geschlechtsteile redete.

Zum Glück ging sie kurz darauf, nicht ohne zu verkünden, sie werde von einer Frauengruppe erwartet, die sie »unmöglich enttäuschen könne«. »Ich hab wie üblich im Vorfeld nicht erwähnt, dass ich meine Lesungen nackt abhalte. Wenn ich mein Publikum damit überrasche, ist das viel wirkungsvoller. Ein richtig starkes Statement.«

Alle atmeten erleichtert auf, sobald die Tür hinter ihr zugefallen war. Wenig später gesellten sich Peter und Jane wieder zu uns, nachdem sie aus sicherer Entfernung mitverfolgt hatten, wie Louisa auf dem Weg nach unten noch einmal angehalten hatte, um einer Krankenpflegerin einen Vortrag über die moderne Medizin zu halten, die uns noch alle umbringen werde.

Nach Louisas Abgang verging der Rest des Nachmittags vergleichsweise ereignislos. Meine Schwiegermutter Sylvia, die einst ein richtiger Drache gewesen war, schlug mir gegenüber tatsächlich einen deutlich freundlicheren Ton als bisher an, und ich war froh, dass sie allem Anschein nach wieder auf die Beine kommen würde, sofern sie künftig auf den Brie verzichtete und vor allem nicht mehr behauptete, solange sie genug Rotwein dazu trinke, könne ihr der Verzehr nichts anhaben.

Gegen Abend lieferte uns Simon wieder zu Hause ab. Jane rannte ins Haus, um hundertfünfundsiebzigtausend Selfies auf Instagram zu posten. Peter humpelte hinterher. Der Reiz des Neuen hatte sich abgenutzt, zumal er mittlerweile erkannt hatte, dass es das kulinarische Oeuvre seines Vaters mit dem meinen nicht aufnehmen konnte.

»Sei unbesorgt«, sagte ich zu Simon. »Sie ist in den besten Händen.«

»Ich weiß«, erwiderte er. »Aber Sorgen mache ich mir trotzdem.«

»Willst du noch auf einen Drink reinkommen?«

»Wäre das okay?«

»Natürlich. Du kannst den Wagen ja stehen lassen, Jane fährt dich nachher nach Hause.«

Jane war wenig begeistert von dieser Aussicht, willigte in Anbetracht der Umstände jedoch widerstrebend ein.

Wir setzten uns mit einem Glas Wein in den Garten.

»Zigarette?«, fragte Simon.

»Findest du das wirklich ratsam? Rauchen ist ungesund, und

wir haben den ganzen Nachmittag am Krankenhausbett einer Herzinfarktpatientin gesessen.«

»Zwingt dich ja keiner«, brummte Simon. »Ich gönne mir jetzt eine.«

»Ach, scheiß drauf, gib mir auch eine. Wenn du mich ohnehin einnebelst, kann ich auch gleich selber rauchen.«

»Ungesund oder nicht, nach diesem Tag brauche ich eine Fluppe«, sagte Simon. »Scheiße, ey. Als Kind hält man seine Eltern ja immer für unverwüstlich ... Als wir jung waren, haben wir doch nie auch nur einen Gedanken daran verschwendet, dass sie eines Tages nicht mehr sein werden. Ja, sie haben uns genervt ohne Ende, und trotzdem fanden wir die Vorstellung, dass es sie gibt, beruhigend. Und dann wird man erwachsen und stellt fest, dass sie mitnichten unsterblich sind. Das weiß ich spätestens seit Dads Krebserkrankung vergangenes Jahr. Aber *Mum*! Ich ... Mir wäre nie in den Sinn gekommen, dass mit ihr etwas sein könnte. Ganz schön naiv.«

»Tja, so ist das nun mal. Wobei ich ziemlich sicher bin, dass *meine* Mutter unsterblich ist. Es würde mich gar nicht wundern, wenn sie ihre Seele schon vor Jahren an den Teufel verkauft hätte. Moment, das würde bedeuten, dass sie einmal eine Seele *hatte*, und das erscheint mir nun wieder eher unwahrscheinlich.«

Simon lachte, dann wurde er wieder ernst.

»Mir graut einfach bei der Vorstellung, dass sich Jane und Peter eines Tages um uns sorgen werden.« Er seufzte. »Sie sind unsere Kinder. *Wir* sollten uns um *sie* sorgen, und nicht umgekehrt. In den vergangenen zwei Jahren haben wir zwei ganz schön viel Zeit in Krankenhäusern zugebracht, und in nicht allzu langer Zeit werden unsere Kinder an unseren Betten sitzen.«

»Ich weiß, aber so läuft das nun mal im Leben, Simon. Kinder werden erwachsen, Eltern werden älter und sterben. Bleibt nur zu hoffen, dass wir ihnen vorher keine allzu große Last sind und sie bis dahin ausreichend geärgert haben, damit sie bloß angemessen bekümmert sind und nicht so vollkommen überwältigt von ihrer Trauer um uns, dass sie den Rest ihres Lebens nicht mehr genießen können. Aber du weißt, das steht uns allen bevor, ob es uns gefällt oder nicht. Nichts in dieser Welt ist sicher, außer dem Tod und den Steuern, sagte schon Benjamin Franklin. Ich bin weder auf das eine noch auf das andere besonders scharf.«

»Ich weiß, ich weiß. Deine Haltung ist mal wieder viel pragmatischer. Mir ist klar, dass wir es nicht verhindern können. Ich weiß, meine Eltern werden sterben, und zwar früher, als mir lieb ist.« Er drückte seine Zigarette aus. »Scheiß drauf, Ellen – lass uns einen Pakt schließen, jetzt, wo der Tod das Einzige ist, was wir noch vom Leben erwarten können: Wenn wir mit fünfundsiebzig beide noch Single sind, dann heiraten wir noch einmal, damit wir nicht allein sterben müssen. Quasi als Notlösung. Als wir noch jung waren und Vierzigjährige in unseren Augen sterbensalt, da gab es doch auch Leute, die vereinbart haben, einander zu heiraten, wenn sie mit vierzig noch nicht unter der Haube sind.«

»Vergiss es«, sagte ich. »Wenn ich mit fünfundsiebzig noch Single bin, dann bin ich viel zu festgefahren und werde mich ganz sicher nicht mehr mit einem Mann abgeben wollen, der die Klobrille anpinkelt, sich ungeniert am Sack kratzt und mir ständig die Welt erklären will. Wenn ich bis dahin noch Single bin, werde ich unhöflich bis dorthinaus sein und behaupten, das wäre eben meine exzentrische Art, und ich werde unmögliche Hüte tragen und ganz viele Hunde haben.«

»Kein Problem.« Simon grinste. »Unhöflich bist du zu mir schon jetzt, und ich finde, Hüte stehen dir, und Hunde mag ich auch.«

»Nein! Meine Unhöflichkeit wird grenzenlos sein, mein Hutgeschmack grotesk und die Anzahl meiner Hunde gigantisch. Hier wird gar kein Platz für dich sein wegen all der Hüte und Hunde. Du kannst meinetwegen in ein Haus am Ende der Straße ziehen und mir zuwinken, wenn du morgens die Zeitung holen gehst, dann schreie ich: ›Verpiss dich!‹ und bewerfe dich mit Pastinaken.«

»Warum denn das?«

»Weil ich Pastinaken nicht mag.«

»Wozu sollest du sie dann überhaupt kaufen?«

»Na, um sie dir an den Kopf zu werfen.«

»Das ist doch albern.«

»Na, bitte, du fängst schon jetzt an, meine Pläne fürs Alter zu kritisieren!«

»Doch nur die Sache mit den Pastinaken, mit denen du mich bewerfen willst. Das wäre doch reine Geldverschwendung!«

»Und genau deshalb hat es keinen Sinn, dass wir mit fünfundsiebzig noch einmal heiraten.«

»Wie wär's, wenn wir heiraten und ich pflanze Pastinaken an, damit du mich damit bewerfen kannst? Nur aus Gründen der Sparsamkeit – wenn wir erst dem Krampfadergeschwader angehören, werden wir nicht das nötige Kleingeld für tieffliegendes Wurzelgemüse haben.«

»Nein. Das ist ein bescheuerter Plan. Und jetzt hol die Flasche Wein aus der Küche. Mein Glas ist leer.«

Donnerstag, 15. August

Der gefürchtete Tag der Wahrheit ist angebrochen: Jane erfährt heute ihre Prüfungsergebnisse. Nachdem sie sich in ihrem jugendlichen Übermut monatelang geweigert hat, ihre Prüfungen ernst zu nehmen und fleißig darauf zu lernen, kriegte sie nun plötzlich Muffensausen. Als sie heute früh in die Küche kam, wirkte sie blass und gezeichnet und wollte nichts von Frühstück hören. Sie verfolgte mit gerunzelter Stirn, wie ich genüsslich meinen Tee trank und meinen Toast verzehrte und seufzte brunnentief.

»Mum?«

»Ja, Liebes?«

»Was ist, wenn ich alle Prüfungen versemmelt hab?«

»Meinst du denn, das hast du?«

»Keine Ahnung. Aber nehmen wir mal an, es wäre so, was dann?«

»Tja, dann müsstest du überlegen, welche Optionen dir bleiben, nicht wahr? Du könntest noch einmal antreten oder dir einen Job suchen, für den man kein Abitur braucht. Und eventuell zugeben, dass deine Mutter recht hatte. Mal wieder.«

»Für welche Jobs braucht man denn kein Abi?«

»Nun ja, laut dir, um Königin zu werden beispielsweise, aber der Posten ist im Moment besetzt.«

»Mum! Könntest du diese Angelegenheit jetzt mal ernst nehmen?«

»Genau das habe ich monatelang zu dir gesagt, worauf ich immer zu hören bekam, ich solle mal ›chillen‹. Vielleicht musst du jetzt mal chillen.«

»Keine Sorge, Jane«, sagte Peter scheißfreundlich, während er eine halbe Packung Cornflakes in eine Schüssel kippte und in einem halben Liter Milch ertränkte. »Ich werde mit meinen innovativen Computerspielen garantiert superreich; du kannst bei mir als Putzfrau anfangen.«

»Komm *du* erst mal durch *deine* Prüfungen«, fauchte Jane wütend. »Und dass ich bei dir putze und deine verkrusteten Wichs-Socken einsammle, das kannst du fett vergessen!«

»Ich wichse nicht in Socken«, erwiderte Peter ungehalten. »Und um Spiele zu designen, braucht man keinen Schulabschluss.«

»›Ich wichse nicht in Socken?‹«, wiederholte Jane und schnaubte. »Ist das echt der beste Konter, der dir darauf einfällt? Und ehrlich gesagt bezweifle ich, dass sich jemand mit deinem Intelligenzquotienten je eine Putzfrau leisten kann.«

»Müsst ihr unbedingt über Wichs-Socken reden?«, beschwerte ich mich. »Ich frühstücke gerade!«

»Sie hat angefangen!«, sagte Peter. »Ich wette, *sie* wichst in eine Socke, diese blöde Kuh mit ihrer hässlichen Visage.«

»Oh. Mein. Gott. Du hast echt null Ahnung vom weiblichen Körper, oder?«, ereiferte sich Jane. »Kein Wunder, dass du keine Freundin hast. Du bist von einer *Mauer* gefallen, weil du Mädchen beeindrucken wolltest, wie ein Sechsjähriger! In ein, zwei Jahren gehörst du bestimmt auch zu diesen verbitterten Incel-Typen, die sich bei Twitter darüber aufregen, dass keine Frau mit ihnen schlafen will.«

»Wer weiß, ob es Twitter bis dahin überhaupt noch *gibt*«, belferte Peter, als hätte er Janes Beleidigung gar nicht registriert. »Vielleicht habe ich bis dahin schon die nächste Social-Media-Plattform aufgebaut und verdiene mir damit als Nachfolger von Mark Zuckerberg eine goldene Nase. Und dann musst du mir in den Arsch kriechen, weil ich steinreich sein werde und du bloß meine dämliche Schwester ohne Abitur, und das werde ich auch allen brühwarm erzählen, wenn du zu mir kommst, um bei mir zu putzen.«

»JETZT HALTET VERDAMMT NOCH MAL DEN MUND, alle beide! Peter, hör auf, deine Schwester zu provozieren! Und Jane, es ist zu spät, dir Sorgen zu machen. Jetzt kannst du ohnehin nichts mehr machen. Dad wird jede Minute hier sein. Wir fahren gemeinsam zur Schule, und dann siehst du ja, wie du abgeschnitten hast.«

Ich hatte mir freigenommen, damit ich den Tag mit Jane verbringen konnte, sei es nun, um mit ihr zu feiern, über die Studienplatzbörse zu recherchieren, an welchen Unis es noch Restplätze gab, oder mit ihr einen Plan B zu erstellen. Oder C oder D – je nachdem, wie gründlich sie es vergeigt hatte.

Als wir vor der Schule parkten, war Janes Gesicht aschfahl.

»Mir ist übel«, sagte sie. »Aber zumindest sind wir alle gesund, das dürfen wir nicht vergessen.«

»Soll ich mit reinkommen?«

»Bloß nicht!«, rief sie entsetzt. »Wie sieht das denn aus, wenn mir meine Mami die Hand halten muss? Nein, du bleibst schön im Auto sitzen und redest am besten mit niemandem, damit ich mich nicht wieder für dich schämen muss.«

Simon und ich warteten eine geschlagene Viertelstunde an unseren Fingernägeln kauend auf ihre Rückkehr, während Horden von Teenagern mit verbissenen Mienen und der gramgebeugten Haltung zum Tode Verurteilter an uns vorbei in die Schule pilgerten. Inzwischen kamen bereits die ersten wieder heraus – einige freudestrahlend, andere sichtlich geknickt.

»Meinst du, es ist alles in Ordnung? Vielleicht sollte ich sie suchen gehen. Womöglich sitzt sie ja in Tränen aufgelöst irgendwo dort drin und wagt sich nicht heraus.«

»Nein, du bleibst hier, wie sie es dir aufgetragen hat«, sagte Simon. »Sie wird schon kommen, falls sie dich braucht. Wenn du da reingehst, ist ihr das bloß peinlich, und dann regt sie sich womöglich noch mehr auf.«

Also blieb ich sitzen und knabberte noch etwas an meinen Fingernägeln. Wo blieb sie bloß?

Hannahs Tochter Emily schlurfte vorüber. Ich ließ das Fenster hinunter und rief: »Viel Glück, Emily!« Sie zog die Nase kraus und ging weiter.

Mein Handy klingelte. »Ächz, meine Mutter.« Ich drückte sie weg.

»Nanu? Keine Lust auf ein Pläuschchen?«, fragte Simon.

»Gott, nein!«, stieß ich hervor. »Sie ruft doch bloß an, um sich nach Janes Prüfungsergebnissen zu erkundigen und mir reinzuwürgen, dass Persephone, ihr kleiner Liebling, viel besser abgeschnitten hat, und ich habe null Bock auf ihr Gesülze von wegen ›Was für ein Jammer, dass Janes Noten nicht halb so gut sind‹. Es kann nun mal nicht jedes Kind so hochbegabt sein wie Persephone, stimmt's? Mum ist immer so *maßlos* stolz auf sie. Naja, lassen wir das.«

Es verstrichen noch einmal zehn lange Minuten, ehe Jane endlich herauskam. Sie wirkte weder erfreut noch deprimiert, kam weder im Hopserlauf daher wie einige der anderen Schülerinnen, noch vergoss sie Tränen. Am liebsten hätte ich mich aus dem Fenster gebeugt und »Leg gefälligst einen Zahn zu, junge Dame! Ich will jetzt endlich wissen, was Sache ist!« gebrüllt, während sie ganz gemächlich angeschlendert kam, sich in den Wagen setzte mit Unschuldsmiene fragte: »Ist was, Mum? Was guckst du mich denn so erwartungsvoll an?«

»Hättest du vielleicht die Güte, mir zu sagen, wie es gelaufen ist?«

»Was?«

»JANE!«

»Ach so. Ganz okay.«

»Was soll das heißen, ›ganz okay‹? SPANN MICH DOCH NICHT SO AUF DIE FOLTER, HERRGOTT NOCH MAL!«

»Ich bin zufrieden«, sagte sie, noch immer mit einem Pokerface.

»JANE! ES REICHT!«

»Naja, zwei Einser und ein Zweier. Wie es aussieht, werde ich in Edinburgh Geschichte und Politikwissenschaft studieren. Sonst noch Fragen?«

»OH GOTT! DAS IST JA GROSSARTIG! WAHNSINN! ICH BIN SO STOLZ AUF DICH, JANE!«, johlte ich, und auch Simon war voll des Lobes, während Jane die Schultern zuckte und weiter so tat, als sei das alles keine große Sache.

»Tja, dann mal los! Wir haben für alle Fälle einen Tisch in einem schicken Restaurant reserviert«, sagte Simon. »Heute wirst du zur Feier des Tages mal so richtig verwöhnt. Willst du dich umziehen? Dann fahre ich dich noch mal schnell nach Hause.«

»Ähm, ich werde mit Emily und Sophie feiern. Ihre Noten sind auch super. Emily ruft gerade ihre Mum an. Übrigens haben die beiden ihren Eltern nicht erlaubt, sie in die Schule zu begleiten, ihr könnt euch also geehrt fühlen, dass ihr überhaupt hier seid. Na, jedenfalls fahren wir gleich in die Stadt und geben uns die Kante.«

»Hältst du das für vernünftig?«, fragte ich. »Es wäre bestimmt besser, wenn du erst mit uns essen gehen würdest, statt auf nüchternen Magen …«

»Mum, in gut einem Monat fange ich an zu studieren! Ich werde Hunderte von Kilometern weit weg von dir wohnen, also gewöhn dich schon mal an den Gedanken, dass du dir nicht immer Sorgen um mich machen kannst. Wir haben schon vor Monaten geplant, dass unser gesamter Jahrgang gemeinsam loszieht, quasi ein letztes Hurra, ehe wir ab morgen getrennte Wege gehen und uns womöglich nie mehr wiedersehen. Ihr könnt mich meinetwegen morgen Abend zum Essen ausführen, und dann feiern wir, ja?«

Ich seufzte. »Na gut, wie du willst. Also, dann bis heute Abend. Und falls du bei einer Freundin übernachtest, gib mir möglichst bald Bescheid, damit ich nicht die halbe Nacht wach liege und mir Sorgen mache, dass du womöglich tot in einem Straßengraben liegst.«

»Hier.« Simon hatte den Geldbeutel gezückt und drückte Jane einige Geldscheine in die Hand. »Wenn du schon nicht mit uns essen gehst, dann trink wenigstens einen auf uns. Und mach keine Dummheiten, ja? Wehe, du gibst das Geld für Drogen aus.«

»Na hör mal, Dad! Willst du mich beleidigen?«

»Sei einfach vernünftig, ja?«

»Das bin ich IMMER! Also, bis nachher! Hab euch lieb!«

Und damit sprang sie aus dem Wagen und stürzte sich kopfüber in den ersten Tag vom Rest ihres Lebens. Wobei ich doch sehr hoffe, dass sie nicht den Rest ihres Lebens dubiose Cocktails und bunte Schnäpse in sich hineinkippen wird.

»Tja«, sagte ich, »am besten bestellen wir gleich mal den Tisch wieder ab.«

»Warum? Wir können doch auch zu zweit die Erfolge unserer Tochter feiern, während sie sich die Leber ruiniert. Soll ich dich nach Hause fahren, damit du dich umziehen kannst? Ich hole dich dann in einer Stunde ab.«

Ich hatte mich gerade für ein Outfit entschieden, als erneut mein Handy klingelte. Schon wieder meine Mutter – sie bombardierte mich seit einer Stunde mit Anrufen. Wie es schien, war sie wild entschlossen, sich nach Herzenslust über Persephone alias Little Miss Perfekt auszulassen, die garantiert lauter Bestnoten mit Sternchen bekommen hatte und damit sozusagen schon in den Startlöchern für ihr Studium in Cambridge stand. Dass ihre andere Enkelin ebenfalls VERDAMMT GUT ABGESCHNITTEN hatte, würde sie bestimmt gar nicht interessieren. Ich war nicht rangegangen, weil ich mich wegen des unerbittlich näher rückenden Abschieds von Jane noch etwas in Selbstmitleid suhlen wollte und noch weniger Lust als sonst verspürte, mich mit meiner Mutter auseinanderzusetzen. Aber wie es aussah, ließ es sich nicht länger hinausschieben.

»Ellen!«, rief meine Mutter vorwurfsvoll. »Ich versuche SEIT STUNDEN, dich zu erreichen! Warum gehst du nicht ans Telefon?«

»Tut mir leid, Mum«, sagte ich ohne einen Funken von Bedauern.

»Sag schnell, wie hat Jane beim Abi abgeschnitten?«

»Ah, wie schön, dass du daran denkst!«, sagte ich bissig. »Sie war sehr erfolgreich: zwei Mal die Bestnote und eine Zwei. Das heißt, Edinburgh ist geritzt.«

Ich wartete nur darauf, dass sie sagte: »Wie schön für Jane, aber verglichen mit *Persephone* ist das natürlich alles andere als herausragend.« Doch weit gefehlt.

Meine Mutter seufzte hörbar erleichtert auf und sagte: »Gott sei Dank! Da fällt mir jetzt echt ein Stein vom Herzen!« Prompt plagte mich das schlechte Gewissen. Ich hatte ihr Unrecht getan! Jane, ihr Abitur und ihre Zukunft waren ihr doch nicht gleichgültig!

»Ich hatte schon befürchtet, ich müsste Antonia gestehen, dass meine Enkeltöchter *beide* kläglich versagt haben. Das hätte ich nicht überlebt. Im Tennisclub wird man sich auch so noch wochenlang das Maul über mich zerreißen.«

Oh. Mein Fehler. Jane selbst interessierte sie kein bisschen, für meine Mutter zählte allein das Licht, das die Noten ihrer Enkelinnen auf sie warf. Aber ... Moment mal ...

»Sagtest du gerade *kläglich versagt*? Heißt das etwa, Persephone ...«

»Es ist grauenhaft! Ich will nicht darüber reden! Wie du weißt, haben Jessica und Neil weit über einhunderttausend Pfund für ihre Schulbildung ausgegeben – und dazu die ganzen Nachhilfestunden, der Geigen- und Klavierunterricht und alles andere ... Und sie geht einfach hin und verpfuscht es, nur um ihren Eltern eins auszuwischen! Offenbar hat sie bei den Prüfungen absichtlich lauter Unsinn geschrieben. Eine Frage hat sie beantwortet mit der Gegenfrage: ›Warum ist die Banane krumm?‹. Oh Gott, mir wird ganz blümerant, wenn ich nur daran denke. Die arme Jessica weint sich die Augen aus, und Neil ist AUSSER SICH vor Wut. Hörst du, Persephone? Deine Cousine hat ganz hervorragend abgeschnitten!«

»ICH WILL VERDAMMT NOCH MAL NICHT NACH CAMBRIDGE, DAS SAGE ICH EUCH ALLEN SEIT JAHREN!«, polterte Persephone im Hintergrund. »ABER MIR HÖRT JA KEINER ZU!«

»Sag mal, bist du gerade bei Jessica?«, fragte ich.

»Ja, Geoffrey und ich sind gestern Abend extra aus Yorkshire angereist. Wir hatten uns so darauf gefreut, ein bisschen mit Persephone zu feiern, aber sie hat alles *verdorben*. Zum Glück hat sich Jane so wacker geschlagen, und das, obwohl sie auf einer Gesamtschule war!«

»Was soll das heißen, obwohl? An Janes Schule gibt es nicht das Geringste auszusetzen!«

»Nun ja, Schätzchen, ich meine ja bloß … Denk doch mal, was aus ihr hätte werden können, wenn ihr sie auf eine *richtige* Schule geschickt hättet.«

»Also hör mal, Mum!«, protestierte ich, verstummte jedoch, weil sich am anderen Ende erneut Gezeter vernahm.

»Oh Gott!«, stöhnte Mum theatralisch. »Persephone sagt, sie will ihr Abitur an einem dieser Pseudo-Colleges nachholen, und danach will sie an irgendeiner schauderhaften Fachhochschule studieren und *Sozialarbeiterin* werden! Das ist zu viel für mich. *Sozialarbeiterin*!«

»Die Bedeutung von Sozialarbeitern wird gemeinhin unterschätzt, Mum. Als Sozialarbeiterin könnte sie im wahrsten Sinne des Wortes Leben retten und einen sehr positiven Einfluss auf andere Menschen haben.«

»Sie könnte genauso gut Friseurin werden!«, schniefte Mum.

»Ein weiterer wichtiger Berufsstand, der viel zu wenig Anerkennung erhält«, warf ich ein.

»ICH WILL SOZIALARBEITERIN WERDEN, WEIL ICH VERDAMMT GUT WEISS, WIE ES IST, WENN EINEM DIE EIGENEN ELTERN DAS LEBEN VERSAUEN!«, belferte Persephone im Hintergrund.

»Was *meint* sie denn damit?«, greinte Mum. »Jessica und Neil haben ihr doch alles gegeben. Alles! Das ganze Geld, dass sie für ihre Schulbildung hingeblättert haben …«

»Tja, Persephone hat sie nicht darum gebeten. Sie sagt seit einer Ewigkeit, dass sie auf keinen Fall nach Cambridge will. Ihr habt euch bloß alle taub gestellt. Neil und Jessica hatten ihr Leben schon vor ihrer Geburt bis ins kleinste Detail durchgeplant. Sie durfte nie auch nur eine einzige Entscheidung selbst treffen, und sie wurde nie gefragt, was *sie* eigentlich will. Es ging immer nur darum, was Jessica und Neil wollen.«

»Hätte ich mir eigentlich denken können, dass *du* so denkst«, sagte Mum unwirsch. »Deine verwilderten Kinder machen ja auch, was sie wollen. Jessica und Neil hatten doch nur das Beste für Persephone im Sinn.«

»Nun ja, Persephone ist offenbar anderer Ansicht, sonst würde sie jetzt Sekt schlürfen, sich ein Fahrrad samt Weidenkorb zulegen und nach Cambridge eilen, um sich von einem feschen, wenn auch etwas freakig wirkenden Professor im Tweed-Sakko verführen lassen, statt darauf zu bestehen, dass ihr mal endlich jemand ZUHÖRT! Meine ›verwilderte‹ Tochter, die ja deiner Meinung nach total missraten ist, weil sie der Mensch werden durfte, der sie sein wollte, und nicht der, zu dem ich sie machen wollte, zieht übrigens demnächst nach Edinburgh, um das zu studieren, wofür sie sich selbst entschieden hat, und sie ist froh und glücklich darüber, obwohl sie weder Mandarin beherrscht noch Geigenunterricht nach der Suzuki-Methode hatte.«

»Ts, was du wieder für törichtes Zeug redest, Ellen«, fauchte Mum. »Die arme Jessica. Sie ist am Boden zerstört.«

»Siehst du?«, sagte ich. »Es geht immer bloß um ›die arme Jessica‹ und um dich. Ihr tut euch ja so leid, alle beide, weil ihr überzeugt seid, dass die Sache ein schlechtes Licht auf euch werfen wird. Ich habe noch kein einziges Mal ›die arme Persephone‹ gehört! Habt ihr euch eigentlich schon mal gefragt, *warum* sie ihr Abi in den Sand gesetzt hat?«

»Also wirklich, Ellen!«, echauffierte sich Mum, und dann kam zum Glück ein weiterer Anruf herein.

»Mum, ich muss auflegen, Jane ruft gerade an. Lasst das arme Mädchen in Frieden, ja?« Ich legte auf und nahm Janes Anruf an. Mein Töchterlein lallte bereits vernehmlich.

»Mum, Perschephone hat gerade angerufen. Sie hat bei ihren Prüfungen absichtlich lauter Quatsch geschrieben, und jetzt machen Tante Jessica und Granny ihr die Hölle heiß, und ich hab gesagt, sie soll sich in einen Zug setzen und herkommen, und dann besaufen wir uns alle gemeinsam. Ich hab gesagt, sie kann ein paar Tage bei uns wohnen, das is doch okay, oder, Mum?«

»Aber natürlich«, sagte ich und dachte: Na, toll, ein weiterer zickiger Teenager unter meinem Dach, genau das hat mir gerade noch gefehlt.

Dann fuhr auch schon Simon vor – in einem Taxi. »Ich dachte, es macht mehr Spaß, wenn keiner von uns für die Fahrt nach Hause nüchtern bleiben muss«, erklärte er.

Nachdem wir an unserem Tisch Platz genommen hatten, sagte ich: »Trinkst du auch ein Glas Wein, da du ja nun nicht fahren musst?«

»Ich schlage vor, wir gönnen uns gleich mal eine Flasche Champagner«, sagte Simon.

Ich schnappte nach Luft. »Eine ganze Flasche? Weißt du, was das kostet? Das haben wir noch nie getan.«

»Wir hatten auch noch nie ein Kind, das beim Abitur so hervorragend abgeschnitten hat, oder? Also, scheiß drauf.« Er grinste mich über den Tisch hinweg an. »Und keine Sorge, der geht auf mich.«

Der Champagner wurde serviert, und Simon hob sein Glas. »Auf Jane«, sagte er.

»Auf Jane«, echote ich.

»Und auf uns«, schob er hinterher.

»Auf uns?«, wiederholte ich überrascht.

»Nur, weil wir Janes Eltern sind. Sie verdankt diesen Erfolg doch auch uns«, erklärte er hastig.

»Stimmt. Völlig richtig. Also, auf uns.«

Während wir unseren Champagner tranken, berichtete ich von Persephones Protestaktion und Jessicas Reaktion, und er lachte. »Sollte ich ein schlechtes Gewissen haben, weil es mir so viel Genugtuung bereitet, dass unsere Tochter so viel besser abgeschnitten hat als die deiner Schwester?«

»Gar nicht. Mir geht es genauso. Ich meine, natürlich ist das alles ganz schrecklich für die arme Persephone, aber nachdem sich Jessica jahrelang als absolute Vorzeigemutter präsentiert hat, freut es mich diebisch, dass sie es so spektakulär vermasselt hat. Aber alles in allem fühlt sich das Ganze reichlich seltsam an – die nächste Hürde ist geschafft, ich kann wieder eine meiner Aufgaben als Mutter abhaken, und allzu viele sind jetzt nicht mehr übrig. Jane wird demnächst nach Edinburgh ziehen! Ich habe keine Ahnung, wie das so schnell gehen konnte.«

»Ich weiß. Da guckt man mal einen Augenblick nicht hin, und schwupps, ist aus dem Kindergartenkind eine Studentin geworden. Unsere Tochter in Edinburgh, das ist schon ein merkwürdiger Gedanke, nicht?« Simon schwenkte die Flasche. »Mist, leer. Ich bestelle noch eine, ja?«

»Tu, was du nicht lassen kannst. Hach, ich muss sagen, ich wär zu gern selbst noch mal Studentin. Oh Gott, ich missgönne meiner Tochter ihre Jugend! Ich bin eine schauderhafte Mutter!«

»Nein, das bist du nicht. Ist doch verständlich, dass es ein schräges Gefühl ist, wenn sich die Geschichte quasi wiederholt. Hopp, hopp, trink aus«, befahl er. »Kann gut sein, dass du heute Abend eine Horde bekneipter Teenager am Hals hast. Wie heißt es so schön: ›Wenn ich's nicht verhindern kann, dann mach ich eben mit.‹ Wenn du heute nicht zu tief ins Glas schauen darfst, wann dann?«

Nach dem Essen und der zweiten Flasche Schampus spazierten wir am Flussufer entlang, um wieder ein klein wenig auszunüchtern.

»Wir ham unsere Sache gut gemacht«, lallte Simon. »Wir waren zwar die meiste Zeit total planlos, aber wir ham's geschafft, oder?«

Ich nickte. »Jep, das ham wir. Absolut.«

Mittwoch, 21. August

In letzter Zeit habe ich ja immer wieder Trübsal geblasen, weil Jane bald auszieht, und mich gefragt, wie ich ohne sie zurechtkommen soll – und schlimmer noch, wie es erst sein wird, wenn auch Peter flügge geworden ist.

Jedoch muss ich zugeben: Nach der Woche, die Persephone nun bei uns ist, kann ich aufrichtigen Herzens sagen, dass ich mich sogar richtig auf die Zeiten freue, wenn es hier endlich nicht mehr vor Teenagern wimmelt, die mit Türen knallen, eine Dreiviertelstunde duschen und »Das ist total unfair!« und »Keiner versteht mich!« kreischen. Und ich werde es sehr genießen, wenn ich meine Sachen dort wiederfinde, wo ich sie hingelegt habe und im Kühlschrank noch etwas zu essen ist, wenn ich Hunger habe.

Wobei sich Persephone mir gegenüber meist sehr höflich und zuvorkommend verhalten hat, wie ich zugeben muss. Nur wenn ich versuchte, sie ans Telefon zu locken und mit ihren Eltern zu reden (sie hatte die Handynummern von Jessica und Mum blockiert, damit sie sie nicht mehr mit Anrufen bombardieren konnten), stampfte sie aus dem Zimmer, knallte die Tür hinter sich zu und brüllte: »Das ist total zwecklos, sie hören mir ohnehin nicht zu!« Womit sie recht hat – ich habe mehrfach versucht, Jessica und Mum zur Vernunft zu bringen, aber mir wollten sie genauso wenig zuhören.

Auch heute rief mein Schwesterlein wieder an und verlangte von mir, Persephone nach Hause zu schicken, doch als sie mir »wegen Kidnapping« mit der Polizei drohte, platzte mir endgültig der Kragen. Ich hatte mir große Mühe gegeben, Jessica Verständnis entgegenzubringen, hatte versucht, die Wogen zu glätten und sie zu beruhigen, nicht nur wegen Persephone, sondern auch, damit ich mir am Telefon nicht ständig ihr Geflenne und ihre Tiraden anhören musste, aber Kidnapping? Das war der Tropfen, der das Fass zum Überlaufen brachte.

»Jetzt mach aber mal 'nen Punkt, Jessica!«, brüllte ich. »Glaubst du wirklich, Persephone fährt einfach nach Hause, wenn ich sie rauswerfe? Sie hat mehrfach betont, dass sie unter keinen Umständen zurück zu euch will, und sie hat angedeutet, dass sie gegebenenfalls versuchen wird, bei Bekannten unterzukommen – oder noch Schlimmeres. Hör endlich auf, ihr deinen Willen aufzuzwingen! Du kannst verdammt FROH sein, dass sie nicht einfach untergetaucht ist, und dass du sie hier bei uns in Sicherheit weißt, bei Leuten, die sich um sie kümmern und denen ihr Wohl am Herzen liegt. Im Übrigen ist sie volljährig und aus freien Stücken hier, ich bezweifle daher, dass es dir viel nützen wird, wenn du der Polizei erzählst, ich hätte sie gekidnappt. Und ganz nebenbei bemerkt fände ich ein DANKESCHÖN durchaus angebracht.«

»Ich meine ja nur, wenn sie nach Hause käme, dann könnten wir sie bestimmt zur Einsicht bringen«, beharrte Jessica. »Du bist mir ja keine große Hilfe; im Gegenteil, du bestärkst sie ja auch noch in ihrem lächerlichen Vorhaben. Ich habe ihr ALLES gegeben, und sie wirft es mir einfach vor die Füße!«

»Jessica, bitte, bitte, BITTE hör endlich auf, immer nur von dir zu reden. Persephone hat dich nicht gebeten, all das für sie zu tun. Oder hat sie etwa mit zwei zu dir gesagt: ›Ach, liebstes Mamilein, bitte melde mich doch in einer sündteuren Schule an, damit ich mir einen lebenslangen Traum erfüllen und in Cambridge Jura studieren kann? Das war DEIN Traum! Du wolltest sie in einen Klon von dir verwandeln. Aber so funktioniert das nicht bei Kindern. Du wirst akzeptieren müssen, dass sie ihren Kopf durchsetzen und dass aus ihnen das wird, was SIE wollen, und nicht das, was DU willst. Du kannst lediglich hoffen, dass sie sich am Ende nicht zu kompletten Arschgeigen entwickeln. Es war DEINE ENTSCHEIDUNG, Unsummen an Schulgebühren für Persephone auszugeben und ihr zusätzlich ein derartiges Übermaß an außerschulischen Aktivitäten zu finanzieren. Was sie jetzt mit den erworbenen Kenntnissen und Fähigkeiten macht, liegt nicht in deiner Hand, begreif das doch endlich! Wenn du weiter versuchst, über sie zu bestimmen, wirst du sie verlieren, womöglich für immer. Wenn du dich dagegen mal etwas zurücknimmst und ihr signalisiert, wie leid es dir tut, dass du ihr nicht zugehört hast, als sie versucht hat, dir zu sagen, was sie will, wenn du ihr versicherst, dass du sie liebst und sie unabhängig von ihrer Berufswahl unterstützen wirst, dann wird sie dir vermutlich eines Tages sehr dankbar sein für all die Möglichkeiten, die du ihr eröffnet hast. Wer weiß, vielleicht will sie ja früher oder später doch noch nach Cambridge, wenn sie selbst darüber entscheiden darf und du sie nicht ständig bedrängst. Gut möglich, dass sie sogar beschließt, Jura zu studieren, wobei ich bezweifle, dass sie wie du Firmenanwältin werden wird, oder gar Premierministerin, wie du es dir für sie erträumst, aber mit einem Jurastudium kann man viel Gutes bewirken. Im Moment allerdings will sie Sozialarbeiterin werden. Und es macht keinen Unterschied, ob das *tatsächlich* ihr

Wunsch ist oder sie damit bloß versucht zu rebellieren und dich zu ärgern. Wie auch immer, sie muss ihre eigenen Fehler machen und daraus lernen.«

Schweigen am anderen Ende.

»Jessica? Bist du noch dran?«

»Ja. Ich denke nach. Ich will sie nicht verlieren. Und ich will ganz sicher nicht, dass sie auf der Straße landet oder Freundinnen um eine Übernachtungsgelegenheit anbettelt, weil sie das Gefühl hat, nicht nach Hause kommen zu können. Danke, dass sie bei euch wohnen kann, Ellen. Du hast recht, ich war undankbar, und es ist *ihr* Leben. Es ist nur ... Was soll ich denn den Leuten erzählen? Seit Jahren behaupte ich, dass Persephone in Cambridge Jura studieren wird. Wie stehe ich denn jetzt da?«

Ich seufzte. »Hör zu, Jessica. Wärst du glücklicher mit Persephones Entscheidung, wenn du die Sache positiv darstellen und ›den Leuten‹ weismachen könntest, dass du stolz auf sie bist und voll hinter ihrer Entscheidung stehst?«

»Das tue ich aber nicht.«

»Meinst du denn, du *tätest* es, wenn du die Leute davon überzeugen könntest, dass Persephone sehr glücklich damit ist? Ich habe nämlich den Eindruck, du regst dich vor allem deshalb so auf, weil dir die Angelegenheit vor deinen Freundinnen und Arbeitskollegen peinlich ist.«

»Ja, schon möglich«, gab Jessica widerstrebend zu.

»Das wirft aber kein besonders gutes Licht auf dich«, sagte ich scheinheilig.

»Hör auf zu klugscheißern, Ellen, sag mir, was ich tun soll.«

»Es ist ganz einfach: Du erzählst allen, dass Persephone natürlich in Cambridge hätte studieren *können*, hätte sie das *gewollt*. Aber sie ist zu dem Schluss gekommen, dass Jura nicht das Richtige für sie ist, und dass sie lieber einen Beruf ergreifen möchte, der es ihr ermöglicht, den Menschen direkt und unmittelbar zu helfen. Du kannst sagen, dass du sehr stolz auf sie bist, weil sie so altruistisch und sozial eingestellt ist und ihre Bildung dazu nutzen wird, das Leben anderer Menschen zu verbessern.«

»Das klingt einigermaßen plausibel«, sagte Jessica zögernd. »Meinst du, das kaufen sie mir ab?«

»Wenn du es mit genügend Überzeugung vorbringst bestimmt. Du könntest sagen, dass sie ihr Abitur wiederholt, weil sie es in anderen Fächern absolvieren will, die besser zu ihrem Berufswunsch passen. Und wie wunderbar es ist, eine Tochter zu haben, der das Wohl anderer Menschen am Herzen liegt, im Gegensatz zu den ganzen egozentrischen Teenagern heutzutage, die nur an sich selbst denken. Wenn du es nur oft genug sagst, glaubst du es vielleicht irgendwann sogar selbst.«

»Meinst du?«

»Hör ihr zu und lass sie das tun, was sie will. Sag ihr, dass du sie liebst und sie unterstützen wirst, wie auch immer ihre Entscheidung ausfällt.«

»Okay, ich glaube, zumindest das kriege ich hin. Und ja, es könnte funktionieren, wenn ich in meinem Bekanntenkreis verbreite, dass sie durchaus in Cambridge hätte studieren *können* – ist ja nicht gelogen, theoretisch kann jeder dort studieren. Wenn ich verspreche, ruhig zu bleiben und sie zu unterstützen, meinst du, sie wäre bereit, mit mir zu reden?«

»Ich kann sie ja mal fragen. Aber falls ich sie dazu bringe, mit dir zu reden, dann bitte, bitte verbock es nicht, okay?«

»Das werde ich nicht.«

Es dauerte eine ganze Weile, Persephone zu einem Gespräch mit ihrer Mutter zu bewegen, aber wie es schien, hatte Jessica zum ersten Mal in ihrem Leben einen Rat von mir befolgt, denn hinterher war ihre Tochter wie ausgewechselt.

»Ich habe keine Ahnung, wie du das geschafft hast, Tante Ellen, aber sie war total nett. Sie hat gesagt, ich soll bitte wieder nach Hause kommen, und sie wird mich unterstützen, wie auch immer ich mich entscheide. Und Daddy auch. Sie hat sich sogar dafür entschuldigt, dass sie so sauer war. Sie hat gesagt, sie war eben sehr enttäuscht, aber ihr ist jetzt klar, dass es um mich geht, und nicht um sie. Tausend Dank, Tante Ellen! Ich fange gleich an zu packen.«

»Das freut mich, Persephone. Aber sei gewarnt, bei Granny könnte es ein bisschen länger dauern, bis sie zur Vernunft kommt. Naja, mit vereinten Kräften schaffen wir das schon.«

Ha! Ein Hoch auf Ellen. Falls ich meine Stelle verliere, bewerbe ich mich bei der UNO als Unterhändlerin. Verglichen mit den Querelen zwischen Persephone und Jessica sind die Konflikte im Nahen Osten ein Klacks.

Persephone kam noch einmal herein.

»Ähm, Tante Ellen? Weißt du zufällig, wann die Züge gehen? Und könntest du mich dann zum Bahnhof bringen?«

Seufz. Je eher ich meinen Zweitjob als Taxifahrerin und menschliche Google-Auskunft los werde, desto besser.

Donnerstag, 22. August

Heute hat Peter seine Prüfungsergebnisse erfahren. Er war merklich entspannter als Jane, obwohl ich auch ihm im Vorfeld immer wieder versucht habe, klarzumachen, dass die mittlere Reife ebenfalls sehr wichtig ist und auch diese Noten entscheidend sein können, weshalb er bitte, bitte dringend darauf lernen sollte. Den Gips ist er seit vergangener Woche los, aber wenn er ebenso ausgelassen feiert wie Jane neulich, dann stehen die Chancen recht gut, dass er sich gleich wieder etwas bricht. Vorausgesetzt, es gibt überhaupt etwas zu feiern.

Peter tauchte deutlich schneller wieder aus der Schule auf als seine Schwester, und da er nicht so eine durchtriebenes Canaille ist wie sie, trug er kein Pokerface zur Schau, um uns auf die Folter zu spannen, sondern reckte in Jubelpose beide Arme, als er auf den Parkplatz rannte.

»Alles bestens!«, krähte er. »Jane ist nicht das einzige helle Köpfchen in der Familie! Fünf Einsen, zwei Zweier und eine Drei in Kunst, wegen meiner Zombie-Roboter-Skulptur. Banausen. Na, egal. Yippie! Dürfen Lucas und Toby nachher zum Feiern zu mir kommen?«

»Und unsere Familienfeier? Das schicke Mittagessen?«, blökte ich ohne jegliche Hoffnung.

»Mittagessen ist immer gut. Aber ein All-you-can-eat-Pizza-Buffet wär mir lieber, ich bin am Verhungern! Also, geht es in Ordnung, wenn ich Toby und Lucas einlade? Und besorgst du uns ein paar Dosen Bier, Mum?«

Ich seufzte und kapitulierte, und Simon zückte sein Handy, um unsere Reservierung zu stornieren. Statt dem Essen in einem schicken Restaurant verfolgten wir dann wie schon so oft, wie sich unser Sohnemann tonnenweise Pizza reinschaufelte, früher oder später verkündete, es sei an der Zeit für eine »taktische Pause« und zielstrebig Richtung stilles Örtchen stiefelte, von wo er nach einer Marathonsitzung mit hochzufriedener Miene zurückkehrte, um sich weiter durchs Buffet zu fräsen.

Abends leerte er mit seinen Freunden nicht bloß ein paar Dosen Bier, sondern auch die von Toby mitgebrachte Flasche Wodka, sodass sie am Ende sternhagelvoll waren und ich nachts alle paar Minuten zu ihnen hineinschlich, um sicherzustellen, dass sie sich noch in der stabilen Seitenlage befanden, in die ich sie sicherheitshalber gewälzt hatte. Das macht Spaß!

Freitag, 23. August

Aufgrund der gestrigen Feierlichkeiten bei uns zu Hause kam ich heute reichlich unausgeschlafen ins Büro, und nervös war ich obendrein, denn heute sollten wir erfahren, wer von uns bleiben durfte, und wer dazu verdammt war, sich künftig von Haferschleim zu ernähren und ein Dasein im Schatten der Armenhäuser zu fristen.

Bei meiner Ankunft herrschte ausgelassene Stimmung. Alle Mitarbeiter meiner Abteilung waren per E-Mail darüber informiert worden, dass sie sich erfolgreich um ihre derzeitige Stelle beworben hatten und somit auch weiterhin einer bezahlten Arbeit nachgehen durften.

Trotzdem war mir mulmig zumute. Die Abteilungsleiter wurden nicht via E-Mail benachrichtigt, sondern einzeln zu einem Meeting mit Ed und Mike, dem amerikanischen Big Boss, gebeten. Noch eine Stunde. Ich rief mir in Erinnerung, dass ich Ed erst vor zwei, drei Tagen im Aufzug getroffen hatte, und bei der Gelegenheit hatte er ganz locker-flockig und entspannt mit mir geplaudert. Das hätte er wohl kaum getan, wenn er gewusst hätte, dass meine holden Kinderlein und ich schon bald auf der Straße stehen würden. Oder?

»Ist das nicht großartig?«, sagte Lydia, als sie mir einen kurzen Besuch in meinem Büro abstattete. »Du hast uns zwar immer versichert, dass wir übernommen werden, aber ich hab mir trotzdem Sorgen gemacht. Ich liebe meine Arbeit hier, vor allem, seit du dafür gesorgt hast, dass ich flexibel kommen und gehen kann und nicht ständig Schuldgefühle haben muss, weil ich schon wieder ein Schulevent meiner Kinder verpasse. Ich habe übrigens in meinem Bewerbungsgespräch erwähnt, dass ich seither viel produktiver bin. Ich bin so froh, dass wir alle übernommen wurden. Wann ist dein Meeting?«

»Um zehn.«

»Du Ärmste. Die Warterei macht einen echt fertig, nicht? Aber ich bin sicher, du musst dir keine Gedanken machen. Ich kann mir beim besten Willen nicht vorstellen, dass sie dich absägen, nachdem wir alle bleiben dürfen. Alle haben Ed und Mike vorgeschwärmt, wie toll es ist, für dich zu arbeiten, weil du dich für uns einsetzt und uns zuhörst und für den nötigen Zusammenhalt im Team sorgst. Alles wird gut.«

Lydias aufmunternden Worten zum Trotz zog sich die Stunde schier endlos hin. Wie ist eigentlich das Prozedere, wenn man entlassen wird? Bislang blieb mir dieses Schicksal erspart. Ich weiß nur aus amerikanischen Filmen, dass man dann unverzüglich das Firmengelände zu verlassen hat, üblicherweise mit einem Karton, der Familienfotos und eine Topfpflanze enthält. Auf meinem Schreibtisch stehen keine Fotos meiner Kinder, und meine Topfpflanzen sind alle eingegangen. In meiner Schreibtischschublade befinden sich ein großer Tacker und ein Locher, die konnte ich mitgehen lassen, falls es zum Äußersten kam. Das war immerhin etwas. Da unsere Abteilung überwiegend papierlos arbeitet, war beides nur sporadisch zum Einsatz gekommen, aber jedes Kind weiß, dass man einen Tacker und einen Locher immer brauchen kann. Eventuell konnte ich auch ein paar Kugelschreiber mitgehen lassen. Ich schüttelte den Kopf. Lydia hatte recht – ich hatte keinen Grund, mir Sorgen zu machen. Schluss mit dem melodramatischen Kopfkino!

Um fünf vor zehn ging ich nach oben, setzte mich in den noch leeren Besprechungsraum und sah mich um auf der Suche nach etwas, das ich dort mitgehen lassen konnte. Hm. Das interaktive Whiteboard ließ sich wohl kaum unauffällig unter der Bluse aus dem Gebäude schmuggeln.

Dann kamen auch schon Ed und Mike herein, gefolgt von der neuen Personalerin. Alle drei wirkten sehr fröhlich und jovial. Das war ein gutes Zeichen.

»Na, Ellen, schon Pläne fürs Wochenende?«, erkundigte sich Ed.

Ich berichtete, ich werde mit meiner Tochter ein paar Sachen für ihr WG-Zimmer kaufen gehen und erwähnte, wie schweineteuer heutzutage alles ist, um daran zu erinnern, dass ich eine Familie zu versorgen hatte. Falls sie mich doch entlassen wollten, sollten sie zumindest ein schlechtes Gewissen haben.

Ed lachte. »Ich weiß genau, was du meinst. In den USA ist alles noch viel teurer als hier.«

Dann ging Mike auch schon *in medias res*. »Danke, dass Sie sich Zeit für uns nehmen, Ellen. Wie Sie wissen, wollen wir mit Ihnen über Ihre Position in der Firma sprechen. Sie haben in Ihrer Abteilung ausgezeichnete Arbeit geleistet und dafür gesorgt, dass die diversen Teams, für die Sie verantwortlich sind und waren, großartige Leistungen erbringen, sowohl jedes für sich als auch gemeinsam. Sie können wirklich stolz auf sich sein. Allerdings haben wir den Eindruck, dass Sie reif sind für neue Herausforderungen.«

»Inwiefern?«

»Wir sind zu der Überzeugung gekommen, dass Sie Ihr einzigartiges Talent und Ihre Fähigkeiten an anderer Stelle besser einsetzen könnten. Was Ihre Nachfolge angeht, haben wir an Lydia gedacht. Sie waren ihr eine hervorragende Mentorin, und wir glauben, dass sie bereit ist für eine Beförderung und etwas mehr Verantwortung.«

Mir wurde flau. »Aber ... wenn Lydia künftig meine Arbeit macht, was mache ich dann?«, fragte ich leicht panisch.

»Dazu wollte ich gerade kommen«, sagte Mike. »Es hat für uns wie gesagt den Anschein, als wären Sie in Ihrer derzeitigen Rolle etwas unterfordert, und uns ist bewusst, dass Sie über außergewöhnliche Fähigkeiten und Talente verfügen, auf die wir auf gar keinen Fall verzichten wollen, Verschlankung hin oder her. Sie haben auf der technischen Seite alles hervorragend im Griff, und die Mitarbeiter Ihres Teams waren zudem voll des Lobes, weil Sie sich so gut darauf verstehen, sie zu motivieren. Sie haben sie angespornt, ihr Bestes zu geben und ihr Potential voll auszuschöpfen, nicht zuletzt, indem Sie allen die Möglichkeit gegeben haben, die Arbeitszeiten an ihre individuellen Bedürfnisse anzupassen. Wir stellen gerade eine neue Abteilung zusammen, die gemeinsam von Kalifornien und Großbritannien aus koordiniert werden soll und für die Entwicklung einiger neuer Sonderprojekte zuständig sein wird. Wir gedenken dafür die *Crème de la Crème* unter den Universitätsabsolventen anzuwerben, und unserer Ansicht nach sind Sie geradezu prädestiniert dafür, diese Abteilung zu leiten. Was allerdings mit zahlreichen Geschäftsreisen verbunden wäre, und nicht nur im Inland; es wären auch immer wieder Aufenthalte in den Vereinigten Staaten vonnöten. Natürlich werden Sie für diesen zeitlichen Mehraufwand gebührend entlohnt. Wie Sie sehen werden, haben wir ein großzügiges Paket für Sie geschnürt, einschließlich Firmenwagen, zusätzlicher Krankenversicherungsleistungen und natürlich einer beträchtlichen Lohnerhöhung. Klingt das für Sie interessant?«

»Was ist, wenn ich ablehne? Weiß Lydia, dass sie für meinen derzeitigen Job im Gespräch ist?«

»Nein, wir haben noch nicht mit ihr gesprochen. Wir wollten

erst hören, ob Sie bereit sind, in diese neue Rolle zu schlüpfen. Eine Rolle, für die Sie unserer Ansicht nach wie geschaffen sind. Was sagen Sie?«

Ich glotzte ihn mit offenem Mund an, bis mir bewusst wurde, dass ich mit meiner kleinen Einlage als sterbender Goldfisch vermutlich keinen besonders professionellen Eindruck erweckte. Okay, reiß dich zusammen, Ellen! »Ich ... Ich muss mir das alles durch den Kopf gehen lassen«, murmelte ich. »Das ist eine Entscheidung mit weitreichenden Folgen. Ich ... ähm ... Werde ich einen eigenen Tacker haben?«

»Einen Tacker?« Mike hob verwundert eine Augenbraue. »Äh, das lässt sich bestimmt einrichten, wenn Sie so großen Wert darauf legen.«

»Okay.« Ich versuchte, mir in Erinnerung zu rufen, wie man in derartigen Situationen angemessenen reagierte, einmal abgesehen von der Frage nach einem eigenen Tacker. »Und das Paket, von dem Sie gesprochen haben ... Gibt es da noch Verhandlungsspielraum?«

»Nun, unserer Ansicht nach ist das Angebot wie gesagt recht großzügig, aber ich nehme mal an, wir haben noch etwas ... *Wiggle Room*, wie man bei uns sagt.« Er wackelte mit den Schultern wie eine Burlesque-Tänzerin, was bei einem Mann von derart kräftiger Statur reichlich ulkig wirkte.

Ich verkniff mir ein belustigtes Grunzen. »Tja, wie gesagt, ich muss darüber nachdenken. Ich gebe Ihnen baldmöglichst Bescheid.«

»Sehr gut«, sagte Mike. »Wir freuen uns darauf, von Ihnen zu hören. Spannen Sie uns nicht zu lange auf die Folter, ja?«

So ganz konnte ich das alles noch nicht glauben, als ich gleich darauf etwas benommen in mein Büro zurückkehrte. Ich schloss die Tür und zwang mich, ein paar Mal tief durch zu atmen. Dann ging ich den dicken Stapel Unterlagen durch, den mir Mike mitgegeben hatte (Seinem Faible für Verschlankungsmaßnahmen zum Trotz besteht er darauf, dass alles ausgedruckt wird; die Chancen, dass ich meinen Tacker kriege, dürften also ziemlich gut stehen). Mein lieber Herr Gesangsverein, das war wirklich mein absoluter Traumjob. Wer hätte gedacht, dass ich je so viel Kohle verdienen würde? *Selbstverständlich* würde ich dieses Angebot annehmen, alles andere wäre völlig verrückt! Ich griff nur deshalb nicht auf der Stelle zum Hörer, um Mike (oder eher seine Sekretärin) anzurufen und »JA! JA! JA, ICH WILL!« zu jubeln, weil ich nicht übereifrig erscheinen wollte.

Mein Handy vibrierte. Eine Nachricht von Peter. Peter. Oh Gott, Peter! Den hatte ich ja vollkommen vergessen! Jane zog in ein paar Wochen aus, aber Peter wohnte nach wie vor bei mir. Ja, er wurde bald sechzehn, trotzdem konnte ich ihn wohl kaum jeden Monat ein bis zwei Wochen sich selbst überlassen, nur weil ich so wichtig und beschäftigt war. Oder doch? Vielleicht konnte sich Simon in dieser Zeit um ihn kümmern? Im Grunde war er mir das verdammt noch mal schuldig, aber das hatte ihn in der Vergangenheit ja noch nie groß interessiert. Für ihn war sein Job stets wichtiger gewesen als meiner. Andererseits war er bereitwillig in die Bresche gesprungen, als sich Peter den Knöchel gebrochen hatte. Es hatte den beiden richtig gutgetan, mal so ausgiebig Zeit miteinander zu verbringen, und sie waren bestens miteinander klargekommen. In der Vergangenheit hatte sich Simon bei der Erfüllung seiner Vaterpflichten nicht eben mit Ruhm bekleckert, aber neuerdings war er anders drauf. Und es ging ja nur um ein paar Tage pro Monat. Ja, bestimmt würde mich Simon unterstützen. Puh, ein Problem weniger.

Hm. Und wer sollte sich um die Hunde und die Hühner kümmern? Gut, die sympathische Hundesitterin, die praktischerweise ganz in der Nähe wohnt, würde das bestimmt bereitwillig übernehmen. Bisweilen habe ich ohnehin den Verdacht, dass Judgy und Barry sie viel lieber mögen als mich, weil sie sie mit Speck füttert und auch sonst nach Strich und Faden verwöhnt. Und normalerweise macht es ihr nichts aus, auch die Hühner zu versorgen, wenn ich mal nicht da bin. Den Hühnern wäre es garantiert schnuppe, solange sie gefüttert werden, sie hassen mich ohnehin. Und sollte Simon einmal zeitgleich mit mir geschäftlich verreisen müssen, dann konnte die Hundesitterin ja vielleicht auch gleich Peter betreuen. Dem ist ohnehin alles Recht, Hauptsache, er hat eine anständige Internetverbindung und kriegt in regelmäßigen Abständen seine Pizza. Wahrscheinlich würde er gar nicht merken, dass ich nicht da bin ... Nein, vergiss es, Ellen. Eine verantwortungsvolle Mutter macht so etwas nicht.

Ich schickte Simon eine Nachricht und fragte, ob wir uns nach Feierabend im Pub treffen konnten.

Als ich dort eintraf, hatte er bereits ein Bier für sich und ein Glas Wein für mich organisiert.

»Na, wie geht's?«, erkundigte er sich. »Heute war der große Tag, oder? Du wirkst recht fröhlich, ich nehme also an, du wurdest nicht entlassen und musst dich künftig nicht als Camgirl durchschlagen.«

»Was? Was ist denn ein Camgirl?«

»Mir scheint, du hast ein sehr behütetes Leben geführt. Noch nie eine ›Live Sex Show‹ im Internet gesehen?«

»Natürlich nicht! Du etwa?«

»Auch nicht, nein. Ich habe neulich im *Guardian* darüber gelesen.«

»Na, wenigstens liest du nicht mehr die *Daily Mail*. Aber wie kommst du darauf, dass das die einzige Möglichkeit ist, die mir offensteht, falls ich meinen Job verliere?«

»Entschuldige, schlechter Scherz.«

»Nun, ich wollte tatsächlich über meinen Job mit dir reden. Stell dir vor, sie wollen mich befördern! Meine neue Tätigkeit wäre wahnsinnig interessant – total spannend, und besser bezahlt obendrein.«

»Herzlichen Glückwunsch! Das klingt ja großartig! Ich freu mich für dich.«

»Danke, die Sache hat nur einen Haken: Ich wäre sehr häufig unterwegs, und zwar meistens gleich eine ganze Woche am Stück, manchmal sogar zwei Wochen. Pro Monat.«

»Wow. Ich meine, das wird bestimmt anstrengend, aber du wirst dich daran gewöhnen, da bin ich ganz sicher. Du solltest die Chance ergreifen. Also, sofern du das willst.«

»Das schon, aber es gibt da ein klitzekleines Problem«, sagte ich.

»Nämlich?«

»Peter. Unser Sohn.«

»Oh. Stimmt. Herrje ... Tja, das geht natürlich nicht, dass der Junge so oft allein zu Hause rumsitzt.«

»Nein.« Ich musterte ihn erwartungsvoll. Komm schon, Simon, enttäusch mich nicht!

»Ein Jammer. In zwei Jahren oder so wäre Peter vermutlich außer Haus, an der Uni oder so.« Simon schüttelte bedauernd den Kopf. »Dass das Leben aber auch immer so ein bescheuertes Timing haben muss, oder?«

»Du sagst es«, erwiderte ich mit grimmiger Miene. Warum verdammt noch mal kam er nicht von selbst auf die Lösung? Auf sein Mitleid konnte ich gut und gern verzichten. Ich hätte vor Wut an die Decke gehen können.

»Oh, wir sitzen ja beide auf dem Trockenen«, stellte er fest. »Ich hol Nachschub. Noch mal dasselbe?« Er war aufgestanden und zur Bar gegangen, ehe ich etwas erwidern konnte – »Warum zum Henker kannst *du* dich nicht um deinen Sohn kümmern, wenn ich nicht da bin, du nichtsnutziger Torfkopf?« beispielsweise. Idiot. Die Lösung war so einfach! Aber wenn Simon gar nicht erst darauf kam, konnte ich mir von ihm wohl auch keine Hilfe erwarten. Wobei von »Hilfe« keine Rede sein konnte – es ging darum, dass er Verantwortung für SEINEN Sohn übernahm, verdammt noch mal! Es war ja nicht so, als würde er mir damit einen Gefallen tun. Aber gut, Simon gehört auch zu den Vätern, die von sich sagen, sie müssten ›Babysitten‹, wenn sie mal eine Stunde allein auf ihre Kinder aufpassen.

Nun gut, wenn er unbedingt so ein Nullchecker sein musste, bitte. Ich würde mich ganz sicher nicht erniedrigen, indem ich ihn anflehte, sich wenigstens einmal in seinem Leben anständig zu verhalten. So läuft das jedes Mal bei ihm. Kaum denkt man, dass er doch eigentlich ganz okay ist, weil er zur Abwechslung mal nett zu einem war, rammt er einem von hinten den Dolch in den Rücken. Dabei hatten wir uns in letzter Zeit so gut verstanden. Aber angesichts seiner idiotischen Reaktion gerade eben war alles, was ich in den vergangenen Monaten insgeheim und illegalerweise plötzlich wieder für ihn empfunden hatte – ein Gefühl, das deutlich über Kameradschaft oder Freundschaft hinausging – jäh verpufft. Ich schnappte mir Tasche und Jacke, bereit, ihm eine Ausrede aufzutischen und mich vom Acker zu machen.

»Gott, was bin ich nur für ein Armleuchter!«, sagte er, als er von der Bar zurückkehrte, und setzte sich.

Ich musterte ihn kühl. Von mir brauchte er keinen Widerspruch zu erwarten. Wahrscheinlich hatte er den falschen Wein für mich bestellt oder einen Scherz des Barkeepers nicht verstanden. Aber er konnte sich seine Anekdötchen sonst wohin stecken.

»Ich muss los«, sagte ich.

»Nein, warte, ich … Wie gesagt, ich bin ein totaler Armleuchter. Eben stand ich an der Bar und dachte darüber nach, wie schade es ist, dass du diesen tollen neuen Job nicht annehmen kannst, und dann kam mir auf einmal die Lösung. Dass ich Torfkopf da nicht gleich darauf gekommen bin! Peter kann doch bei mir wohnen, während du weg bist. Also, vorausgesetzt, er ist damit einverstanden.«

»Im Ernst?«, fragte ich.

»Na klar. Ich bin schließlich sein Vater, und ich wüsste nicht, was dagegenspräche, einmal abgesehen von der Tatsache, dass ich gezwungen sein werde, die Nummer von Domino's Pizza auf meine Kurzwahlliste zu setzen und einmal im Monat den Klempner kommen zu lassen, weil Peter mit seinen – ähm – stattlichen Hinterlassenschaften mein Klo verstopft. Aber egal, das ist *die* Gelegenheit für dich, und du solltest sie ergreifen. Wie gesagt, sofern Peter einverstanden ist. Vielleicht sollten wir ihn erst fragen.«

»Ja, vielleicht«, sagte ich matt. Ich konnte gar nicht fassen, was ich da hörte.

»Es wird sich wahrscheinlich alles erst einspielen müssen und mit einem gewissen Organisationsaufwand einhergehen, aber ich wüsste nicht, warum es nicht klappen sollte. Wir müssen uns bloß frühzeitig absprechen. Wie sagst du immer? Alles steht und fällt mit den sechs *Ps*: Prävention peinlicher Pleiten per penibler Planung. Sag mal, musst du *wirklich* schon gehen? Du kannst doch zumindest noch dieses Glas Wein trinken, oder? Wir haben schließlich allen Grund zu feiern! Die nächste

Runde geht übrigens auf dich, nachdem du ja jetzt so wichtig und beschäftigt bist und ordentlich Geld scheffelst.«

»Warten wir's ab«, sagte ich. »Peter hat noch nicht zugestimmt.«

»Aber das wird er, da bin ich ganz sicher«, erwiderte Simon gutgelaunt. »Ich habe nämlich was, was du nicht hast: Glasfaser-Breitband und ein Deliveroo-Abo!«

SEPTEMPER

Samstag, 7. September

Tja, hier sind wir nun, in Edinburgh, mit Jane. Die vergangenen zwei Wochen waren gelinde gesagt nervenaufreibend – zum einen gab es im Büro im Zuge meines Stellenwechsels hundertfünfundsiebzigtausend Dinge zu erledigen, zum anderen galt es, eine Unterkunft für Jane in Edinburgh aufzutreiben und ihr die unzähligen Dinge zu besorgen, die sie für das tägliche Überleben braucht. Sie zieht nämlich nicht in ein Studentenheim, sondern in eine Wohngemeinschaft, also mussten neben Bettzeug und Handtüchern auch Geschirr und Besteck, Töpfe und Pfannen, und obendrein Putz- und Waschmittel angeschafft werden.

Im Rahmen unserer zahlreichen Ausflüge zu Ikea und ähnlichen Etablissements kam es etliche Male zu unerfreulichen Szenen zwischen Jane und mir. Auf meinen Versuch, ihr einen elektrischen Suppenkocher zu kaufen (»Überleg doch mal, wie praktisch das ist – damit zauberst du im Nu eine schöne, nahrhafte Suppe, Liebes!«) reagierte sie beispielsweise mit einem verächtlichen »Studenten essen aber keine Suppen, sondern Pot Noodles!«

Den allergrößten Streit – quasi den *totalen* Streit hatten wir allerdings, als ich in der Haushaltsabteilung von TK Maxx darauf bestand, ihr einen Bräter – ein in meinen Augen absolut unentbehrliches Küchenutensil – zu kaufen, während Jane argumentierte, dafür werde sie ganz sicher keinerlei Verwendung haben.

»Und was ist, wenn du mal spontan Lust auf ein Brathuhn hast?«, rief ich, worauf sie schrie, sie habe in ihrem ganzen Leben noch NIE den unbändigen Drang verspürt, sich EIN BESCHISSENES BRATHUHN ZU MACHEN, und sollte sich im Laufe der kommenden vier Jahre je die Notwendigkeit ergeben, EIN BESCHISSENES HUHN ZU BRATEN, dann könne sie sich VERDAMMT NOCH MAL SEHR GUT SELBST EINEN BRÄTER KAUFEN.

Mittlerweile beäugten uns die umstehenden Kunden neugierig und fanden es sichtlich schwierig, nachzuvollziehen, dass das Thema Brathuhn derart emotional aufgeladen sein konnte. Ich brüllte, das werde NICHT NÖTIG SEIN, WEIL ICH IHR DIESEN BRÄTER JETZT KAUFEN WERDE, DAMIT SIE GERÜSTET WAR, SOLLTE IN IHREM LEBEN JE EIN BRATHUHNNOTFALL EINTRETEN, und stürmte damit zur Kasse, gefolgt von Jane, die mir vorwarf, ich sei im Begriff, ihr Studentenleben zu ruinieren, bevor es überhaupt angefangen habe, und sie werde vermutlich als *Mädchen mit dem Bräter* in die Annalen eingehen, worauf ich entgegnete, sie werde sich bei ihren Mitbewohnerinnen bestimmt großer Beliebtheit erfreuen, wenn sich erst rumgesprochen habe, dass in ihrer WG dank Jane Russell JEDERZEIT EIN BESCHISSENES HUHN GEBRATEN WERDEN KONNTE. Ich habe das dumpfe Gefühl, es ging in dem Moment nicht bloß um den Bräter.

Dennoch ließ ich mich nicht vom Kauf weiterer nützlicher

Dinge abbringen, darunter ein Falteimer (»Was soll ich denn damit?« »Es könnte ja sein, dass es in eurer WG keinen Eimer gibt.« »Und?« »Glaub mir, in einer Studenten-WG ist ein Eimer unverzichtbar.«), eine Riesenflasche Desinfektionsmittel, mit der Jane bis an ihr Lebensende auskommen dürfte (Ich erinnerte mich mit Grausen an die in studentischen Wohngemeinschaften herrschenden hygienischen Zustände), eine XXL-Packung Toilettenpapier (»Ernsthaft jetzt?« »Du wirst noch an mich denken, Liebes!«) und eine Flasche Wodka (»Cool, danke, Mum!«).

Da ich über jahrelange theoretische und praktische Erfahrung verfüge, bot ich Jane an, ihren Kram für sie zu packen, was sie jedoch kategorisch ablehnte, und als ich sie zum wiederholten Male erinnerte, sie solle unbedingt daran denken, genügend Unterhosen mitzunehmen, und fragte, ob ich ihr noch ein paar zusätzliche Unterhosen besorgen solle, bekam ich mal wieder ein »Chill mal, Mutter!« zu hören.

Auch Peter fand es übertrieben, dass Jane so viele Sachen mitnehmen sollte und erbot sich ganz uneigennützig, ein paar der Vorräte aufzuessen, die ich für sie gekauft hatte, die riesige Dose Kekse etwa, die ich ihr mit den Worten »Hier, das ist der ideale Eisbrecher beim Einzug!« in die Hand gedrückt hatte, worauf Jane lediglich die Augen verdreht hatte, nicht zum ersten Mal übrigens.

»Um Himmels Willen, Ellen!«, rief Simon entgeistert, als er heute früh hier ankam, um Janes Habseligkeiten in seinen Wagen zu laden (sein Auto ist größer als meines, und außerdem hat er wie bereits erwähnt ein Problem mit meinem Fahrstil). »Was zum Geier soll Jane mit diesem ganzen Krempel?«

»MEINE REDE!«, rief mein Töchterlein.

»Das ist alles SUPERNÜTZLICH!«, beharrte ich.

»Ganz im Ernst, Dad, die Hälfte davon lasse ich da«, sagte Jane. »Den hier zum Beispiel.« Sie nahm den riesigen Bräter zur Hand.

»AUF GAR KEINEN FALL!« Ich legte den Bräter wieder auf den Haufen. »Denk an das BESCHISSENE BRATHUHN, JANE! Du wirst mir noch dankbar sein!«

»Was denn für ein beschissenes Brathuhn?«, wollte Simon verwirrt wissen.

»Frag nicht, sondern schaff das Zeug in deine Karre. Wenn du ein echter Mann bist, dann kriegst du das alles mit links rein.«

Das war Ansporn genug – seine männliche Ehre stand auf dem Spiel. Man hörte ihn verschiedentlich fluchen und Unverständliches knurren, doch zwanzig Minuten später verkündete er schweißgebadet: »Okay, es kann losgehen.«

Janes Wagen blieb hier, da Parken in Edinburgh unverschämt teuer ist. Peter war schon auf dem Weg zur Bushaltestelle, er fuhr zu Sam und Colin. Von Barry und Judgy, die das Wochenende bei der Hundesitterin verbrachten, hatte sich Jane vorhin mit dem Versprechen »Wir sehen uns jede Woche via FaceTime, ja?« ausführlich und unter Tränen verabschiedet.

Kaum waren wir eingestiegen, da rief sie: »Wartet! Ich muss mich noch von den Hühnern verabschieden!«

»Mach das«, sagte ich. »Ich gehe inzwischen ein letztes Mal pinkeln, nur für alle Fälle.«

Simon schnaubte enerviert.

»Wag es ja nicht, zu hupen oder den Motor aufheulen zu lassen«, rief ich ihm über die Schulter zu, ehe ich ins Haus eilte.

Als ich gleich darauf aus dem Bad kam, registrierte ich zum einen – wie stets seit Edwards letztem Besuch – den dezenten Geruch nach Zinksalbe, und zum anderen die Tatsache, dass die

Tür zu Janes Zimmer nur angelehnt war. Das war neu. Meine Tochter hält ihre Tür ausnahmslos immer geschlossen und gestattet nur sehr widerstrebend jemandem Zutritt zu ihrem Allerheiligsten. Ich schob die Tür ganz auf und ging hinein. Jane hatte sämtliche Poster abgenommen. Die Wände wirkten kahl, und die Kosmetika, die sonst überall verstreut lagen, waren ebenso verschwunden wie die Kleiderhaufen auf dem Bett und auf dem Fußboden. Mir blieb jäh die Luft weg, als hätte mir jemand in den Magen geboxt. Ich war so damit beschäftigt gewesen, Janes Umzug nach Edinburgh zu organisieren, dass mir erst jetzt, in diesem Augenblick, bewusst wurde, was Sache war: Mein kleines Mädchen war erwachsen und verließ mich! Schniefend sank ich auf das Bett und sah mich um. Welche Ironie – ausgerechnet die Tatsache, dass dieses Zimmer endlich einmal ordentlich aufgeräumt war, führte mir schmerzhaft vor Augen, das Jane künftig nur noch sporadisch hier sein würde. Ich wischte mir die Tränen aus den Augen. Sie würde mir schrecklich fehlen.

Unten wurde geräuschvoll die Haustür aufgerissen.

»Mum!«, rief Jane. »Wie lange willst du denn noch auf dem Thron hocken? Dad sagt, wir müssen los, sonst stehen wir nachher im Stau. Also, BEEIL DICH!«

Polternde Schritte auf der Treppe. Ich schniefte erneut und trocknete mir hastig die Wangen, fest entschlossen, mir nichts anmerken zu lassen. Jane sollte kein schlechtes Gewissen haben.

»Mum? Was treibst du denn da drin?«

Sie setzte sich zu mir aufs Bett und legte einen Arm um mich. »Mach dir um mich mal keine Sorgen«, sagte sie sanft. »Ich weiß mir schon zu helfen. Weißt du noch, was du immer zu mir gesagt hast? Lass dir bloß von niemandem auf den Kopf scheißen! Und das werde ich auch nicht.«

»Ich glaube kaum, dass ich das so ausgedrückt habe.«

»Aber so hast du es gemeint. Also, wie gesagt ... Wird schon schiefgehen. Okay?«

Ich umarmte sie und drückte sie kräftig an mich. »Ich liebe dich, Jane«, sagte ich mit zittriger Stimme. »Und ich bin sehr stolz auf dich.«

»Ich hab dich auch lieb, Mum. Können wir dann jetzt bitte fahren? Ich will nicht als Letzte ankommen, sonst sind die besten Zimmer schon belegt.«

Als wir nach unten kamen, stand Simon im Flur, der nun, ohne den riesigen Bräter und die XXL-Packung Klopapier, wieder erstaunlich geräumig wirkte. »Wo bleibt ihr denn?«, murrte Simon gereizt und marschierte zum Wagen, während ich Sonnenbrille, Taschentücher, Schlüsselbund und dergleichen mehr in meine Handtasche warf.

Sobald wir vor die Tür traten, ließ er den Motor aufheulen. »Mistkerl«, knurrte ich.

Obwohl wir seit der Beendigung unseres Studiums vor vielen, vielen Jahren nicht mehr in Edinburgh gewesen waren, behauptete Simon, er kenne sich in der Stadt aus wie in seiner Westentasche und sei nicht auf Google Maps angewiesen. Allerdings hatte man mittlerweile ein kompliziertes Einbahnstraßensystem eingeführt, und als wir zum dritten Mal auf der Umfahrungsstraße landeten, räumte er widerstrebend ein, Google Maps wäre vielleicht doch ganz praktisch. Jane wurde zusehends zappelig, was mich nicht wunderte, erinnerte ich mich doch lebhaft daran, wie nervös Hannah und ich vor all den Jahren während der langen Anreise gewesen waren, weil wir fürchteten, nicht nur die besten Zimmer, sondern auch die heißesten Jungs könnten bei unserer Ankunft schon vergeben sein. Jane hatte bereits via WhatsApp Kontakt mit ihren Mitbewohnerinnen und mit den meisten Kommilitonen aufgenommen, an der Ungewissheit konnte es also nicht liegen, aber vielleicht ist es schlimmer, wenn man eine Vorstellung davon hat, wie heiß genau die heißesten Jungs sind und fürchten muss, sie könnten einem vor der Nase weggeschnappt werden.

Endlich hatten wir die Wohnung gefunden und die Schlüssel abgeholt. Überall wimmelte es vor gestressten Eltern, die bis oben hin vollgepackte Autos entluden, während ihr Nachwuchs Selfies für Instagram schoss. Bei Jane verhielt es sich nicht anders.

»Herrgott noch mal, Jane, was zum Teufel ist da drin?«, keuchte Simon, der soeben einen riesigen Koffer die Treppe hochhievte. »Damit hebe ich mir garantiert einen Bruch!«

»Na, Bücher«, erwiderte Jane mit Unschuldsmiene. »Geh mal einen Schritt zur Seite, Dad, ich brauch noch ein Foto mit dem Arthur's Seat im Hintergrund!«

Es dauerte, bis wir alles in die Wohnung geschleppt hatten, in der ein Zimmer bereits belegt war. Ich bugsierte meine protestierende Tochter auf direktem Weg in die Küche, um sicherzustellen, dass sie den besten Schrank ergatterte, doch zu spät – der größte, praktischste war schon vollgestopft mit Geschirr und Lebensmitteln, die den darauf angebrachten Etiketten zufolge einem Mädchen namens Chloe gehörten. Auch an der Tür prangte ein Schild mit der Aufschrift *Chloe*, damit auch ja jeder kapierte, dass das Chloes Küchenschrank war. Püh, diese Chloe war mir schon jetzt unsympathisch. Aber, hey, sie war nicht die Einzige, die dieses Spielchen spielen konnte. Ich hatte ebenfalls Klebeetiketten und einen Permanentmarker dabei und versah den zweitbesten Schrank mit einem der Etiketten, auf die ich in fetten Lettern JANE geschrieben hatte – und auch gleich eine

Schublade. »Nimm das, du Miststück!«, knurrte ich verhalten, weil die liebe Chloe es leider verpennt hatte, sich eine zu sichern. Simon saß hechelnd in der Ecke und versuchte, sich von der Anstrengung zu erholen, während Jane weitere Selfies knipste.

»Nein!«, quiekte sie, als ich mich anschickte, den Bräter in ihrem Schrank zu verstauen.

»Doch!«, widersprach ich fest. »So, das hätten wir! Ha! Und jetzt deponiere ich noch den Eimer im Schrank unter der Spüle. Vergiss nicht, wo er ist, für den Fall des Falles, ja? Stell doch einstweilen die Putzmittel ins Bad.«

»Gnade, Mum!«, wimmerte Jane, weil just in diesem Augenblick eine weitere Studentin in Begleitung ihrer Eltern in die Küche kam. Alle drei waren schwer mit Umzugskisten beladen, deren Inhalt noch verstaut werden musste.

»Ah, hallo!«, rief ich. »Ich bin Ellen, das ist Jane, und da drüben sitzt Janes Vater Simon.«

»Wie schön, Sie alle kennenzulernen. Nicht wahr, Rachel?«, sagte die Mutter sogleich. »Ich bin Carole, und das sind Rachel und mein Mann Tony. Herrje, auf die Idee, Klebeetiketten mitzunehmen bin ich gar nicht gekommen.«

»Hier, bedienen Sie sich«, rief ich eilfertig. »Wir haben genug.«

»Vielen Dank. Hach, lauter nette Leute, nicht, Rachel? Ihr werdet bestimmt ganz fabelhaft miteinander klarkommen.«

Sowohl Rachel als auch Jane sahen aus, als würden sie vor Verlegenheit am liebsten auf der Stelle im Boden versinken.

»Okay«, sagte Jane entschlossen, wohl, damit es nicht zu weiteren Szenen in der Art kam. »Ziemliches Gedränge hier, oder? Mum, Dad, warum fahrt ihr nicht schon mal zu eurem Hotel und checkt ein? Ich packe hier inzwischen aus und melde mich, sobald ich weiß, wie es weitergeht.«

»Aber wir wollten mit dir essen gehen«, wandte ich ein. »Wir haben einen Tisch reserviert.«

»Oh, können Sie uns ein schönes Restaurant empfehlen?«, fragte Carole. »Wir wollen Rachel auch zum Essen ausführen, aber wir kennen uns in Edinburgh überhaupt nicht aus.«

»Aber gern«, sagte ich, während Rachel zischte: »Mum! Schau gefälligst bei TripAdvisor nach, wie es jeder normale Mensch tut. Du bist echt sowas von peinlich, ey!« Jane hatte mich inzwischen bei den Schultern gepackt und schob mich aus der Küche und in Richtung Haustür. Als sie mich reichlich unsanft hinaus auf die Treppe schubste, wo uns bereits das nächste Mädchen samt Erzeugerfraktion entgegenkam, rächte ich mich, indem ich zuckersüß »Küsschen, Tschüsschen, Spätzchelchen, Mami hat dich furchtbar lieb!« flötete, worauf sie mir den Stinkefinger zeigte.

»Tja, und was nun?«, fragte Simon, als wir auf dem Bürgersteig standen. »Wollen wir unser Gepäck ins Hotel bringen und uns einen Drink im Pear Tree gönnen, in Erinnerung an die guten alten Zeiten?«

Ich nickte. »Warum nicht?« Insgeheim fragte ich mich allerdings, ob es so klug war, mit Simon ausgerechnet in den Pub zu gehen, in dem wir uns kennengelernt hatten. Würde es alte Gefühle wecken, Wunden aufreißen, Ressentiment wieder aufleben lassen?

Meine Sorge war unbegründet, denn die Hoffnung, im Pear Tree am allerersten Samstag des Semesters einen Platz zu finden, war ausgesprochen naiv gewesen. Wir warfen nur einen Blick durch das Tor und ergriffen angesichts der Massen, die sich im Innenhof drängten, die Flucht. Simon hielt ein Taxi an.

»Okay, das war eine selten dumme Idee. Wir sollten froh sein, dass wir erwachsen sind und uns richtige Cocktails leisten können, statt eingekeilt zwischen aufgekratzten Studienanfängern bei ekelhaftem Cidre und warmem Wodka Cola unserer verlorenen Jugend nachzutrauern. Auf zum Balmoral!«

Das war deutlich besser. Bei einem eiskalten Wodka Martini (ohne Olive natürlich, so erwachsen war ich dann doch wieder nicht) gestand ich Simon, dass ich zum einen schier wahnsinnig war vor Sorge um Jane, zum anderen auch neidisch. »All diese Optionen, die ihr offenstehen!« Ich seufzte. »Sie hat ihr ganzes Leben noch vor sich. Sie kann alles tun, alles werden. All die Leute, die sie kennenlernen wird! Der Spaß, den sie haben wird! Es stimmt schon, die Jugend ist an die Jugend verschwendet; diese jungen Hüpfer wissen sie überhaupt nicht zu schätzen.«

»Vergiss nicht die verkaterten Sonntage und die Sorgen wegen der ganzen Prüfungen und Jungs und der Jobsuche. Hand aufs Herz: Was ist dir lieber: Hier zu sitzen und deinen Cocktail zu schlürfen, oder im Pear Tree zu stehen, wo dir alle paar Minuten jemand auf die Zehen tritt und dich irgendwelche Weiberhelden anmachen?«

»Du warst der letzte Weiberheld, der mich dort angemacht hat«, erinnerte ich ihn.

»Ach, richtig.«

»Genau, und wir wissen ja, wie das ausgegangen ist.«

»Es war nicht alles schlecht, oder?«

»Hm. Vielleicht sollte ich doch noch mal mein Glück im Pear Tree versuchen und mir Ehemann Nummer zwei angeln.«

»Vielleicht sollten wir lieber hier noch einen Wodka Martini trinken.«

»Die Martinis hier sind in der Tat lecker. Und es ist schön, sich Cocktails in einer noblen Hotelbar leisten zu können. Das konnten wir damals nie. Ich war nur ein einziges Mal hier, weißt du noch?«

»Ach ja? Wann?«

»Das habe ich dir doch bestimmt erzählt.«

»Nein, ich kann mich nicht erinnern.«

»Echt nicht? Das war mit Abstand das schlimmste Date, das ich je hatte. Wie kann es sein, dass ich dir davon nicht erzählt habe?«

»Keine Ahnung, aber jetzt bin ich neugierig.«

»Also, es fing alles damit an, dass ich mit Sadie um die Häuser zog.«

»Die Sadie mit dem großen Busen, die so in mich verknallt war?«

»Ja, wobei ihr Busen gar nicht sooo groß war, und sie war auch nicht sooo fürchterlich verknallt in dich. Na, jedenfalls haben wir in einer Bar zwei Deutsche kennengelernt, und irgendwann hatte Sadie ordentlich einen sitzen, und die beiden Deutschen haben mir geholfen, sie nach Hause zu bringen. Sie waren sehr freundlich und ritterlich, also habe ich dem einen meine Telefonnummer gegeben, als er mich danach gefragt hat. Tags darauf rief er an und lud mich ins Balmoral auf einen Drink ein. Soweit ich mich erinnere, fand ich ihn nicht sonderlich attraktiv, aber dafür fand ich die Vorstellung, hier einen zu heben, umso reizvoller. Herrje, das klingt, als wäre ich total oberflächlich. Kein Wunder, dass ich dir nie davon erzählt habe.«

»Jetzt bist du schon mittendrin, jetzt musst du auch weitererzählen.«

»Okay. Als ich im Balmoral ankam, schob er mich in die kleine Bar gleich am Eingang, kaufte mir einen unfassbar teuren Wodka Tonic und sagte, ich solle dort warten, bis er mit dem Essen fertig sei, und dann verschwand er einfach. Ich hatte keine Ahnung, mit wem er zum Essen verabredet war und warum ich warten sollte, aber den teuren Drink wollte ich natürlich auf keinen Fall verkommen lassen. Irgendwann kam er mich holen und ging mit mir in den *Ballsaal*, und da stellte sich dann heraus, dass er an einer der großen Privatschulen in Edinburgh Deutsch unterrichtete, und dass an dem Abend der Sommerball der Schule im Balmoral stattfand, und ich war sein *Date*! Es war unfassbar peinlich.«

»Und, wie ging es weiter?«

»Ich hatte keine Ahnung, was ich tun sollte. Ich wollte nicht unhöflich sein, aber ich hatte auch überhaupt keine Lust auf einen dämlichen Schulball. Also habe ich das getan, was ich damals in unangenehmen Situationen meistens getan habe ...«

»Du hast ihn in ein Gespräch über die opponierbaren Daumen von Fischottern verwickelt?«

»Nein, davon wusste ich damals noch nichts. Nein, ich habe mir eine Zigarette angesteckt, worauf er schrecklich nervös wurde, weil vor den *Schülern* natürlich nicht geraucht werden durfte. Er hat gesagt, ich soll in das kleine Foyer draußen vor den Ballsaal gehen, und das habe ich dann getan, und von dort bin ich einfach weiter marschiert, schnurstracks aus dem Hotel raus, immer schneller und schneller, im Laufschritt die Waverley Steps runter, in STÖCKELSCHUHEN! Ich habe fest damit gerechnet, früher oder später eine Hand auf meiner Schulter zu spüren und zur Rede gestellt zu werden. Ich war überzeugt, er würde mich zurückbugsieren auf diesen behämmerten Ball, womöglich unter Androhung einer Strafarbeit – fünfhundert Mal ›Ich darf nicht vor deutschen Lehrern davonlaufen, die mich mit einer List zum Schulball locken‹ schreiben oder so. Unten beim Bahnhof war damals noch der Taxistand, und ich bin in das erstbeste Taxi gesprungen und hab ›Fahren Sie los!‹ gerufen, wie im Film.«

Simon hielt sich den Bauch vor Lachen. »Oh Gott, ich kann mir lebhaft vorstellen, wie du die Treppe runtertrabst, als wäre dir der Teufel auf den Fersen. Ich hätte zu gern dein Gesicht gesehen, als er dir eröffnet hat, dass du sein Date für den Schulball bist.«

»Ich fand das damals gar nicht witzig«, sagte ich pikiert.

»Das ist es aber«, sagte Simon und bedeutete dem netten Barkeeper, uns noch zwei Gläser Wodka Martini zu bringen.

»Okay, ein bisschen witzig ist es schon«, gab ich zu.

»Was meinst du, was ging ihm durch den Kopf, als er gemerkt hat, dass sein Date abgehauen ist? Was mag er zu den anderen Lehrern gesagt haben?«

»Stell dir vor, darüber habe ich mir noch nie Gedanken gemacht. Herrje, ich bin ein schrecklicher Mensch. Der arme Kerl. Auf der anderen Seite hat er mich unter Vorspiegelung falscher Tatsachen ins Balmoral gelockt, also kann er mich mal kreuzweise. Oh Mann, vielleicht ist es doch ganz gut, dass ich keine Studentin mehr bin. Ich schätze, im Nachhinein erinnert man sich nur an die schönen Seiten des Studentendaseins, die unschönen verdrängt man. Dass mein Mitbewohner die halbleeren Pappschachteln vom Chinesen gerne als Aschenbecher benutzt hat zum Beispiel. Oder dass wir unter dem Tisch mal eine verschimmelte Wurst gefunden haben. Vielleicht sollte ich einfach froh sein, dass ich eine reife, verantwortungsbewusste, erwachsene Frau bin«, sagte ich und goss mir die Hälfte meines dritten Cocktails über das Kinn und ins Dekolleté statt in den Mund. »Hoppla.«

Im selben Moment summte mein Handy. Eine Nachricht von Jane.

Hi Mum, die Mädels hier haben für abends einen Pub Crawl organisiert. Macht es euch was aus, wenn ich mitgehe? Aber wir sehen uns auf jeden Fall morgen, bevor ihr fahrt!
X

Gewieftes kleines Biest. Das »Macht es euch was aus« war zweifellos eine rein rhetorische Frage, und das X hatte sie doch nur daruntergeschrieben, damit ich nicht sauer war, weil sie lieber mit ihren Mitbewohnerinnen dubiose Schnäpse in heruntergekommenen Bars kippen wollte als mit uns essen zu gehen.

»Also, ich weiß nicht«, sagte ich. »Ich glaube, ich schreibe ihr, dass es klüger wäre, wenn sie mit uns essen geht.«

»Ellen, wir fahren morgen nach Hause. Wenn du sie heute daran hinderst, mit ihren neuen Freundinnen loszuziehen, dann tut sie es eben morgen, und sie wird es dir verübeln, dass du ihr den Abend verdorben hast. Gewöhn dir die Sorge um sie schleunigst ab. Und ich gewöhne mir ab, Tische in schicken Restaurants für uns und die Kinder zu reservieren, da die beiden ganz offenbar alles interessanter finden als ein Essen mit uns.«

»Wo hattest du eigentlich reserviert?«

»Im Chez Jules.«

»Ach, das gibt es noch?«

Das Chez Jules ist ein exzentrisches französisches Bistro, in dem man die besten Steaks in ganz Edinburgh bekommt, zu einem geradezu lächerlich günstigen Preis. Deshalb war es vor fünfundzwanzig Jahren unser Stammlokal, wenn wir uns, was selten vorkam, flüssig genug fühlten, um uns ein Essen in einem Restaurant leisten zu können. Ins Chez Jules hatte mich Simon zum allerersten Mal zum Essen ausgeführt.

»Sieht so aus, ja. Es scheint sich auch überhaupt nicht verändert zu haben; auf der Speisekarte stehen noch genau die gleichen Gerichte. Ich dachte, es wäre nett, es Jane zu zeigen, schließlich ist es eine Art Familientradition.«

»Hm. Und was, wenn es inzwischen nichts mehr taugt?«

»Tja, wir werden es bald wissen. Willst du vorher noch mal ins Hotel und dich umziehen?«

»Das sollte ich vielleicht, und sei es nur, um mir den Martini vom Busen zu waschen und ein bisschen auszunüchtern. Mir scheint, ich bin ein *klitzekleines bisschen* angesäuselt.«

Simon nickte. »Okay, kann nicht schaden.«

Als wir wenig später zu Fuß durch die Stadt zum Restaurant spazierten, fühlte ich mich wieder etwas weniger benommen. Vor den Pubs, die wir passierten, hatten sich schon mehrere Studentengruppen versammelt. Zum Glück lief uns Janes Truppe nicht über den Weg – sie hätte uns garantiert ewig Vorhaltungen gemacht, weil wir es gewagt hatten, uns ihr in der Öffentlichkeit auf weniger als fünfhundert Meter zu nähern.

Ich blieb stehen und spähte hinauf zum Edinburgh Castle. »Wow. Ich hatte ganz vergessen, wie pittoresk diese Stadt ist. Als wir noch hier gelebt haben, kam ich mir manchmal vor wie in einem Traum, vor allem bei schönem Wetter. Einfach atemberaubend!«

»Also, die Princes Street ist ein richtiger Schandfleck.«

Seufz. Wenn Simon unterzuckert ist, braucht man ihm nicht mit poetischen Ergüssen zu kommen. »Ja, schon gut, du Griesgram, gehen wir weiter, bevor du hungressiv wirst.«

Im Chez Jules war in der Tat alles genau wie früher: Die französischen Kellner waren noch immer exzentrisch und launisch, die Beleuchtung dank der in wachsverkrusteten Flaschen steckenden Kerzen schummrig. Einzig der gallische Charme sorgte dafür, dass es nicht schäbig wirkte.

»Wahnsinn!«, staunte ich, »es ist wirklich genauso, wie ich es in Erinnerung hatte. Ich komm mir vor, als wäre ich wieder zweiundzwanzig.«

»Echt?« Simon lächelte.

»Was möchtest du trinken?«

»Du willst doch nicht etwa einen Wein von der Karte bestellen, oder? Ich weiß gar nicht, wie das geht. Wir haben immer bloß den roten Hauswein genommen.«

»Ach, komm schon, Ellen, du weißt sehr wohl, wie man Wein bestellt. Du isst doch nicht das erste Mal in einem Restaurant.«

»Das nicht, aber hier erscheint es mir irgendwie unpassend. Lass uns eine Flasche Hauswein nehmen.«

»Okay. Wie wär's mit einer Vorspeise?«

»Eine *Vorspeise*? Was sind denn das für Extravaganzen?«

»Wir sind erwachsen, meine Liebe, ERWACHSEN. Wann immer dich der Neid packt, weil Jane frei ist und das Leben noch vor sich hat, dann ruf dir in Erinnerung, dass du es dir dafür erlauben kannst, im Restaurant mehrere Gänge zu bestellen, und dass du dazu nicht unbedingt das trinken musst, was auf der Weinkarte ganz oben steht.«

»Das ist ein schwacher Trost dafür, dass demnächst mein Busen erschlaffen und ein Damenbart in meinem Gesicht sprießen wird.«

»Das wird deiner Schönheit keinen Abbruch tun.«

»Ach, sei still.«

»Das war mein voller Ernst«, beteuerte Simon. »Du wärst eine sehr attraktive bärtige Dame. Du könntest dir eine goldene Nase verdienen, wenn du zum Zirkus gehst.«

»Halt den Schnabel, du Blödhammel.«

Das Essen kam, und ich schob mir eine Gabel voll Kartoffelgratin in den Mund. »Wow, schmeckt auch genau wie früher!«, sagte ich.

Nachdem wir noch eine zweite Flasche Wein geleert hatten, wankten wir schließlich reichlich beduselt auf die Straße.

»'kay, und was jetzzz?«, lallte ich.

»Ich weiß, ich weiß!«, rief Simon. »Jetzt machen wir eine kleine Nachtwanderung. Auf zum Arthur's Seat! Alte Erstsemestertradition.«

»Wir sind aber keine Erstsemester, und zudem ziemlich angeheitert«, erinnerte ich ihn. »Außerdem ist es ein ewig weiter Fußmarsch bis zum Arthur's Seat, und stell dir mal vor, wie peinlich es wäre, wenn da oben einer von uns stürzt, sich ein Bein bricht und von der Bergrettung geborgen werden muss! Ich seh schon die Schlagzeile: *Alte Säcke verunglücken bei dem Versuch, ihre verlorene Jugend wieder aufleben zu lassen*. Das würde uns Jane niemals verzeihen.«

»Ach, komm schon«, beschwor mich Simon. »Wo bleibt deine Abenteuerlust? Wir nehmen ein Taxi zum Holyrood Park, und von dort gehen wir zu Fuß. Du hast doch vorhin gesagt, du fühlst dich wieder wie zweiundzwanzig! Also, keine faulen Ausreden.«

Ich protestierte weiter, während er mich in ein Taxi bugsierte, das uns gleich darauf vor einem Seiteneingang des Parks absetzte. Die Tore waren wie früher unverschlossen.

»Ich weiß nicht recht, Simon«, sagte ich zögernd, doch er hatte bereits die Taschenlampe an seinem Handy eingeschaltet.

»Jetzt *komm* schon, Ellen!«

Wir irrten eine ganze Weile durch den weitläufigen Park auf der Suche nach dem Weg zum Gipfel. Über uns ragte die runde Kuppe des Hausbergs von Edinburgh auf, ringsum blitzten immer wieder die Lichter anderer Nachtwanderer auf. Schließlich gestanden wir uns ein, dass wir den Einstieg nicht fanden und warfen das Handtuch. Meine Schuhe drückten, und mein schönes Schwipschen verflüchtigte sich auch allmählich.

»Mir reichts«, verkündete ich, ließ mich ins Gras fallen und streifte die Schuhe ab. »Gnade! Ich bin eben doch keine zweiundzwanzig mehr.«

Simon ließ sich neben mir nieder. »Aber es ist trotzdem schön, nicht?«

»Ja, ist es. Ich fühl mich nicht mehr ganz so sehr wie eine Frau mittleren Alters. Und leider bin ich schon wieder unerfreulich nüchtern.«

»Da kann ich Abhilfe schaffen.« Zu meiner Überraschung zog Simon eine Flasche Rotwein aus der Innentasche seiner Jacke.

»Wo kommt die denn her?«, rief ich verblüfft.

»Hab ich bestellt, als du auf dem Klo warst. Und ich habe dem Kellner gesagt, er soll sie aufmachen und den Korken wieder reindrehen. Zum Glück ist nichts ausgelaufen. Ich dachte, das wäre die ideale Belohnung für uns zwei Gipfelstürmer, aber wir können ihn auch hier trinken.« Er hielt sie mir hin.

»Ächz, Wein direkt aus der Pulle.« Ich nahm einen Schluck und gab ihm die Flasche zurück. »Das ist jetzt aber wirklich der Versuch, unsere verlorene Jugend wieder aufleben zu lassen. Brrr, ich hatte ganz vergessen, wie frisch es hier werden kann.«

Simon schlüpfte aus der Jacke und legte sie mir über die Schultern.

»Aber dann frierst du doch!«, protestierte ich.

»Mir ist warm genug«, winkte er ab. »Du dagegen bist wie üblich viel zu dünn angezogen. Was du brauchst, ist ein Fleecepulli.«

»Gott bewahre. Los, her mit der Flasche.«

Als ich das nächste Mal schauderte, schlang Simon einen Arm um mich. Es war ein schönes Gefühl. Ich kuschelte mich an ihn, und so saßen wir ein paar Minuten schweigend da, tranken Wein und sahen zu den Sternen hoch.

»Ellen?«

»Hm?«

»Schön, nicht?«

»Mhm.«

»Bist du noch wach?«

»Mmmhmmmm.«

»Ich liebe dich, Ellen.«

Das riss mich jäh aus meinem wohligen Dusel.

»Nicht, Simon. Verdirb es nicht.«

»Bitte, Ellen, hör mir zu. Für mich gab es nie eine andere als dich, und es wird auch nie eine andere geben. Ich war ein Idiot, ein gottverdammter Idiot, und ein Arsch, und ich verdiene dich nicht. Wahrscheinlich habe ich dich nie verdient. Du kannst übrigens gern widersprechen, solltest du der Ansicht sein, dass ich falsch liege.«

»Nein, nein, du hast zur Abwechslung mal vollkommen recht.«

»Okay, das hab ich verdient. Ich liebe dich so sehr. Ich habe dich immer geliebt. Gott, ich labere lauter unzusammenhängendes Zeug. Ich dachte, falls ich dir jemals irgendetwas in der Art sage, dann in Form einer leidenschaftlichen, wohl strukturierten Rede. Na, wie dem auch sei, bei meiner Rückkehr aus Frankreich damals, nachdem ich dich monatelang nicht gesehen hatte, wusste ich zwar, dass es nie eine andere für mich geben wird, aber ich war überzeugt, dass ich ohnehin keine Chance bei dir habe, also habe ich mich mit Marissa eingelassen. Doch an dem Tag, als ich die Kinder bei dir abgeliefert habe und du im Hochzeitskleid in der Küche gestanden hast, da wurde mir klar, dass es keinen Sinn hat. Ich konnte nur noch an dich denken, und wie schön du bei unserer Hochzeit ausgesehen hast. Wie viel Zukunft wir da noch vor uns hatten! Gott, was waren wir damals glücklich. Und auch, wenn es während unserer Ehe mal nicht so toll lief, fand ich das nur halb so schlimm, weil ich mit dir zusammen war. Aber dann musste ich ja hingehen und alles ruinieren, weil ich ein gedankenloser, arroganter, dämlicher *Arsch* bin.«

»Ich muss sagen, heute Abend hast du ziemlich oft Recht«, bemerkte ich.

»Tja, und *du* hattest Recht, als du mir ein ums andere Mal vorgeworfen hast, dass ich egoistisch bin und dich nicht genug unterstütze, mit den Kindern und im Haushalt. Dass mir meine Karriere wichtiger ist als du und unsere Familie.«

»Ich glaube, meine genauen Worte waren, dass du ein selbstsüchtiger, verwöhnter, pfeifenwichsender Blödhammel bist«, ergänzte ich hilfsbereit.

»Jep, und das traf absolut ins Schwarze. Und deshalb habe ich dich verloren. Aber ich war kreuzunglücklich seither, jedenfalls bis vor ein paar Monaten. Seit wir so viel Zeit miteinander verbringen und uns wieder so gut verstehen, ist mir in deiner Gegenwart, als wäre in mir ein dicker, fetter Eisklumpen geschmolzen.«

»So wie in *Die Schneekönigin*?«

»Ist das nicht diese gruselige Geschichte, in der ein kleines Mädchen auf der Straße erfriert?«

»Nein, das ist *Das Mädchen mit den Schwefelhölzern*. In *Die Schneekönigin* ... Ach, egal, red weiter.«

»Mit dir ist einfach alles besser. Schöner. Und ... Vielleicht bilde ich es mir ja bloß ein, aber in den vergangenen Monaten hast du auf mich auch fröhlicher gewirkt. Ich ... Wir haben weit mehr miteinander geredet als in den letzten Jahren unserer Ehe, über alles Mögliche ... Tja, und als du vorhin gesagt hast, dass du dich wieder fühlst wie zweiundzwanzig, da ... Naja, ich dachte, die Gelegenheit ist günstig für eine Liebeserklärung. Nur ohne Taube diesmal.«

»Und dafür bin ich auch verdammt dankbar.«

»Also, was meinst du, können wir es noch einmal miteinander versuchen, du und ich?«

»Wir *sind* aber keine zweiundzwanzig mehr, Simon. Die Zeiten sind endgültig vorbei. Ich bin nicht mehr das Mädchen, in das du dich damals verliebt hast. Ich bin auch nicht mehr die Frau, mit der du verheiratet warst. Wir können die Zeit nicht zurückdrehen. Ehrlich gesagt weiß ich inzwischen gar nicht mehr, wer ich bin. Das versuche ich gerade herauszufinden.«

»Ich weiß«, sagte er. »Ich weiß. Aber ich habe mich auch verändert. Und du – warst ja immer schon tough, aber du bist noch tougher geworden. Inzwischen gibt es wohl nichts mehr, mit dem du nicht allein klarkommst, einmal abgesehen von Tauben vielleicht. Und ich, ich weiß jetzt, was wirklich wichtig ist, nämlich du. Dich zu unterstützen. Ich will mit dir zusammen sein, und mit unseren Kindern. Ich will nicht zurück. Ich will nach vorne blicken und herausfinden, wer wir jetzt sind. Gemeinsam.«

Ich war ehrlich gesagt ziemlich durcheinander. Das kam alles sehr unerwartet, aber es tat mir gut, dass er seine Fehler endlich zugab. In den vergangenen Monaten hatten wir uns tatsächlich blendend verstanden. Ich hatte wieder das Gefühl, dass auf ihn Verlass war, dass er für mich da war. Ja, ich genoss es, Zeit mit ihm zu verbringen, und ja, ich fand ihn durchaus noch attraktiv. Aber wollte ich tatsächlich wieder mit ihm zusammen sein?

Wäre das nicht so, als fingen wir wieder ganz von vorne an? Was, wenn wir schon bald wieder genau die gleichen Probleme wie früher hätten, die gleichen Auseinandersetzungen? All das sagte ich ihm (bis auf die Tatsache, dass ich ihn attraktiv fand natürlich, das musste er nun wirklich nicht wissen).

»Aber das waren die Probleme der Menschen, die wir damals waren«, wandte er ein. Wir haben doch beide gerade festgestellt, dass wir uns verändert haben. Ich behaupte nicht, dass es keine Probleme geben wird und dass wir uns nie streiten werden. Aber es wird einiges anders laufen. Besser. Dafür werde ich sorgen. Ich weiß jetzt, dass man in eine Beziehung investieren muss, dass man daran arbeiten muss. Hart arbeiten. Ich habe begriffen, dass nicht immer alles eitel Wonne sein kann. Ich glaube, mit zweiundzwanzig dachte ich, es genügt, wenn man ›Ich liebe dich‹ sagt, und danach heißt es ›Und sie lebten glücklich bis ans Ende ihrer Tage‹. Dabei ist das erst der Anfang, und es kommt auf die ganzen Kleinigkeiten an – dass man unaufgefordert den Müll rausbringt beispielsweise.«

»Sehr romantisch«, stellte ich trocken fest. »Und du hast kein einziges Mal unaufgefordert den Müll rausgebracht.«

»Aber das werde ich künftig! Genau das meine ich ja! Ich werde meinen Beitrag leisten. Ich werde versuchen, kein gedankenloser Idiot mehr zu sein, und wenn ich merke, dass du müde bist, bringe ich dir Tee. Oder Wein. Und wenn du unterwegs bist, dann nehme ich deine Lieblingssendung auf.«

»Das ist im Zeitalter des On-Demand-Fernsehens doch wohl kein Thema mehr.«

»ICH BESORG DIR AUCH NOCH EINMAL EINE TAUBE, SOLLTE ES DAS SEIN, WAS DU WILLST, VERDAMMT NOCH MAL!«

»Bloß nicht! Mein Bedarf ist mehr als gedeckt.«

»Dann schreibe ich eben Gedichte für dich und besorge einen Albatros, der sie über dir abwirft!«

»Mir ist hinlänglich bekannt, welche Art von Lyrik deine Familie so produziert, und wenn ein Albatros über meinem Kopf kreist, dann kriege ich bestimmt Angst, dass etwas ganz anderes auf mich runterplumpst. Romantik ist echt nicht deine Stärke, oder?«

»Nein, leider nicht. Aber ich geb mir Mühe. Hier, du kriegst den letzten Schluck Wein! Wenn es sein muss, für den Rest unseres gemeinsamen Lebens.«

»Schon besser. Aber ich ... Ich weiß nicht recht. Das ist schon ein ziemlich großer Schritt.«

»Eigentlich nicht. Ich bitte dich nur, es zu versuchen, mehr Zeit mit mir zu verbringen. Vielleicht am Anfang als Freunde, aber mit dem Gedanken im Hinterkopf, dass mehr daraus werden könnte. Wir müssen nicht gleich aufs Ganze gehen, wenn du das nicht möchtest. Wir können es so langsam angehen, wie du willst. Nur gib mir bitte eine Chance. Bitte.«

»Was auch immer geschieht, ich werde dich nicht noch einmal heiraten«, sagte ich.

»Äh, was das angeht ... Ich habe die Formulare noch gar nicht zurückgeschickt. Ich konnte mich einfach nicht dazu durchringen. Wir können also gar nicht noch einmal heiraten, weil wir noch verheiratet sind.«

»Simon! Wir hatten uns doch ausführlich darüber unterhalten und waren uns einig, dass es besser ist, wenn wir uns scheiden lassen, weil es fürchterlich unpraktisch wäre, wenn einer von uns mal nach Australien zieht und der andere wieder heiraten will.«

»Ich weiß, aber ich will nun mal keine andere heiraten. Und solltest du je einen anderen Mann heiraten wollen, dann mache ich mich auf der Stelle auf den Weg und unterschreibe, versprochen.«

»Ich kann nicht fassen, dass du es noch immer nicht getan hast.«

»Ich tu's, wenn es das ist, was du willst. Wenn das für dich die Voraussetzung dafür ist, dass wir es noch einmal versuchen. Wirst du meine Freundin, wenn wir geschieden sind?«

»Ach, ich glaube, wir lassen das mit der Scheidung bleiben. Vorerst.«

»Heißt das ... Heißt das, du gibst mir noch einmal eine Chance?«

»Ich ... Also ...« Ich wusste, ich sollte vernünftig bleiben. Ich wusste, es konnte in die Hose gehen. Ich wusste, ich sollte zumindest nicht mehr sagen als »Okay, ich überleg's mir.« Ich dachte kurz darüber nach, dass ich definitiv nicht mehr auf Simon angewiesen war, und im Übrigen auch auf keinen anderen Mann. Ich kam hervorragend allein zurecht. Doch die Vorstellung eines Lebens ohne Simon erschien mir trist.

Es gibt in meinem Leben eine Menge Dinge, die ich eigentlich nicht *brauche*, trotzdem ist es schön, sie zu haben. Mein Netflix-Abo. Der SodaStream. Meine Romane von Jilly Cooper. Moment, die brauche ich – sie enthalten haufenweise nützliche Lebensweisheiten. Wenn man es genau nimmt, könnten wir auf die meisten Dinge, die wir besitzen, verzichten, aber sie machen das Leben nun einmal bequemer oder schöner. Und deshalb wollen wir sie um uns haben. Wollte ich Simon um mich haben? Den neuen, aufmerksamen, Fleecepullover-freien Simon? Ja, dachte ich. Ich glaube schon. Es war schließlich nicht so, als würde ich »die Schwesternschaft« verraten und mich dem Patriarchat unterwerfen, wenn ich zu dem Schluss kam, dass ich einen Mann in meinem Leben haben wollte – zu meinen Bedingungen. Und so kam es, dass sich die Zweiundzwanzigjährige in mir an die Oberfläche kämpfte und in einem Anflug von Leichtsinn rief: »Ach, scheiß drauf, meinetwegen.«

»Yessss!« Simon reckte triumphierend die Faust. »Im Ernst? Oh Gott, Ellen, ich bin so froh!«

»Und jetzt sollten wir zurückgehen ins Hotel. Es ist schon spät, der Wein ist alle, und mein Schlüpfer ist ganz nass von der feuchten Wiese.«

Er grinste. »Und du bezeichnest *mich* als unromantisch.«

»Wenn wir im Hotel sind, darfst du mir noch ein Getränk ausgeben, nachdem ich mich umgezogen habe. Aber nur einen einzigen Drink«, sagte ich. »Und zwar nicht irgendeine Plörre, sondern einen Single Malt. Und erwarte bloß nicht, dass danach noch irgendetwas Aufregendes passiert.«

»Wie du willst. Ich kann es noch gar nicht glauben, Ellen. Gott, ich liebe dich. Und das werde ich dir künftig jeden Tag sagen, solange wir leben. Ich werde dich nie wieder als Selbstverständlichkeit betrachten.«

»Ich könnte mir vorstellen, dass mich das früher oder später nervt.«

»Okay, dann eben jeden zweiten Tag?«

»Abgemacht.« Wir rappelten uns auf und traten den Rückweg an. Simon nahm meine Hand, und es fühlte sich sehr gut und richtig an, als könnte meine Hand in diesem Augenblick nirgendwo sonst sein. Außerdem hatte ich eiskalte Finger, und seine waren schön warm.

DEZEMBER

Freitag, 13. Dezember

Die letzten drei Monate sind wie im Flug vergangen – viel schneller, als ich es für möglich gehalten hätte. Beruflich war es chaotisch und stressig, und es gab unendlich viel zu tun, aber ich hätte nie gedacht, dass mir meine Arbeit derart Spaß machen könnte. Sie fordert und erfüllt mich gleichermaßen, und das fühlt sich toll an.

Auch damit, dass Jane nicht mehr zu Hause wohnt, komme ich besser zurecht als erwartet. Es gab nur einmal Ärger, als sie eine ganze Weile nicht auf meine Nachrichten reagierte und ich zu der Überzeugung gelangte, ihr müsse etwas zugestoßen sein, weshalb ich sogar anfing, ihre Mitbewohnerinnen auf Instagram zu stalken. Schließlich schickte ich ihr eine allerletzte Nachricht, in der ich damit drohte, ihre neuen Freundinnen zu kontaktieren, um zu hören, ob sie noch am Leben war, sollte sie mir nicht zurückschreiben. Sie antwortete unverzüglich, wenn auch denkbar wortkarg (»War busy, sorry«), worauf ich sie darüber informierte, wenn sie noch ein einziges Mal zu »busy« sei, um ihrer Mutter binnen vierundzwanzig Stunden zu antworten, müsse sie damit rechnen, dass ihre Mitbewohnerinnen Babyfotos von ihr zu sehen bekämen, was ich selbstverständlich nicht ernsthaft zu tun gedachte, aber es funktionierte – offensichtlich fürchtete sie, ich könnte meine Drohung wahr machen, was in ihren Augen quasi den gesellschaftlichen Tod bedeutet hätte. Seither erhalte ich auf jede meiner Nachrichten zeitnah eine Antwort, und nicht nur das – neuerdings ruft sie mich etwa einmal pro Woche an!

Beim ersten Mal ging ich ran und rief in heller Panik: »Was ist los, Liebes? Ist etwas passiert? Brauchst du Hilfe? Kann ich etwas für dich tun?«

»Es ist alles bestens«, sagte Jane. »Ich dachte einfach, ich melde mich mal.«

»Aber … warum?«

»Na, um zu plaudern?«

»Plaudern?«, echote ich dümmlich. »Und dazu rufst du mich an, auf dem Festnetz?«

»Ja. Spricht irgendwas dagegen?«

»Aber nein, Liebes, überhaupt nicht. Es ist schön, von dir zu hören. Wie geht es dir? Isst du auch genug Obst und Gemüse?«

Es klang, als fühle sie sich wohl in Edinburgh. Ihre Mitbewohnerinnen scheinen lauter nette Mädchen zu sein, mit denen sie sich blendend versteht, und sie versicherte mir, sie nehme bisweilen auch Vitamine und dergleichen zu sich. Sie erzählte sogar, sie habe Brokkoli gemacht – in ihrem Bräter. »Das schmeckt viel besser als bei dir. Warum hast du den Brokkoli eigentlich nie so gekocht?«, fragte sie. Ich war so erleichtert, dass sie überhaupt etwas Grünzeug zu sich genommen hatte, dass ich ihr diese Kritik an meinen Kochkünsten nicht weiter übelnahm.

Simon und ich sind, wie sich schon bald herausstellte, nicht besonders gut darin, es langsam anzugehen. Ein paar Wochen lang zog Peter bei jeder meiner Geschäftsreisen zu seinem Vater, und war ich zu Hause, verbrachte Simon fast die ganze Zeit bei uns. Eines Tages beorderte Peter uns beide zu einem Gespräch, weil dieses Arrangement »total Banane« sei, wie er ausdrückte.

»Es ist doch albern, dass ich alle paar Wochen meinen ganzen Kram zusammenpacke und zu Dad ziehe, und kaum bist du wieder da, wohne ich wieder hier, und Dad im Grunde auch. Ich weiß, dass er hier übernachtet. Ich weiß, was Sache ist. Ich bin sechzehn und nicht bescheuert.« Deshalb regte er an, Simon solle künftig zu uns kommen, wenn ich unterwegs war, auch, weil dann für Judgy und Barry und die Hühner gesorgt war und ich mir das Geld für die Dienste der Hundesitterin sparen konnte.

»Meinetwegen gern«, sagte Simon. »Aber es ist das Haus deiner Mutter. Sie entscheidet.«

»Es wäre vermutlich sinnvoller«, musste ich zugeben. »Wenn es dir nichts ausmacht, Simon ... Und du bist sicher, dass du nichts dagegen hast, Peter? Ich dachte, du findest es schön, bei Dad zu sein, wegen dem superschnellen Breitbandinternet und so.«

»Ja, schon, aber es ist echt lästig, meine ganzen Computer ständig hin und her zu transportieren. Es wär viel praktischer, wenn wir beide hier wohnen würden, während du unterwegs bist.«

»Und der Rest ist auch okay für dich? Du weißt schon ...« Ich deutete auf Simon und mich.

»Na klar, warum nicht? Ich will bloß keine Geräusche aus dem Schlafzimmer hören, ok? Und keine Knutscherei in meiner Gegenwart, ja?«

»Geht klar.«

Und damit war das geklärt. Ich sprach auch Jane auf das Thema an, als sie eines Abends anrief.

»Ich muss dir etwas sagen, Liebes. Ich … Ich treffe mich mit einem Mann.«

»Ist es Dad?«

»Ja. Wie hast du das erraten?«

»Naja, es war ziemlich offensichtlich, dass es darauf hinauslaufen würde. Außerdem hat Peter es erwähnt.«

»Du telefonierst mit Peter?«

»Wir schreiben uns manchmal.«

»Oh. Also … Ist das okay für dich?«

»Jep. Ich muss jetzt auflegen, ich bin um sieben mit ein paar Leuten verabredet. Bye, Mum!«

Auch Hannah, Sam und Colin waren nicht überrascht. Wie es scheint, war der einzige Mensch, der nicht damit gerechnet hatte, ich! Zu meiner großen Verblüffung rief mich sogar Simons Mutter Sylvia an, um mir zu sagen, wie sehr sie sich darüber freue und um mir zu versichern, dass Simon es mit ihr zu tun bekommt, falls er es noch einmal vermasselt.

Heute kam Simon dann mit einem weiteren Vorschlag auf mich zu: Er sagte, es sei im Grunde Geldverschwendung, wenn er für seine Wohnung Rechnungen und Steuern und Versicherungen bezahle, obwohl er so gut wie nie dort sei. »Und deshalb wollte ich dich fragen, ob du etwas dagegen hast, wenn ich ganz offiziell hier einziehe.«

»Und was passiert mit deiner Wohnung?«, sagte ich panisch. »Willst du die etwa verkaufen? Und was dann? Ich glaube, das geht mir zu schnell, Simon. Es ist mein Haus, und ich will sicher sein können, dass es das auch bleibt. Ich habe keine Lust auf einen gemeinsamen Kreditvertrag und dergleichen mehr.«

»Keine Sorge«, beruhigte er mich. »Ich habe nicht vor, meine

Wohnung zu verkaufen. Aber ich würde sie gern vermieten. Es ist doch bescheuert, dass sie die halbe Zeit leer steht. Eine reine Geldverschwendung. Es wäre doch viel schlauer, wenn ich sie vermiete und dir beim Abzahlen des Kredits helfe, indem ich dir sozusagen Miete bezahle.«

»Es wäre also nicht bloß ein reines Bratkartoffelverhältnis?«, stellte ich klar. Mir war noch immer etwas hysterisch zumute.

»Ich hoffe doch, es ist weit mehr als das«, sagte Simon.

»Aber du liebst deine Wohnung. Quadratisch, praktisch, weiß, davon hast du doch immer geträumt. Bist du sicher, dass du stattdessen hier einziehen willst, wo überall mein Kram herumliegt?«

»Nun ja, umgekehrt geht es ja nicht, wo sollten die Hunde und die Hühner hin? Und du liebst dein Haus und deinen Garten. Und was dich glücklich macht, macht mich auch glücklich. Also werden wir hier wohnen. Außerdem hast du einen Schuppen. Mir fehlt mein Schuppen.«

»Ach, jetzt verstehe ich! Du liebst mich nur wegen meines Schuppens. Tja, wenn ich dir meinen Schuppen überlasse, dann musst du mir versprechen, dass nie wieder diese bekloppte Gebrauchtwagenprofi-Sendung läuft, wenn ich zu Hause bin.«

»Abgemacht.«

»Simon? Ist es dir wirklich ernst damit, dass dich das glücklich macht, was mich glücklich macht?«

»Aber klar doch, wieso?«

»Nun ja, es gibt da diese Hundedame …«

»Ellen!«

»Nein, hör mir zu! Sie ist ein Border Terrier wie Judgy, und sie ist fünfzehn. Fünfzehn, Simon! Das arme Ding ist praktisch blind und auch schon ziemlich schwerhörig. Die Besitzerin ist gestorben, und natürlich will keiner eine so alte Hundedame, und jetzt sitzt sie einsam und verwirrt im Tierheim. Sie braucht ein neues Zuhause, Simon!«

»Aber du bist so viel unterwegs!«

»Und du arbeitest deutlich öfter als früher von zu Hause. Hier, sieh sie dir an, Simon!« Ich hielt ihm mein Handy unter die Nase. »Sieh dir dieses süße Schnäuzchen an! Sie könnte zu Weihnachten schon hier sein, Simon. Du kannst es doch nicht mit deinem Gewissen vereinbaren, dass dieses bedauernswerte, niedliche kleine Geschöpf die letzten Jahre seines Lebens in einem Tierheim verbringt, oder? Und außerdem brauche ich ein bisschen weibliche Solidarität. Ihr Männer seid ja total in der Überzahl, wenn du auch noch hier einziehst.«

»Weibliche Solidarität? Dafür hast du doch die Hühner.«

Ich sah ihn bloß an. Er wusste genau, wie es um die weibliche Solidarität meiner Hühner stand.

Er versuchte es noch einmal: »Was wird Judgy davon halten?«

»Er wird sich daran gewöhnen. Er hat sich auch an Barry gewöhnt. Und Barry wird es nicht stören, er liebt andere Hunde und wird sich mit Freuden um sie kümmern.«

»Wir führen hier eigentlich gar keine Diskussion, oder? Du stellst mich vor vollendete Tatsachen und tust *pro forma* so, als würdest du mit mir darüber verhandeln.«

»Mag sein, aber willst du wirklich, dass ich an Weihnachten andauernd in Tränen ausbreche bei dem Gedanken an das arme Tier, das am Fest der Liebe MUTTERSEELENALLEIN im Heim sitzt?«

Simon seufzte. »Nein.«

»Eben hast du gesagt, was mich glücklich macht, macht auf dich glücklich …«

»Ja, aber da ging es darum, dass wir hier wohnen werden und

ich meine Wohnung vermiete, und jetzt reden wir plötzlich davon, dass du dir einen dritten Hund anschaffst.«

»Ich habe dich gewarnt. Du wusstest, dass das mein Plan fürs Alter ist, und du hast behauptet, du hättest nichts dagegen.«

»Ich hatte nicht erwartet, dass du mit der Umsetzung dieses Planes schon so bald anfängst. Ich glaube, darüber müssen wir noch ein bisschen reden. Aber sind wir uns einig, dass ich meine Wohnung vermiete und hier einziehe?«

»Ja, meinetwegen. Und morgen hole ich Flora ab.«

»Flora?«

»Die arme alte Hundedame. *Meine* arme alte Hundedame.«

»Flora? Wie kommt's, dass alle deine Hunde so untypische Namen haben? Und es ist alles bereits arrangiert, oder? Es gibt überhaupt nichts mehr zu bereden.«

»Nein, eigentlich nicht. Und Flora ist ein hübscher Name für einen Hund. Er passt zu ihr. Sieh mal, sie sieht aus wie eine Flora. Kommst du mit, wenn ich sie abhole?«

»Meinetwegen.«

»Du wirst sie lieben, du wirst schon sehen.«

Abends traf ich mich mit Hannah auf einen längst überfälligen Scheiß-drauf-Drink. Hannah geht es viel besser als noch vor ein paar Monaten. Charlie hatte mit Entsetzen vernommen, wie sehr sie zu kämpfen hatte – er hatte bis dahin angenommen, sie komme bestens zurecht, da sie sich nie beschwert hatte. Mittlerweile geht Edward in eine Kinderkrippe, und Charlie hat darauf bestanden, dass zwei Mal wöchentlich eine Putzfrau kommt, damit Hannah etwas Zeit für sich hat. Und obwohl er nach wie vor oft Überstunden schiebt, beschäftigt er sich deutlich mehr mit Edward, wenn er nach Hause kommt. Und Hannah, die nicht besonders gut im Nichtstun ist, hat beschlossen, die neu gewonnene Freizeit für ein zweites Studium zu nutzen. Sie hat sich ausgerechnet für Mathematik entschieden, und es macht ihr großen Spaß.

»Shit, ich bin total hinüber«, lallte sie, nachdem wir die zweite Flasche geleert hatten. »Wir müssen auf Sch-Schnaps umsteigen.«

»Keine gute Idee«, murmelte ich. »Schnaps is gar nich gut.«

»Doooooch!« Hannah kicherte. »Ich bin Studentin! Ich bin quasi 'setzlich verflichtet, Schnäpse zu trinken. SWEI TEQUILAS! Ich liebe Sch-Schnäpse!«

Ich war so froh, die alte Hannah wieder zu haben, dass ich einwilligte, dem drohenden Kater zum Trotz. Und dann tranken wir gleich noch zwei Tequilas, um darauf anzustoßen, dass wir Tequilas tranken.

Samstag, 21. Dezember

Jane ist da. Flora hat sich inzwischen etwas eingewöhnt, und Simon ist völlig hin und weg von ihr, wie ich es ihm prophezeit hatte. Er bezeichnet sie sogar bereits als *seinen* Hund, und er wurde fuchsteufelswild, als ich die Ärmste neulich versehentlich im Wohnzimmer eingeschlossen habe, worauf ihr in ihrer Angst ein kleines Malheur passiert ist. Ich konnte es ihm nicht einmal übelnehmen, dass er deswegen so pampig zu mir war – ich finde es einfach zum Piepen, wie vernarrt er in sie ist.

Ich hatte mich seit Wochen darauf gefreut, dass Jane kommt und ich endlich wieder die ganze Familie um mich habe. Wir waren schon ewig nicht mehr alle unter einem Dach versammelt. Genau genommen überhaupt noch nie, da wir mit Flora ja inzwischen Zuwachs bekommen haben. Und damit nicht genug, es war auch noch Weihnachten, diese ganz besondere, geradezu magische Zeit des Jahres. Oh Freude!

Es fing schon gut an, als ich Jane vom Bahnhof abholte. Sie war sichtlich verkatert und hatte mehrere große Taschen mit Schmutzwäsche dabei.

Bei unserer Ankunft zu Hause gebärdeten sich Judgy und Barry wie toll vor Freude darüber, Jane zu sehen. Barry war so aufgeregt, dass er an den Weihnachtsbaum pinkelte, worauf erst Simon *ihn* anherrschte, und dann ich *Simon* (»Untersteh dich, meinen Hund anzubrüllen!« »Ich müsste deinen Hund nicht anbrüllen, wenn er nicht überall hinpinkeln würde!« »Darf ich dich daran erinnern, dass du keinen Aufstand gemacht hast, als Flora neulich ins Wohnzimmer gepinkelt hat?« »Das war auch nicht *ihre* Schuld, sondern deine, weil *du* sie dort eingesperrt hast!«)

»Hach, es ist so schön, wieder zu Hause zu sein«, feixte Jane. »Wie ich sehe, hat sich nichts geändert. Die Erzeugerfraktion zofft sich wie eh und je.«

Wir verstummten zerknirscht.

Dann hob Simon seinen angesichts des Neuzugangs und Gebells und Gebrülls völlig verwirrten Hund hoch und wiederholte aufrührerisch: »Flora konnte nichts dafür. Jaaa, du ist ein gaaanz braaaves Mädchen, stimmt's, Flora?«

»Barry konnte auch nichts dafür«, entgegnete ich gereizt. »Wenn er so überdreht ist, passiert ihm eben bisweilen ein kleines Missgeschick, und der Baum im Wohnzimmer verwirrt ihn seit jeher.«

Judgy nieste vorwurfsvoll, weil ihm niemand Aufmerksamkeit schenkte.

»Jetzt chillt mal, ey. Ihr solltet euch dringend angewöhnen, Probleme wie Erwachsene zu diskutieren, statt rumzuschreien.

Ihr zwei würdet eine faszinierende Fallstudie für das Psychologiemodul abgeben, das ich belege.«

»Vergiss es«, sagten Simon und ich wie aus einem Munde. »Wir lassen uns nicht analysieren, Jane.«

»Oho, Widerstand von der Erzeugerfraktion. Ich versuche nur, euch zu helfen.«

»Wirst du uns jetzt die ganze Zeit so nennen?«

»Was dagegen?«

»Allerdings. Das nervt!«

»Wie soll ich euch denn dann nennen?«

»Vielleicht einfach Mum und Dad, wie immer.«

»Hochinteressant«, murmelte Jane und tippte etwas in ihr Handy. »Die Erzeugerfraktion möchte nicht als kohäsive Einheit gesehen werden.«

»Jane!«

»Was ist?«

»Wir stehen nicht als Forschungsobjekte für dein Psychologiemodul zur Verfügung.«

»Jetzt chill mal, Mutter. Es ist nur ein einziges Extramodul, und es geht nur ein Semester lang. Aber wenn ihr wollt, verrate ich dir und Dad gern, wie ihr eure Kommunikation effektiver gestalten könnt.«

»Nicht nötig, vielen Dank. Ich bin sehr gut in der Lage, mit deiner Mutter zu kommunizieren«, sagte Simon. »Stimmt's, Flora? Jaaa, nicht? Wir kriegen das auch ohne Jane gebacken, richtig?«

Flora schmiegte sich an ihn.

»Ich glaube, sie friert, Ellen«, sagte er mit Sorgenfalten auf der Stirn. »Wir sollten ihr für zu Hause ein Jäckchen besorgen, und ein kuschelig warmes Mäntelchen zum Rausgehen.«

Jane musterte ihren Vater. »Mir scheint, deine Zuneigung zu

diesem Tier geht eine Spur über das normale Maß hinaus«, verkündete sie.

»Unsinn, Jane«, sagte ich mit gerunzelter Stirn. »Es gibt nicht das Geringste auszusetzen an einem Mann, der einen Hund von ganzem Herzen liebt.«

Ihrem gut gemeinten Angebot zum Trotz hat Jane ganz offensichtlich selbst noch Lernbedarf in Sachen Kommunikation, denn keine fünf Minuten später brach sie einen Streit mit Peter vom Zaun, im Zuge dessen er ihr sagte, sie solle sich doch ins Knie ficken. Als wir schließlich alle am festlich gedeckten Tisch saßen, war jeder auf jeden sauer. Das war genau die Atmosphäre, die mir für das »Ist es nicht schön, dass wir alle zusammen sind«-Dinner anlässlich der Rückkehr unserer Tochter vorgeschwebt hatte. Jane motzte Peter an, er solle sich nicht die ganze Soße unter den Nagel reißen, Peter motzte zurück, er habe ja wohl deutlich mehr Anspruch auf die Soße als sie, weil er nämlich dauerhaft hier lebe. Simon fuhr die beiden entnervt an: »Jetzt hört schon auf mit diesem albernen Gekabbel, Flora ist schon ganz eingeschüchtert!« Dabei saß Flora zufrieden auf seinem Schoß und kaute auf einem Stück Fleisch herum, das er ihr zugesteckt hatte. (»Sie kriegt doch sonst gar keine Leckerbissen ab, Ellen! *Deine* Hunde schubsen sie ständig weg!«).

Und da platzte mir der Kragen. Ich knallte Messer und Gabel auf den Tisch und brüllte: »ES REICHT! Ihr werdet euch jetzt gefälligst vertragen, wo wir endlich alle wieder einmal um einen Tisch versammelt sind! Ihr macht ALLE Hunde total kirre mit eurem Gezeter. Ich wäre euch wirklich sehr verbunden, wenn ihr euch wenigstens mal EINEN Abend lang zusammenreißen könntet, und wenn ihr nicht nett zueinander sein könnt, dann HALTET GEFÄLLIGST DIE KLAPPE!«

Alle senkten betreten das Haupt.

»Entschuldige, Mum«, murmelten die Kinder.

»Eure Mutter hat recht«, sagte Simon. »Wir sollten auf sie hören.«

»Ich habe so gut wie immer recht«, erinnerte ich ihn. »Ihr wollt es bloß für gewöhnlich nicht zugeben.«

»Also, damals, als du …«

»Und das eine Mal, da hast du …«

»Und du warst auch auf dem Holzweg, als …«

»SCHNAUZE! Ich habe recht, und nur darauf kommt es an!«

»Ja, Liebes«, sagte Simon.

»Ist gut, Mum«, sagte Peter.

»Chill mal, ey«, sagte Jane.

Ich schenkte mir noch ein Glas Wein ein.

DANK

Auch dieses Buch ist wieder das Ergebnis gemeinsamer Anstrengungen eines so gewaltigen Ausmaßes, dass mir dafür die Worte fehlen. Es gibt so viele Menschen, denen ein riesengroßes Dankeschön gebührt, dass ich ein weiteres Buch mit ihren Namen füllen könnte.

Dennoch verdient das fabelhafte Team von HarperCollins hier eine besondere Erwähnung. Ich weiß, ich wiederhole mich, aber es ist wirklich ein Privileg, mit so tollen Leuten zusammenarbeiten zu dürfen – ihre Unterstützung, ihre Ermutigungen und ihre Hilfe sind beispiellos, und ich bin zutiefst dankbar dafür. Mein Dank gilt insbesondere meiner Lektorin Katya Shipster, die wie üblich erstklassige Arbeit geleistet hat. Sie musste zwei Kleinkinder unter Lockdown-Bedingungen betreuen, und ihre Anekdoten von den Possen der beiden (unter allem die Schilderung des »Sehr schlimmen Tages«) sorgten immer wieder für Erheiterung bei mir. Katya, du bist eine wahre Heldin, wie so viele andere Frauen, die zusätzlich zu ihrem Vollzeit-Job im Homeschooling im Einsatz waren und ganz allgemein den Betrieb am Laufen gehalten haben. Auch Jenny Hutton gebührt ein ganz spezielles Dankeschön für ihre unzähligen redaktionellen Ratschläge. Sie hatte zudem die schwierige Aufgabe, mich von allzu weitschweifigen Hunde-Schwärmereien sowie von Patriarchats-Tiraden im Stil von Louisa abzuhalten. Lucy Brown gehört zu den Top-Presseleuten des Landes, und es ist die reinste Freude, mit ihr zusammenzuarbeiten (selbst wenn ich bei einem Radiointerview vergesse, ein sehr wichtiges Detail zu erwähnen, obwohl sie mich im Vorfeld immer wieder darauf hingewiesen hat, wie wichtig es ist, dass ich dieses wichtige Detail im Interview erwähne). Es gibt wohl keine nettere als sie, also danke! Des Weiteren danke ich Hattie Evans und Julie MacBrayne, die sich nicht nur hervorragend auf Marketing verstehen, sondern auch einen ganz wunderbaren Humor haben. Danke auch an Kate Elton, Oli Malcolm und natürlich – wie immer – an Oscar für die ganze Hilfe und Unterstützung.

Claire Ward und Tom Gauld sind die beiden Genies, die hinter dem großartigen Coverdesign stecken, und sie haben in ihren Illustrationen die Schlüsselszenen des Buchs auch diesmal wieder perfekt wiedergegeben. Tausend und abertausend Mal danke dafür! Ich bin immer unheimlich gespannt, was ihr euch wieder habt einfallen lassen, und ihr schafft es jedes Mal, mich hellauf zu begeistern.

Vielen Dank an Mark Bolland, meinen langmütigen Korrektor, der mir meine Sucht nach der Phrase »doch tatsächlich« ebenso austreiben muss wie meine Angewohnheit, doch tatsächlich jeden Satz mit einem Ausrufezeichen zu beenden! Zudem kümmert er sich wie meine Englischlehrerinnen und -lehrer vor langer, langer Zeit um meine Rechtschreibung und Grammatik – zwei Bereiche, in denen ich nicht halb so sattelfest bin, wie ich immer glaube. Ein riesengroßes Dankeschön geht zudem an Tom Dunstan und Alice Gomer, die sich mit ihrem fantastischen Vertriebsteam so unglaublich ins Zeug legen, damit meine Werke in die Regale der Buchläden gelangen und die

Menschen sie kaufen und lesen können. Ebenso danke ich Marie Goldie und dem gesamten Team im Lager in Glasgow, wo alle Beteiligten unermüdlich dazu beitragen, dass die Bücher dorthin gelangen, wo sie sein sollen. Auch das war unter den gegebenen Umständen eine besondere Herausforderung, und ich weiß ihre Anstrengungen sehr zu schätzen. Und zu guter Letzt ein riesiges Dankeschön an Sarah Hammond, die dafür zuständig ist, uns alle zu koordinieren und bei der Stange zu halten. Ich vermute mal, eine Horde Katzen zu hüten ist einfacher.

Ich danke Paul Baker, meinem wunderbaren, nachsichtigen Agenten von Headway Talent – dafür, dass er mich erträgt und für alles, was er für mich tut. An dieser Stelle möchte ich mich dafür entschuldigen, dass ich ihn am Abend vor dem Schulsporttag seiner Kinder mit *Patrón* XO *Cafe* bekannt gemacht habe.

Danke an alle, die rund um Edwards Zerstörungswut allerlei Anekdoten über Kleinkinder-Vandalen beigesteuert und mich daran erinnert haben, welch tödliche Kombination Zinksalbe und Teppich abgibt. Danke insbesondere an Julia, die mir die Geschichte mit den im Klo schwimmenden Unterhosen erzählt hat. Danke außerdem an Ross Watson, den ich mit der Geschichte *Das Mädchen mit den Schwefelhölzern* traumatisiert habe und der mir daraufhin das alternative, vernünftigere Ende vorgeschlagen hat.

Auch bei all meinen Freunden und Freundinnen, die dafür gesorgt haben, dass ich nicht durchdrehe, möchte ich mich bedanken: Danke für die Schultern zum Ausweinen, die Umarmungen, den Rioja, den Gin und den Tee; danke, dass ihr immer daran glaubt, dass ich es schaffen werde, auch wenn ich selbst es nicht tue. Ich liebe euch, aber leider seid ihr einfach zu viele, als dass ich euch alle erwähnen könnte. Dennoch muss ich an dieser Stelle Alison, Eileen, Helen, Katrina, Liz, Mairi und Tanya nennen. Ein extrafettes Dankeschön geht an Lynn, von der ich die Formulierung »vermaledeites Greisenalter« habe. Wie immer danke ich Linda und Graham – für alles, und dafür, dass ihr immer für mich da seid. Und danke an die aktuellen und verflossenen Dahlings. Ich schätze mich glücklich, euch in meinem Leben zu haben.

Zu guter Letzt danke ich meiner Familie: Buddy und Billy, meinen beiden stolzen Border Terriern, die auf meinem Schoß gesessen und mich gewärmt haben, obwohl der Dienst als Wärmflasche ja eigentlich unter ihrer Würde ist. Meinem Mann, der so leckere Gin Martinis mixt und meine zahlreichen Marotten und Spleens erträgt, wenngleich er mir nicht gestattet, einen dritten Hund anzuschaffen, was ich sehr unfair finde. Danke auch, dass ich mir deinen Laptop borgen durfte, um dieses Buch fertigzustellen, nachdem ich meinen eigenen schlauerweise versteckt hatte, als ich nach dem Genuss deiner Gin Martinis ein bisschen müde und emotional angeschlagen war. Und zu guter Letzt danke ich meinen holden Kinderlein, dafür, dass ihr so seid, wie ihr seid – so witzig und sarkastisch – und dafür, dass ihr euch nach nur sechsmaliger Aufforderung bequemt, die Spülmaschine auszuräumen. Und dafür, dass ihr gelegentlich auf meine zusehends angesäuerten Nachrichten antwortet.